U0960835

国际贸易实务

GUOJI
MAOYI
SHIWU

主　编/周松兰
副主编/屈曙光　彭明明

中国财经出版传媒集团
中国财政经济出版社

图书在版编目（CIP）数据

国际贸易实务 / 周松兰主编；屈曙光，彭明明副主编. --北京：中国财政经济出版社，2023.8
ISBN 978-7-5223-2431-9

Ⅰ. ①国… Ⅱ. ①周… ②屈… ③彭… Ⅲ. ①国际贸易—贸易实务 Ⅳ. ①F740.4

中国国家版本馆 CIP 数据核字（2023）第 149396 号

责任编辑：庄　莉　　　　责任校对：张　凡　　　　责任印制：刘春年

国际贸易实务

GUOJI MAOYI SHIWU

中国财政经济出版社 出版

URL：http://www.cfeph.cn

E-mail：cfeph@cfeph.cn

社址：北京市海淀区阜成路甲 28 号　邮政编码：100142

营销中心电话：010-88191522

天猫网店：中国财政经济出版社旗舰店

网址：https://zgczjjcbs.tmall.com

北京财经印刷厂印刷　各地新华书店经销

成品尺寸：185mm×260mm　16 开　20 印张　490 000 字

2023 年 10 月第 1 版　2023 年 10 月北京第 1 次印刷

定价：68.00 元

ISBN 978-7-5223-2431-9

（图书出现印装问题，本社负责调换，电话：010-88190548）

本社质量投诉电话：010-88190744

打击盗版举报热线：010-88191661　QQ：2242791300

目　录

第二篇 国际货物买卖合同的主要内容

第四篇 数字贸易下国际贸易的发展

导　论

随着人工智能、大数据、云计算等数字技术的快速发展和其在外贸领域的广泛应用，国际贸易实践已步入新的阶段，跨境电商、数字贸易所占比重日益增多，对国际贸易人才的培养也提出了新的要求，外贸企业急需高端复合型、创新型的数字贸易人才，为实现我国从贸易大国向贸易强国转变奠定人才基础。

国际贸易实务是国际经济与贸易专业的核心课程，是数字贸易人才培养的重要课程支撑，教材内容的改革也是势在必行。

本教材结合国际贸易实践和数字贸易发展趋势，按照国际经济与贸易复合型人才培养目标和混合教学模式改革的发展方向，重点介绍合同签订前的准备工作、国际货物买卖合同的主要内容、国际货物买卖合同的履行，以及数字贸易下国际贸易发展的新趋势等。

教材内容注重如下几个新的特点：

一是适当引入课程思政改革。国际贸易人才除了要具备较强的国际贸易业务实践能力，还要具备较高的职业素养。因此，将课程本身的显性教育和思政的隐性教育相融合，将更多思政元素融入教材内容中，通过正面案例直观展示诚信经营、遵纪守法、爱岗敬业等优秀品德的重要性，通过反面案例警示学生违法乱纪的危害，从而提高高校学生的道德品质和文化素养。

二是顺应跨境电商与数字贸易发展的要求。随着数字贸易的快速发展，国际贸易方式由传统的外贸业务逐渐向跨境电商贸易转变，其进出口流程、平台管理等也发生了巨大的变化。这就要求越来越多的外贸企业不仅要具备传统国际贸易方式下的基本技能，还要具备跨境电子商务、现代信息素养等新技能。教材第四篇两章内容为数字贸易下新型国际贸易方式及跨境电子商务。

三是坚持理论与实践的结合。即以培养实践能力强、应用水平高的复合型人才和创新型人才为目标，教材适时增加导入案例、模拟操作题等实践教学内容。

一、《国际贸易实务》课程的主要特点

（一）国际贸易与国内贸易的不同点

国际贸易是指不同国家或地区之间商品、服务和生产要素交换的经济活动，是国内贸易的跨国延伸，它体现了各个国家或地区经济的国际分工情况。在传统的国际贸易实践中，商品交换活动是最基本、最主要的组成部分，虽然国际商品交换在本质上与国内商品交换并无差异，两者都是交换活动，但是国际贸易涉及的跨国界活动，发生于不同国家或地区之间。因此，在国际贸易实践中会出现更多在国内贸易中通常不会出现的特征：

1．国际贸易实践的难度更高

在当前国际贸易实践中通用语言为英语的背景下，英语的广泛运用为从事国际贸易业务的人员设立了基本门槛。在与其他国家或地区进行贸易时，必须以国际贸易惯例与国内外法律法规为准则，并且要熟悉各国交易对手和消费者的宗教信仰、风俗习惯、信仰和禁忌。由于许多西方发达国家经济体强势的保护主义规则，加上各种贸易壁垒的存在使得国际贸易受到干扰与阻碍，与此同时，外国的贸易法律和各种限制通常比国内更复杂，因此国际贸易难度更高。

2．国际贸易实践风险更大

由于国际贸易环境复杂多变，通常比国内贸易困难且风险比国内贸易大得多。在国际贸易中，交易双方更容易受到国家（或地区）经济与政治因素的影响。第一，国际贸易中本币与外币的汇率可能会发生不可预测的波动，给交易双方带来经济风险；第二，由于跨国家、跨地区进行国际贸易往来，信息不对称程度加大，使得资信调查不能完全披露不法经营者的真实目的；第三，国际贸易的过程包含许多中间环节，例如租船订舱、报验、报关、投保、装船和制单结汇等，若一个环节出问题，就会影响整笔交易的正常进行；第四，近年来新兴贸易保护主义抬头，逆全球化风潮愈演愈烈，国际政治局势动荡，战争时有发生，所承担的政治风险比国内贸易更大。

3．国际贸易实践中竞争更加激烈

国际贸易的竞争对手扩大至全球范围。国际贸易面临着国内与国外竞争对手的双重挑战。全球经济增长放缓，我国低要素成本的传统竞争优势不断削弱，综合要素成本快速上升，产业创新能力相对薄弱，参与国际规则制定能力有待提升，营商环境需进一步改善。因此，从事国际贸易的交易商需要增强自身实力，从商品、技术、服务、市场各方面提高自身竞争力，国际贸易专业人士需要更加广泛的专业技能。

（二）《国际贸易实务》课程的特点

《国际贸易实务》是国际经济与贸易专业的核心课程，是一门研究国际有形商品即货物买卖总体过程，具备涉外性活动特征的理论与实践结合的应用经济学课程。本教材以国际商品交换为研究对象，结合国际贸易惯例和法律法规，阐明进出口贸易中合同签订与履行的基本环节和一般做法。

本课程内容具有涉外性活动特点。通过本教材的学习，能够掌握国际贸易惯例、国外多个经济体的贸易习惯，接触到西方国家的相关法律，也能了解到不同国家和经济体在经济贸易活动中的合作与摩擦。

本课程具有理论与实践紧密结合的特点。本教材内容涵盖进出口贸易业务各个环节的基础理论、基础知识和操作技能，旨在让学生熟练掌握国际贸易实务相关理论和实务操作技巧，学会运用国际规则分析问题，提升外贸业务能力。

本课程是综合性、应用性强的一门学科。本教材内容涉及国际贸易理论、国际商法、国际货运代理、保险学、国际结算、跨境电子商务等课程及学科的专业知识。

二、《国际贸易实务》课程在专业建设中的地位作用

随着“一带一路”经贸合作不断深化，区域经济的进一步发展，对进出口贸易人才的需求也将呈现井喷式增长，现阶段迫切需要大量创新型、应用型的专业国际贸易人才。同

时，信息化、数字化广泛渗透于国际贸易，企业对国际贸易人才的要求也越来越高。

专业课程体系是高校人才培养体系的最基本单元，也是大学立德树人的重要载体，专业建设中的核心要素就是课程体系的建设，它支撑着人才培养目标的达成，直接影响人才培养的质量。它是实现人才培养目标的重要保障。

《国际贸易实务》作为国际经济与贸易专业的核心课程，具备很强的实践性和应用性特征。通过本课程的系统学习，学生能够清晰掌握订立和履行货物买卖合同的基本操作技能，提高学生分析、研究和解决国际贸易实际问题的能力，有助于培养复合型进出口贸易专业人才，为日后从事国际贸易实务业务和研究工作打下坚实基础。

国际贸易实务课程作为实操性和涉外性强的课程，它的作用体现在如下几个方面：

（一）国际贸易实务课程的学习能起到集知识、能力和素质于一体的作用

国际贸易实务课程的系统性知识和外贸流程实操能力的培养，有利于提高学生专业素质和技能，其实践性特征能更凸显应用型经济学科的“应用性”特点，更满足外贸企业的人才需求，培养更具竞争力、更专业化的高素质应用型人才。

（二）对其他专业课程起到引领作用

因国际贸易实务知识所涉及的相关课程内容较多，会对其他专业选修课程起到更好的引领和促进作用。比如：国际贸易学、国际贸易实务、国际金融、国际结算、跨国公司经营与管理、国际市场营销、外贸英文函电、国际商法，这六门课程作为国际贸易专业核心课程，联系紧密，相互促进，其中国际贸易实务更注重应用性，对其他课程的引领作用明显。

（三）有利于培养跨境电商专业人才

当前跨境电子商务作为一种新型国际贸易形式，在开展业务贸易中需要的是复合型新商科贸易人才，不仅需要熟悉传统贸易理论，而且还需要具备电子商务的操作技能。国际贸易实务课程对跨境电商专业人才的培育提供教育支撑，能够加快实现国际贸易课程改革的目标。

三、进出口贸易全流程

国际贸易又称进出口贸易，一般由出口贸易和进口贸易组成。无论是出口贸易还是进口贸易，它们的基本业务程序都包括交易前的准备工作、交易磋商和合同订立、合同履行的一般程序四个阶段。现将出口贸易流程（见图 1–1）和进口贸易流程（见图 1–2）分别概括如下。

（一）出口贸易流程

1．出口交易前的准备

出口交易前的准备工作，主要包括：做好国际商务信息的收集与整理；对国际市场的调查研究；落实出口货源；出口商品经营方案的制定；与交易对手建立业务关系；选派经贸洽谈人员；确定洽谈内容；对出口商品进行广告宣传等。

2．交易磋商和合同订立

在做好出口交易前的准备工作之后，通过函电联系或当面洽谈等方式，同国外客户进行交易磋商。主要包括询盘、发盘、还盘和接受四个过程。其中发盘和接受是达成交易、合同成立不可缺少的两个基本环节。在交易磋商过程中，一方发盘经另一方接受以后，交易即可成立，买卖双方就构成了合同关系，接下来就是订立书面合同。

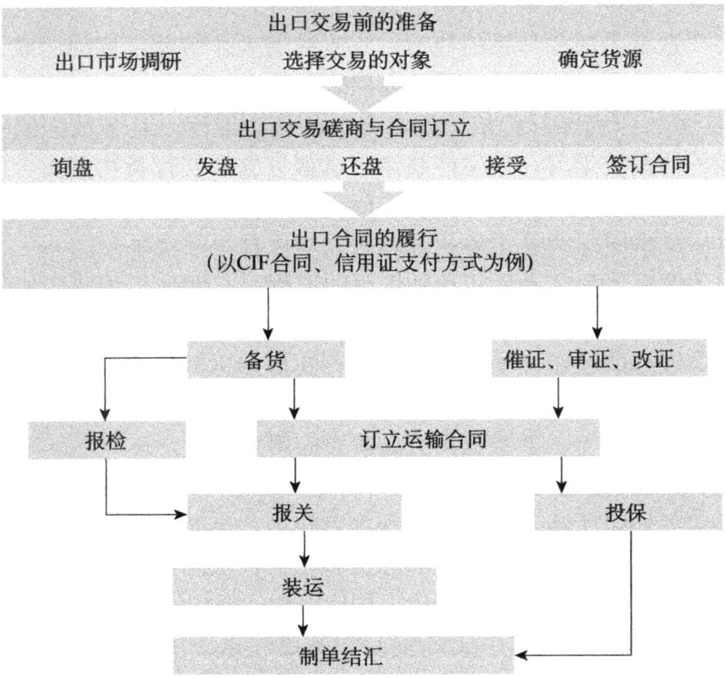

图 1-1　出口贸易的一般程序

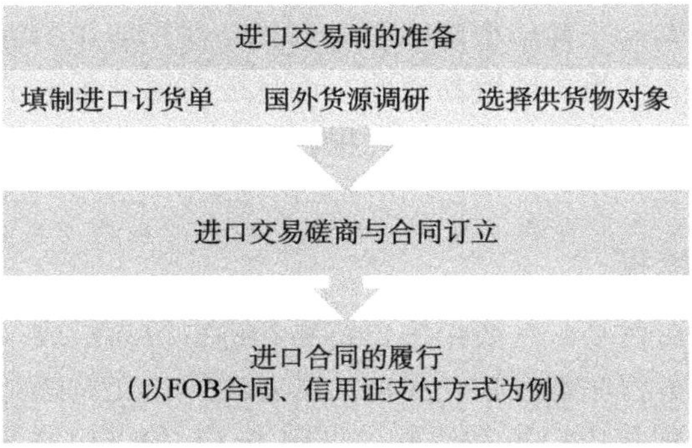

图 1-2　进口贸易的一般程序

3．出口合同履行的一般程序

出口合同订立后，交易双方就要根据“重合同、守信用”的原则，履行各自承担的义务。出口合同履行的一般程序，主要包括下列环节：申领外经贸机构批准的出口许可证；申请原产地证书；接受法定检验或委托鉴定，取得检验报告或鉴定证书；催证、审证、改证；制作各类单据，如汇票、发票等；办理托运手续；投保；报关，交纳关税；装运，换取提单；缮制单据，备妥有关单据，及时向银行交单结汇和收取货款。

（二）进口贸易流程

1．进口交易前的准备

进口交易前的准备工作，主要包括：对国内外市场的调查研究，包括商品价格变化趋势和供应商资信；进口成本核算；申领进口货物许可证；进口用汇；委托代理进口；选择交易商品和交易对手。

2．交易磋商和合同订立

与出口交易磋商相反，进口交易磋商是以进口方身份进行的，主要包括询价、洽谈等程序，交易双方构成达成合作意向后，通常需要签订书面外贸合同。

3．进口合同履行的一般程序

与履行出口合同的程序相反，履行进口合同的工作侧重点也不一样。例如，进口合同的履行一般按 FOB 条件和信用证付款方式成交。进口合同履行的一般程序，主要包括下列环节：信用证的开立和修改；委托装运；装运前验货；索要商检证书；运输和保险；审单和付款；进口报关和纳税；进口商品检验；提货离岸。

四、教材的结构逻辑体系

本教材内容主要分为四篇，主要以国际货物贸易的合同为主线，囊括了国际贸易合同前的准备、国际贸易合同的主要内容、国际贸易合同的履行及数字贸易下国际贸易发展新趋势等四大内容。

其中导论主要介绍国际贸易实务课程的特点及其在国贸专业课程体系中的地位和作用；简要介绍进出口贸易全流程，并引出教材的结构逻辑体系；

第一篇合同签订前的准备工作，主要内容包括国际贸易术语、国际市场调研、交易磋商；

第二篇国际货物买卖合同的主要内容，包括合同主体和标的物、商品价格的核定、国际货物运输、货物运输保险、货款的收付、违约和争议处理；

第三篇国际货物买卖合同的履行，主要内容包括出口合同的履行、进口合同的履行；

第四篇数字贸易下国际贸易的发展，主要内容包括跨境电子商务、新型国际贸易方式。

第一篇

合同签订前的准备工作

第一章 国际贸易术语

【导入案例】

中国的某钢材出口公司A与香港的B公司以FOB贸易术语签订合同，出口钢板一批，并且以信用证方式结算。随后B公司与韩国的C公司以CFR贸易术语签订合同，将钢材转卖给C公司。A公司与B公司在合同签订后，A公司收到B公司签发的信用证。信用证显示合同以FOB价格成交，但是却规定目的港为韩国的釜山港，并要求A公司在海运提单上注明：运费预付。

根据国际贸易术语的有关知识，思考以下问题：香港的B公司为何提出如此要求？A公司是否接收B公司的信用证条款？

第一节 国际贸易术语的含义和作用

一、贸易术语的含义

贸易术语（Trade Terms）也称为价格术语（Price Terms），是在长期的国际贸易实践中产生的，用来表示商品成交价格的构成和交货条件，确定买卖双方风险、责任、费用划分等问题的专门用语。在国际贸易实践过程中，贸易术语是在贸易双方进行商品的报价、交易谈判、签订贸易合同的时候所使用的。例如，FAS（Free alongside Ship，装运港的船边交货）贸易术语的含义和使用说明均明确了买卖双方有关手续、费用、风险与责任划分，从而简化了交易流程。因此，对外贸易的业务员需要掌握不同的贸易术语，并明确责任及风险划分，这涉及相应的费用和责任的承担，很大程度上影响到交易成本。

在国际贸易价格条款中贸易术语是不可或缺的重要因素。如：US$60 per dozen FOB Shanghai（每打60美元FOB净价，上海装运），这里的价格表示净价，报价中不包含佣金和折扣。由此看来，贸易术语一方面注明商品价格构成，另一方面还表明了合同的性质。在具体的贸易实践中，对于买卖双方不能确定的责任和义务的划分（例如装卸费、平舱理舱费、佣金、折扣），可以通过贸易术语的变形来界定。此外，需要注意的是，根据贸易术语的含义和分类，有的贸易术语后面要插入装运港，例如FCA、FAS、FOB；有的贸易术语后面要插入目的港，例如CFR、CIF、CPT、CIP；有的贸易术语后面要插入目的地，例如DAP、DPU、DDP。

二、国际贸易术语的作用

国际贸易术语是经过长期的贸易实践，逐渐形成适应各种需求的贸易术语，其解释已为国际贸易界普遍接受或采纳，并成为国际贸易惯例。其作用主要体现在以下几方面。

1. 有利于买卖双方洽商交易和订立合同。贸易术语是在长期的国际贸易实践基础上形成的国际惯例，每一种贸易术语对买卖双方的义务都有统一的解释。这有利于买卖双方明确各自的权利和义务，早日促成货物的成交。

2. 有利于买卖双方核算价格和成本。贸易术语表示商品价格的构成因素，不同的贸易术语对于成本、运费和保险费等各项费用由谁负担都有明确的界定，这有利于买卖双方比较容易核算商品的价格和成本。

3. 有利于解决履约当中的争议。由于贸易术语由相关的国际惯例来界定，对买卖双方在交易中涉及权利和义务方面的争议，一旦确定合同成交的贸易术语，就可通过国际贸易惯例解释，这无疑节省了交易费用。在本章的导入案例中，FOB是买方支付运费，CFR是卖方支付运费。B公司此举是为了简化向韩国C公司的交货手续或企图将运费转嫁给出口方。若运至釜山港的运费明确说明由B公司承担，则A公司可以接受。因此，A公司可以在信用证内加列允许受益人“预付运费”或注明“运费到付”的条款，或者由B公司将运费直接付给船公司，并从船公司得到确认收到运费后，A公司可以接收B公司的信用证条款。

第二节　有关国际贸易术语的国际惯例

一、国际贸易惯例

国际贸易惯例（International Trade Practice）或称国际商业惯例（International Commercial Practice）是指在长期的国际贸易实践中逐步形成的一些贸易习惯和一般做法。这些习惯和做法具有较为明确和规范的内容，经国际性的组织或商业团体制定成一般的通则、准则，应用于国际贸易中，并在此后的国际贸易中反复实践、修改和完善。国际贸易惯例不是法律，不具有普遍的法律约束力。但按各国的法律，在国际贸易中都允许当事人有选择适用国际贸易惯例的自由，一旦当事人在合同中采用了某项惯例，它对双方当事人就具有法律拘束力。有些国家的法律还规定，法院有权按照有关的贸易惯例来解释双方当事人的合同。

国际贸易中的国际惯例很多，涉及不同的种类和方面。例如在贸易术语方面，在国际贸易中影响最大的是国际商会制定的《国际贸易术语解释通则》；在国际结算方面，有《托收统一规则》《跟单信用证统一惯例》；在国际货物运输方面，有国际上使用广泛的提单文本、租船合同；在保险方面，有保险协会的保险条款等。另外，国际贸易惯例中，由国际统一私法协会洽定的《国际商事合同通则》是新的惯例。这些惯例被世界上绝大多数国家的贸易商、贸易机构、银行等参与国际贸易的主体所接受并广泛使用。

二、关于贸易术语的国际贸易惯例

现有的有关贸易术语的国际贸易惯例主要有三个，即《1932 年华沙—牛津规则》《1990 年美国对外贸易定义修订本》和《2020 年国际贸易术语解释通则》。

（一）《1932 年华沙—牛津规则》

《1932 年华沙—牛津规则》又称为《华沙—牛津规则》，是国际法协会规定的对成本加保险费及运费（C.I.F.）条件的详细解释。1928 年，华沙会议上制定了 C.I.F.买卖合同的统一规则，即《1928 年华沙规则》，共 22 条；后经 1930 年牛津纽约会议、1931 年巴黎会议和 1932 年牛津会议修订，定名为《1932 年华沙—牛津规则》，为 21 条，一直沿用至今。

《华沙—牛津规则》主要说明 CIF 买卖合同的性质和特点，并具体规定了采用 CIF 贸易术语时，对有关买卖双方责任的划分以及货物所有权转移的方式等问题做了比较详细的解释。其中对卖方在船舶装运、保险、制备单据、提交证件及保证货物的品质等方面的责任，买方在偿付贷款、接受货物与检查货物等方面的权利与义务，以及货物风险及所有权的转移时间等，都有详细规定。

此外，《华沙—牛津规则》对任何进出口交易都没有法律上的约束力，仅供买卖双方自愿采用。同时强调，只有当双方在买卖合同中注明采用此项规则时才适用。《华沙—牛津规则》中的任何一条都可以由买卖双方在合同中加以修改和补充，如合同条款与该规则有抵触时，以合同规定为准。

（二）《1990 年美国对外贸易定义修订本》

《1990 年美国对外贸易定义修订本》（以下简称《美国对外贸易定义》）是由美国几个商业团体制定的。它最早于 1919 年在纽约制定，原称为《美国出口报价及其缩写条例》。后来于 1941 年在美国第 27 届全国对外贸易会议上对该条例做了修订。这一修订本经美国商会、美国进口商协会和全国对外贸易协会所组成的联合委员会通过，由全国对外贸易协会予以公布。1990 年，根据形势发展的需要，该《定义》被再次修订，并被命名为《1990 年美国对外贸易定义修订本》。

《1990 年美国对外贸易定义修订本》中所解释的贸易术语共有 6 种，分别为：

（1）EXW（Ex Works）（产地交货）；

（2）FOB（Free on Board）（在运输工具上交货）；

（3）FAS（Free Along Side）（在运输工具旁边交货）；

（4）CFR（Cost and Freight）（成本加运费）；

（5）CIF（Cost，Insurance，Freight）（成本、保险费、运费）；

（6）DEQ（Delivered Ex Quay）（目的港码头交货）。

目前，《美国对外贸易定义》主要在美洲地区的一些国家采用。由于它对贸易术语的解释，特别是对第（2）和第（3）种术语的解释与目前较为流行的《国际贸易术语解释通则》有明显的差异，所以，在同美洲国家进行交易时应加以注意。

近年来，为推进国际贸易发展，美国许多贸易界人士呼吁放弃《美国对外贸易定义》，而采用国际上更为通行的《国际贸易术语解释通则》。

（三）《2020年国际贸易术语解释通则》

《国际贸易术语解释通则》（International Rules for the Interpretation of Trade Terms，简称INCOTERMS）是国际商会（ICC）为了统一对各种贸易术语的解释而制定的。最早的《通则》产生于1936年，后来进行过多次修订发展至今。2019年9月10日，国际商会根据国际货物贸易的发展对《2020通则》进行修订，并于2020年1月1日起在全球范围内实施生效。《2020通则》在《2010通则》基础上进一步明确了国际贸易体系下买卖双方的责任，其生效后对贸易实务、国际结算和贸易融资等方面都将产生重要的影响。《2020通则》的目标是构建折中方案，以服务于全世界从事对外贸易国家的贸易商。期间不断完善和修订，形成符合对外贸易的发展实际，且具有一定实践导向的《国际贸易术语解释通则》的新版本。

此外，国际贸易惯例在适用的时间效力上并不存在“新法取代旧法”的说法，贸易术语会随着国际贸易的发展而不断完善，基本上每十年调整一次。例如在《2020通则》颁布实施后，贸易当事人在订立贸易合同时仍然可以选择使用《2010通则》。

第三节 《2020年国际贸易术语解释通则》中的贸易术语

《2020通则》共11种，按照运输方式可以分为两大类，第一类适用于水上运输（即海运、内河运输，包括FOB、FAS、CFR、CIF），其中FOB、CFR、CIF三类是目前国际贸易中常用的贸易术语。第二类适合任何运输方式（包括EXW、FCA、CPT、CIP、DAP、DPU、DDP）。其中FCA、CPT、CIP三个贸易术语特指货交承运人，DAP、DPU、DDP三个贸易术语是目的地交货。

一、适用于水上运输方式的贸易术语

（一）FAS术语

1．FAS术语的基本含义

FAS即Free alongside Ship（named port of shipment），中文意思是船边交货（指定装运港），是指卖方在指定的装运港将货物交到船边，即完成交货。买方必须承担自那时起货物遗失或损坏的一切风险。

（1）FAS报价的基本格式如下：

Price Unit FAS Port of Shipment

e.g. US $ 500 per M/T FAS Qingdao

（2）价格构成：商品的成本+国内费用+利润；

（3）交货地点：装运港船边；

（4）风险转移界限：装运港船边。

2．卖方的主要义务

（1）在FAS项下，卖方要在合同中约定的日期和期限内，将货物运到合同规定的装

运港口，并交到买方指派的船只的旁边，即完成交货任务。

（2）卖方自负风险和费用，取得出口许可证或其他官方批准的证件，并办理出口货物所需要的一切海关手续。

（3）卖方承担交货之前的一切费用。

（4）卖方提供商业发票以及合同要求的其他单证。

3．买方的主要义务

（1）买方自负风险和费用，取得进口许可证或其他官方批准的证件，并且办理货物进口和从第三国过境运输所需的一切海关手续。

（2）买方承担交货之后的一切费用，包括装船费用以及货物从装运港运往目的港的运输、保险和其他各种费用，还负责办理货物进口所涉及的关税和其他费用。

4．使用 FAS 术语时需注意的问题

（1）对 FAS 的解释不同。根据《2020 通则》的解释，FAS 术语只适合于包括海运在内的水上运输方式，交货地点是装货港。但《美国对外贸易定义》中，FAS 的交货地点是运输工具的旁边。因此，在同北美国家交易中使用 FAS 术语应特别注意。

（2）要注意船货衔接问题。买方要及时将船名和要求装货的具体时间、地点通知卖方，以便卖方按时做好备货出运工作。卖方也应将货物交到船边的情况及时通知买方，以利于买方办理装船事项。

【案例 1-1】

我某公司按照 FAS 条件进口一批木材，由于当时装运港条件有限，货船不能靠岸，卖方使用驳船将木材运到货船旁边。在装运完成后，国外卖方来电要求我方支付货款，并要求支付装船时的驳船费。试问：我方应如何处理卖方的要求？

【案例分析】

驳船就是大船在锚地抛锚，将大船货物卸到小船以便运往各客户的过程中，承载、分流大船货物的船只。合同规定在船边交货物，在货物交接过程中，如果买方所派的船只不能靠岸，那么卖方要负责用驳船把货物运至船边，其相应的责任和费用由卖方负担。

在该案例中，我方对于卖方支付装船时的驳船费的要求可以拒绝。按照《2020 年国际贸易术语解释通则》，采用 FAS 术语成交时，买卖双方承担的风险和费用均以船边为界，即买方所指派船的船边。在买方所派船只不能靠岸的情况下，卖方应负责用驳船将货物运至船边。由此可见，驳船费用是在货物交接以前发生的，理应由卖方承担。故此，在本案例中，国外卖方要求我方承担驳船费用是不合理的，我方有权拒绝。

（二）FOB

1．FOB 术语的含义

FOB 即 Free on Board（named port of shipment），中文意思是装运港船上交货（指定装运港）。按离岸价进行的交易，买方负责派船接运货物，卖方应在合同规定的装运港和规定的期限内将货物装上买方指定的船只，并及时通知买方。交货地点在装运港船上，货物装到甲板上后，风险由卖方转移给买方。

（1）FOB 报价的基本格式。

Price Unit FOB Port of Shipment

e.g US $ 500 per M/T FOB Qingdao

（2）价格构成：商品的成本+国内费用+利润。

（3）交货地点：装运港船上。

（4）风险转移界限：装运港船上。

2．卖方的责任和义务

（1）办理出口许可证或其他有关文件，承担相应费用。

（2）办理按照合同规定完成交货义务的各类单证。

（3）装船并承担相关费用。

（4）装船后及时通知买方。

3．买方的主要义务

（1）租船订舱，支付运费；将船期、船名、装船时间及时通知卖方。

（2）办理保险手续，支付保费。

（3）办理进口许可证或有关其他文件，承担相应费用。

（4）按照合同规定的方式和时间支付货款。

4．装船通知

装船通知（Shipping Advice 或 Advice of Shipment），也叫装运通知，是指在货物装船后，卖方应在约定时间内，将合同号和货物的品名、件数、重量、发票金额、船名、航次、提单号、预计离港时间、预计到港时间等项内容电告买方，以方便买方办理保险、支付货款并做好接卸货物的准备。

5．FOB 术语时需注意的问题

（1）关于风险划分问题

《2000 通则》及以前版本的《通则》中规定，FOB 术语是以装运港的船舷作为划分风险的界限。《2010 通则》开始规定 FOB 术语以装运港船上为交货点、风险划分点和费用划分点。只有当货物越过船舷，装到船上后，风险即由卖方转移至买方。《2020 通则》继续沿用这一新规定。

（2）关于船装衔接问题

由于 FOB 条件下是由买方负责安排运输工具，即租船订舱，所以这就存在一个船货衔接问题。根据有关法律和惯例，如果买方未能按时派船，这包括未经对方同意提前将船派到和延迟派到装运港，卖方都有权拒绝交货，而且由此产生的各种损失，如空舱费、滞期费以及仓储费等，均由买方负担。如果买方指派的船只按时到达装运港，而卖方却未能备妥货物，那么，由此产生的上述费用则由卖方承担。因此，卖方在合同规定的时间内准备好货物后，要及时地向买方发出装船通知。

在 FOB、CFR、FCA、CPT 术语下，尤其是 CFR、CPT 术语，买方要据此购买保险，通知的必要性更强。CIF、CIP 由于是卖方购买保险，通知就是单纯地提醒或是告知买方准备付尾款或是做接货的准备，重要性差些，但是也需要发出通知。

（3）关于装船费用的负担问题

由于 FOB 的交货点在装运港船上，对于由谁支付装运港的装船费用（装船费、理舱费和平舱费）常出现争议。为此，FOB 衍生出了许多术语变形，即在贸易术语的后面加上限制条件，以进一步明确卖方的责任或义务。这主要包括以下几种：

① FOB Liner Terms（班轮条件）。它指装船费用按照班轮的做法来办，即卖方不负担

装船的有关费用，费用包括在运费中。

② FOB Under Tackle（吊钩下交货）。它指卖方将货物交到买方指定船只的吊钩所及之处，即吊装入舱以及其他各项费用概由买方负担。

③ FOB Stowed（理舱费在内）。它指卖方负责将货物装入船舱，并承担包括理舱费在内的装船费用。该变形通常用于大宗的打包货物或者以件数计量的货物。

④ FOB Trimmed（平舱费在内）。它指卖方负责将货物装入船舱，并承担包括平舱费在内的装船费用。该变形主要用于大宗的散装货物。

值得注意的是，FOB 的上述变形只是为了表明装船费用由谁负担问题而产生的，它们并不改变 FOB 的交货地点以及风险划分的界限。

（4）代办装运手续

在 FOB 术语下，租船/订舱及相关手续由买方负责办理。需要注意的是，应买方要求并由其承担相关费用的情况下，卖方可以帮助买方租船/订舱，代办装运手续。但是要明确，卖方的行为仅仅是代办，就是说卖方可以帮买方租船订舱，但是卖方并不承担租不到船或是订不到舱的责任。

【案例 1-2】

我某公司以 FOB 条件出口一批冻鸡，合同签订后接到买方来电，称租船较为困难，委托我方代为租船，有关费用由买方负担。为了方便合同履行，我方接受了对方的要求，但时间已到了装运期，我方在规定的装运港无法租到合适的船，且买方又不同意改变装运港，因此到装运到期时，货仍未装船。买方因销售合同即将结束，便来函以我方未按期租船履行交货义务为由撤销合同。

问：我方应如何处理？

【案例分析】

我方应拒绝撤销合同的无理要求。

根据《2020 年国际贸易术语解释通则》，贸易双方以 FOB 术语成交货物时，买方负责租船订舱、办理运输、支付运费。为了卖方装船交货方便，卖方也可以接受买方的委托，代为租船订舱，但费用和风险应由买方承担，卖方不承担租不到船的责任。结合本案例，因为卖方代买方租船没有租到，买方又不同意改变装运港，因此卖方不承担因自己未租到船而延误装运的责任。买方也不能因此撤销合同。

（三）CFR 术语

1．CFR 术语的基本含义

CFR 即 Cost and Freight（named port of destination），中文意思是成本加运费（指定的目的港），指在装运港船上交货，卖方需支付将货物运至指定目的港所需的费用。但货物的风险是在装运港船上交货时转移。

（1）CFR 报价的基本格式。

Price Unit CFR Port of Destination

e.g. US $ 500 per M/T CFR Hamburg

（2）价格构成：成本+国内费用+利润+运费。

（3）交货地点：装运港船上。

（4）风险转移界限：装运港船上。

2．卖方的主要义务

（1）自负风险和费用办理出口许可证或其他有关文件，承担相应费用。

（2）租船订舱，支付运费。

（3）装船后必须及时通知买方。

（4）提供全套符合合同规定的单据。

3．买方的主要义务

（1）办理进口许可证或有关其他文件，承担相应费用。

（2）承担班轮以外的卸船费用。

（3）办理货运保险手续，并支付保险费。

（4）接货，按照合同规定的方式和时间支付货款。

4．使用CFR术语时需注意的问题

（1）租船或订舱的责任

根据《2020通则》CFR合同的卖方只负责按照通常条件租船或订舱，使用通常类型的海轮（或内河轮船），经惯常航线，运至目的港。因此，买方一般无权提出关于限制船舶的国籍、船型、船龄或指定某班轮公司的船只等要求。但在实际业务中，若国外买方所提上述要求能够办到，在不增加费用的情况下，卖方可以考虑接受。

（2）装船通知

CFR术语交易中，卖方向买方发出已装船通知，具有通知买方及时办理保险的作用。买方办理进口货物保险时，保险公司按有关的装船通知承保。如果卖方未能及时向买方发出已装船通知。致使买方未能及时办理保险，则万一货物在运输途中发生灭失或损坏，其风险仍由卖方承担。所以，使用CFR术语时，卖方应特别注意及时向买方发出装船通知。

（3）装卸费用的负担

在班轮运输的情况下，运输费用包括装运港的装货费用和目的港的卸货费用均由卖方负担，这包含在运费中。但是，如果采用租船方式运输，则需在合同中订明卸货费用由何方负担。规定的方法，可以在合同中用文字具体说明，也可采用CFR术语的变形来表示。需要注意的是，CFR术语的变形只是在CFR后面加列附加条件，交货地点和风险划分的界限，并无任何改变。

（4）CFR术语的变形

跟FOB属于一样，CFR术语的变形是为了明确在承租方式下卸货费用的负担问题，主要有以下几种：

① CFR班轮条件（CFR Liner Terms），指卸货费用按班轮条件处理，由船方负担；

② CFR舱底交货（CFR Ex ship's Hold），指货物运到目的港后，买方自行启仓，并负担将货物从舱底吊卸到码头的费用；

③ CFR吊钩交货（CFR Ex Tackle），指卖方负担将货物从舱底吊至船边卸离吊钩为止（码头上或驳船上）的费用；船舶不能靠岸时，驳船费用由买方负担。

④ CFR卸到岸上（CFR Landed），指卖方负担将货物卸到目的港岸上的费用。船舶不能靠岸时，驳船费用由卖方负担。

【案例 1-3】

我某公司以 CFR 术语出口一批瓷器，我方按期在装运港装船后，即将有关单据寄交买方，要求买方支付货款。过后，业务人员才发现忘记向买方发出装船通知。此时，买方已来函向我方提出索赔，因为货物在运输途中因海上风险而损毁。

问：我方能否以货物运输风险是由买方承担为由拒绝买方的索赔？

【案例分析】

根据《2020 年国际贸易术语解释通则》，贸易双方以 CFR 术语成交，买卖双方的风险界点在装运港船上，货物在装运港装船以前的风险由卖方承担，货物装船以后的风险由买方承担。有鉴于此，买方为了保证自己在遭到风险时能够将损失减低，可以通过向保险公司办理货运保险手续将风险转嫁给保险公司，但是买方能否及时办理保险取决于卖方在装运港装船后是否及时向买方发出装船通知。根据 CFR 术语，卖方在货物装船后及时向买方发出装船通知是其重要义务，如果卖方未及时向买方发出装船通知导致买方未能及时办理保险手续，由此引起的损失由卖方负担。因此，我方不能以风险界点在装运港船上为由而拒绝买方的索赔要求。

（四）CIF 术语

1．CIF 术语的基本含义

CIF 即 Cost，Insurance and Freight（named port of destination），中文意思是指成本、保险费加运费（指定目的港）。CIF 贸易术语是指在装运港当货物装到船上时卖方即完成交货。

根据《2020 通则》，以 CIF 术语成交的货物，卖方必须支付将货物运至指定的目的港所需的运费和费用，但交货后货物灭失或损坏的风险及由于各种事件造成的任何额外费用即由卖方转移到买方。但是，在 CIF 条件下，卖方还必须办理买方货物在运输途中灭失或损坏风险的海运保险。

（1）CIF 报价的基本格式。

Price Unit CIF Port of Destination

e.g. US $ 300 per M/T CIF San Francisco including 2% discount

（2）价格构成：成本+国内费用+利润+运费+保险费。

（3）交货地点：装运港船上。

（4）风险转移界限：装运港船上。

2．卖方的主要义务

（1）自负风险和费用办理出口许可证或其他有关文件，承担相应费用。

（2）租船订舱，支付运费；办理保险手续，支付保费。

（3）装船并通知买方，做好接船工作。

（4）提供符合合同规定的完成交货义务的证明文件，如商业发票、运输单据、保单等。

3．买方的主要义务

（1）办理进口许可证或有关其他文件，承担相应费用。

（2）承担自装运港至目的港之间除去主运费外的附加运费，如转船费。

（3）接货，按照合同规定的方式和时间支付货款。

4．使用 CIF 术语时需注意的问题

（1）费用的划分和风险的转移

CIF 贸易术语下，买卖双方费用划分点是目的港，而风险的划分点是装运港的船上。在装运港，卖方将货物装上船后，风险由卖方转移给买方，但是卖方还需承担从装运港到目的港的运费和保险费用。

按照 CIF 术语，卖方应负担除港口拥挤费、续航费等运输过程中可能发生的额外费用之外的正常运费。至于装卸费，若使用班轮运输运轮，货物装卸费包括在运费之内，由卖方负担。但因各港口的惯例不同，如果使用租船运输，就会产生货物运抵目的港的卸货费由何方负担的问题。因此，为了避免各方引自不同的国际惯例解释而产生争议，在采用租船运输货物时，买卖双方应明确卸货费由何方负担，并在合同中订明。通常，交易双方可采用在 CIF 术语之后增列附加条件，形成 CIF 术语变形方法处理。

（2）办理保险的险别

按照 CIF 术语，卖方需要办理保险并支付保费。一般的做法是，在签订买卖合同时，在合同的保险条款中，明确规定保险的险别、保险金额等内容，这样，卖方就应按合同的规定办理投保。但如果合同中未能就保险的险别等问题做出具体规定，那就要根据有关惯例来处理。按照《2000 通则》对 CIF 的解释，卖方只需投保最低的险别，即平安险；但在买方要求时，并由买方承担费用的情况下，可加保战争、罢工、暴乱和民变险等附加险。卖方投保的保险金额应按 CIF 价加成 10%。《2020 通则》中 CIF 保险投保险别无变化。对于保险条款，在 CIF 价格术语中，卖方的责任仍然是“自费投保符合协会货物保险条款（LMA / IUA）的（C）条款或任何类似条款所规定的货物险”。卖方只需承担运输最低限（平安险），但是买卖双方可以规定较高的保额。

（3）租船订舱

由于从装运港到目的港的运输合同由卖方负责签订，卖方根据货物的具体情况，选择适当的船舶，或者租用整船，或者班轮订舱。这就是所谓的按通常条件（on Usual Terms）。如船龄、船籍、船级、船型以及装运某某航运公司的船只等这属于限制条件。对于这些要求，卖方应慎重考虑，不论对方是在合同订立之前提出的，还是在合同订立之后提出的。如果卖方认为自己可以办到，又不会增添麻烦和额外开支，就可以接受；否则，可以拒绝。但一旦接受，就必须严格照办。

采用 CIF 条件成交时，卖方在办理租船订舱时，还应注意所租用的船只是否具有适航性和适货性。所谓适航性（Seaworthiness），是指载货的船只在装运港启运时，从船舶的性能和船上人员的配备情况来看，已具备了将货物从装运港运抵目的港的能力。适货性（Cargoworthiness），是指船舶从其性能和设备情况来看，适合运输合同所约定的货物。

（4）交货问题

CIF 属于象征性交货。只要卖方在装运港口将货物按时装船，并提交全套符合合同规定的单据，就视为已履行了交货义务，即使货物后来在运输途中灭失，买方也不能拒收单据和拒付货款。反之，如果卖方所提交的单据的名称、内容、份数与合同规定不符，即使货物已安全运达目的港，也不能视为已履行交货义务。因此，买方有权拒收单据，拒付货款。有鉴于此，买卖双方应明确对单据的具体要求，并在签订的合同中列举清楚。

【案例 1–4】

我公司以 CIF 术语出口一批货物，我方按期将货物装上船，并取得全套合格单据。不料货物出运后，船触礁沉没，货物灭失。随后买方以货物灭失且 CIF 是到岸为由，拒绝付款赎单。问：该案例应如何处理？

【案例分析】

我们习惯称 CIF 为到岸价，这是错误的，CIF 术语规定的只是费用承担问题。根据《2020 通则》，以 CIF 术语成交的货物，货物在装上船的时候，风险就由卖方转移给买方，此后货物在途中的一切风险都由买方承担。

此案例正确的做法应该是：卖方（我方）将全套议付单据（包含保险单）寄交买方，买方付款赎单。买方拿到保险单后，如果事故在保险承保范围内，则向保险公司请求赔偿。如果此案例是用信用证方式的话，付款流程将更简单，卖方可在货物装船后，直接向银行交单要求付款，只要单证相符，银行是不会拒付的。

二、适合任何运输方式的贸易术语

（一）EXW 术语

1．EXW 术语的基本含义（EX Works 的缩写，工厂交货）

EXW，即 EX Works（named place of delivery），中文意思是工厂交货（指定交货地点），是指当卖方（工厂或贸易公司）在其所在地（一般是在工厂的厂区范围内，或当地的某个仓库）将货物交给买方或其代理人处置时，即完成交货。该术语是卖方承担责任最小的术语。根据《2020 通则》，使用 EXW 术语成交时，买方必须承担在卖方所在地受领货物的全部费用和风险。卖方不负责办理出口清关手续或将货物装上任何运输工具。

（1）价格构成：商品的成本+利润。

（2）交货地点：卖方的工厂、车间、仓库。

（3）风险转移界限：货交买方或其代表。

2．卖方的主要义务

（1）提供符合合同规定的货物和商检证明。

（2）在合同规定的时间、地点，将货物交给买方控制，并提供商业发票。

（3）支付交货之前的核查费用（包括检质、点数、过磅等）。

（4）按照合同规定提供包装，并支付包装费用。

3．买方的主要义务

（1）自负费用和风险办理进出口许可证或有关官方文件。

（2）自负费用和风险订立运输合同，支付运费。

（3）自行办理投保手续，支付保费。

（4）承担自交货以后的所有责任和费用，包括装上运输工具和出口结关手续。

4．使用 EXW 术语时需注意的问题

（1）EXW 是卖方承担义务最小的贸易术语，也是买方承担责任最大的贸易术语，如果买方对于直接或间接办理出口手续没有较大把握，又不能取得卖方的协助，则不宜采用这一术语。

（2）必须做好货物的交接工作。

（3）明确货物的包装和包装费用负担问题。

【案例 1–5】

我国某出口公司与美国某进口商签订出口男士衬衣的合同。合同规定 EXW 深圳，纸箱包装，10 月 15 日前交货。10 月 10 日，卖方通知买方，货物已经备妥，并单独存放于某仓库，等待提取。10 月 11 日，买方安排代表前来验收，该批货物检验合格。该代表向卖方提出将货物暂存该仓库，并且承诺将于 10 月 14 日下午安排车辆来拉货。卖方表示同意。不料，该仓库 10 月 13 日突遭火灾，全部厂房及物资均被烧毁。买方拒付货款，理由是未提货，货物被焚应该由卖方负责。试分析买方的做法是否合理？

【案例分析】

根据《2020 通则》对 EXW 术语的解释，卖方在工厂或仓库将货物置于买方或其代理人的控制下，即完成交货任务。该案例中，出口方在合同规定的时期内，在指定的交货地点，将符合合同要求的货物交给买方派出的代表。买方代表在工厂验货后买方即应承担货物灭失和损坏的一切风险，而不是等到将货物提走以后。因此，验收后的货物是买方自愿存入卖方仓库，买方应承担其一切后果。所以，本案中买方的拒绝提货做法是不合理的。

（二）FCA贸易术语

1．FCA 的基本含义

FCA 即 Free Carrier（named place of delivery），中文意思是货交承运人（指定交货地点），是指卖方只要将货物在指定的地点交给买方指定的承运人，并办理了出口清关手续，即完成交货。

（1）价格构成：商品成本+国内费用+利润。

（2）交货地点：买方指定地点。

（3）风险转移界限：货交承运人。

2．卖方的主要义务

（1）在合同规定的时间、地点，将符合合同规定的货物置于买方指定的承运人控制下，并及时通知买方。

（2）承担将货物交给承运人控制之前的一切费用和风险。

（3）自负风险和费用，取得出口许可证或其他官方批准证件，并办理货物出口所需的一切海关手续。

（4）提交商业发票或具有同等作用的电子信息，并自费提供通常的交货凭证。

3．买方的主要义务

（1）签订从指定地点承运货物的合同，支付有关的运费，并将承运人名称及有关情况及时通知卖方。

（2）根据买卖合同的规定受领货物并支付货款。

（3）承担受领货物之后所发生的一切费用和风险。

（4）自负风险和费用，取得进口许可证或其他官方证件，并且办理货物进口所需的海关手续。

4．承运人

“承运人”是指在运输合同中，承诺通过铁路、公路、空运、海运、内河运输或上述运输的联合方式履行运输或由他人履行运输的人。如果承运人将货物运至约定目的地需要两种或两种以上的运输方式，则风险自货物交给第一承运人时转移。简单来说，承运人是拥有运输工具的实际承运人、运输代理人或其他人。

5．使用 FCA 术语时需注意的问题

（1）承运人和交货地点的问题

FCA 术语下，通常是由买方安排承运人，与其订立运输合同，并将承运人的信息告知卖方。

对于交货地点，《2020 通则》的解释有以下几种：

① 若指定的地点是卖方所在地，则当货物被装上买方指定的承运人或代表买方的其他人提供的运输工具时，完成交货。

② 若指定的地点不是卖方所在地，而是其他任何地点，则当货物在卖方的运输工具上，尚未卸货而交给买方指定的承运人或其他人，或由买方选定的承运人或其他人处置时，完成交货。

③ 若在指定的地点没有约定具体交货点，但有几个具体交货点可供选择时，卖方可以在指定的地点中选择最适合其目的地的交货点。

（2）风险转移的问题

买卖双方风险转移以货交承运人处置时为界。如果买方未能及时给予卖方有关承运人名称和其他事项的通知，或者他所指定的承运人未能接受货物，则自规定的交付货物的约定日期或期限届满之日起，若无约定日期的，则按照卖方完成交货时的通知日期起算，由买方承担货物灭失或损坏的一切风险。但以货物已被划归本合同项下为前提条件。

（3）责任和费用的划分问题

买方自行订立从指定地点承运货物的运输合同并承担运费。如买方要求卖方代为指定承运人并订立运输合同，在由买方承担风险和费用的情况下，卖方可以接受。当然，卖方也可以拒绝代为订立运输合同，如果拒绝，应立即通知买方，以便买方另行安排。买卖双方承担费用的划分以货交承运人为界。

【案例 1–6】

2020 年 1 月，我方出口太阳能电池到印度，按 FCA Shanghai Port 签约。交货期为 2020 年 8 月。出口企业 8 月 31 日将该电池运到上海港并由船公司收货开具海运提单。我方即电传印度发出装运通知。9 月 2 日，电池抵达孟买。卖方将到货通知连同发票和海运提单送交孟买 W 银行。该银行即通知印度商人提货、付款，但印度商人以延迟交货为由拒绝。

试问：印度商人的做法是否合理?

【案例分析】

根据《2020 通则》，以 FCA 术语成交的货物，卖方只要将货物在规定的时间内，在指定地点交给由买方指定的承运人，并办理出口清关手续，即完成交货。

在本案例中，双方约定 FCA Shanghai Port，交货期 8 月，那么卖方在上海港货交承运人后，即已完成了交货义务。卖方在 8 月 31 日交货，在约定的交货期 8 月之内，故卖方履行合同符合约定。买方拒绝提货、付款皆无合理依据。买方应按照合同要求履行提取货物、交付货款的义务，还应对其拒绝提货、付款造成的损失承担法律责任。

（三）CPT贸易术语

1．CPT 的基本含义

CPT 即 Carriage Paid to（named place of destination），中文意思是运费付至（指定目的地）。CPT 贸易术语是指卖方向其指定的承运人交货，但卖方还必须支付将货物运至目的地的运费。CPT 术语亦即买方承担交货之后一切风险和其他费用。

（1）CPT 术语中的价格构成：商品成本+商品国内费用+利润+运费。

（2）交货地点：买方指定地点。

（3）风险转移界限：货交承运人。

2．卖方的主要义务

（1）指定承运人，与其订立将货物运往指定目的地的运输合同，并支付有关运费。此外，货物的装卸费可以包括在运费中，统一由卖方负担，也可以由双方在合同中另行规定。

（2）在合同规定的时间、地点，将合同规定的货物置于承运人控制之下，并及时通知买方。

（3）承担将货物交给承运人控制之前的风险。多式联运情况下，卖方承担的风险自货物交给第一承运人控制时即转移给买方。

（4）自负风险和费用，取得出口许可证或其他官方批准证件，并办理货物出口所需的一切海关手续，支付关税及其他有关费用。

（5）提交商业发票和自费向买方提供在约定目的地提货所需的运输单据，或具有同等作用的电子信息。

3．买方的主要义务

（1）接受卖方提供的有关单据，受领货物，并按合同规定支付货款。

（2）承担自货物在约定交货地点交给承运人控制之后的风险。

（3）自负风险和费用，取得进口许可证或其他官方证件，并办理货物进口所需的海关手续，支付关税及其他有关费用。

4．使用 CPT 术语时需注意的问题

（1）交货通知

CPT 条件下，卖方必须在货物交给承运人或其他人接管后，向买方发出交货的详尽通知。在实际业务中，交货通知即“装运通知”（Shipping Advice）。如果买方在 CPT 条件下需要卖方提供特殊信息，应在买卖合同中约定或在信用证中做出规定。与 CFR 术语一样，在 CPT 条件下如果卖方未按惯例规定发出或未及时发出装运通知，使买方投保无依据或造成买方漏保，货物在运输过程中一旦发生灭失或损坏，应由卖方承担赔偿责任。

（2）货物的投保

卖方应买方请求提供投保信息。CPT 术语规定由卖方根据买方的请求，提供投保信息，这是卖方合同的通知义务。买方在选择保险公司的地点和保险公司时完全是自由的，买方有可能选择卖方所在国家的保险公司办理保险，所以要求卖方将指定保险公司的保险条款等情况提供给买方。按惯例规定，CPT 条件下，若买方提出请求卖方提供投保信息，卖方未能提供该信息，致使买方来不及或无法为货物投保，一旦货物在运输途中出现灭失或损坏的风险，卖方应承担过错损害赔偿责任。

【案例 1–7】

我国某出口公司与英国进口商以 CPT 术语签订出口玉米 50 万公吨的合同，信用证付款，合同约定货到伦敦。合同签订后，进口商开来目的地为伯明翰的信用证，出口方随后将货物包装完毕，与船公司、铁运公司签订运输合同，并及时通知了买方。鉴于海上风险相对较大，于是，进口商办理了海运保险。货到目的港时依然完好。但是在铁路运输途中，由于运输公司所派的集装箱年久欠修，箱顶因锈蚀而不防雨，恰正值连阴雨天气，致使大部分玉米被泡，已无利用价值。进口商提出，运输公司是出口方联系的，合同中又约定是货到伯明翰，现今，出口方所交货物已无价值，全部责任应由出口方承担，于是提出索赔。

试问：进口商的要求是否合理？出口商应如何处理？

【案例分析】

根据《2020 通则》，按照 CPT 术语成交的合同，货交承运人，卖方支付运费，买方应办理保险。因此，卖方只负责成本和费用把货物交给承运人，支付运费，便完成交货任务。投保不在卖方的义务范围内。此案中，买方不仅要办理海运保险，从目的港到目的地这段距离买方也应该投保。作为承运人，铁路公司的集装箱年久失修，存在重大过失。

因此，进口商的要求不合理。此案中的损失应该由进口商承担。进口商可凭保险单、运输合同等资料，向保险公司或运输公司索赔。作为交易方，出口商需做好相关的协助工作。

（四）CIP 贸易术语

1．CIP 术语的基本含义

CIP 即 Carriage and Insurance Paid to（named place of destination），中文意思是指“运费和保险费付至（指定目的地）”，CIP 贸易术语是指卖方向其指定的承运人交货，但卖方还必须支付将货物运至目的地的运费，并办理货物在运输途中灭失或损坏风险的保险。买方承担卖方交货之后的一切风险和额外费用。

（1）CIP 贸易术语的价格构成：商品成本+商品国内费用+利润+运费+保费。

（2）交货地点：买方指定地点。

（3）风险转移界限：货交承运人。

2．卖方的主要义务

（1）订立将货物运往指定目的地的运输合同，并支付有关运费。

（2）在合同规定的时间、地点，将合同规定的货物置于承运人的控制之下，并及时通知买方。

（3）承担将货物交给承运人控制之前的风险。

（4）按照买卖合同的约定，自负费用投保货物运输险。

（5）自负风险和费用，取得出口许可证或其他官方批准证件，并办理货物出口所需的一切海关手续，支付关税及其他有关费用。

（6）提交商业发票和在约定目的地提货所需的运输单据或具有同等作用的电子信息，并且自费向买方提供保险单据。

3．买方的主要义务

（1）接受卖方提供的有关单据，受领货物，并按合同规定支付货款。

（2）承担自货物在约定地点交给承运人控制之后的风险。

（3）自负风险和费用，取得进口许可证或其他官方证件，并且办理货物进口所需的海关手续，支付关税及其他有关费用。

4．使用 CIP 术语时需注意的问题

（1）卖方的投保属于代办性质

根据 CIP 术语成交合同，卖家须办理货物运输保险，且要承担相关费用，不过买家需要承担商品从交货地点运到目的地的运输过程中所遇风险。货物的保险受益人是买方，所以卖方的投保仍属于代办性质。

（2）投保险别

根据《2020 通则》，一般情况下，卖方按双方协商确定的险别投保。如果双方未在合同中规定应投保的险别，则卖方按惯例投保最低的险别，保险金额是一般在合同价格的基础上加成 10%，而且要以合同货币进行投保。

（3）合理核算价格

CIP 术语条件下，卖方要承担较多的责任和费用。要负责办理从交货地至目的地的运输，承担有关运费，办理货运保险，并支付保险费。这些都反映在货价之中。所以，卖方在对外报价时，要认真核算成本和价格。在核算时，应考虑运输距离的远近、保险的险别，各种运输方式和各类保险的收费情况，并要预计运费和保险费的变动趋势等方面的问题，从而给出合理报价。

【案例 1-8】

我国某进口公司按照 CIP 术语条件进口 30 公吨化肥。货物先经过海洋运输，抵达目的港后，又转为铁路运输到达目的地。进口方在受领货物后，出口方来电，要求我方支付货款和铁路费用。问：出口方的要求是否合理?

【案例分析】

根据《2020 通则》，按照 CIP 术语成交的合同，卖方要承担货物至目的地的运费和保险费，这里的运费不仅仅是海洋运输，应该是全程运输的费用。因此，出口方要求进口方支付铁路运输的费用是不合理的。

（五）DAP 术语

1．DAP 术语的基本含义

DAP 即 Delivered at Place（named place of destination），中文意思是目的地或目的港的集散站交货（指定目的地），指卖方已经用运输工具把货物运送到达买方指定的目的地后，将装在运输工具上的货物（不用卸载）交由买方处置，即完成交货。当使用 DAP 术语成交时，卖方要负责将合同规定的货物按照通常航线和惯常方式，在规定期限内将装载于运输工具上准备卸载的货物交由买方处置，即完成交货，DAP 术语中卖方负担将货物运至指定地为止的一切风险。

（1）DAP 贸易术语的价格构成：成本+商品国内费用+利润+运费+保费。

（2）交货地点：目的地的约定地点。

（3）风险转移界限：目的地的约定地点，置于买方控制后。

2．卖方的主要义务

（1）必须签订运输合同，支付将货物运至指定目的地或指定目的地内的约定地点所发生的运费。

（2）在指定目的地将符合合同约定的货物放在已抵达的运输工具上，在卸货前交给买方处置时即完成交货。

（3）必须向买方发出所需通知，以便买方采取收货措施。

（4）承担在指定目的地运输工具上交货之前的一切风险和费用。

（5）自负风险和费用取得出口所需的许可或其他官方授权，办理货物出口和交货前从他国过境运输所需的一切海关手续。

（6）提供商业发票或相应的电子凭证。

3．买方的主要义务

（1）承担在指定目的地运输工具上交货之后的一切风险和费用，负责卸货。

（2）自负风险和费用取得进口所需的许可或其他官方授权，办理货物进口所需的一切海关手续。

（3）按合同约定收取货物，接受交货凭证，支付货款。

4．使用 DAP 术语时需注意的问题

（1）DAP 的交货地点既可以是在两国边境的指定地点，或是在目的港的船上，也可以是在进口国内陆的某一地点。

（2）卖方在指定目的地交货，但卖方不负责将货物从到达的运输工具上卸下。买方负责在指定目的地将货物从到达的运输工具上卸下，但卖方要保证货物可供卸载。卖方在签订运输合同时应注意运输合同与买卖合同相关交货地点的协调，如果卖方按照运输合同在指定目的地发生了卸货费用，除非双方另有约定，卖方无权向买方要求偿付。

（3）由于卖方承担在特定交货地点交货前的风险，买卖双方应尽可能清楚地订明指定目的地的交货地址，最好能具体到指定目的地内特定的交货点。如果没有约定特定的交货点或该交货点不能确定，卖方可以在指定目的地选择最适合的交货点。

（4）卖方对买方没有订立保险合同的义务，但由于整个运输过程的风险要由卖方承担，卖方通常会通过投保规避货物运输风险。

（5）如果买卖双方希望由卖方办理进口所需的许可或其他官方授权，以及货物进口所需的一切海关手续，包括支付所有进口关税，则应该使用 DDP 术语。

【案例 1–9】

我国某进口公司于 2020 年 8 月，按照 DAP 青岛与韩国出口方签订一批钢材买卖合同。合同规定数量为 10 000 吨钢材，可分批装运，交货日期截至 12 月底。签约后，卖方即开始备货，安排海上运输，并于 12 月 30 日前将 10 000 吨钢材分批发运出去。买方在青岛港接收货物，发现卖方未支付卸货费用，只得自行支付并收货。经检验发现货物有短量现象，同时发现有部分货物是在 2021 年 1 月中旬达到青岛。于是，买方向卖方发电通知其未支付卸货费用，货物有短量现象，部分货物违反交货期，并提出索赔。但是，卖方以承运人出具的运输单据证明自己按时交货，并且提供商检证书和海运提单上所载明的数量说明自己是按量交货的，故拒绝赔偿。

请问：买方的要求是否合理？卖方能否拒绝赔偿？

【案例分析】

根据《2020 通则》，DAP 术语是目的地交货，指卖方在指定的目的地将仍处于运输工具上的，且已做好卸货准备的货物交由买方处置时，即完成交货，卖方不负责卸货。因此，买方要求韩国出口商支付卸货费是不合理的。对此，卖方可以拒绝赔偿卸货费。

DAP术语是目的地交货，交货的时间、地点和风险的划分要以货物转交给买方为止，此前的风险和费用应由卖方承担。本案中的交货时间，应该以货物到达青岛的时间为准，货物的状况也是以到达青岛为准。因此，2021年1月中旬到达青岛的货物属于迟交，而货物的短量问题，卖方也需要负责。因此，卖方不能拒绝对延迟交货和货物短量的赔偿。

（六）DPU术语

1．DPU术语的基本含义

DPU即Delivered at Place Unloaded（named place of destination），中文意思是在指定目的地卸货后完成交货（指定目的地）。卖方在指定目的地或目的港集散站卸货后将货物交给买方处置即完成交货。卖方承担将货物运至指定目的地或目的港集散站的一切风险和费用（除进口费用外）。DPU适用于铁路、公路、空运、海运、内河航运或者多式联运等任何形式的贸易运输方式。

（1）DPU贸易术语的价格构成：

成本+商品国内费用+利润+运费+保费+国外的费用（不包括进口清关费用，包括卸货费）。

（2）交货地点：目的地的约定地点。

（3）风险转移界限：货物卸载到目的地指定的终点站交付给买方。

2．卖方的主要义务

（1）卖方承担用运输工具把货物运送到达目的地，并将货物卸载到目的地指定的终点站交付给买方之前的所有风险和费用，包括出口货物时报关手续和货物装船所需的各种费用和风险。

（2）提供符合合同规定的货物。

（3）办理出口清关等手续，缴纳相关费用。

（4）办理货物运输，支付运费。

（5）购买货物保险，支付保险费。

（6）目的港或目的地卸货手续和费用。

（7）移交有关货运单据或数字信息。

3．买方的主要义务

（1）在卖方按照合同规定交货时受领货物，按合同规定支付价款；承担自收货之时起一切关于货物损坏和灭失的风险，支付自交货之时起与货物有关的一切费用。

（2）如需办理清关事宜，则买方必须自负风险和费用办理清关手续，缴纳进口关税、捐税及其他进口费用。

（3）应卖方请求并在卖方承担风险和费用的前提下，及时向卖方提供货物运输和出口、进口或通过任何国家所需的文件及信息，并给予协助。

（4）支付装船前检查的费用，但由出口国主管部门进行的强制检查产生的费用除外。

4．使用DPU术语时需注意的问题

（1）DPU术语下，考虑到运输过程中的不确定性，买卖双方要协商好交货期限。卖方需要将符合合同规定的货物在合同规定的期限内运到指定终点站并卸货后交给买方或其代理人处置。不宜采用具体的交货日期，卖方若无法按时交货而违约的可能性较大，因而会更加处于被动状态。

（2）DPU 术语下，货物风险在到达买方指定地点并卸下货物移交买方控制时才从卖方转移给买方。在货物交给买方或其代理人处置之前，所有出口清关、运输与保险、目的港或目的地卸货手续均由卖方办理，由此产生的费用及风险也由卖方承担。尤其是当合同双方选择了具有时间长、风险大等特征的海上运输方式时，卖方要承担的运输风险会更大。

（3）买方或其代理人在终点站受领卖方交付的货物后，需要自行办理进口清关、转运等手续，并承担由此产生的相关费用及风险。

（七）DDP术语

1．DDP 术语的基本含义

DDP 即 Delivered Duty Paid（named place of destination），中文意思是完税后交货（指定目的地），是指卖方在指定的目的地，办理完进口清关手续，将在运输工具上尚未卸下的货物交与买方，完成交货。在 11 个常用贸易术语中，DDP 是卖方承担责任、费用和风险最大的一种。

（1）DDP 贸易术语的价格构成：

成本+商品国内费用+利润+运费+保费+国外的费用（包括进口清关的费用）。

（2）交货地点：指定目的地。

（3）风险转移界限：目的地交货运输工具上（尚未卸下）。

2．卖方基本义务

（1）卖方必须承担将货物运至指定的目的地的一切风险和费用，并办理进出口清关手续，缴纳相应的任何“税费”（包括办理海关手续的责任和风险，以及交纳手续费、关税、税款和其他费用）。

（2）卖方负责预定船舶、货车或火车，并承担所有的运输费用。

（3）卖方负责办理出口手续，包括装船单、发票和海关申报等。

（4）卖方负责购买货物保险，支付保险费用。

（5）卖方负责将货物运抵买方指定目的地，将货物交付给买方，完成交货义务。

（6）卖方应确保货物在合同规定的时间和地点完成交货。

3．买方基本义务

（1）买方应该在合同规定的地点，及时地接收货物。

（2）买方应该按照合同规定支付货款。

（3）买方负责交货后的一切风险和费用，包括卸货费用。

4．使用 DDP 术语时需注意的问题

（1）在 DDP 的交货条件下，卖家所带来的责任是最大的。卖方是在办理了进口结关手续后交货，这实际上是卖方已将货物运进买方的国内市场。如果卖方直接办理进口手续有困难，也可要求买方协助办理。如果卖方不能直接或间接地取得进口许可或办理进口手续，则不宜使用 DDP 术语。

（2）如果双方当事人愿从卖方的义务中排除货物进口时需支付的某些费用，如增值税，则应就此意思加注字句，如“完税后交货，增值税未付（指定目的地）”，以使之明确。

（3）买方负责在指定目的地将货物从到达的运输工具上卸下，但卖方要保证货物可供卸载。卖方应注意运输合同与交货地点的协调。

（4）由于卖方承担货物到达目的地交货前的风险，所以应尽可能清楚地订明指定目的地的交货地址。如果没有约定交货点或该交货点不确定，卖方可以在指定目的地中选择最便于交货的地点。

（5）卖方对买方没有订立保险合同的义务，但由于整个运输过程的风险要由卖方承担，卖方通常会通过投保规避货物运输风险。

如表 1–1 所示，表中简述了常用的贸易术语及相关内容。

表 1–1　《2020 通则》中的 11 个贸易术语

贸易术语	交货地点	风险划分界限	出口清关	运输合同	保险费用	进口清关	适应的运输方式
FAS	装运港	运输工具旁	卖方	买方	买方	买方	海运或内河运输
FOB	装运港	运输工具的船上	卖方	买方	买方	买方	海运或内河运输
CFR	装运港	运输工具的船上	卖方	卖方	买方	买方	海运或内河运输
CIF	装运港	运输工具的船上	卖方	卖方	卖方	买方	海运或内河运输
EXW	卖方地盘或其他指定地点	买方控制后	买方	买方	买方	买方	所有运输方式
FCA	卖方地盘或其他指定地点	货交承运人	卖方	买方	买方	买方	所有运输方式
CPT	内地或装运港	货交承运人	卖方	卖方	卖方	买方	所有运输方式
CIP	内地或装运港	货交承运人	卖方	卖方	卖方	买方	所有运输方式
DAP	内地或目的港	货交买方准备卸货前	卖方	卖方	卖方	买方	所有运输方式
DPU	内地或目的港	货交买方卸货后	卖方	卖方	卖方	买方	所有运输方式
DDP	内地或目的港	货物办理完进口清关，货交买方准备卸货前	卖方	卖方	卖方	卖方	所有运输方式

第四节　贸易术语的选用

【案例 1–10】

我国广州某出口企业 X 公司对国外某公司 Y 报价：“节能灯玉米灯 100wLED，20 000 只，规格 e27 e40 5630，每只 6.00 美元，CIF 鹿特丹。”根据国际贸易术语，从这一报价中获得哪些信息？

【案例分析】

国外进口方看到 X 公司的报价，就可以明白商品的有关信息：（1）每只 6.00 美元的 CIF 价格包括货物的成本、利润、运费、保险。（2）交货地点是在装运港指定的船上。

（3）货物风险转移点是在装运港且货物装上船后，完成交货任务。（4）货物装船后X公司必须及时通知Y公司；（5）出口报关费用由X公司承担，进口报关费用由Y公司承担。（6）交货后X公司必须提供相应的交货凭证或运输单据。（7）Y公司在收到X公司提交的有关单据后必须支付货款。（8）Y公司需及时在目的港鹿特丹接收货物。

一、贸易术语选用的注意事项

国际货物运输过程中，由于运输公司或运输方式不同，货物运输的时间是不同的。对于同一个目的地的运输路线，比如中国到南美，有些船要开60天左右，有些只需要30天就足够，这将影响卖方收取货款的时间。但是，卖方有时为了降低运输成本，不惜指定航程较长的船只运输，这样的行为是可以理解的。也有一些厂家由于仓储的原因，愿意走航程较长的船，可以降低仓储费用。如果货物价值较小，这种行为的影响很小，但是如果货物价值较大，买方付款速度较慢，汇率又不确定，那么会带来一定的汇率损失。因此，国际贸易中，贸易术语的选择以及费用的划分问题，在贸易合同的拟定阶段显得尤为重要。

贸易术语通常不包括在运输合同中，而是应用于国际货物销售合同。在国际贸易实践的出口业务中，谨慎地选择合适的贸易术语，对防范风险、提高经济效益是非常必要的。在选择适用贸易术语时，需要注意以下几个方面：

（1）尊重交易双方当地的风俗和习惯。为促进国际贸易的顺利进行，需要买卖双方考虑到当地的习惯性做法，例如，有些国家规定进口贸易必须在本国投保，有些买方为了谋求保险费的优惠，与保险公司订有保险合同，以减少贸易成本。例如，我国外贸企业可同意按CFR和CPT方式出口。在大宗商品出口时，国外买方为谋求以较低运价租船，我国外贸企业也可按FOB或FCA方式与之成交。

（2）与运输方式相适应。国际货物运输包括海运、水运、铁路运输、航空运输、多式联运等多种方式。FOB、CFR、CIF只适合于海洋运输和内河运输。在航空运输和铁路运输情况下，应采取FCA、CPT、CIP术语。但即使是海洋运输，在以集装箱方式运输时，出口商在货交承运人后即失去了对货物的控制，因而作为出口方，应尽量采用FCA、CPT、CIP方式成交。此类贸易术语还有利于出口方提早转移风险，提前出具运输单据，早日收汇，加快资金周转。当然，这也不是绝对的，因为当货物运输是多式联运的时候，运输时间的延长，将延长出口方资金流动周期。应该根据所交易的商品的具体情况，先考虑当事人安排运输的可行性以及运输成本等因素。

（3）考虑货源情况。国际贸易中货物品种很多，不同类别的货物具有不同的特点，因此，需要不同的运输条件，其运费也存在差异。加之，货物的成交量也影响运输成本。对于成交量较小的货物，卖方负责运费时，如果起始港到目的地没有班轮运输，这无疑将增加卖方的运输成本。

（4）重视规避风险。在出口业务中，作为出口方要根据交易的具体情况，采用CIF或CFR术语较FOB更有利。由于在CIF条件下，国际货物买卖中所涉及的三项合同（买卖合同、运输合同、保险合同）均以卖方为当事人，可以根据具体情况，综合安排备货、装运、保险等事项，保证操作流程的相互衔接，以将货物控制在对自身有利的方向。同时，有利于本国航运业和保险业的发展，增加服务业收入。我国在进口贸易中，大多使用FOB或FCA术语。我国外贸企业进口大宗货物需以租船方式装运时，原则上应采用FOB方式，由我国外贸企业自行租船、投保，以避免卖方与船方勾结，利用租船提单，骗取货款。

（5）考虑办理进出口货物结关手续有无困难。在国际贸易中，关于进出口货物的结关手续，有些国家规定只能由结关所在国的当事人安排或代为办理。有些国家则无此项限制。因此，买方在选用 EXW 或卖方在选用 DDP 条件成交时，则应充分考虑某些进出口国政府的规定。若按照出口国政府的规定，买方不能直接或间接办理出口结关手续，则不宜采用 EXW 条件成交；若按照进口国政府的规定，卖方不能直接或间接办理进口结关手续，此时则不宜采用 DDP，而应该选用其他贸易术语，以方便卖方顺利完成交货任务。

二、实际交货和象征性交货

国际贸易中，交货（Delivery of the Goods）分为实际交货和象征性交货两类。其区别在于交货时是否需要提交货物。

（1）实际交货

实际交货是指卖方要在规定的时间和地点，将符合合同规定的货物提交给买方或者是买方指定的代理人。实际交货下的交货不能以交单代替，即卖方需按合同规定的时间和地点将货物实际置于买方控制之下，此时买卖双方或其代理人（承运人）必须直接接触，办理货物的交接，即买方提货或卖方送货。《2020 通则》中的 EXW、FCA、CPT、CIP、DAP、DPU、DDP 这七个贸易术语均是实际交货。

（2）象征性交货

象征性交货也叫单证交货，是指在合同规定的要求内将包括物权凭证在内的有关单证进行提交，不需要保证到货。卖方在装运港将货物装至船上以运交买方，然后卖方通过一定程序（比如：付款交单、信用证）向买方提交包括物权凭证（海运提单）在内的全部合格单据，即完成了交货义务。运输单据上的出单（或装运）日期，即为“交货日期”。以这种方式订立的合同，卖方只负责装运，无需保证到货，所以又称为装运合同，以区别于交货合同。《2020 通则》中的 FAS、FOB、CFR、CIF 这四种术语，均属于象征性交货。与之相对应，买方是凭单付款，所以装运单据在这类交易中具有特别重要的意义。

三、装运合同和到达合同

国际货物买卖合同按照性质可以划分为“装运合同”和“到达合同”，而确定合同性质的关键是看它们是属于象征性交货还是属于实际交货。确定合同性质有助于使买卖双方的责任、费用和风险更加明确。

（1）装运合同

装运合同（Shipment Contract）是按卖方在出口国国内完成交货义务的贸易术语所签订的买卖合同。在《2020 通则》的 11 个国际贸易术语中，EXW、FCA、FAS、FOB、CFR、CIF、CPT 和 CIP 这 8 个贸易术语都属于“装运合同”，而且，除 EXW 属于“实际交货”方式以外，其他 7 种术语都属于“象征性交货”的范畴。

（2）到达合同

到达合同（Arrival Contract）是卖方保证货物在约定的交货期内到达。如不能按时到达，买方可根据合同拒收或索赔。在国际贸易中，凡是按卖方在两国边境或进口国内完成交货义务的贸易术语签订的买卖合同都属于“到达合同”。到达合同都属于“实际交货”的范畴。

【本章小结】

国际贸易术语作为重要的国际惯例，是在长期的国际贸易实践中形成和发展的，虽然不具有法律效力，但是对买卖双方都有约束力。本章阐述了《2020年国际贸易解释通则》中的11种常用的贸易术语，包括其基本含义、交货地点和风险的转移、买卖双方的义务及其使用范围。本章还剖析了贸易术语与合同性质的关系，并就选用贸易术语的注意事项做了说明。通过本章的学习，对在国际贸易实践中合理选择和正确运用各种贸易术语有一定帮助。

【拓展知识】

一、贸易术语的不同分类

（一）按照首字母分类

《2020年国际贸易术语解释通则》可以分为4组：C组、D组、E组、F组。

（1）C组术语：卖方在装运港或装运地将货物装在船上或货交承运人，并签订运输合同，支付正常的运输费用。货物装船或交承运人后，风险由卖方转移到买方。这主要包括：CFR、CIF、CPT、CIP。这组术语的合同是装运合同。

（2）D组术语：卖方将货物运到进口国，在合同指定的目的港或目的地交货，并承担交货前的全部费用和风险。这主要包括：DAP、DPU、DDP。这组术语的合同属于到达合同。

（3）E组术语：卖方在自己的工厂或仓库把货物交给买方或其代理人即完成交货。这组术语只有EXW。

（4）F组术语：卖方在装运港将货物交给买方指定的承运人。这主要包括：FAS、FOB、FCA。该组术语下，买方安排运输并支付运费。这组术语的合同属于装运合同。

（二）按照交货条件分类

（1）装运港交货，主要是FOB、CFR、CIF，这3种贸易术语都只适用于海运和内河运输，买卖双方在货物交接中的责任、费用、风险划分中所承担的义务基本一致，只是在运输和保险的责任承担上有所区别。

（2）向承运人交货，主要FCA、CPT、CIP，这3种贸易术语适合于任何运输方式，且均属于装运合同的报价方式。

（3）其他贸易术语，主要是EXW、FAS、DAP、DPU。其中FAS为象征性交货，其他的贸易术语均属于实际交货。

【专业术语】

1. actual delivery	实际交货
2. symbolic delivery	象征性交货
3. shipment contract	装运合同
4. arrival contract	到达合同
5. transfer of risk	风险转移
6. customary practice	惯例
7. trade terms	贸易术语
8. means of transport	运输工具
9. mode of transport	运输方式
10. shipment notice	装船通知
11. shipping advice	装运通知
12. delivery of goods	交货

【课后习题】

一、简答题

1. 简述FCA、FAS和FOB三个贸易术语的异同。
2. 简述CIP与CIF两个贸易术语的区别。
3. 象征性交货和实际交货的含义和区别。
4. 区分FOB、CFR和CIF贸易术语的异同。
5. 什么是到达合同？它与装运合同有何区别？
6. 国际贸易中，选择贸易术语应该注意什么问题？

二、案例分析

1. 我国内蒙古的一家外贸公司和新加坡进口商洽谈一项出口合同，计划货物由呼和浩特运往吉隆坡，成交条件为FOB青岛。但是内蒙古贸易公司不愿承担从呼和浩特至出口港青岛的货物运输风险，新加坡进口商声称可以自己办理运输并承担相应的风险。试问：采用何种贸易术语使双方都满意？

2. 我某公司向韩国进口商出售一级大米5000公吨，成交条件FOB上海。装船时货物经检验符合合同要求，货物出运后，卖方及时向买方发出装船通知。但是航运途中，因遭遇海上极端天气，海浪过大造成部分大米被海水浸泡，大米的品质受到影响。货物到达目的港后，只能按三级大米价格出售，于是买方要求卖方赔偿差价损失。试问：买方的要求是否合理？卖方应如何处理？

3. 某年3月，A公司与B公司按照CIF条件签订了一份出口某种日用工业品的合同。由于考虑到该商品的季节性很强，买方要求在合同中规定货物必须在4月底前运达目的港，以保证5月份投入市场，过期买方不再接收货物。卖方为了卖个好价钱，同意了买方条件，并在合同中做出了明确的规定。随后卖方在合同规定的装运期内发运了货物，然而载货船只中途发生故障，修船延误了时间，结果货物到达目的港时已是5月中旬。买方拒绝接收货物，并提出索赔，双方为此发生了争执。请评价此案例。

4. 美国出口商与韩国进口商签订了一份CFR合同。合同规定，由卖方出售2 000公吨小麦给买方。小麦在装运港装船时是混装的，共装运了5 000公吨，准备在目的地由船公司负责分拨2 000公吨给买方。但载货船只在途中遇高温天气导致小麦发生变质，共损失2 500公吨。卖方声称其出售给买方的2 000公吨小麦在运输途中全部损失，并认为根据CFR合同，风险在装运港越过船舷时已经转移给买方，故卖方对损失不负责任。买方则要求卖方履行合同。双方发生争议，后将争议提交仲裁解决。

问：仲裁机构将如何裁决？

5. 加拿大某出口商同时与一日本进口商和一韩国进口商分别签订了3 000公吨和2 000公吨的小麦出口合同，合同中皆规定采用CPT条件。由于两份合同交货时间相近，且又在同一地点分别交付指定的承运人，因而，按照约定的时间，卖方将5 000公吨小麦使用同一运输工具一同运往指定的地点，并打算货到后再进行分拨。然而，由于货物运到指定地点时天色已晚，来不及划分货物，而卖方又有急事需要连夜返回，在这种情况下，卖方遂将全部货物交付给两承运人，请他们第二天自行划分。没想到当天晚上突降暴雨，由于存放小麦的仓库进水，小麦损失了2 500公吨。对此，韩、日两进口商均以货物未特定化为由要求卖方赔偿，而卖方认为已经将货物交付承运人处置，风险已转移，其不应承担损失责任。

问：(1) CPT术语下，买卖双方的责任和义务如何划分？(2) 本案例中，卖方是否完成了交货义务？风险是否已转移给买方？

第二章 国际市场调研

【导入案例】

印度尼西亚是世界第四大人口大国，截至2022年，人口大约为2.6亿人，市场潜力巨大。美国一家软饮料公司经调查，对当地竞争状况和政府态度非常乐观，于是决定将印度尼西亚作为公司最畅销饮料的目标销售市场，并将饮料卖给一家瓶装商，由后者负责饮料的瓶装与分销。出乎意料，饮料的销售状况非常糟糕。后经了解，原来公司董事会忽视了两个重要因素：第一，印度尼西亚虽然人口众多，但绝大多数生活在农村，处于前工业化阶段；第二，大多数印度尼西亚人喜欢甜饮料和以椰子汁为主要原料的软饮料，不习惯美国风味的碳酸饮料。在印度尼西亚，喜欢美国风味饮料并有足够自由支配收入的市场总共才800万人。

问：美国软饮料公司在印度尼西亚的销售经历说明了什么？

国际市场调研（International Market Research）是对国际市场的有关信息资料进行系统的收集、记录、分析和说明的过程，是交易前的重要准备工作，关乎交易能否取得成功。其目的主要有两个：一是发现有利的国际市场机会；二是预测市场交易过程中可能存在的问题，并设法避免和解决这些问题。

第一节 国际市场环境调研

不管是出口还是进口，交易前都需要分别进行交易国的市场环境调研和本国的市场环境调研，只是调研的重点略有不同，出口更重视调查交易国的市场环境，进口则着重调查本国的市场环境。原因在于：第一，进口大都为了在国内市场销售获利，必须得先了解国内市场对进口商品的需求；第二，进口的管理更加严格，尤其是大宗商品、生产资料等，进口商必须了解本国的进口管理政策和规章制度，如知悉进口商品是否属于禁止类或限制类进口商品等，才能使交易顺利进行。尽管调研对象有所侧重，但国际市场环境调研基本包括以下内容：政治环境、经济环境、社会文化环境、法律环境、贸易政策等。

一、政治环境

政府对环境的影响，是通过政府政策、法令法规与其他限制性措施而起作用的。政府对外商的政策和态度，反映出其维护国家利益的根本想法。因此，企业在进入一个国家之前必须尽可能评估该国的政治环境。国家的政治环境主要包括：政府与政党体制、政府政策、民族主义以及政治风险等。其中，政治风险是一国发生的政治事件或一国与其他国家的政治关系发生的变化对公司造成不利影响的可能性。政治风险是企业在跨国经营中经常遇到的一种风险，这种风险不仅发生在广大的发展中国家，发达国家也时常发生。国际贸易中常见的政治风险有政治动乱、禁运与制裁。

政治动乱。政治动乱包括战争、革命、颠覆、政变、内乱、破坏和恐怖活动等，具有覆盖面广、辐射力强、造成的损失大和不可抗拒等特点，所以进行国际贸易应加强对政治风险的管理。对目标国的政治风险，要在认识风险的基础上对政治风险做出评估，根据风险的特点及风险的大小制定防范措施。

禁运与制裁。贸易禁运与制裁是指一国出于对敌对国家的惩罚而实施的贸易措施。该措施是使用经济的手段，逼迫敌对国家就范达到政治上的目的。贸易禁运与制裁在历史上曾有过成功的应用。例如，1284 年，德国北部一个商人联盟机构 Hanse，其成员的一艘商船遭到挪威人的袭击和抢劫。机构便召开了成员大会，达成了对挪威人实行经济封锁的决议，禁止向挪威出口谷物、面粉、蔬菜和啤酒，违者处以罚款并没收其产品。其结果使挪威爆发了一场非常严重的饥荒。挪威被迫进行了赔偿，支付了赔款，并给 Hanse 广泛的贸易优先权。

【案例 2-1】

2008 年 8 月 8 日，俄格（即俄罗斯与格鲁吉亚）冲突后，格鲁吉亚政府宣布进入战时状态。A 公司的格鲁吉亚老客户于 2008 年 6 月和 2008 年 9 月分别下了两个订单，总金额超过 11 万美元，分批发运，付款方式为 20%发货前预付，80%见提单复印件付款。等货物快到港时，恰遇格鲁吉亚政局动荡的顶峰时期，银行付不出外汇，客户无法提货，加上紧接着发生的金融危机，导致超过 4 万美元的尾款无法收回，虽然提单仍在 A 公司手中，但不断累积的滞港费是一笔不小的费用，加上金融危机导致商品价格下跌，客户拒付其余货款、弃货的可能性越来越大。试问：A 公司如何在国际贸易过程中避免这一问题。

【案例分析】

政治风险是企业在跨国经营中经常遇到的一种风险，通常会造成较大的损失且不可抗拒，因此，外贸企业在进入国际市场前，应该对交易对手国内的政治环境开展充分的调研，识别目标国的政治风险，在认识风险的基础上对政治风险做出评估，根据风险的特点及风险的大小制定防范措施。

二、经济环境

一国的经济环境会对企业的行为及顾客的消费行为发生直接的影响，分析经济环境可以从以下 3 个方面入手。

（一）经济发展水平

企业的经营活动受到一个国家或地区的整体经济发展水平的制约。经济发展阶段不同，居民的收入不同，顾客对产品的需求也不一样，从而会在一定程度上影响企业的经营策略。例如，对于经济发展水平比较高的地区，竞争策略应是强调产品款式性能及特色，品质竞争多于价格竞争。而在经济发展水平低的地区，则较侧重于产品的功能及实用性，价格因素比产品品质更为重要。

（二）经济结构

经济结构是一个内涵非常广泛的概念，它一方面反映的是各种经济成分和要素互相联结、互相作用的方式及其运动变化规律，另一方面也是各类经济行为体在各个不同的经济领域按照一定的方式活动、构造具有不同效能的经济侧面的体现，进而介入经济生活的直接体现。任何一个社会的经济结构都是在多方面因素共同作用下的结果。就经济结构的组成而言，它会涉及产业结构、分配结构、就业结构、供给结构、需求结构等。不同经济体制，不同经济发展趋向的国家和地区，经济结构状况差异很大。通过分析一个国家或地区的经济结构，有时能为企业带来重要商机。例如，像兰博基尼这种每辆价值 15 万美元的汽车最大的出口市场却是葡萄牙，虽然葡萄牙是西欧最穷的国家，但那里却有足够富裕的家庭买得起这种汽车。本章的导入案例中美国软饮料公司在印度尼西亚的销售不畅就是因为他们虽然知道印度尼西亚人口众多，但没有注意到印度尼西亚的经济处在前工业化阶段，实际上全国喜欢美国风味饮料并有足够自由支配收入的人口才 800 万人，市场规模并不如预想中乐观。

（三）经济特征

在分析和评估国际市场的经济环境时，我们要特别重视目标市场的市场购买力。市场购买力主要受该国或地区人口规模、消费者收入水平、消费支出结构、储蓄信贷水平和城市化程度等经济特征的影响。人口是构成需求的基本因素，市场是由有购买欲望和购买能力的人构成的，人口越多市场规模也越大。当前，发展中国家人口增长加快，美国、西欧等发达国家人口增长率下降，儿童减少，许多国家人口趋于老龄化。科技的进步、经济的发展使得现代人的平均寿命延长，死亡率下降。因此保健品市场、旅游、娱乐市场将大有可为。许多国家人口流动性大，形成人口城市化、城镇化的浪潮。人口流动促使人口的密度和分布发生变化，这对消费结构、消费规模、消费水平、商业网点和服务方式均会产生重大的影响。

【案例 2–2】

1979 年，我国放宽了对家电用品的进口限制，欧洲和日本电视机厂家都想进入中国（尤其是中国内地）的电视机市场。欧洲电视机厂家一向以中国香港高层消费者为对象，不重视一般工薪阶层。通过调查分析，它认为，中国内地人均收入不高，市场潜力不大。日本电视机厂家与此相反，经过调查分析，它认为：中国有 10 亿人口，虽然可任意支配收入还比较低，但中国人有储蓄习惯，已形成了一定的购买力；另外，当时中国人夜生活较少，有看电视的需求。因此，中国存在一个潜力很大的黑白电视机市场。结果日本电视机厂家捷足先登，率先进入了巨大的中国电视机市场。试分析：国际市场调研应该注意哪些问题?

【案例分析】

国际市场环境调研不能只局限于现状和表面特征，还应通过深入调查，分析市场的发展潜力。该案例中，日本电视机厂家没有像欧洲电视机厂家那样只看到中国内地人均收入不高的现状，而是从中国人的储蓄习惯与夜生活较少等特征捕捉到市场机会，从而得以抢占先机进入市场。

三、社会文化环境

跨国界的商务活动要与不同文化环境的人打交道。处于不同文化环境的人，在语言、宗教信仰、价值观念、思维方式、风俗习惯等方面都存在着差异，因此，在进行国际贸易活动中，企业必须重视各种社会文化环境因素的影响，分析并适应这些不同的文化环境。在国际贸易中，企业应考虑的社会文化环境因素大致有以下方面。

（一）语言文化

不同的国家和民族有着不同的文化规范和沟通风格，企业在开辟新的国外市场时，一定要了解当地的文化规范和当地人的沟通风格。例如，在语言沟通中，中国人比较含蓄、内敛，不会直接表达自己的想法，需要聆听者听者有心；美国人就比较直接，习惯只从字面上理解和传递信息；芬兰人内向直率、说话守信用，口头上达成的协议如同正式合同一样有效；拉丁美洲人爱玩文字游戏；阿拉伯人和南美人则爱用富有诗意的比喻。除去语言沟通，沟通风格的差异还表现在面部表情、肢体动作、衣着打扮等非语言沟通情景上。在北欧、德国、美国等低情景文化国家，人们普遍认为情景不容易被理解，在交流过程中，人们习惯利用语言、文字等可以准确清楚地表达自己思想的符号工具来传达信息，同时也渴望对方的表达同样完整准确；在中国、日本、俄罗斯、阿拉伯等高情景文化国家，情景在交流过程中就具有很强的暗示作用，甚至情景本身就可以用来进行顺畅的沟通。

（二）宗教信仰

宗教信仰是文化的一个重要方面，与社会价值观念的形成密切相关，对人们的生活习惯、生活态度、需求偏好及购物方式等都有重要影响，对国际商务活动的影响不可低估。以信仰基督教的国家和伊斯兰教的国家为例，在信仰伊斯兰教的国家，斋月是宗教性的节日，并且在斋月里，每天自日出至日落，禁止一切饮食，不吸烟、不喝水。在这段时期人们的需求和消费意愿都很低。在信仰基督教的国家，星期天是宗教节日，而圣诞节则是消费需求最为旺盛的宗教节日，尤其是对服装饰品、礼品、节日特殊用品的需求。各种宗教有不同的要求和禁忌，如印度教教徒不吃牛肉，穆斯林和犹太教徒不吃猪肉。教徒们对禁忌都非常敏感，企业在经营过程中应当重视。但很多时候这些禁忌也可以转化为一种商业机遇。例如，在禁酒的信仰伊斯兰教的国家，作为酒的替代品，饮料就会受到欢迎；在大多数都是素食主义者的印度，奶制品会很畅销。

（三）价值观念

价值观念是人们判断是非、善恶的一条准绳，它决定了人们的看法是否正确、是否恰当，决定了人们需要什么。如在时间观上，美国人崇尚“时间就是金钱”“今天能做的事不要推到明天”，因而他们谈生意的时间安排得很紧，常常是一见面就谈，而且是今天来明天走。然而这在阿拉伯国家却可能被视为傲慢无礼、不尊重人，他们喜欢慢慢来。人们的价值观念不同，对新事物的接受能力也不同。一般来讲，传统、保守的国家，不容易接受新事物，比较喜欢传统的生产、生活方式；思想开放的国家比较容易被新奇的事物吸引，更容易接受新产品、新技术。例如，在产品的款式、颜色等方面，西方的一些国家，新奇、独特、表现个性为他们的审美观，东方人讲究端庄、典雅。

这里只是列举了部分社会文化因素，国际贸易中应考虑的社会文化因素还有很多，如教育水平、家庭观念、社会阶层等，企业要有针对性地研究目标市场国家的文化环境，从而采取不同的经营策略，以迎接日益激烈的国际竞争。

四、法律环境

法律环境是指企业和外部发生经济关系时所应遵守的各种法律法规和规章。目前，世界上大多数国家现行的法律制度，大致可分为两大体系：大陆法系和英美法系。法国、德国和其他一些欧洲大陆国家，以及南美洲各国、日本、土耳其、中国等世界上大多数国家的法律制度，都属于大陆法系。大陆法系最重要的特点就是以法典为第一法律渊源，在实行大陆法的国家，明确的法律条文非常重要。大陆法系国家的司法不是依据法院以前的裁决，同样的条文，可能产生解释上的偏差，这样就使国际商务人员面临一个不确定的法律环境。英美法系最重要的特点是以传统导向为主，重视习惯和案例，过去案例的判决理由，对以后的案件有约束力，即所谓的先例原则。近年来，英国、美国等国家制定了大量的大陆法，作为对习惯法的补充，但是合同法与侵权行为法仍为英美法。不同的法律制度对同一事物可能有不同的解释。因此，国际市场经营者在进行国际商务活动时，必须对国外市场的法律环境进行慎重而明确的分析。

产权与侵犯产权的行为。产权指使用某种经济财产并从中获取收入和利益的一系列法律权益，它包括财产的所有权、占有权、支配权、使用权、收益权和处置权。各国涉及产权保护的法律制度有很大的差异，虽然几乎所有国家都有保护产权的法律条文，但在许多国家这些法律或者不健全或者并没有得到切实的执行，导致产权被侵犯。产权通常以两种方式被侵犯：私人行为和公共行为。侵犯产权的私人行为是指私人个人或私有集团的偷窃、盗版、敲诈行为。这些犯罪行为在一些司法不健全的国家比在其他国家要严重得多。侵犯产权的公共行为是指公共官员，如政治家和政府官员，从财产所有者那里索取高额的许可费用，将其资产收归国有而不予补偿，或重新分配资产而不给原来的所有者以补偿等。公共行为还可以通过非法的途径或腐败来实施。企业为获得在一个国家、产业或当地经营的权利而不得不向政府官员行贿。例如在菲律宾，马科斯晚期在执政中以接受贿赂而闻名于世，外国企业要在该国经营必须行贿。

知识产权保护。知识产权又称无形产权，是人类智力劳动产生的劳动成果所有权。它通常是一个企业竞争优势的基础，决定该企业的长期发展。知识产权广义上被认为包括工业产权和版权，其中，工业产权主要包括专利权和商标权。专利权是发明创造人或其权利受让人对特定的发明创造在一定期限内依法享有的独占权，同时排除他人仿造、使用或买卖该发明的一种权利。在中国，发明专利权的期限为20年，实用新型专利权和外观设计专利权的期限为10年，均自申请日起计算。商标是辨认或描述产品及其制造商的标志，一个品牌或产品的商标设计可以给消费者带来直接的感性认识，甚至可以影响到消费者的偏好。2010年发生在苹果公司与中国深圳唯冠公司之间的关于iPad商标的经济纠纷案件就充分显示了商标保护对于企业的重要性。不同国家对于商标的保护力度不同，例如，欧盟国家成立了专门的机构——商标保护办公室，以监管因商标被盗用而妨害公司运行的情况；在意大利，对侵犯商标权最严重的惩罚是处以三年徒刑和4 000美元的罚金；在德国，处以五年徒刑和更高额罚金。

产品安全与产品责任。产品安全法和产品责任法是随着现代工业生产的发展，许多新产品投入市场，造成消费者受到伤害的案件不断增多而形成发展起来的。多数国家都制定有产品安全法和产品责任法以约束生产者、销售者以及其他相关人员的行为，其中以美国的产品责任法最为成熟，欧洲其次，少数发达国家和新兴国家的法律比较薄弱。美国产品责任法对世界各国立法都有很大的影响，美国在其产品责任历史发展过程中确立了三大著名的产品责任诉讼理论：疏忽责任理论、担保责任理论、严格责任理论。其中，严格责任原则对消费者的保护最为有利，对生产者和销售者的责罚最严格。其他西方国家虽然也有这方面的法律或判例，但不如美国发达，对产品责任的要求也不如美国那么严格，而且由此引发的诉讼费用及赔偿金通常也较美国低。近年来欧洲一些国家已开始直视产品责任的问题，并拟定了一些有关产品责任的国际公约。例如欧盟在1985年颁布了《产品责任令》来实施严格赔偿责任制度，即在不需要原告证实产品设计或制造方面存在疏忽的情况下，设计人和制造商就要对产品造成的损失负责。

五、贸易政策

贸易政策（Trade Policy）指进出口管理政策和制度，涉及关税（Tariff）和非关税措施（Non-tariff Measures）等多项内容。关税是最古老且最简单的贸易政策措施。按照进出口货物的流向，可分为进口关税、出口关税和过境关税。目前，多数国家基本上不征收出口关税和过境关税，因此一般所说的关税（除特别说明外）指的是进口关税。一般关税的征税原则是进口货物不论来自任何国家均应一视同仁、平等对待，适用同样的税率。但是，由于国家间经济、政治关系等方面的原因，有时对同一种进口商品，由于输出国家或生产国家不同而适用不同的税率征收关税。由于进口国的进口关税水平直接影响到出口商品在进口国的市场竞争力，因此，出口商有必要了解进口国的关税水平，有时候还要调查其变化的趋势。对于依靠出口退税获利的企业，还要关注本国的出口退税政策。

随着关税及贸易总协定（General Agreement on Tariffs and Trade，GATT）和WTO的多轮谈判使世界关税水平大幅度降低，越来越多的国家利用非关税措施进行贸易保护。据WTO统计，20世纪70年代初，非关税壁垒约有850种，现如今已发展到3 800多种。与关税相比，非关税措施更灵活、更有针对性、更具有隐蔽性、限制作用更大、更具歧视性。下面是一些常见的非关税措施。

（一）进口配额

进口配额（Import Quota）可细分为绝对配额与关税配额，绝对配额对某些商品进口的数量或金额规定一个最高数额，关税配额对超过额度的按正常税率计征关税或征收高额关税甚至罚款。至今美国政府每年为进口的蔗糖总量设置了不同的额度，超出这额度的进口蔗糖面临着每磅几美分的关税。这一举措的目的是保护美国的蔗糖生产商免受廉价进口蔗糖的冲击。

（二）国产化规定

国产化规定也称当地成分要求（Local Content Requirement），是对生产商在当地的价值增值活动即在当地进行生产的要求，可表述为实物条款（如产品部件的75%必须在当地生产）或价值条款（如产品价值的75%必须在当地生产）。作为一种直接的贸易壁垒，国产化规定通过要求进口商在国内进行进一步加工，增加了进口商的成本，从而达到抑制进口的目的。国产化规定在发展中国家已作为一种手段被广泛采用，以便使它们的制造业基地从简单装配其他地方制造的部件转变为装配在当地制造的部件。为试图保护当地就业和当地产业免受外国竞争，发达国家也一直采用这一措施。

（三）补贴

从贸易政策角度理解的补贴（Subsidy）有两种：出口补贴（Export Subsidies）和生产补贴（Production Subsidies）。出口补贴除了政府按照出口产品价值的一定比例对出口商进行直接支付这种明显的形式外，还有多种隐蔽的补贴方式：更加优惠的信贷条件，政府承担一定出口风险（比如国外进口商违约）的保险费，公共机构组织的促销活动，诸如贸易展销会、广告等。生产补贴是政府在某商品的国内生产过程中对其进行的补贴，当这些商品用于出口时，其所享受的生产补贴则可以理解为出口补贴。该补贴使得商品在国际市场上更有竞争力从而刺激出口。在该商品是可进口商品的情况下，生产补贴可以刺激进口商品的国内生产从而起到抑制进口的效果。

（四）反倾销与反补贴政策

当外国企业对出口产品的定价低于出口国国内市场价格或者低于成本时，为了保护国内企业摆脱不公平的外国竞争，进口国政府通常会征收反倾销关税（Antidumping Duties）。反补贴关税（Countervailing Duties）是进口国政府对外国政府的出口补贴或生产补贴行为做出的回应。简单来看，反倾销税与反补贴税一旦征收就是一种关税。然而，征收反倾销税、反补贴税的既定程序可能会扭曲国际贸易行为，即使是在进口国政府并没有实际征收的情况下。因为，该程序会向国外生产者发出“若想规避反倾销、反补贴惩罚就要提高定价”的信号。再者，倾销、补贴是进口国政府干预贸易的合理理由——世贸组织允许政府对被认为存在倾销、补贴且对进口国竞争产品的生产者造成损害的产品征收反倾销税和反补贴税。这样，出口商将难以决断如何定价才是安全的。此时，进口国的反倾销关税、反补贴关税不论是否实际征收，都在一定程度上抑制了进口。另外，值得注意的是，在实际操作中，反倾销、反补贴措施针对的范围往往大大超出反对外国产品不公平竞争的领域，因而对外国产品具有很强的杀伤力，特别是对非市场经济国家。

（五）歧视性的政府采购政策

政府采购政策是非关税贸易壁垒的一种非直接形式。在大多数国家，政府采购占国内生产总值相当大一部分，而且通常倾向于国产的而不是相同价格的外国商品或服务。甚至在某些情况下，即使同样的外国商品价位更低，政府仍然采购国货也是国内相关法律法规所允许的。例如，一些政府要求使用政府款项乘坐飞机时必须购买本国航空公司的机票。另外，政府可能会利用一系列的技术手段来限制外国生产商参与竞标为其公共部门供应商品的机会。政府采购政策在拥有大型公共部门的国家尤为普遍，如中国、俄罗斯和中东各国。在美国，政府机关是偏爱本国供应商的，除非他们的价格比外国供应商要高；在日本，政府机关甚至通常不会考虑外国竞标，无论其价格高低。

（六）行政管理政策

除了正式的贸易政策措施，所有国家的政府有时利用广泛的非正式或行政管理政策来限制进口和促进出口。比如与征收关税密切联系的海关清关程序。清关程序越严格，贸易的阻力越大，进口商承担的成本也越大。行政管理政策还包括技术、安全、健康和其他一些规定。以技术性贸易壁垒（Technical Barriers to Trade，TBT）为例，其通过技术标准实现对贸易的限制：美国联邦贸易委员会要求纺织品标有成分和保护标签，消费者安全委员会要求纺织品的耐火性能达到相关标准；美国农业部还要求猪肉、家禽肉必须经过严格的消毒程序；从2001年7月开始，欧盟对进口茶叶做出新规定，部分产品农药的最高允许残留量仅为原先标准的1/100—1/200（事实上按原来标准生产出的茶叶已经对人体没危害）。

【案例 2-3】

20世纪90年代，A公司拟进口涡旋式涡轮压缩机生产设备，该技术属于巴黎统筹委员会（简称巴统）对我国禁止出口范围。经询，德国某制造商称可取得出口许可。考虑国内市场的迫切需求，在对外方技术进行考察之后，A公司遂以FOB汉堡5250000德国马克与德方签订了进口合同，交货期为收到定金后4个半月；80%货款信用证支付；交货期前一个月开证。合同签订30天后，A公司按约定以对方开来银行履约保函为条件对外支付了78.75万德国马克（合同总额的15%）的定金，同时开始了该项目的基本建设及配套设备的采购，计划在设备到货后最短时间内使整个项目投入生产运行。但临近开证期时，A公司得到日本某制造商同等设备的参考报价仅为15 000万日元，只有已签合同价的40%。原因是巴统解散，此项技术对我国的封锁已解除。不仅日本，美国也有同类制造商可报极优惠的价格。由于没有了解巴统的动向，A公司因此遭到了巨大的经济损失。试分析：A公司遭受损失的原因，如何降低此类风险?

【案例分析】

国际贸易受到交易相关方所在国家贸易政策的极大影响，A公司没有及时了解巴统的动向，导致遭受损失。外贸公司不仅应该在交易前充分了解交易相关方所在国家关税、进出口管制等相关政策规定，而且在交易过程中应及时跟进贸易政策的调整动态，以便选取对己方最有利的交易对象和交易方案。

第二节　国际市场行情调研

国际市场行情调研的目的是帮助企业了解商品及其市场供求、价格等情况，使企业的商品进入国际市场可以取得预期的经济效益，由国际市场行情分析和国际市场行情预测组成。国际商品市场行情分析是指通过对一段时期内国际商品市场状况的研究，描述当前国际商品市场变化的特点，分析形成这些特点的各种因素。国际商品市场行情预测是在国际商品市场行情分析的基础上，根据行情分析的结论，结合行情变化的规律，考虑可能影响今后行情变化的各种因素，估计今后一定时期的可能变化。

一、商品的属性与用途

商品的属性是指商品本身所具有的特性或者功能。商品的属性决定着商品的用途，不同的用途又决定了对商品不同的需求规模和结构，因而也就决定了该商品需求变动的影响因素。有的商品属性具有多样性，意味着用途多，消费部门多，其需求的变化就比较复杂，因此需要对几个消费市场进行综合研究。此外，由于科学技术的进步、生产条件的变化、消费习惯的改变以及收入水平的变动等原因，商品的用途也处在不断的变化之中，进行市场行情调研时有必要关心相关因素，特别是科技的进展。

二、商品的生产

商品的生产会受到自身特点及其生产条件的影响，从而使供给表现出一些有规律的变化，进而反映到商品价格上。主要影响因素有：

生产周期。生产周期长的商品生产调整的灵活性较差，在需求等外界因素发生变化时不能马上调整，因此短期内商品价格波动大，价格涨跌持续的时间长。相反，对于生产周期短的商品，生产者可以根据市场的变化随时调整生产数量，这类商品价格涨跌持续时间短，波动的幅度一般较小。

生产能力及其利用率。生产能力是指在一定时期内，现有的劳动资料被充分利用的情况下所能生产的商品数量，是影响商品供给的一个长期因素。生产能力利用率是指这种潜在生产能力的利用水平。在短期内，商品的供给是通过调整生产能力的利用率来实现的。不同的商品，生产能力利用率调整的速度是不同的，这就决定了价格波动幅度的差异。

商品生产的垄断程度。一般来说，某种商品生产的垄断程度越高，其供给越能适应需求的变化。因为垄断组织可以人为地控制生产，根据市场的需求而扩大或者减少它的供应。

商品生产的技术条件。生产技术的进步不仅能增加商品的产量，而且也能提高质量、加速商品的不断更新换代，从而改变商品供给的状况。

政府的政策措施。各国政府采取种种不同的政策措施，如补贴、减免税或退税、加速折旧、投资优惠、政府采购等，对商品的生产会产生很大影响。

商品的主要生产国。由于历史、地理、气候等因素，大部分商品的生产都有其主要的生产国。

三、商品的消费

某种商品消费的变化必然引起对这种商品需求的变化。进行商品市场行情调研，除了研究商品属性与用途、供给方面，还应了解具体商品消费的历史发展趋势、历年的消费量、主要消费国及其占世界消费量的比重等基本情况。

商品的消费周期。一般来说，消费周期长的商品，如机器设备、耐用消费品，由于选择更新时机的余地比较大，其需求波动大；消费周期短的商品，如生活必需品，其需求波动幅度小。在研究商品消费周期时，还应注意消费周期的长短除了取决于其本身使用的自然寿命，还会因新产品涌现而被淘汰，使消费周期缩短。在科学技术日新月异、国际竞争日趋激烈的今天，更应注意产品更新换代对需求变动的影响。

商品消费的季节性。许多商品消费有季节性，使商品销售出现淡季与旺季的差异。这种季节性大多是由气候、社会风俗习惯等因素造成。

商品消费的垄断程度。当某种商品的购买集中在少数买主手中时，就会出现不同程度的买方垄断。一般来说，商品的消费部门的垄断程度越高，需求的波动幅度也越大。

商品的主要消费国。不同国家的生产条件和家庭收入水平不同，商品消费的数量、种类有很大的差别，研究商品的消费应当掌握一种商品的主要消费国家和地区，以便根据这些国家和地区的情况科学预测国际商品市场行情。

四、商品的国际贸易

商品的国际贸易即商品的进出口对世界市场商品的供求有直接影响。对大多数厂家来说，所生产的产品只是有一部分用以出口，所消费的产品也只与国际市场上商品供给与需求有关，并非与世界各国的产品总量和消费总量都有关系，而是只与世界上可供出口和进口的商品数量有关。各国的商品出口形成了世界市场上的商品供给，各国的进口形成了国际市场上的商品需求。所以，研究国际市场上商品的供需状况，就必须研究其国际贸易状况。

商品进出口的现状及发展趋势。研究任何一种商品的进出口，首先，要了解这种商品的进出口水平，只有进出口水平较高的商品一般才具有研究意义。其次，要了解国际贸易趋势趋向扩大还是缩小，以及扩大与缩小的原因，了解商品国际贸易的长期变化趋势及原因。这有助于我们认识相应商品在国际市场上的供求变化规律，进而有助于我们对该商品进出口量的未来变化做出预测。

商品的主要进出口国。由于商品的主要出口国是世界市场上商品的主要供给者，而主要进口国是世界市场上商品的主要需求者，所以商品主要进口国和出口国的贸易量对国际市场的供求力量对比起决定作用。研究世界商品的主要贸易国家，首先，要了解其进出量在国际市场上所占的比重，比重越大，其进出口变化对国际市场供求关系的影响也越大；其次，要了解主要进出口国家国民经济对其对外贸易的依存程度，依存度越大，其国内的经济状况及相关政策对国际商品市场行情的影响也越大；最后，还要了解世界商品主要进出口国家的需求动向和生产状况，由于商品市场行情的变化在很大程度上取决于主要进口国消费和主要出口国生产的变化，因此，这些国家所采取的一些国内政策措施以及其政治、经济、自然条件、科技发展动态等国内环境变化也应作为我们研究世界商品市场行情的重点。

五、商品的市场价格

国际市场商品价格主要有实际成交价格和参考价格。实际成交价格包括商品交易所的价格、自由市场成交价格、拍卖价格和开标价格等。参考价格是指大的企业或政府部门的出版刊物公布的价格。除了调查当前的市场价格，还必须分析诸如市场供求、通货膨胀、经济周期、垄断和竞争、投机活动、自然灾害、季节变动等社会、经济和自然等多种因素对价格的影响，预测价格变动趋势，从而选择最有利的市场与时机。

商品供求关系。在市场上，商品的价格处于不断变化之中，原因来自商品供求的多变性。商品供求受许多因素的影响，这些因素使商品的供给或需求发生各种变化，无论是供给一方还是需求一方的变化都会打破旧有的供求平衡，从而使商品价格出现波动，而价格波动又会对商品供求关系产生影响。除商品价格外，其他影响商品供给的因素主要包括生产规模、生产成本、技术因素、资源状况等，影响商品需求的因素主要包括消费者收入、相关品价格、消费者偏好等。

货币因素。商品价格是其价值的货币表现形式。因此，它既受商品因素的影响，又受货币因素的影响。对世界商品价格有影响的直接货币因素主要包括两个方面：通货膨胀和汇率。通货膨胀属于国别货币现象，但如果通货膨胀发生在主要生产国或是主要出口国则会导致该国的出口成本提高，使出口价格上涨以消化成本的提高；同时，国内市场名义收益提高，使内销扩大，出口萎缩。两个过程的直接结果都是使目的国市场价格上涨（以出口国本币表示）。至此，若主要出口国是自由外汇国家，由于国际价格本身就是以本币来表示的，其国内的通货膨胀已经造成了国际市场价格的上涨。若主要出口国不是自由外汇国家，在汇率不变的情况下，出口商必然索要更高的外币价格才能保持本币的收益不变；若汇率发生变化，则汇率变化的方向是本币对外币汇价的降低，这时以自由外汇表示的商品世界价格因汇率的缓冲而上涨较缓或保持不变。

经济周期。周期变化是市场经济的主要动态特征，也是世界市场行情变化的基本表现之一。作为世界市场行情的主要指标，商品的世界价格也必然受这一宏观因素的影响。周期理论认为，经济危机是生产和消费、供给和需求严重失调的强制性解决过程。在生产和供给严重超过需求的压力下，商品难以按前定的价格出售，因此，只好降价求售。在萧条阶段，由于市场需求不振，价格走势疲软；在复苏阶段和高涨阶段，由于固定资本更新和就业的恢复，必然导致需求的急剧扩大。但滞后的商品供给会造成商品的市场短缺，因而促使商品价格出现显著的上扬。价格上涨又刺激生产和供给进一步膨胀，从而为新的一轮生产过剩创造条件。

国家政策。由于世界各国经济存在着密切的联系，世界各国所采取的许多政策措施均可能会对世界市场行情和世界市场价格产生重要的影响，特别是主要发达国家或是商品主要生产国或是主要出口国的对外经济政策更是直接影响着国际商品市场的行情动态。国家行为对世界商品价格的干预并不局限于关税政策。第二次世界大战以来，西方国家中所采取的各种非关税壁垒对国际市场价格的影响也不容忽视，它使国家政策对国际市场价格的影响进一步强化和复杂化。

第三节　国际市场选择

国际市场的容量巨大，且各国消费者需求差异也很大，而企业的人力、物力、财力有限，难以满足市场上所有消费者的需求。因此，企业应对众多的国家进行分类和筛选，从中识别需求量大且又被竞争对手忽视的国家作为企业外销产品的目标市场国，以在开拓国际市场中赢得主动权。

一、国际市场的选择标准

企业要想选择合适的目标市场，就必须对每个潜在市场进行评估。企业评估国际潜在市场主要按以下三个标准进行。

（一）市场规模和发展潜力

企业进入某一市场是期望能够有利可图，如果市场规模狭小或者趋于萎缩状态，企业进入后难以获得发展，此时就应审慎考虑，不宜轻易进入。当然，企业也不宜以市场吸引力作为唯一取舍，特别是应力求避免“多数谬误”，即与竞争企业遵循同一思维逻辑，将规模最大、吸引力最大的市场作为目标市场。大家共同争夺同一个顾客群的结果是，造成过度竞争和社会资源的无端浪费，同时使消费者的一些本应得到满足的需求遭受冷落和忽视。很多企业动辄将大国尤其是发达国家作为其首选市场，而对发展中国家和较落后地区不屑一顾，这很可能就步入了“多数谬误”的误区，如果转换一下思维角度，一些目前经营尚不理想的企业说不定就会出现“柳暗花明”的局面。

（二）市场结构

潜在市场可能具备理想的规模和发展特征，然而从盈利的观点来看，它未必有吸引力。美国著名管理学家迈克尔·波特认为有五种力量决定任何一个潜在市场的长期的内在吸引力，企业应将这五个群体对长期盈利的影响做出评估。这五个群体是：同行业竞争者、潜在的新参加的竞争者、替代产品、购买者和供应商。

1．市场内激烈竞争的威胁

如果某个市场已经有了众多的、强大的或者竞争意识强烈的竞争者，那么该市场就会失去吸引力。如果出现该市场处于稳定或者衰退，生产能力不断大幅度增强，固定成本过高，撤出市场的壁垒过高，竞争者投资很大，那么情况就会更糟。这些情况常常会导致价格战、广告争夺战以及新产品推出，因此公司要参与竞争就必须付出高昂的代价。

2．新竞争者的威胁

如果某个潜在市场可能吸引新的竞争者，他们会增加新的生产能力和大量资源，并争夺市场占有率，致使这个市场没有吸引力。问题的关键是新的竞争者能否轻易地进入这个潜在市场，如果新的竞争者进入这个市场时遇到森严的壁垒，并且遭受市场内原来的公司的强烈报复，他们便很难进入。保护市场的壁垒越低，原来占领市场的公司的报复心理越弱，这个市场就越缺乏吸引力。

某个潜在市场的吸引力随其进退难易的程度而有所区别。根据行业利润的观点，最有吸引力的潜在市场应该是进入的壁垒高、退出的壁垒低。在这样的市场里，新的公司很难打入，但经营不善的公司可以安然撤退。如果潜在市场进入和退出的壁垒都高，那里的利润潜量就大，但也往往伴随较大的风险，因为经营不善的公司难以撤退，必须坚持到底。如果潜在市场进入和退出的壁垒都较低，公司便可以进退自如，然而获得的报酬虽然稳定，但不高。最坏的情况是进入潜在市场的壁垒较低，而退出的壁垒却很高。于是在经济良好时，大家蜂拥而入，但在经济萧条时，却很难退出。其结果是大家都生产能力过剩，收入下降。

3．替代产品的威胁

如果某个潜在市场存在着替代产品或者有潜在替代产品，那么该市场就失去吸引力。替代产品会限制潜在市场内价格和利润的增长。公司应密切注意替代产品的价格趋向。如果在这些替代产品行业中技术有所发展，或者竞争日趋激烈，这个市场的价格和利润就可能会下降。

4．购买者讨价还价能力加强的威胁

如果某个潜在市场中购买者的讨价还价能力很强或正在加强，该市场就没有吸引力。购买者会设法压低价格，对产品质量和服务提出更高的要求，并且使竞争者互相斗争，所有这些都会使销售商的利润受到损失。如果购买者比较集中或者有组织、该产品在购买者的成本中占较大比重、产品无法实行差别化、顾客的转换成本较低、由于购买者的利益较低而对价格敏感、顾客能够向后实行联合，那么购买者的讨价还价能力就会加强。因此，企业较好的防卫方法是事先提供顾客无法拒绝的优质产品供应市场。

5．供应商讨价还价能力加强的威胁

如果公司的供应商——原材料和设备供应商、公用事业、银行、公会等，能够提价或降低产品和服务的质量，或减少供应数量，那么该公司所在的潜在市场就会没有吸引力。如果供应商集中或有组织、替代产品少、供应的产品是重要的投入要素、转换成本高、供应商可以向前实行联合，那么供应商的讨价还价能力就会较强大。因此，与供应商建立良好关系和开拓多种供应渠道才是防御上策。

（三）企业自身的目标和能力

某些潜在市场虽然有较大吸引力，但不能推动企业实现发展目标，甚至分散企业的精力，使之无法完成其主要目标，这样的市场应考虑放弃。另外，还应考虑企业的资源条件是否适合在某一潜在市场经营。只有选择那些企业有条件进入、能充分发挥其资源优势的市场作为目标市场，才能立于不败之地。如果企业无法在潜在市场创造某种形式的优势地位，它就不应贸然而入。

二、国际市场的选择步骤

企业选择国际目标市场一般包括以下两个步骤。

（一）对所有国家的市场进行筛选

企业在选择国际目标市场时，首先要对各个国家进行初步选择，确认选取哪些国家的市场。其目的主要在于缩小选择的范围，降低进一步评估的成本。在进行初步筛选时，暂时不需要考虑进入方式的选择。筛选过程可分为以下 4 个步骤。

1．建立目标国家的消费者或用户的特征剖析图

通过对现有的或潜在的消费者或用户的消费行为和特征进行分析，企业可以选择有利于充分发挥企业竞争优势的市场作为目标市场，利用较为集中的资源投入，迅速和有效地占领目标国家市场。

企业对消费者特征的剖析包括：消费者的年龄、性别、收入水平、消费结构、消费者所处的社会阶层及其生活方式的特点。企业对工业品用户特征的剖析包括：使用本产品的行业的特征，典型客户的规模和组织结构，本企业所生产的产品或提供的服务在客户的价值链中处于哪一环节、起什么作用。

2．直接估计市场规模

估计市场规模的主要方法是从企业所能够获得的统计资料入手，找出影响产品市场前景的各项因素，并通过回归分析方法找出各项因素对产品市场前景影响的具体程度。然后，再依据企业对各项影响因素的预测，推算出未来一定时间内产品在目标国市场的销售前景。具体可以建立如下的回归与预测函数：

$$S_{it} = f(X_{1t}, X_{2t}, \cdots, X_{nt})$$

其中，S_{it} 代表 i 产品在 t 时段内在既定国际目标市场的潜在销售量；$X_{1t}, X_{2t}, \cdots, X_{nt}$ 表示影响 i 产品市场前景的各种因素在 t 时段内的具体状况。

3．间接估计市场规模

对市场规模的间接估计主要是通过对目标市场国家的宏观经济指标进行分析，从中间接地推算出市场规模。可供使用的宏观经济指标包括：国民生产总值（GNP）、国内生产总值（GDP）、国民收入（NI）、物价指数（P）以及这些指标在最近年份的变动状况。

4．做出接受或放弃决策

在对前述资料有了较全面的掌握和较系统的分析后，企业就可以初步做出接受或放弃决策。具体可以运用市场选择指数法来进行分析。

运用市场选择指数法的具体过程是，首先确定影响企业在某细分市场上销售前景的影响因素，然后赋予其相应的权数并对各影响因素的现有状况进行评分，最后以各个细分市场的加权得分作为市场选择指数，从而选择得分高者作为企业的国际目标市场。

假设有 *n* 个细分市场，有 *m* 个市场因素，市场选择指数的计算公式为：

$$V_k = \sum a_i X_{ik}$$

其中，V_k 代表第 k 个细分市场的市场选择指数；a_i 代表第 i 个影响因素的权数，且 $\sum a_i = 1$；X_{ik} 代表第 k 个细分市场在第 i 个影响因素上的评分，且有 $0 \leqslant X_{ik} \leqslant 100$。

（二）评估行业的市场潜力

第一阶段的初步筛选可以选择出为数较少的国家或地区。对于这些国家或地区市场，企业需要进一步地对其市场潜力做出较深入的评估。这一评估主要是预测在特定时期特定国家，某个行业在未来相当长的时间内最大的销售量。在评估行业的市场潜力时，要同时考虑两个方面的情况：一方面是市场的现实规模，另一方面是行业在企业的战略计划期内的增长率。这也就需要企业必须了解它的竞争者，掌握竞争者的销售情况。

各种行业协会通常收集和发表全行业的销售情况，当然并不具体列出每家公司的销量，企业可通过对照全行业的情况预测行业增长情况；另外企业还要根据自己过去的销售业绩，进行时间序列分析，预测未来销售发展趋势。

第四节 寻找客户与客户资信调查

找客户是交易前重要的准备工作。找客户的途径很多，如参加展览会、交易会，在网上找，请朋友或老客户介绍，在报纸杂志上发布或搜索供求广告，请进出口商会、本国驻外使领馆介绍等，这里我们只介绍目前采用得最多的网络和展会两种途径，然后介绍客户资信调查与建立业务联系。

一、寻找客户

（一）网上找客户

这种方式找客户成本低、接触面广、操作简便，但有关信息的可信度难以把握，成功概率没有展会等途径高。在网上找客户的途径主要有：在网上发布和搜索供求广告，建立公司的网站并推广，后者专业性较强，通常需要外包给专业公司。

1．在网上发布和搜索供求广告

在网上发布和搜索供求广告是在网上找客户的最初级的方法。

（1）发布供求广告。发布供求广告即将自己有什么东西要卖或要买的信息在网上一定的地方做广告，然后等客户找上门。供求广告可繁可简，简单的只说明自己是谁，有什么东西要卖或买，再加上几句引起客户兴趣的话即可；详细的还可以加上公司介绍、产品图片、成交记录、商品评价、交易方式、企业的诚信表现等。制作供求广告，内容要实事求是，最好能附上有关企业诚信表现的材料，如阿里巴巴“诚信通会员”等；形式上要简洁、美观，最好图文并茂，但又不能过于花哨。供求广告发布后还要经常更新，以便能排在前面，被人看到。

发布供求广告的最佳地点是国内外各种B2B（企业对企业）网站，这类网站有中文或外文的，开始阶段可以先在中文网站上发布，熟悉操作方法后再到外文网站上发布。在B2B网站发布供求广告要先注册，可以注册免费会员或付费会员，二者的注册方法相同，但提供的服务不同。一般是先注册免费会员，如果使用效果不错，则再注册付费会员。

（2）搜索供求广告。如果说发布供求广告是一种“等鱼上钩”的方法，搜索供求广告则是主动出击。搜索供求广告的方法主要有直接查找和用搜索引擎搜索两种。如果原来已有长期关注的网站，则可以直接到上面去查找。各种B2B网站上都有自带的搜索引擎（Search for Trade Leads），可按时间、国别、供给、需求等条件进行精确查找。

如果无特别关注的网站，则可以用搜索引擎搜索。著名的搜索引擎有Google、Baidu、Yahoo、MSN等。一般的搜索方法很简单，例如，要找“电动自行车”的买主，在Google内输入“电动自行车”和“求购”等关键词，就可以搜到几百万条信息。但这些信息大多数与“电动自行车”的买主无关。因为搜索时没做任何限制，而且允许“分词”（即允许计算机将关键词拆开来搜索），结果会将“求购”蔬菜的信息也包括在内。因此，应采用一些提高搜索效率的方法和技巧，下面介绍几种：

① 正确地使用关键词。例如，搜索“电动自行车”的买主，除了“电动自行车”和“求购”这样的关键词，还可以输入地区、批量、产品特点等关键词。

② 利用高级搜索功能。一般搜索引擎都有“高级搜索”功能，可以对关键词的内容、出现位置、信息的时间、文档的格式、使用的语言等进行限制。

③ 利用图片搜索。大多数人都喜欢文字搜索，实际上图片搜索非常有用。因为包含产品名称的网页很多都与要搜索的信息无关，但包含产品图片的网页就基本上有关。

④ 运用关联搜索。指通过那些与对象有关的事物来搜索，例如，搜索电动自行车的卖家，不妨搜索一下普通自行车和摩托车的买家；搜索电高压锅的卖家，不妨搜索一下普通高压锅的买家；搜索皮革供应商，不妨搜索一下皮革的采购商等。

2．建立公司的网站

发布和搜索供求广告相当于在网上打游击，建立公司的网站相当于在网上开一个固定的店铺，它不仅可以提高找客户的效率，还可以增强客户的信任感。建立公司网站的过程可分为以下3步：

（1）注册域名。域名的一般格式是“www.x.com”，其中“x”由企业自己取名。取名应尽量避免使用下划线、短横、英文字母“O”、数字“0”这些容易混淆的符号；最好与企业和产品名称相关，这样一看就知道公司的业务范围，还可以增加被搜索到的机会；外贸公司网站的域名还应该考虑国外客户的习惯。

（2）选择服务器。服务器是公司网站的“家”，大型企业一般自己架设，中型企业一般选择服务器托管服务，小型企业适合租用“虚拟主机”。互联网服务提供商都提供注册域名和租赁虚拟主机的服务。外贸企业还可以选择海外的虚拟主机或服务器，因为从国外上我国网站的速度很慢，有时甚至打不开。

（3）设计公司网页。可以自己设计，也可以委托互联网服务提供商或专门的网站设计制作公司设计。公司网站的内容要实事求是，能引起客户的兴趣；形式上要简洁、美观。外贸企业的网站还应该有中英文两个版本。

现在很多公司都重视建立公司的网站，但重视公司网站推广的不多。据有关统计，目前我国超过80%的公司网站每天的访问量都只有几人次，这些网站可以说都是“死网站”，其效果可想而知，其中一个重要的原因就是忽视了网站的推广。网站的推广可以在著名网站或搜索引擎登录，投放网络广告，与相关网站建立友情链接，在日常邮件、广告、产品目录、传真、电子邮件、名片上添加公司的网址等。这些工作有的很简单，有的比较复杂。公司可以自己做简单的，将复杂的外包给专业公司。

（二）通过展会找客户

通过展会（Exhibition）找客户是寻找外贸客户的最重要的途径。有人认为，有了互联网就没有必要再参加从赶集发展来的展会了，这种看法是片面的。网络的出现的确向展会提出了挑战，但展会有许多网络不能替代的特点，通过将行业中最重要的客商聚集在一起，通过产品展示、直接交流，不仅有利于提高交易达成的效率，而且有利于调查市场行情和扩大企业影响。

1．展会的分类

展会可以从不同角度分类，下面介绍几种主要的分类：

（1）贸易展、消费展、贸易消费综合展。贸易展主要面向工商企业，目的是交流信息、洽谈生意；消费展主要面向消费者，目的是直接销售；贸易消费综合展兼有贸易展和消费展两种性质。一般来说，经济欠发达国家的贸易消费综合展较多，经济发达国家的贸易展和消费展分得较开。

（2）综合展、专业展。综合展是有多种行业参加的展会，如农业展、轻工业展；专业展是只有一个行业甚至一项产品的展会，如啤酒展、电视机展。但综合与专业是相对的，例如，轻工业展对工业展来说是专业展，对只有某类轻工业品的展会来说又是综合展。现代展会的发展趋势是专业性越来越强。

（3）定期展、不定期展、长期展、短期展。定期展有一年四次、两次、一次的，也有两年一次的；不定期展举办的时间视情况而定；长期展有的三个月，有的半年，有的甚至常设；短期展一般不超过一个月。

2．参展前的准备工作

参展是否能取得好的效果，在很大程度上取决于展前的准备工作是否做得充分。参展前首先要进行一定的展会调研，如该展会是哪种类型的展会、举办方是谁、有哪些企业参加、主要展出什么产品、有多大规模等。只有了解有关情况，才能正确地选择展会，制定参展战略和策略。展会调研的途径有：咨询当地商会、本国驻展会所在国使领馆商务处；查阅往届展会的资料和新闻报道，注意哪些公司参加过该展会以及是否每届都参加；向参加过该展会的同行打听等。

国内外各种展会很多，需要正确地选择。选择错误不仅不能取得好的参展效果，还会造成人力和物力的浪费。选择展会要考虑的因素主要有：展会的主题、面向的群体、展品的范围、展会的知名度和影响力、展会举办的时间和地点、企业的经济实力等。例如，参加广交会一次少则十几万元，多则几十万元。对一些大型企业来说不成问题，对一些中小企业来说就是一个较重的经济负担。因此，经济实力不强的中小企业也可以选择一些效果较好但费用不太高的展会。

【案例 2-4】

2006 年，A 公司将土工布、无纺布系列产品纳入新的业务增长点。为了拓展市场，了解国际市场的行情，A 公司决定在近期参加一个展会。业务员陈先生通过网络搜索和展览公司推荐，选择了在美国举办的 TECHTEXTILES 国际展（非工业用纺织品展会）。2006 年 3 月 26 日，陈先生一行四人带着两大皮箱的样品来到美国，立即着手布置展位。

但在展会开幕的第一天，A 公司的展位前就“门庭冷落”，虽然展会规模很大，参观的人很多，但参观 A 公司展位的人寥寥无几。究其原因主要是：该展会展览的大多数都是特种纤维、防化防毒类布料和成品等，A 公司的土工布主要用于铺设路面和大坝，与展会的主题相差甚远，A 公司在选择展会时只注意到了展会罗列的系列产品名称，而没有仔细研究具体的参展产品范围。

结果 A 公司在整个展会期间取得的效果很小，样品无人问津，运回去费用又太高。虽然 A 公司也得到了一些客户的名片、信息，但是经过半年的跟踪，都不能转变为意向客户。而四个人的费用加上准备展会的费用花掉将近 10 万元。

试问：参加展会如何避免 A 公司遇到的问题？

【案例分析】

参加展会是寻找客户的重要途径，但国内外展会选择颇多，为避免劳而无功，企业参展前应先做好充分的准备工作，包括了解展会的主题、面向的群体等，分析其是否适合企业参加，是否可能接触到潜在的客户，以取得好的参展效果。

展位选择和展台设计。选择展位的原则是在费用和效果之间找到平衡，好的展位客流量大、显眼，但费用也高。展台设计的核心是要有创意，但有创意不是标新立异或盲目模仿国外知名品牌的展台设计。展台设计应符合参展目的，突出企业的形象和定位。

展品选择和展示方式设计。展品选择的三条标准是：符合企业的参展目的，代表公司的技术水平，与同类产品有差异。展示方式有狭义和广义之分：狭义的展示方式指对展品的说明或演示；广义的展示方式还包括展会期间举办的各种活动，如研讨会、招待会、邀请媒体采访等。好的展示方式设计应能增强展示效果、扩大企业影响、节约宣传成本。

参展材料和参展人员的准备。参展材料包括产品目录、资料、样品、广告、光盘、纪念品、名片等。需要哪些参展材料，应根据参展的目的和产品等因素决定。参展人员的准备包括人员的选择和培训两个方面。选择参展人员的一般标准有：素质好、能力强、专业水平高、善于与客商打交道、有一定的外语水平、外在形象较好。一些专业性很强的产品，还要有技术人员的参加。

3．展中的注意事项和展后跟进

展中的注意事项主要有：耐心回答访客提出的问题，主动了解有关情况，并做好记录；做好名片的散发和索取工作，尽量多结识同行和有关人士；抽空参观一下同行的摊位，了解竞争对手的产品特点和价格，这对改善参展策略和企业的营销战略都很有价值；每天的展览结束后都应及时对当天获得的资料进行整理，并对当天的工作做一个小结。

展后跟进很重要。据有关统计，在展会上当场下订单的通常不到访问者的1/10，参展的收获大多数是一叠名片，真正的成果很多都是通过展后跟进取得的。展后跟进主要有两项工作：第一，根据展会上搜集的资料、名片、记录和沟通情况等对客户进行分类，如"老客户"、关注过企业的产品且表现出强烈兴趣的"意向客户"、关注过企业的产品但并未表现出强烈兴趣的"潜在客户"。第二，给各类客户发函。给老客户发函的目的是维护和巩固已有的业务关系，给意向客户发函的目的是争取将其转变为老客户，给潜在客户发函的目的是探索将其转变为意向客户的可能性。

【案例 2-5】

上海C公司专营轻工产品出口，前不久在广交会上认识了一家韩国经销商，该经销商在韩国有广泛的销售渠道。在广交会上该经销商访问过公司的摊位，对公司新近开发的一款台式打火机颇感兴趣，并留下了名片。C公司业务员从广交会上回来后，按名片上的地址给韩国经销商发函推荐上述产品，并随寄了产品目录和样品，不久就得到了对方的询盘。经过磋商，双方达成了台式打火机的第一笔交易。试分析：上海C公司通过展会达成交易的经历说明了什么？

【案例分析】

以参展的形式寻找客户，不仅参展前的准备工作和展中的安排很重要，展后的跟进同样关键。企业参展大多能收到一堆名片，这些都是潜在的客户资源，企业展后应及时跟这些潜在客户取得联系，争取建立业务联系，加大参展成效。

二、客户资信调查

（一）客户资信调查

客户资信调查（Credit Enquiry）是实务操作十分重要的环节，它是甄别虚假信息、避免盲目投入磋商而泄露商业秘密、防范贸易风险的重要手段，实践中许多风险的发生都与没有做充分的客户资信调查有关。在实际业务中，不仅对新客户要进行资信调查，即便是交往多年的老客户，由于资信不是一成不变的，也有必要做一定的资信调查。

【案例 2-6】

2001年1月，我国A公司与瑞士S公司签订了一份进口一套价值200万美元设备的进口合同。S公司按照合同的规定将设备运到了我国，但A公司验收时发现该套设备存在严重的质量问题。于是与S公司交涉，要求其承担违约责任、赔偿经济损失。但S公司不理睬。A公司于是委托北京的一家调查公司对S公司的资产状况进行调查。

调查公司在瑞士的调查员通过调查发现，S公司是一家注册资金仅为4万瑞士法郎（折合人民币18.5万元）的私人有限责任公司，无固定资产，办公场所是租赁的，主要从事林业方面的商务咨询，兼营国内和国际贸易，贸易业务占公司收入比重很小，根本不具有提供所需设备的能力，S公司目前无可供执行的财产。

试分析：造成A公司风险的原因，如何在贸易中避免此类问题？

【案例分析】

案例中A公司在签订合同之前没有及时进行客户资信调查，以致没能发现S公司根本不具有提供所需设备的能力，交易不仅无法完成，而且由于S公司目前无可供执行的财产，经济损失已不可避免。外贸企业应在交易前做好客户资信调查，避免盲目投入磋商，防范贸易风险。

客户资信调查的内容没有统一规定，应根据具体情况具体分析，这里有个“3C”框架可供参考：（1）Capital 资本，包括企业的性质、注册资金、营业额和资产负债情况等；（2）Capacity 能力，包括企业的历史、经营范围、经营能力和发展前景等；（3）Character 品格，包括企业的商业道德、经营方针、经营作风和信誉等。

客户资信调查的途径有很多，包括：（1）查看客户的公司网站。（2）向与国外客户有往来的其他同行了解。许多国外客户通常与我国多家公司有往来，通过同行这种渠道得到的信息一般比较可靠。（3）委托国内外银行调查。中国银行与许多国家和地区的银行有业务关系，可以做客户资信调查。企业也可以委托客户的往来银行，但他们虽然对客户比较了解，但一般不会提供对自己的客户不利的资料。（4）委托国内外专业资信调查机构调查。（5）咨询对外贸易促进机构、我国驻外商务机构、海关、商检局等部门。

（二）客户资信调查实例

下面是出口商向进口商的往来企业提供的信用调查例子，包括出口商的咨询函、对方有利和不利的回复。

Credit Enquiry

（Through a Firm）

November 12th，2019

（Confidential）

Dear Sirs,

We have received an order for USD 56 500 worth of goods from Ocean Electronic Co. Ltd，U.S.A. They have given us the name of your company as a reference. We wish to know whether，in your opinion，they are good for this amount and in every way trustworthy and reliable. We shall be most grateful for any information you are able to give us.

We should of course treat as strictly confidential any advice you give us and be only too pleased to perform a similar service for you should the opportunity ever arise. We enclose a stamped，addressed envelope for your reply.

Yours faithfully,

先生：

我公司现收到美国大西洋电子有限公司的订单一份，订货总值56 500美元。该公司向我们提供了贵公司的商号作其资信证明人。我们想知道，在你们看来，他们是否能满足这一金额的订单要求，以及在各方面是否值得信赖和可靠。请提供这方面的资料，不胜感激。

你方所提供的任何信息我们都将严格保密。如有机会，我们非常乐意为你们提供类似的服务。随信附回邮信封一个，供复信之用。

Credit Information from a Foreign Firm

（Favourable Reply）

November 23rd，2018

（Strict Private and Confidential）

Dear Sirs,

We are pleased to state that the firm referred to in your letter of November 12th is a well-known and highly respectable firm who has been established in this town for more than twenty years.

We ourselves have now been doing business with them for over five years on quarterly-account terms and although they have not as a rule taken advantage of our cash discounts，they have always paid their accounts promptly on time. The credit we have allowed the firm has at times been well above USD 56 500 that you mentioned.

We hope this information will be helpful and understand that you will treat it confidential.

Yours faithfully,

先生：

我们很高兴地指出，你们在 11 月 12 日的信中提到的公司是一家著名的、非常值得尊敬的公司。该公司自从在本市创建以来已有二十多年的历史。

我们与该公司按季度结账方式做生意已经有五年多了，尽管他们通常没有利用我们的现金折扣，但总是准时清账。我们给该公司的信用额度有时远远超过你们提到的 56 500 美元。

希望这些信息能对你们有所帮助，并予以保密。

（Unfavorable Reply）

Dear Sirs,

We have completed our enquiries concerning the firm mentioned in your letter of November 12th and regret that we must advise you to regard their request for credit with caution.

About one year ago an action was brought against the firm by one of its suppliers for recovery of sums due，though payment was later recovered in full.

Our enquiries reveal nothing to suggest that the firm is not straight forward. On the contrary，the firm's difficulties seem to be due to bad management and in particular to overtrading. Consequently，most of the firm's suppliers either give only very short credit for limited sums，or make deliveries on a cash basis.

The information is of course supplied in the strictest confidence.

Yours faithfully,

先生：

我们已经完成了对你们 11 月 12 日信中提到的公司的调查，很遗憾，我们必须建议你们谨慎对待他们的赊账要求。

大约一年前，该公司由于欠款问题，曾受其供货商投诉，事后才全数清付。

我们的调查显示，该公司并不是不诚实可靠。相反，该公司的困难似乎是由于管理不善，特别是过度交易造成的。因此，该公司的大多数供应商要么只对有限的金额给予短期赊账，要么要求以现金方式交货。

以上资料应予以保密。

三、建立业务联系

（一）建交函的基本内容

国际贸易中，买卖双方建立业务关系（Establishment of Business Relations），往往是由交易一方通过主动向对方写信、发传真或 E-mail 等形式开展，有时也会通过正式的谈判建立。建立业务关系的函件一般包括下列内容：（1）信息来源。即如何取得对方的资料，如通过他人介绍、网上信息等。（2）言明去函目的。如扩大交易范围、建立长期业务关系等。（3）本公司情况。包括公司性质、业务范围、宗旨及公司经营优势等。（4）产品介绍。分两种情况，一是明确对方需求时，宜选取某类特定产品，进行具体的推荐；二是不明确对方需求时，宜对企业产品整体情况做笼统介绍（最好附上商品目录、报价单或另寄样品供对方参考）。（5）激励性结尾。即希望对方给予回应或采取行动。

（二）建交函常用语句

We learned from the commercial counselor's office in your country that you are interested in Chinese handicraft.我们从贵国的商务参赞处了解到你们对中国的手工艺品感兴趣。

We have obtained your name and address from the internet.我们从互联网上获得你们的名字和地址。

We'd like to express our desire to establish business relations with you on the basis of equality，mutual benefit and the exchange of needed goods. 我方希望能在平等、互利、互通有无的基础上与贵公司建立业务关系。

In order to extend our export business to your country，we wish to enter into direct business relations with you.为了能在贵国拓宽我方的出口业务，我们希望能与你们直接建立业务关系。

Our hope is to establish mutually beneficial trading relations between us.我们希望双方能建立互惠的贸易关系。

We look forward to a further extension of pleasant business relations.希望我们之间友好的业务关系能得到进一步发展。

It's our hope to continue with considerable business dealing with you.我方希望能继续同贵方保持大量的业务往来。

We wish to introduce ourselves to you as a state-owned corporation dealing exclusively in light industrial goods.很高兴向你介绍我司为一家专业经营轻工产品的国有企业。

We are introducing ourselves as one of the leading exporters of the same line of business.我司是一家同行业的领导性的出口企业。

The main products our corporation deals in are electrical appliances.我司从事的主要产品是电子产品。

Our company is mainly engaged in agricultural products.我司主要致力于农业产品业务。

We specialize in the export of table-cloths.我们主要从事台布出口业务。

Our goods are greatly appreciated in other markets similar to your own.我们的产品在其他

类似贵方的市场受到欢迎。

By virtue of this superior quality，this product is often sold out in many areas.我们的产品因其上乘的质量，在很多地区经常脱销。

Our products are superior in quality and moderate in price and are sure to be saleable in your market.我们的产品质量上乘，价格适中，在贵方市场上一定很畅销。

These items are most salable in our market.在我方市场上，这些产品是最畅销的。

There has been a steady demand in our market for this kind of toy.在我们的市场上，这种玩具的需求一直很稳定。

（三）建交函实例

下面是一则建交函的实例。

Dear sirs,

We owe your name and address to the Commercial Counselor's Office of the Swedish Embassy in Beijing who have informed us that you are in the market for textiles.

We avail ourselves of this opportunity to approach you for the establishment of trade relations with you.

We are a stated-operated corporation，handling both the import and export of textile. In order to acquaint you with our business lines，we enclosed a copy of our Export List covering the main items suppliable at present.

Should any of the items be of interest to you，please let us know. We shall be glad to give you our lowest quotations upon receipt of your detailed requirements.

In our trade with merchants of various countries，we always adhere to the principles of equality and mutual benefit. It's our hope to promote，by joint efforts，both trade and friendship to our mutual advantage.

We look forward to receiving your enquiries soon.

Sincerely yours,

Fred Jackson

Encl.

先生：

我们从瑞典驻华大使馆商务参赞处得知你们的名字和地址，并了解到你们想要购买纺织品。

我们利用这个机会与你们联系，希望与你们建立贸易关系。

我们是一家从事纺织品进出口业务的国有企业。为了让你们了解我们的业务范围，随信附上一份我们的出口清单，里面包括了目前可以供应的主要产品。

如果你们对其中的任何产品感兴趣，请与我们联系。我们将很高兴在收到你们的详细要求后给你们提供最低报价。

在与各国商人的贸易往来中，我们始终坚持平等互利的原则。希望我们一起努力促进贸易和友谊，共同受益。

希望能尽快收到你们的询函。

【本章小结】

国际市场调研是交易前的重要准备工作。国际市场环境调研的内容主要由交易双方所在国家（地区）的政治环境、经济环境、社会文化环境、法律环境、贸易政策等构成。国际市场行情调研重点搜集、分析与预测商品的属性与用途、生产、消费、国际贸易和市场价格等内容。调研后，企业需根据市场规模和发展潜力、市场结构、企业自身的目标和能力等标准对每个潜在市场进行评估，选择合适的目标市场，并通过网络和展会等常用途径寻找客户。与客户建立业务联系前，为了防范贸易风险，企业应通过多种渠道对潜在客户的资本、能力、品格等展开资信调查。国际贸易中，买卖双方建立业务关系，往往是由交易一方通过主动向对方写信、发传真或 E-mail 等形式开展。

【拓展知识】

一、欧盟对有关儿童广告的规定

在荷兰，糖果广告不准以儿童为对象，不准在晚上八点之前播出，且不准使用 14 岁以下的儿童作为糖果广告的模特。在希腊，上午 7 点至晚上 10 点之间禁止播出任何玩具广告。在西班牙和德国，与战争相关的儿童玩具不准做广告。在法国，禁止广告中由儿童出示产品或者无大人陪同。在瑞典，禁止电视广告以 12 岁以下的儿童为对象；在儿童节目开始前、中间和之后禁止播出任何商业广告。

二、广交会和华交会

目前，在我国对外贸易方面影响最大的两个展会是中国进出口商品交易会（简称“广交会”）和上海的华东进出口商品交易会（简称“华交会”）。

广交会，即中国进出口商品交易会，创办于 1957 年春，每年春秋两季在广州举办。广交会由商务部和广东省人民政府联合主办，中国对外贸易中心承办，是中国目前历史最长、规模最大、商品最全、采购商最多且来源最广、成交效果最好、信誉最佳的综合性国际贸易盛会，被誉为中国第一展，中国外贸的晴雨表、风向标。

广交会是中国对外开放的窗口、缩影、标志，是国际贸易合作的重要平台。创办以来，广交会历经风雨、从未间断，已成功举办 132 届，与全球 229 个国家和地区建立了贸易关系，累计出口成交约 1.5 万亿美元，累计到会和线上观展的境外采购商约 1 000 万人，有力地促进了中国与世界各国的贸易交流和友好往来。

广交会以出口贸易为主，也做进口贸易，还开展多种形式的经济技术合作与交流，以及商检、保险、运输、广告、咨询等业务活动。其贸易方式灵活多样，除传统的看样成交外，还举办网上交易会。参加广交会有一定的门槛限制，沿海地区只有上年度成交额达到200万—300万美元的外贸企业才有资格提出参展申请。中小企业可以采用与有资格参展的外贸公司联营的方式参加，也可以以参观者的身份参加，了解行情动态，还可以参加“网上广交会”。

2023年5月第133届广交会线下展在广州举办，据统计这届广交会现场共有来自229个国家和地区的境外采购商参会，其中线下参会的境外采购商129 006人，线上参会的境外采购商390 574人。

华交会，即中国华东进出口商品交易会，由中华人民共和国商务部支持，上海市、江苏省、浙江省、安徽省、福建省、江西省、山东省、南京市、宁波市等9省市联合主办，每年3月在上海举行，由上海华交会展经营服务有限公司承办。华交会是中国规模最大、客商最多、辐射面最广、成交额最高的区域性国际经贸盛会。

自1991年以来，华交会已成功举办了30届。第29届华交会在上海新国际博览中心举行，展览面积达12.65万平方米，标准展位5 868个。设服装服饰展、纺织面料展、家庭用品展、装饰礼品展、现代生活方式展（下设进口展区和跨境电商展），参展企业4 000余家。境外展商分别来自日本、韩国、马来西亚、新加坡、越南、泰国、尼泊尔、巴基斯坦、印度、立陶宛、中国台湾和中国香港等15个国家和地区。第29届华交会有来自全世界111个国家和地区的22 757名采购商和国内14 408名采购商到会洽谈，出口成交总额达23亿美元。2020年7月，第30届华交会调整为线上举办。在各方的共同努力下，通过三大专区、四场买卖对接会、五大专业主题展和六大在线功能的全天候多维度线上集中展示，吸引了来自52个国家和地区的1.5万余名专业观众上线观展，探索了应对疫情下开展国际贸易的新路径。

三、开发信群

开发信一般不能太长，否则大多数客户没兴趣看（外国客户一般处理每一封邮件的时间是2—3秒）。但写得太短，内容不够，突出不了优势，也可能会失去很多潜在客户。这时候可以采取开发信群（Mail group）的策略，即把一封可以写得很长、内容很全面的邮件拆成多个邮件，组成邮件群，以此来突出优势。

开发信群具体做法：

第一封：简单介绍自己，用习惯的开发信的写法，简洁，以此作为敲门砖。

第二封：跟在第一封后面，推荐几款出口目标市场的产品，根据客户网站上的产品推荐适合他市场的产品。注意图片不要过大，但是内容要足够丰富，能通过一张或几张图片看到足够多的信息。

第三封：跟在第二封后面，推荐一到两款产品报价，邮件里简单报价，同时附上详细的报价单。控制文件大小，尽量把附件控制在1M以内。

第四封：给出产品的测试报告，专门发一封邮件，以增强客户的信心。

第五封：如果公司自己有工厂，可以再跟一封邮件，简单介绍自己的工厂和优势，年销售额和生产能力，现有的合作客户，车间、样品间、仓库、实验室等地方的图片，有条件的可附上专门设计好的presentation之类的介绍或者第三方机构的验厂报告。

注意：五封邮件的主题必须多变，不同邮件的侧重点不同。完成后过段时间可以跟进第六封邮件，问问客户需求之类的，或者打个电话沟通一下。

下面是开发信群的实例。

Letter 1

Re：Stationery vendor for Antonio

Dear Eva，

This is C from ... Glad to get your information from my Italian friend Antonio.

As I know，you have interest in purchasing stationery from Chinese mainland. We supply folders，clips，highlighters，notebooks to EU market for several years.

Please contact me for any questions.

Best regards，

C

Letter 2

Re：Recommended items for Italy

Eva，

According to my experience，here attached are some products which are suitable for Italy for your review.

If any demand，I'll provide the offer sheet with samples immediately!

Best regards，

C

Letter 3

Re：Stationery quotes

Hi Eva，

Here attached are the quotes for stationery program for your review. To be can candid with you，it is the basic price，and will be fluctuated due to the different quantity.

Should you have any questions，that is welcome. Thank you!

Best，

C

Letter 4

Re：Stationery audit report-... company

Dear Eva，

We have already passed the stationery audit from Wai-Mart，SGS & BSCI.

Please find the audit reports in attachment.

I'm sure that our product is good enough in Italy.

Best regards，

C

Letter 5

Re：Photo of factory

Dear Eva，

Enclosed are some photos of our factory for your review.

If you have time，please pay a visit to us. I think a lot of items will match your interest，and really hope to establish business relationship with you!

Kind regards，

C

【专业术语】

1. International Market Research	国际市场调研
2. Trade Policy	贸易政策
3. Tariff	关税
4. Non-tariff Measures	非关税措施
5. Import Quota	进口配额
6. General Agreement on Tariffs and Trade	关税及贸易总协定
7. Export Subsidies	出口补贴
8. Production Subsidies	生产补贴
9. Antidumping Duties	反倾销关税
10. Countervailing Duties	反补贴关税
11. Technical Barriers to Trade	技术性贸易壁垒
12. Market Selection	市场选择
13. Exhibition	展会
14. Credit Enquiry	资信调查
15. Establishment of Business Relations	建立业务关系

【课后习题】

一、简答题

1. 国际市场环境调研包括哪些方面?
2. 概述国际市场行情调研的具体内容。
3. 简述选择出口目标市场的流程。

4. 作为一名外贸业务员，你将如何寻找客户？
5. 客户资信调查有哪些途径？
6. 简述开发信的写作步骤。

二、案例分析

1. 高露洁进入中国市场的理由似乎很简单：中国有十几亿人口，中国农村居民只有20%每天刷牙，如果高露洁和它的竞争者积极开展消费者教育，那么中国牙膏市场的潜力至少在3.5亿美元以上。但高露洁选择中国市场时不仅考虑了中国牙膏市场的巨大潜力，还考虑了许多其他因素，例如：它是否能克服文化障碍，让中国农村消费者有更多人坚持每天刷牙？中国是否能提供生产牙膏和分销产品所需要的技术？高露洁是否能同众多本地牙膏品牌竞争？中国政府是否能保持稳定并支持高露洁？高露洁在中国的成功表明对这些问题的回答都是肯定的。但高露洁在中国市场的未来仍然充满了未知。

问：高露洁在选择中国市场前考虑了哪些因素？

2. D公司与香港W公司签订了一笔大豆合同，总值314 000美元，FOB大连，目的港为日本横滨港（香港W公司将货转售给日本商人），付款方式为D/A远期120天。

D公司按规定的装运期装运货物后，通过中国银行办理托收，中国银行委托香港地区某商业银行为代收行。单据到香港后，代收行向W公司提示承兑。W公司承兑后取得提单，并通过转让提单向日本收货人收取了货款。远期汇票到期时，香港代收行向W公司提示付款，但W公司已宣布破产，并由香港地区破产管理处接管。经查W公司的注册资本仅为260 000港元，即使全部用来偿付D公司的货款也不够，而W公司又是有限责任公司，D公司由此遭受严重损失。

问：上述案例中，D公司有哪些失误？如何在贸易业务操作中规避这种风险？

第三章　交易磋商与合同签订

【导入案例】

2020年6月27日，我国甲公司应荷兰乙公司的请求，报出脱核干枣200吨、每吨CIF鹿特丹1 800美元、即期装运的实盘。乙公司接到甲公司报盘，未作还盘，而是一再请求增加数量，降低价格。甲公司于7月17日复电将数量增至300吨，每吨CIF鹿特丹减至1 750美元，有效期经两次延长，最后期限为7月25日。乙公司于7月22日来电，接受该盘，并提出："不可撤销，即期信用证付款，即期装船，按装船量计算。除了提供通常装船单据外，还需提供卫生检疫证书、产地证、磅码单及良好适合海洋运输的袋装。"但甲公司接到该电报时，发现该产品的国际市场价格猛涨，于是甲公司拒绝成交，并复电称："由于世界市场的变化，货物在收到电报前已售出。"可是乙公司不同意甲公司的说法，坚持要按照发盘的条件执行合同，否则要甲公司赔偿差价损失13万美元或提交仲裁裁决。

试问：乙公司的做法是否合理？甲公司的报盘，乙公司的还盘是否有效？

交易磋商是买卖双方就买卖商品的有关交易条件进行协商，以期达成交易的过程。经过交易磋商，如果买卖双方就各种交易的条件达成了一致，一般要签订一份书面的国际贸易合同，以便履行合同和解决将来可能发生的争议。交易磋商与合同的签订需要多方面的知识，如法律知识、国际商务谈判的知识、经济核算的知识、外贸函电写作的知识、国际贸易合同条款的知识等。本章主要介绍交易磋商的流程与法律规则、合同条款的知识、国际贸易合同的签订几项内容。

第一节　交易磋商

一、交易磋商的内容和形式

（一）交易磋商的内容

进出口企业在做好进出口交易的前期准备工作之后，即可对外进行交易磋商。交易磋商的内容主要包括买卖商品的品质、数量、包装、价格、运输、保险、支付、商品检验、争议、索赔、不可抗力和仲裁等交易条件。

一般而言，主要交易条件，如买卖商品的品质、数量、包装、价格、运输、保险、支付等变动性较强，是每笔交易磋商的重点；一般交易条件，如商品检验、争议、索赔、不可抗力和仲裁等相对固定，在实际业务中通常由进出口商在初次接触时共同拟定的对每笔交易都适用的一套共性的交易条件，在洽谈具体交易时只洽商主要条件即可，节省交易磋商的时间和成本。主要交易条件与一般交易条件的区分并不是绝对的。

（二）交易磋商的形式

交易磋商在形式上主要包括口头和书面两种，特殊情况下可以通过买卖双方已成为习惯的某些行为予以确认达成交易。

1. 口头磋商

口头磋商主要指面对面的谈判，如参加各种交易会、客户来访、出国推销等。面对面谈判能够及时了解对方的态度和诚意，根据进展及时调整谈判策略促成交易，比较适合谈判内容复杂、涉及问题较多的业务，如大型成套设备交易谈判。口头磋商还包括双方通过国际长途电话、视频会议进行的交易磋商。这种谈判方式虽然快速方便，但由于无法全方位观察谈判对手的神态、手势等，容易造成误解。

2. 书面磋商

书面磋商是指通过电子邮件、传真、信件等通信方式来洽谈交易，也称为函电谈判。函电谈判具有快速、准确无误、材料齐全、有据可查的优点，特别需要指出的是，函电具有法律效力。随着现代通信技术的发展，函电谈判越来越简便易行，费用低廉，在各国进出口公司、外贸部门、涉外企业应用最普遍、最频繁。

二、交易磋商的一般程序

交易磋商一般包括询盘、发盘、还盘和接受 4 个环节。其中，发盘和接受是交易达成和合同成立的必不可少的两个环节。

（一）询盘

1. 询盘

询盘（Enquiry）又称询价，也称邀请发盘（Invitation to Offer），是指交易的一方为了购买或销售商品，向对方询问买卖该商品的有关交易条件。询盘可由卖方提出，也可由买方提出。在实际业务中，买方询盘较多。

交易双方向对方发出询盘时较多采取函电的形式。询函可分为一般询函（General Inquiry）与具体询函（Specific Inquiry）。一般询函是买方向卖方了解产品的一般情况，内容往往是索取商品目录（Catalogue）、价格单（Price List）、样品（Sample）、报价单（Quotation）等。不少公司使用事先印制好的询价表。具体询函则是双方有具体交易意图和要求，包括某项商品的品种、规格、价格、包装、付款条件、交货期等。如条件合适，成交的可能性较大。

2. 询函的基本内容

询函通常包括以下内容：（1）信息来源。即如何取得对方的资料，如通过他人介绍、网上信息等。如果询盘是对来信的回复，简单提及之前收到的信件的内容。（2）言明去函目的。一般询盘通常是索要目录、样品和价格单等；具体询函通常会询问商品的细节，如品名、规格等，甚至会打听折扣、支付条件等信息。（3）激励性结尾。如买方表明下单的可能性。

3．询函常用语句

Please quote us your lowest price CIF Hamburg for ten MT of walnut.请把 10 吨核桃（CIF，汉堡）的最低价格报给我们。

Please quote us your best price and let us know the minimum quantity for each order.请把最好的价格报给我们并注明每种产品最小起订量。

Please make us an offer on CIF Hong Kong basis for handmade leather gloves.请报给我们手工制作的皮手套价格（CIF，香港）。

Please make us an offer giving your price FOB New York.请报给我们价格（FOB，纽约）。

Many of customers are interested in your "Seagull" brand household scissors and we wish to have your FOB Shanghai quotations.许多客户对你们"海鸥"牌的家用剪刀很感兴趣，期待您的报价（FOB 上海）。

If we order 10 000 units，what would be your offer？如果我们订 10 000 套，你们会提供什么优惠？

If our order is a substantial one，how much will you bring your price down？如果我们大量采购，你们能降价多少？

How much discount could you offer on an order of this size？请问一个这种尺寸的订单，能得到多少折扣？

Please inform us what special offer you can make us？请告知我方，你们会给我们什么特殊的优惠？

We'd appreciate it very much if you let us know what discount you can grant us if we give you a large order of your products.如果我方采购量很大，你方会给我方多少折扣，请告知，我方将非常感激。

4．询函实例

【即学即用】

下面是一般询函的实例。

Dear Sirs,

We learn from the Chamber of Commerce of Tokyo，Japan that you are producing for export shoes and handbags in a variety of natural leathers. There is a steady demand here for leather products of high quality and although sales are not particularly high，good prices are obtained.

Will you please send me a copy of your catalogue，with details of your prices and terms of payment？ I should find it most helpful if you could also supply samples of the various skins in which the shoes and handbags are supplied.

Yours faithfully,

先生：

我们从日本东京商会了解到，你们生产各种天然皮革的鞋子和手袋供出口。我们这里对高质量的皮革产品需求稳定，虽然销售量不是特别高，但价格好。

请给我们寄一份你们的目录，以及你们的价格和付款条件。如果你们能同时提供鞋和手袋的各种皮料的样品将会很有帮助。

【即学即用】

下面是具体询函的实例。

Dear Sirs,

Messrs Jones & Smith of New York informs us that you are exporters of all cotton bed-sheets and pillowcases. We would like you to send us details of your various ranges, including sizes, colours and prices, and also samples of the different qualities of material used.

We are a large dealer in textiles and believe there is a promising market in our area for moderately priced goods of this kind mentioned.

When quoting, please state your terms of payment and discount you would allow on purchases of quantities of not less than 100 dozen of individual items. Prices quoted should include insurance and freight to Liverpool.

Yours faithfully,

先生：

纽约的 Messrs Jones & Smith 告知我们你们是全棉床单和枕套的出口商。我们希望你们能给我们寄来你们各种产品系列的详细资料，包括尺寸、颜色和价格，以及所用材料的不同质量的样品。

我们是一家大型纺织品经销商，相信在我们这里，上述价格适中的商品有很好的市场。

报价时，请说明你们的付款条件和对单种产品购买数量不少于 100 打所给予的折扣。报价应包括保险和到利物浦的运费。

5．询盘注意事项

询盘时应注意以下问题：

（1）虽然询盘对双方均无法律上的约束力，但在实际业务中，出于企业商业信誉与相互尊重的考虑，应尽量避免出现只询价不购买或不售货的现象，对有关询盘应及时答复。

（2）询盘的对象应事先有所选择，除特定商品只能向指定的供应商询盘外，一般可根据以往的业务资料，或从其他方面查询，选择适当的对象进行询盘。询盘对象的多少要根据商品和交易的特点来选择确定，既不宜只局限于个别客户而不货比三家，也不宜在同一地区多头询盘，影响市场价格。如订购数量大而且又是向中间商发出的询盘，则中间商的数量不宜太多，因为如果几家中间商把同一询盘转到同一个厂商手中，将会造成市场的虚假需求现象，生产厂商将抬高价格，这样不仅达不到货比三家的目的，反而使进口商受到损失。对数量较大的采购任务，应适当安排采购进度，防止同一时期大量集中采购，遭到对方抬价。

（3）询盘要注意策略。一般地说，不能过早地透露自己需要采购的数量、可接受的价格等意图，以免在磋商时处于不利地位。对于技术含量较高的机械设备，如果厂商自己可以直接签约，最好直接向对方生产厂商询盘，供求双方直接见面，以减少中间环节，这样既可以节约费用，又可以加快磋商进程。

（二）发盘

发盘（Offer），也称报盘，在法律上又称要约，是达成交易的必经环节。根据《联合国国际货物销售合同公约》第14条第（1）款的规定："凡向一个或一个以上特定的人提出的订立合同的建议，如果其内容十分明确并且表明发盘人在得到接受时承受约束的意思表达，即构成发盘"。一个发盘有两个当事人，一个是提出发盘的人，称为发盘人（Offeror）；另一个是收受发盘的人，称为受盘人（Offeree）。根据发盘人的身份，如果发盘由卖方发出，称为售货发盘（Selling Offer）；如果发盘由买方发出，称为购货发盘（Buying Offer）或递盘（Bid）。

1．发盘的构成条件

根据《公约》的规定，一项发盘要有效成立，必须具备以下条件：

（1）发盘要有特定的受盘人。发盘必须向特定的人提出，只有发盘中特定的人才能作为受盘人对有关发盘表示接受而成立合同。特定的受盘人可以是自然人也可以是法人，可以是多个人也可以是一个人，但不可以泛指广大公众。例如，有的交易在报纸杂志或其他媒体上所做的商业广告，即使内容完整，由于没有特定的受盘人，也不能构成有效发盘，只等同于邀请发盘。

（2）发盘的内容必须十分确定。发盘的内容确定是指发盘的条件是完整的、明确的、终局性的。一般来说，一项条件完整的发盘应包括商品的品名、品质、数量、包装、价格、交货和支付等主要条件，但也有例外，例如，交易双方事先订有"一般交易条件"的协议，有些内容已经存在于该协议中；或者发盘中援引以往的函电或合同等。

（3）表明发盘人愿意承受约束的意旨。即发盘人必须表明发盘人愿意按照发盘所列条件同对方签订合同的意思。

（4）送达受盘人。因为受盘人必须在收到发盘时才能决定是否可以接受，所以发盘必须在送达受盘人时才能生效。送达受盘人是指将发盘内容通知对方、送交对方本人或其营业地址、通信地址。

【案例3-1】

广东某粮油食品进出口公司与德国某贸易公司签订一份为期两年的供货合同，合同规定："由卖方每月供应25公吨冻牛肉，价格每三个月议定一次。"又规定："如双方发生争议，应提交仲裁处理。"但合同执行了半年后，买方提出："因合同的价格未明确，主张合同无效。"试分析：买方的提议是否合理？双方签订的合同是否有效？

【案例分析】

合同的价格条件是明确的。由于这份合同是为期两年的供货合同，不可能一次把两年的价格定死，因而只能采取活价条款，即合同中明确规定的每三个月由双方议定价格一次，这种定价方法是合理的，买方不能以此为理由主张合同无效。

2．实盘和虚盘

《公约》中没有实盘（Firm Offer）或虚盘（Non-firm Offer）的区分，但在实际操作中普遍接受这个概念。

实盘是对发盘人有约束力的发盘，即法律上所说的发盘。实盘必须同时具备三个条件才能成立：（1）内容必须是完整和明确的；（2）内容必须是肯定的，无保留条件的；（3）实盘必须规定有效期限。

实盘常见表达：We are now making you a firm offer for 10 metric tons of rice.We make you the following offer subject to your reply within 10 days.The offer is valid for 3 days.

虚盘是对发盘人无约束力的发盘，满足以下任一条件即可：（1）内容不明确或不肯定，如标有“Only for reference”字样，数量视我供货可能，争取在×月份交货等；（2）主要交易条件不完备，如商品的品质、数量、交货期、价格条款及支付方式等；（3）附有保留条件，如此报盘无约束力，此报盘以卖方最后确认为准，此报盘以货物未售出为准。

虚盘常见表达：without engagement，be subject to our final confirmation，subject to goods being unsold。

由于实盘一经报出，如果客户在报价所规定的有效期内回复接受，发盘人就不能再做更改较为被动。因此在实际操作中，报价人会故意漏掉一些要素，让报价成为无最终效力的虚盘，给自己留下较多讨价还价的余地。

3．发盘的生效时间及有效期

根据《公约》规定，发盘送达受盘人时生效。《公约》第二十一条第一款规定：“发价人在电报或信件内容中规定的接受期间，从电报发出的时刻或信上载明的发信日期起算，如信上未载发信日期，则从信封上所载日期起算。发价人的电话、电传或其他快速通讯方法规定的接受期间，从发价送到被发价人时起算。”

发盘中未明确规定具体的有效期，如“发盘……速（急、尽快）复”，并不意味着该发盘没有有效期。根据《公约》第十八条的规定，此时，受盘人必须在合理时间内做出接受表示，否则接受无效。此类发盘的有效期为“合理时间”，但所谓“合理时间”，各国法律并无统一明确的解释。在实际业务中，为避免理解不一而产生纠纷，一般不宜采用这种规定方法。

4．发盘的撤回与撤销

发盘的撤回（Withdrawal）指在发盘送达受盘人之前，将其撤回，以阻止其生效。《公约》规定：“一项发盘，即便是不可撤销的，也可撤回，如果撤回的通知在发盘到达受盘人之前或同时到达受盘人。”在实际业务中，只有以信函、电报等方式发盘才有可能撤回，电传、传真、电子邮件等发盘，发送和到达是同时的，不可能撤回。

发盘的撤销（Revocation）指发盘已送达受盘人，即发盘生效之后将发盘取消，使其失去效力。关于发盘的撤销，各国法律分歧较大。英美法系国家的法律认为，发盘在被接受前的任何时候都可以撤销，除非受盘人给予了“对价”（Consideration）或者发盘人以签字蜡封的特殊形式发盘。大陆法系国家的法律认为，发盘在有效期内不得撤销。对此，《公约》对两大法系做了折中处理，规定在受盘人尚未表示接受之前这一段时间内，只要发盘人及时将撤销通知送达受盘人，仍可将其发盘撤销。一旦发盘人发出接受通知，则发盘人无权撤销该发盘。《公约》还规定，下列两种情况下的发盘，一旦生效，则不得撤销：（1）在发盘中规定了有效期，或以其他方式表示该发盘是不可能撤销的，如 firm，irrevocable 等；（2）受盘人有理由信赖该发盘是不可撤销的，并本着对该发盘的信赖采取了行动。

【案例 3-2】

我某公司于 5 月 5 日以书面信函向马来西亚 B 公司发盘，出售一批电脑内存条。5 月 6 日上午，我公司因在发出发盘通知后发现该商品行情大涨，即传真通知 B 公司，要求撤回其发盘。5月8日下午B公司收到我公司发盘，即答复我公司，表示接受发盘内容。事后双方就该项合同是否成立发生纠纷。问：按《公约》的规定，双方合同是否成立？

【案例分析】

双方合同并未成立。《公约》中规定，一项发盘，即使是不可撤销的，也可以撤回，只要撤回通知在发盘送达受盘人之前或同时送达受盘人。本案例中，我公司于5月5日发盘后，又于5月6日上午传真通知撤回，而原发盘于5月8日下午才送达B公司，即撤回通知到达在先，发盘到达在后，该发盘得以撤回，发盘即告失效，之后B公司的接受显然无效，因此双方合同并未成立。

5．发盘的失效

发盘的失效是指发盘法律效力的消失。发盘失效主要有以下几种情况：（1）在有效期内未被接受而过期，明确规定有效期的发盘，在有效期内如未被受盘人接受即失效；未明确规定有效期的发盘，在合理时间内未被接受的也在失效之列。（2）受盘人表示拒绝或还盘。（3）发盘人对发盘依法撤回或撤销。（4）发盘人发盘后发生了不可抗力事件。（5）发盘人或受盘人在发盘被接受前丧失行为能力。

6．发盘函的内容

一封理想的发盘函，通常应包括以下内容：（1）如果之前收到了对方询盘，先感谢对方的询盘。如果是直接发盘，介绍信息来源。（2）介绍商品细节，包括品名、规格、价格、数量、包装、支付条件和装运日期等。（3）如果是实盘，说明发盘有效性。（4）期望对方能够接受的表示。

7．发盘常用语句

We are pleased to quote you for 1 500 dozen man shirts as per the sample sent you before at price $5 per piece CIF New York for prompt shipment. 我们很高兴就 1 500 打按之前寄给你方的样品的男式衬衫给你方报价，每件 5 元，CIF 纽约，即时装运。

In compliance with your request, we are now offering you 2 000 dozen magnifiers at $36 per dozen CIF San Francisco September shipment. 按贵方要求，我们报 2 000 打放大镜，每打旧金山到岸价 36 美元，9 月发货。

We can quote you a price of $75 per typewriter and a 10% discount on shipping. 我方可以给贵方 75 美元一台打字机的报价，运输方面可以给贵方打 10%的折扣。

We can offer a quantity discount of up to 15%, but we are prepared to give 20% discount for an offer to buy the complete stock.大批订购可以获 8.5 折优惠，整批购入则可享受 8 折优惠。

This offer is subject to your reply reaching here on or before 29 June.该报盘以你方 6 月 29 日前回复为有效。

This offer is firm for 5 days. 该盘的有效期为 5 天。

The price we quoted is on FOB Shanghai basis instead of CIF Hongkong basis and our offer will be valid until August 31. 我方的报价是 FOB 上海，而不是 CIF 香港。我方报盘的有效期至 8 月 31 日。

This offer will remain effective for another 10 days from June 1. 该报盘有效期至 6 月 1 日起再延续 10 天。

Since the market is advancing rapidly, the price we offered you is the best I believe. 目前

市场价格上涨很快，我相信我方的报价是最好的。

Here are our latest price sheets. You will see that our prices are most competitive. 这是我方最新的价格单。你会发现我方的价格是最具竞争力的。

As prices are steadily rising，we'd advise you to place your order without delay. 由于价格稳步上涨，我方建议你方早日下订单。

Our product is in great demand and the supply is limited so we would recommend that you accept this offer as soon as possible.我方产品需求量大，供应有限，因此建议你方尽早接受此报盘。

8．发盘函实例

【即学即用】

下面是一则实盘发盘函的实例。

Dear sirs,

We thank you for your email enquiry for both Groundnuts and Walnutmeat CFR Copenhagen dated September 25.

In reply，we offer firm，subject to your reply reaching us on or before Sept. 30 for 250 metric tons of Groundnuts，Handpicked，Shelled and Ungraded at RMB ¥2 000 net per metric ton CFR Copenhagen and any other European Main Ports. Shipment is to be made within two months after receipt of your order payment by L/C payable by sight draft.

Please note that we have quoted our most favourable price and are unable to entertain any counter offer.

As you are aware that there has been lately a large demand for the above commodities, such growing demand has doubtlessly resulted in increased prices. However，you may avail yourselves of the strengthening market if you will send us an immediate reply.

Yours faithfully,

先生：

感谢你们在 9 月 25 日的电子邮件中对花生和核桃肉到哥本哈根的 CFR 价的询盘。

特此回复，只要你们能在 9 月 30 日或之前订购 250 吨手工采摘、去壳、未分级的花生，那么到哥本哈根和其他欧洲主要港口的 CFR 净价的报价为每公吨人民币 2 000 元。此为实盘。我司将于收到贵公司订单的两个月内发货，支付方式为即期信用证。

请注意，我们已经报出了我们最优惠的价格，无法接受任何还价。

如您所知，近来上述商品的市场需求量很大，不断增加的需求可能会造成价格的上涨。但如果您能立即回复，我们保证给您这个价格。

【即学即用】

下面是一则虚盘发盘函的实例。

Dear Sirs,

Re：SWC Sugar

We are in receipt of your letter of July 17，2015 asking us to offer 10 000 metric tons of the subject sugar for shipment to Japan and appreciate very much your interest in our product.

To comply with your request，we are offering you as follows：

1. Commodity: Dalian Superior White Crystal Sugar.

2. Packing: To be packed in new gunny bag of 100 kgs. each.

3. Quantity: Ten thousand (10 000) metric tons.

4. Price: U. S. dollars one hundred and five ($ 105. 00) per metric ton, FAS Dalian.

5. Payment: 100% by letter of credit to be opened in our favour with A1 bank in Dalian and to be drawn at sight.

6. Shipment: Three or four weeks after receipt of letter of credit by the first available boat sailing to Yokohama direct.

Your attention is drawn to the fact that we have not much ready stock on hand. Therefore, it is imperative that, in order to enable us to effect early shipment, the contract should be entered into between us in time if our price meets with your approval.

We are awaiting your immediate reply.

Faithfully yours,

先生:

关于 SWC 糖

我们已经收到你方 2015 年 7 月 17 日的来信，要求我们提供 10 000 公吨的标的糖运往日本，非常感谢你方对我方产品的兴趣。

按照你方的要求，我们提供以下报盘:

1. 产品: 大连优质白砂糖。

2. 包装: 用新麻袋包装，每袋 100 公斤。

3. 数量: 10 000 公吨。

4. 价格: 每公吨一百零五美元($ 105. 00)，FAS 大连。

5. 付款: 100%由大连的 A1 信用级银行开立的，以我方为受益人的见票即付的信用证支付。

6. 运输: 在收到信用证后的三到四周内用第一艘可直达横滨的船。

请您注意，我们手上的现成库存不多。因此，为了能够尽早发货，如果你方接受我方的价格，我们应该及时签订合同。

我们期待你方的及时回复。

(三)还盘

1. 还盘

还盘（Counter Offer）也称还价，是受盘人对发盘条件不同意或不完全同意而提出修改、限制或增加新条件的表示。表示还盘时，一般只针对原发盘提出不同意或需修改的部分，已同意的内容可以在还盘中省略。还盘一经提出，原来的报盘即刻失效，交易要在还盘的基础上重新开始。

《公约》第十九条规定，对发价表示接受但载有添加、限制或其他更改的答复，即为拒绝该项发价并构成还价。但是，对发价表示接受但载有添加或不同条件的答复，如所载的添加或不同条件在实质上并不变更该项发价的条件，除发价人在不过分迟延的期间内以口头或书面通知反对其间的差异外，仍构成接受。如果发价人不做出这种反对，合同的条件就以该项发价的条件以及接受通知内所载的更改为准。有关货物价格、付款、货物质量和数量、交货地点和时间、一方当事人对另一方当事人的赔偿责任范围或解决争端等的添加或不同条件，均视为在实质上变更发价的条件。

反还盘（Counter Counter-offer，Re-counter Offer），即发盘人对还盘人的还盘提出新的意见，是对还盘的还盘。国际贸易中，一笔贸易的成交，有时要经过多次还盘和反还盘，在此过程中，一经还盘（或反还盘），原发盘即行失效，原发盘人可不再受发盘的约束，受盘人也不得在日后要求接受原发盘。

【案例 3–3】

2020 年 2 月 1 日，巴西大豆出口商向我国某外贸公司报出大豆价格，在发盘中除了列出各项必要条件外，还表示“编织袋包装运输”。在发盘有效期内，我方复电表示接受，并称：“用最新编织袋包装运输。“巴西方收到上述复电后即着手备货，并准备在双方约定的 7 月份装船。然而，3 月份大豆价格从每吨 420 美元跌至 350 美元左右。我方向对方去电称：“我方对包装条件做了变更，你方未确认，合同并未成立。”而巴西出口商则坚持认为合同已经成立，双方为此发生了争执。试问：此案应如何处理，简述你的理由。

【案例分析】

此为国际贸易磋商中的还盘问题。由于包装不属于发盘或还盘实质性条件，因此我方的回复不构成一项还盘，巴西方不必对此做出回答，合同已经按照原发盘内容和接受中的某些修改为交易条件成立。所以我方以巴西方对修改包装条件未确认为理由否认合同的成立是不正确的。

2．还盘函基本内容

还盘/反还盘若采用函电的形式，一般包括以下内容：（1）确认收到对方的发盘/还盘，简单回顾发盘/还盘的主要内容。（2）表示不能接受对方发盘的遗憾并予以解释。（3）提出具体的还盘内容。（4）期望对方能够接受的表示。

3．还盘常用语句

I am sorry to say that your prices are about 9% higher than those offered by other suppliers. 我方很遗憾地通知贵方，你方价格比其他供应商要高 9%。

We very much regret to state that our end users here find your price too high and out of line with the prevailing market level. 我们很遗憾地声明：我们的消费者认为你的价格太高了，而且和普遍的市场价比高的过分了。

We think your offer is not favorable for us to increase the market share on our end.你方报价不利于增大我们这里的市场份额。

To accept your present quotation would mean a heavy loss to us，not to speak of profit. 接受你方的报价将会使我方损失惨重，更别说利润了。

We regret to say that your prices are on the high side. We do not think there is any possibility of business unless you cut your price by 20%.很遗憾，你方的价格偏高，如果你方不能降价 20%，生意根本没办法谈成。

We hope you will quote your rock-bottom price，otherwise we have no alternative but to place our orders elsewhere. 我方希望贵方可以报出最低价，否则我们只好到其他地方下订单。

If you are able to make the price easier，we might take a larger quantity. 如果你方能出价更合理，我们可能会加大订单数量。

We hope you will consider our counter-offer most favorably and tell us your decision at your earliest convenience.我方希望贵方能认可我方的还盘是最优惠的了，并尽快告知决定。

We wish you will reconsider your price and give a new bid so that there can be a possibility for us to meet half way. 我方希望你方重新考虑一下报价，如果能够重新报价，我方可以折中处理。

This is our rock bottom price，and we can't make any further concession. 这是我们的底价，我们不能再做任何让步。

We very much regret to say that we can't cut the price to the extent you required. 非常遗憾地告诉你我们不能再降价来满足你的要求。

It is really difficult to comply with your request for shading the price. 的确很难回复你降价的要求。

The best we can do is to allow you 2% off our quotation. 我们最多能做到的是我们报价降低 2%。

If you increase your initial order to 30 000，I suppose we would consider reducing the price to $300 080 per unit. 如果你将订单增加到 30 000 的话，我想我们的单价可降到 300 080 美元。

4．还盘函实例

【即学即用】

下面是一则还盘函的实例。

Dear Sirs，

We acknowledge receipt of both your offer of May 5 and the samples of Men's Shirts，and thank you for these.

While appreciating the good quality of your shirts，we find your price is rather too high for the market we wish to supply.

We have also to point out that the Men's Shirts are available in our market from several European manufacturers，all of which are at prices from 15% to 20% below yours.

Such being the case，we have to ask you to consider if you can make reduction in your price，say 10%. As our order would be worth around £ 50 000，you may think it worthwhile to make a concession.

We await with keen interest your immediate reply.

Yours faithfully，

先生：

我们确认收到了你们 5 月 5 日的报价和男式衬衫的样品，并对此表示感谢。

我们对贵公司衬衫的良好质量表示赞赏，但我们发现贵公司的价格对我们希望供应的市场来说太高了。

我们还必须指出，我们这里的市场上有几家欧洲制造商生产的男式衬衫，它们的价格都比你们的价格低 15%至 20%。

在这种情况下，我们不得不请你们考虑是否可以降低价格，例如 10%。由于我们的订单价值约为 5 万英镑，你们可能认为值得做出让步。

我们热切地等待着你方的答复。

【即学即用】

下面是一则反还盘函的实例。

Dear Sirs,

Re：Men's Quilted Jacket

We learn from your letter of 10th October that our price for the subject article is found to be on the high side.

Much as we would like to cooperate with you in expanding sales，we are regretful that we just can not see our way clear to entertain your counter-offer，as the price we quoted is quite realistic. As a matter of fact，we have received a lot of orders from various sources at our level.

If you see any chance to do better，please let us know. On account of a limited supply available at present，we would ask you to act quickly.

In the meantime，please keep us posted of developments at your end. We assure you that any further enquiries from you will receive our prompt attention.

Yours faithfully,

先生：

关于男式衍缝夹克

我们从你们10月10日的来信中得知你们认为标的商品的价格偏高。

虽然我们很想与你们合作扩大销售，但很遗憾，我们的报价已经很实在了，我们无法接受你们的还价。事实上，在这个价格水平上，我们已经收到了很多来自不同渠道的订单。

如果你们认为有任何机会做得更好，请让我们知道。由于目前的供应量有限，我们希望你们能迅速采取行动。

同时，请随时向我们通报你们那边的进展情况。我们向你们保证，你们的任何进一步询问都会得到我们的及时关注。

（四）接受

接受（Acceptance）在法律上称为“承诺”，交易的一方（受盘人）无条件同意对方（发盘人）在发盘中提出的交易条件，并愿意按这些条件与对方达成交易、成立合同的表示。接受可由卖方在规定的时间明确答复，也可由买方答复。接受一旦生效，合同即告成立，双方都受合同约束。

1．接受构成的条件

（1）接受必须由特定的受盘人做出。发盘是向特定的人做出的。因此，只有特定的人才能对发盘做出接受，而不能是其他人。其他人即使通过某个途径了解发盘的内容而向发盘人表示接受，合同也不能成立。这种“接受”只能被认为是其他人向原发盘人发出了一项新发盘。

（2）发盘必须以某种方式表示出来。接受的方式有两种：一是用声明来表示，即受盘人用口头形式或书面形式向发盘人表示同意发盘内容；二是用行为来表示，即在发盘明确规定的有效期内，或在合理时间之内，根据发盘的要求或依照当事人之间确定的习惯做法（如卖方备货或发运货物，买方支付价款等）行事。值得注意的是，我国在批准加入联合国国际货物销售合同公约（简称《公约》）时，对《公约》承认合同可以用书面以外形式订立的规定声明保留。因此，在实际业务中，意愿上已同意接受对方的发盘，以保持沉默或者用行为表示接受，这对我国不适用。

（3）接受必须在发盘的有效期内传达到发盘人。按照《公约》采用的“到达生效”原则的规定，接受只有在发盘有效期内到达发盘人时才生效。如发盘没有规定接受的时限，则受盘人应在合理时间内表示接受。口头发盘必须立即接受。

（4）接受的内容必须与发盘相符。如果要达成交易，成立合同，根据传统的法律规定，受盘人必须无条件地全部同意发盘的条件，即接受必须是绝对的，无保留的，与发盘人的发盘条件完全相符。

本章开始的导入案例中，甲公司6月27日的发盘是实盘，因为发盘的内容明确，主要条款齐备，并有期限。甲公司7月17日复电内容明确，主要条款齐备，有期限，也是实盘。乙公司于7月22日来电的内容是对甲公司7月17日报盘的完全接受，故属于承诺。甲公司在接到乙公司7月22日做出的承诺复电后，于7月24日给乙公司发出拒绝成交的复电，是违反国际贸易的“约定信守原则”。因为按照国际贸易惯例，乙公司的承诺是在发盘有效期内做出的，甲公司已经收到，乙公司的承诺已经生效，表明合同已成立，甲公司应按合同的约定履行自己报价中规定的义务。然而，甲公司在乙公司已做出承诺的情况下，复电拒绝成交，是违约行为，应承担因违约行为所产生的法律责任。乙公司在接到甲公司拒绝成交的电报后提出“要么执行合同，要么赔偿差价损失13万美元，否则提交仲裁裁决”的要求是正当的。为了合理有效地解决纠纷，最好是由甲公司撤销拒绝成交的电报，双方执行已经成立的合同。

根据英美法系的“镜相规则”，接受必须像照镜子一样照出发盘，大陆法系也有类似的原则，要求接受必须“纯净”（Pure）并与发盘“完全相符”。但这样严格的规定，难以适应国际贸易实际业务的需求，所以在国际贸易实践中，受盘人在表示接受时，往往对发盘内容做某项添加、限制或其他更改，为了不影响合同的成立，尽量促成交易的达成。《公约》将接受中对发盘的条件所做的变更分为两类：实质性变更发盘条件和非实质性变更发盘条件。凡是对货物的价格、付款、质量和数量、交货地点和时间、赔偿责任范围或解决争端等的添加、限制或更改，均视为实质上变更发盘条件，发盘人对此不予确认，此时的合同不成立。而接受中含有非实质性变更发盘条件，例如，要求提供重量单、装箱单、检验证书和产地证等单据，或要求分两批装运等。除了发盘人及时向受盘人表示反对其间的差异外，将构成接受，合同得以成立，并且合同的条件以该项发盘的条件以及接受中所做的变更为准。

【案例3–4】

我方A公司向美国旧金山B公司发盘某商品100公吨，每公吨2 400美元CIF旧金山，以不可撤销即期信用证支付，收到信用证后2个月内交货，限三日内答复。第二天收到B公司回电称“Accept your offer, shipment immediately”（接受你方发盘，立即装运），A公司未予答复。又过了2天，B公司通过旧金山银行开来即期信用证，注明“Shipment immediately”。这时A公司发现该货国际市场价格上涨20%，A公司以合同并未达成为由拒绝交货，并立即将信用证退回，于是双方发生争议。试问：A公司的拒绝是否合理？该项合同是否已经成立？

【案例分析】

在本案中，我方A公司发盘，外商回电表示“接受”，但更改了发盘中的装运期。而装运期对所采用的CIF贸易术语来说也就是交货期，该变更因此变了交货时间而属于实质性变更，这构成了还盘，需要A公司做出明确表示接收该还盘时，合同才成立。本案中，对于B公司的还盘，A公司没有明确表示接收。所以，合同不成立。加之，国际行情上涨，A公司的拒绝是合理的。

2．逾期接受

逾期接受（Late Acceptance）是指接受通知到达发盘人的时间已经超过了发盘所规定的有效期，或在发盘中未规定有效期时，已超过了合理的时间。一般逾期接受无效，发盘人不受其约束，但有例外的情况。《公约》规定过期的接受在下列3种情况下仍具有效力：（1）如果发盘人毫不迟延地用口头或书面形式将此种意思通知受盘人。（2）接受期限的最后一天是发盘人所在地的正式假日或非营业日。（3）如果载有逾期接受的信件或其他书面文件表明，它在传递正常的情况下是能够及时送达发盘人的，那么这项逾期接受仍具有接受的效力，除非发盘人毫不迟延地通知受盘人，认为该发盘已经失效。

【案例3–5】

A公司于8月15日向非洲某外商B发盘并限其18日前回复到A方。B于16日上午10时向当地邮局交发关于接受A方发盘的电报。但由于当地邮局工人罢工，该电报在传递途中延误到22日才送达A方。A公司认为B方答复逾期，未予置理，并将货物以较高价格售予非洲另一外商C。8月24日，B来电称：“信用证已经开出，要求A方尽早出运货物。”A方立即复电B，声明接受到达过晚，双方并不存在合同关系。双方随即陷入争执。试问：A公司的做法是否合理？为什么？

【案例分析】

本案中，B方迟到接受，本来A方掌握该交易的主动权，但A方认为对方答复逾期而未予置理，就将主动权让给B方，由于不了解B方迟到接受是主观原因还是客观原因造成的，因而造成A方的被动。

3．接受的撤回

接受的撤回是指受盘人在接受通知尚未送达发盘人前发出的取消接受通知的行为。接受必须在合同生效之前撤回。《公约》规定：“如果撤回的通知于接受原应生效之前或同时送达发盘人，接受得以撤回”。接受通知一旦到达发盘人，合同即成立，因此，接受不能撤销。

4．接受函的基本内容

接受函如果由卖方发出，一般包括以下内容：（1）提及对方的还盘。（2）表明接受对方的还盘。（3）期望尽快收到订单的表示及其他事宜。

接受函如果由买方发出，通常直接下单，包括以下内容：（1）提及上封邮件的内容，表明下单的意愿。（2）介绍订单的主要内容。（3）请对方确认订单表示及其他要求。

收到订单后通常卖方还需发出确认函。确认函主要包括以下内容：（1）表明获得对方订单的喜悦。（2）对订单内容的确认。（3）交代合同签订等事项。

5．接受函常用语句

In view of our good cooperation over the past few years，we are prepared to accept your price.鉴于过于几年的友好合作，我方准备接受你方的价格。

To show our sincerity，we are prepared to make you a special concession of 6%.为表真诚，我方准备给你方 6%的特殊折扣。

Considering your substantial order，we can give you this exceptional treatment. 考虑到你们订购的数量比较大，我方可以给你们这一破格的待遇。

We are pleased to grant you a 7% discount from the original offer since you agree to increase the order. 由于你方同意增加订单，我方乐意在原价上给你们 7%的折扣。

As a special accommodation，we agree to your D/P（document against payment 付款交单）payment terms，but only for once.作为一个特例，我们同意你方的 D/P 付款条件，但仅有一次。

We'd like to place an order with you for 1000 cases each of No. 77 and 100 at $5 and $ 6/Case FOB Shanghai respectively. 我方计划向贵方订购编号为 77 和 100 价格分别为每箱 FOB 上海价（上海离岸价）5 美元和 6 美元的商品各 1 000 箱。

We are pleased to place with you an order for 2 000 washing machines to be supplied from current stock. 我方很高兴地向贵方订购 2 000 台洗衣机，希望能现货供应。

We find both the price and quality of your products satisfactory to our clients and we are pleased to give you an order for the items on this sheet. 我方用户对贵方产品的价格和质量均很满意，现向你们订购写在这张纸上的产品。

We are glad to inform you that your samples are satisfactory，we'd like to order 4 of the items. 我方很高兴地通知贵方，你们的样品我方很满意，我方想订购其中的 4 件商品。

We acknowledge your order of May 5th for 100 units of motorcycle P180. 我方接受贵方 5 月 5 日 100 台 P180 摩托车的订单。

We thank you for your order of May 20th and now supply you with 2 000 ties No.235. 感谢贵方 5 月 20 日的订单，现向贵方提供编号为 235 号的领带 2 000 条。

This is our sales confirmation confirming your order No. 26 of April 10th. 这是我方的销售确认书，确认贵方 4 月 10 日的第 26 号订单。

You may be assured that we shall do our best to execute the order to your satisfaction. 你放心我方会尽力执行贵方的订单，让您满意。

We regret that owning to the shortage of stocks we are unable to fill your order.由于存货短缺，很遗憾，我方无法供应贵方所需货品。

6．接受函实例

下面是一则接受函的实例。

Dear Sirs,

We confirm having received your e-mail of May 17，asking us to make a 10% reduction in our price for Men's Shirts.

Much to our regret，we find it intolerable to comply with your request because ours is the best possible price if you take the quality into consideration. However，in order to develop our market in your place，we have decided to accept your counter-offer as an exceptional case.

We hope we can conclude contract before long and await your prompt reply.

Yours truly,

先生：

我们确认收到你们5月17日要求我们将男式衬衫的价格降低10%的电子邮件。

非常遗憾的是，我们无法满足你们的要求，因为如果考虑到质量问题，我们的价格是最好的。然而，为了在贵地开拓市场，我们决定特例接受你们的还价。

希望我们能在不久之后签订合同，期待你们的及时答复。

【即学即用】

下面是一则订单函的实例。

Dear Sirs，

"Parrot" Brand White Cement

As a result of our recent exchange of faxes，we confirm having purchased from you 1 000 long tons of the captioned goods on the following terms and conditions：

Price：at £ 225 per long ton CFR Genoa，net shipping weight.

Packing：in 6-ply kraft-paper bags of about 110 lbs net each.

Quality：against the Seller's own guarantee that the goods are fully up to the Chinese Export Standard.

Shipment：in one or two lots to be shipped from Qinhuangdao to Genoa during January，2018，preferably by direct steamer.

Payment：by a letter of credit in your favour，payable by draft at sight.

We are pleased to have transacted this first business with your corporation and look forward to the further expansion of trade to our mutual benefit.

Yours faithfully，

先生：

"鹦鹉"牌白水泥

根据我们最近的传真往来，我们确认按照以下条款从你们那里购买了1 000长吨上述货物。

价格：每长吨225英镑，CFR热那亚，净运输重量。

包装：用6层牛皮纸袋包装，每袋净重约110磅。

质量：根据卖方自己的保证，货物完全达到中国出口标准。

装运：在2018年1月期间分一到两批从秦皇岛运到热那亚，最好用直达汽船。

付款方式：以贵方为受益人的信用证，以见票即付方式支付。

我们很高兴与贵公司进行了这第一笔交易，并期待着进一步扩大贸易，使我们共同受益。

【即学即用】

下面是一则确认函的实例。

Dear Sirs，

We are very pleased to receive your order of 15 April of shoes for ladies and children.

We confirm supply of 1 000 pairs of the shoes at the prices stated in your order No. 888 and will allow a 5% special discount on your order worth £ 5 000 or above. Our Sales Confirmation No. BC-510 in two originals were airmailed to you. Please sign and return one copy of them for our file.

It is understood that a letter of credit in our favour covering the said shoes should be opened immediately. We wish to point out that stipulations in the relative L/C must strictly conform to the stated in our Sales Confirmation so as to avoid subsequent amendments. You may rest assured that we will effect shipment without delay on receipt of your letter of credit.

We appreciate your cooperation and look forward to receiving from you further orders.

Yours truly,

先生：

我们很高兴收到你们 4 月 15 日的女鞋和童鞋订单。

我们确认按照你们的 888 号订单中的价格供应 1 000 双鞋，并将对你们价值 5 000 英镑或以上的订单给予 5%的特别折扣。我们已将销售确认书（编号 BC-510）原件两份空运给您。请签收并返还一份副本供我们存档。

你们应该知道以我方为受益人的涉及上述鞋子的信用证应立即开具。请注意相关信用证中的规定必须与我们的销售确认书中的规定严格一致，以避免后续修改。请放心，我们将在收到你们的信用证后立即发货。

感谢你们的合作，并期待收到你们更多订单。

第二节　国际货物买卖合同

在国际商务交易磋商过程中，一方的发盘被另一方有效接受以后，买卖双方就达成了交易，合同宣告成立。但按照习惯做法，买卖双方达成协议后，通常还要签订书面合同将各自的权利和义务确定下来。

一、书面合同的形式

国际货物买卖书面合同的形式有正式合同（Contract）、确认书（Confirmation）、协议书（Agreement）、备忘录（Memorandum）、意向书（Letter of Intent）、订单（Order）和委托订购单（Indent）等。其中，采用正式合同和确认书的居多。

（一）正式合同

正式合同的内容比较全面，包括商品的名称、品质、数量、包装、价格、装运、保险、支付、商检、索赔、仲裁、不可抗力等条款，大宗商品或成交金额较大的交易多采用这种形式的合同。合同有正副本之分。在我国的对外贸易业务中，通常由我方增制合同正本一式两份，经双方签字后，买卖双方各保存一份。合同副本与正本同时制作，无须签字，亦无法律效力，仅供交易双方内部留作参考资料，其份数视双方需求而定。

（二）确认书

确认书是一种简式合同，在格式上与正式合同有所不同，条款比较简单，主要就一般内容做出规定，对双方义务的规定不是很详细。这种形式的合同主要适用于金额不大、批次较多的商品，或者已订立代理、包销等长期协议的交易。

（三）协议书

在法律上，协议一般与合同同义。书面文件冠以“协议”或“协议书”的名称，只要其内容对买卖双方的权利和义务都做了明确、具体的规定，它就与合同一样对买卖双方具有法律约束力。但是，如果交易磋商的内容比较繁杂，双方商定了一部分条件，还有一部分条件有待进一步磋商，于是先签订一个“初步协议”，在协议书中也做了协议属初步性质的说明，这种协议就不具有合同的性质，没有法律约束力。

（四）备忘录

备忘录是进行交易磋商时用来记录磋商的内容，以备今后核查的文件。如果双方当事人把磋商的交易条件完备、明确、具体地记入备忘录，双方签字，那么这种备忘录的性质和作用就与合同无异，如果双方经磋商后，只是对某些事项达成一致或一定程度的理解，并记入备忘录，甚至冠以“理解备忘录”的名称，则这种备忘录不具有法律约束力。

（五）意向书

在交易磋商尚未达成最后协议前，买卖双方为了达成某项交易，将共同争取实现的目标、设想和意愿，有时还包括初步商定的部分交易条件，记录在一份书面文件上，作为今后进一步谈判的参考和依据。这种书面文件可称之为“意向书”。意向书只是双方当事人为了达成某项协议所做出的一种意思的表示，它不是法律文件，对有关当事人没有约束力。但根据意向书，有关当事人彼此负有道义上的责任：在进一步洽谈中，一般不应与意向书中所做的规定偏离太远。

（六）订单

订单是指进口商或实际买家拟制的货物订货单，在我国进出口业务中，有的客户往往发出订单，要求我方签回。这种经磋商成交后发出的订单，实际上是国外客户的购买合同或购买确认书。

（七）委托订购单

委托订购单是指由代理商或佣金商拟制的代客户购买货物的订购单。在实际业务中，出口企业一般都印制有固定格式的出口合同或销售确认书。若当面成交，则买卖双方共同签署合同或确认书。若双方是通过函电往来成交的，由我方签署合同或确认书后，将正本一式两份寄送国外买方签署，买方收到合同或确认书后，签署寄回一份，以备存查，同时附函说明。

二、书面合同的内容

书面合同的内容一般包括下列 3 个部分。

（一）约首

约首（Head）是指合同的序言部分，其中包括合同的名称和编号，订约双方当事人的名称和地址（要求写明全称），除此之外，在合同序言部分常常写明双方订立合同的意愿和执行合同的保证。

例如：This Contract is made by and between the Buyer and the Seller，whereby the Seller agrees to sell and the Buyer agrees to buy the below-mentioned goods on the terms and conditions stipulated hereunder. 本合同由买卖双方订立。根据本合同规定的条款，买方同意

购买且卖方同意出售下述货物。

（二）本文

本文（Body）是合同的主体部分，具体列明各项交易条款，如品名规格条款、数量条款、价格条款、包装条款、装运条款、支付条款、保险条款、检验条款、索赔条款、仲裁条款和不可抗力条款等。

1．品名规格条款

品名规格条款（Goods and Specifications）是规定商品名称、品质、规格等内容的条款，其中，商品的品质是品名规格条款的重要内容，主要有凭样品买卖（Sale by Sample）和凭说明买卖（Sale by Description）两种规定方法。

有的商品，如矿产品、农副产品和某些轻工业品等，其品质很难做到绝对准确，交易这些商品就要规定品质机动幅度（Quality Latitude），以免发生争议。规定品质机动幅度的方法一般是在有关指标前加允许浮动的百分比，如“Grey duck feather，down content 18%，allowed 1% more or less”（灰鸭绒，含绒量 18%，允许上下浮动 1%）。

2．数量条款

数量条款（Quantity）是规定商品数量、计量单位和数量机动幅度等内容的条款。国际贸易中涉及的数量有重量（Weight）、数量（Number）、长度（Length）、面积（Area）、体积（Volume）、容积（Capacity）等，其中使用得最多的是重量，主要包括净重（Net Weight）、毛重（Gross Weight）。

重量机动幅度的规定。有的商品的重量也很难做到绝对准确，在交易这类商品时，应在合同中规定“溢短装条款”（More or Less Clause）。如“Chinese rice 10 000 metric tons，5% more or less at seller's option”，“Chinese peanut，gross for net，5% more or less at seller's option at contract price”。

3．价格条款

价格条款（Price Terms）是规定商品单价（Unit Price）、总价（Amount）、计价货币和支付货币、作价方法等内容的条款。商品单价由计价货币、计价金额、计价单位和贸易术语四个部分组成，如“USD200 per MIT CIF San Francisco”，“USD30.00 Per Metric Ton CIF Tokyo”。

如果是总价，可以列贸易术语，也可以不列，但金额要大写，大写金额前加“SAY”，结尾加“ONLY”，货币名称用复数。美元的小数用“CENTS ×”，不用“POINT ×”或“DOT ×”。例如，USD2 560.50，应写为“SAY U.S.DOLLARS TWO THOUSAND FIVE HUNDRED AND SIXTY AND CENTS FIFTY ONLY”。

4．包装条款

包装条款（Packing Terms）是规定包装种类、包装方式和包装标志等内容的条款。例如：The packing of the Goods shall be preventive from dampness，rust，moisture，erosion and shock，and shall be suitable for ocean transportation . The Seller shall be liable for any damage and loss of the Goods attributable to the inadequate or improper packing. The measurement，number of packages，gross weight，net weight，and the cautions such as “DO NOT STACK UP SIDE DOWN”，“KEEP AWAY FROM MOISTURE”，“HANDLE WITH CARE” shall be stencilled on the surface of each package with fadeless marks，and the shipping mark shall be stencilled：Shipping Mark：×××. 货物应具有防潮、防锈蚀、防震并适合远洋运输的包装。由于货物包装不充分或不适当而造成的货物残损、灭失应由卖方负责。卖方应在每个包装箱上用不褪色的颜色标明尺码、包装箱号码、毛重、净重及"此端向上""防潮""小心轻放"等标记，并刷唛头。唛头：×××。

5. 装运条款

装运条款（Shipping Terms）的主要内容有装运期限（Time of Delivery）、装运港（Port of Shipment）和目的港（Port of Destination）、分批装运（Partial Shipment）和转运（Transshipment）等。

合同中规定装运期限有三种方法：（1）规定最后装运期限。这是实践中最常见的规定方法。例如，"Time of Shipment：not later than January 30，2021"，"Time of Shipment：on or before January 30，2021"，"Time of Shipment：latest on January 30，2021"，三种表述都表示货物在2021年1月30日前装运。（2）规定一段装运时间。如"Shipment during January，2021"，表示从2021年1月1日到31日装运都可以。"Shipment during Mar./Apr.，2021"，表示从2021年3月1日到4月30日都可以装运。（3）根据支付情况规定装运时间。如"Shipment within 30 days after receipt of L/C"（收到信用证后30天内发货），"Within 60 working days after signing the contract and Tax-Free procedure completed"（收到预付款后60个工作日内，并且在免税办理完成后）。

装运港由出口商规定，有三种方法。（1）规定单一的装运港。如"Port of Shipment：Shanghai"。（2）规定几个装运港。如"Port of Shipment：Shanghai/ Tianjin。（3）规定一个区域。如"Port of Shipment：China Ports"，这种规定表示可以在中国任何港口装运。

目的港由进口商规定，也有三种方法。（1）规定单一目的港。如"Port of Destination：Rotterdam"。（2）规定几个目的港。如"Port of Destination：London/ Rotterdam/Hamburg"。（3）规定一个区域。如"Port of Destination：European Main Ports"，"European Main Ports"是指"欧洲基本港"，缩写为EMP，指欧洲几个著名大港，如鹿特丹、汉堡等。

分批装运和转运条款。例如：Transshipment is acceptable，but partial shipment is not allowed.货物允许转运，但不可分批运输。

6. 支付条款

支付条款（Terms of Payment）是规定支付方式的条款。例如：L/C 100%，90% will be paid at sight，10% will be paid against final acceptance signed and sealed by buyer and user. 100%信用证付款，90%即期信用证，10%根据最终用户签字盖章的验收报告付款。又如：30% contract value will be pre-paid by T. T.；the rest 70% of contract value will be paid within two weeks before shipment. 合同签订后电汇30%预付款，发货前2周电汇70%合同余款。

7. 保险条款

保险条款（Insurance Terms）的内容主要有保险金额、保险险别、保险条款的选择等。例如，The Goods supplied under the Contract shall be insured with All Risks at 110% of the invoice value against loss or damage incidental to manufacture，acquisition，transportation，storage，and delivery. 合同下提供的货物在制造、购置、运输、存放及交货过程中的丢失或损坏，应该按照发票金额的110%投保一切险。

8．检验条款

检验条款（Inspection Terms）内容主要有商检时间和地点、商检机构、商检证书、商检标准和商检方法等。例如：Prior to shipment，the Seller manufacturer shall conduct inspection/test on the Goods' conformity to the Contract Specifications，and issue an inspection certificate or conformity certificate. 发货前，卖方制造厂应对货物的符合合同标准进行检验，出具检验证明书或出厂合格证书。

Within fifteen（15）days after delivery of the Goods，the Buyer shall conduct an "open box" inspection of the Goods in respect of their quantity，specifications and apparent order and condition. The Buyer shall inform the Seller in advance and the Seller has the right to send its representative to join the inspection. In case of shortage，damage or wrong delivery，the Buyer shall promptly notify the Seller of the discrepancies，and the Seller will make up the shortage，replace the damaged Goods or send the correct Goods，and bear the related costs. If the Buyer does not notify the Seller of any such discrepancies within the prescribed period，the quantity，specifications and apparent order and condition of the delivered Goods shall be deemed in compliance with this Contract. 货物交付后，买方应在十五（15）天内对货物的数量、规格及表面状况进行开箱检验。买方应提前通知卖方检验时间和地点，卖方有权委派代表参加检验。如果出现短缺、破损或错发等，买方应立即通知卖方任何不符情况；如果出现短缺、破损或错发的，由卖方补足、替换或重发并承担相关的费用。若在上述期限内买方未通知卖方任何不符情况，则视为所交付货物的数量、规格及表面状况均符合双方约定。

If within 90 days after arrival of the Goods at the destination，should the quality of the Goods be found not in conformity with the contracted stipulations，or should the Goods prove defective for any reasons，including latent defect or the use of unsuitable materials，the Buyer shall arrange for an inspection to be carried out by the China Commodity Inspection Bureau and have the right to claim against the Seller on the strength of the inspection certificate issued by the Inspection Bureau，with the exception to those claims for which the insurance company or the freight forwarder are liable. 在货物到达目的地口岸 90 天内，如发现货物的质量与本合同规定不符或发现货物无论任何原因引起的缺陷包括内在缺陷或使用不良的原料，除属于保险公司或承运方责任之外，买方应申请中国进出口商业检验局对有关的货物进行检验，买方有权根据商检证书向卖方索赔。

9．违约金条款

违约金（Liquidated Damage）是对可能发生的违约预先设置的赔偿金。违约金条款是规定与违约金有关的事宜的条款，一般包括下列内容：（1）延期交货时间的计算方法，一般从交货期满开始计算；（2）违约金的计算方法，一般按货价总值的百分比计算，并规定一个最高限额；（3）违约金的支付方法，一般在货款中扣除；（4）其他补救措施，如延期交货达到一定时间后可以撤销合同等。

例如：Except for force majeure causes under Clause 11 hereunder，if the Seller cannot make delivery on tune as stipulated in the Contract，the Buyer shall agree to take the postponed delivery on the condition that the Seller agrees to pay liquidated damages. The rate of such liquidated damages shall be 0.5% of value of the delayed Goods per 7 days，and if less than 7 days shall be countered as 7 days. The liquidated damages shall not exceed 5% of the total value of the goods. If the delivery delay is more than 90 days than the stipulated date of delivery，the Buyer has the right to terminate the Contract，and the Seller，in spite of the termination，shall nevertheless pay the aforesaid liquidated damages to the Buyer without delay. 除合同第 11 条不可抗力原因外，如卖方不能按合同规定的时间交货，买方同意在卖方支付违约金的条件下延期交货。罚款可由议付银行在议付货款时扣除，违约金按每 7 天收延迟货物价值的 0.5%计算，不足 7 天按 7 天计，但最高罚款总额不超过迟交货物总价的 5%。如卖方延期交货超过合同规定 90 天时，买方有权撤销合同，此时，卖方仍应毫不迟延地按上述规定向买方支付违约金。

10．不可抗力条款和仲裁条款

（1）不可抗力条款

不可抗力（Force Majeure）指合同签订后发生的一些非人力可以抗拒的事故，主要有两类：一是自然灾害，如水灾、旱灾、暴风雪、地震等；二是社会事故，如战争、罢工、政府禁令等。各国法律都规定，因发生不可抗力事件违约可以免责。不可抗力条款是合同中规定因不可抗力违约可以免责的条款，一般包括不可抗力事件的界定、通知期限和方式、需要出具的证明和出证机构等内容。

例如，The party shall not be responsible for delay or non-performance of the Contract which are affected by a force majeure event，but shall promptly notify the other party in writing and furnish sufficient proof of the occurrence and duration of such force majeure event. If the force majeure event lasts for more than six months，either Party has the right to terminate the Contract. 由于不可抗力的原因，而不能履行合同或延迟履行合同的一方无须为此承担违约责任，但应立即以书面形式通知对方并提供不可抗力发生以及持续期间的充分证据。如果不可抗力发生超过 6 个月，任何一方都有权终止合同。

“Force Majeure” means an event which is beyond the control of the Parties，not foreseeable and unavoidable. Such events may include but not restricted to，war or revolution，fires，floods，epidemics，quarantine restrictions，and freight embargoes. “不可抗力”是指那些合同一方无法控制、无法预见、无法避免的事件和情况，其发生也不是卖方的违约或疏忽而造成的。这些事件包括但不限于战争或革命、火灾、洪水、流行病、防疫限制和禁运。

（2）仲裁条款

仲裁（Arbitration）是国际贸易中解决争议的方式之一，若采用这种方式，买卖双方必须达成协议，同意将他们的争议提交仲裁，否则仲裁机构不接受。仲裁协议有多种形式，合同中的仲裁条款是最常见的形式。合同中的仲裁条款主要包括下列内容：仲裁地点、仲裁机构、仲裁规则、仲裁裁决的法律效力等。

例如，All disputes arising out of the performance of，or relating to this contract，shall be settled through negotiation. In case no settlement can be reached through negotiation，the case shall then be submitted to the China International Economic and Trade Arbitration Commission for arbitration in accordance with its arbitral rules. The arbitration shall take place in Shanghai. The arbitral award is final and binding upon both parties. 因合同而产生的或与合同有关的任何争议应通过友好协商解决，如无法协商解决，争议应提交中国国际经济贸易仲裁委员会依

据申请仲裁时该会有效的仲裁规则进行仲裁。仲裁应在上海进行仲裁。裁决是终局的，对双方具有约束力。

（三）约尾

约尾（Ending）一般列明合同的份数，使用文字及其效力，订约的时间、地点、生效的时间，以及双方当事人的签字等内容。合同的缔约地点涉及合同准据法的问题，因此要慎重对待，我国出口合同的缔约地点一般都写在我国。

例如：This contract signed in two copies，the seller holds one copy and the buyer holds the other one. 本合同一式两份，卖方执壹份，买方执壹份。

The Contract and all annexes shall come into effect after the Parties have duly signed or stamped. 合同及所有附件自双方正式签字或盖章后即生效。

The Contract is entered into in both Chinese and English. In case of any discrepancy between the Chinese and English versions，Chinese version shall prevail. 本合同以中英文签署。若中英文存在不一致的，以中文为准。

This Contract and its Appendices attached hereto constitute an integral agreement，which replacing，whether in oral or in written，all agreements or understandings between the two parties in relation to the subject matter under this Contract. This Contract can only be amended by means of mutual agreement in a written form and executed by both parties hereto. 本合同及其附录组成完整的协议，并取代双方之间与本合同标的有关的所有口头或书面协议或理解。本合同仅在双方达成一致并书面签署时方能进行修改。

三、合同的签订

（一）合同成立的其他法律条件

在前面我们曾经指出，如果一方的发盘或还盘为对方所接受，合同即宣告成立。但这只是合同成立的基本条件，除了这个条件，还需要一些其他条件，对此《公约》未涉及，现根据各国有关法律概括如下。

1. 当事人应具备缔约能力

缔约能力有多方面的含义，如当事人有民事行为能力，订立外贸合同要有外贸经营权，法人应通过其法人代表订立合同等。各国法律对此规定不同，判断当事人是否具有缔约能力首先要确定准据法。

2．当事人的意思表示应真实

当事人的意思表示应真实即当事人订立合同时表达的意思应与其内在的意思一致。合意不真实的情况主要有：（1）错误（Mistake）。指当事人对其行为、对方当事人、标的物等存在误解。但并不是所有错误都可以导致合同无效，只有重大错误才能使合同无效。《中华人民共和国民法典》第一百四十七条规定，基于重大误解实施的民事法律行为，行为人有权请求人民法院或者仲裁机构予以撤销。（2）欺诈（Fraud）。包括欺骗性不真实陈述（Fraudulent Misrepresentation）和隐瞒事实真相等。各国法律都规定，蒙受欺诈的一方有权解除合同并请求损害赔偿。（3）胁迫（Duress）。指当事人在订立合同时受到了威胁。各国法律规定，在胁迫下订立的合同无效；但企业利用自己的优势达成对自己有利的合同不能作为胁迫，除非与所在国反不正当竞争法相抵触。另外，如果受胁迫的一方还有其他合理选择，但仍然与对方签订了合同，也不能算受到了胁迫。《中华人民共和国民法典》第一百四十七条规定，基于重大误解实施的民事法律行为，行为人有权请求人民法院或者仲裁机构予以撤销。

3．合同的内容要合法

合同的内容要合法是指合同不违反法律、公共政策和公序良俗等。在英美法中，赌博合同、高利贷合同、违反行业执照管理的合同、与敌国贸易的合同等被认为是违法合同。合同中含有限制性商业条款（如不合理限制销售渠道和出口市场等）、排除或限制产品责任的条款等，在许多国家被认为是违反了公共政策。

4．合同的形式要合法

《公约》第11条规定，销售合同无须以书面订立或书面证明，在形式方面也不受任何其他条件的限制。销售合同可以用包括人证在内的任何方法证明。1986年，我国在加入《公约》时对此提出了保留，要求国际货物买卖合同必须采用书面形式订立，否则无效。但我国于1999年颁布的《合同法》对国际货物买卖合同已经不再要求一定要有书面的形式。

5．要有对价或约因

对价（Consideration）是英美法系的概念，指为换取某一承诺而付出的代价；约因（Consideration）是大陆法系的概念，指签订合同追求的直接目的。英美法系或大陆法系认为，有对价或约因的合同才是法律上有效的合同，法院才能强制执行。

（二）合同的会签程序

当面签署国际贸易合同的比较少，一般都是通过函电会签。可以由卖方制定合同寄买方会签，也可以由买方制定合同寄卖方会签。下面以邮寄合同正本为例说明会签的程序，在贸易实践中也可以不向对方邮寄正本而以传真件会签。

1．卖方拟定合同寄买方会签

其程序如下：（1）经过交易磋商，买卖双方就主要的交易条件达成一致，买方下订单。（2）卖方根据来往函电、买方的订单和自己的格式合同制作销售确认书一式三份，留存一份后，将其他两份签章后快递给买方会签。（3）买方收到销售确认书后审核。如无异议则在两份上签署，然后留存一份，将另一份回寄给卖方归档；如有不同意见，应该在规定的时间内向卖方提出进行磋商，否则即认为买方接受了合同。买方签署合同的日期为合同正式成立的日期。

以上是比较正规的程序，实践中有的卖方在买方下订单后只传一张形式发票（Proforma Invoice，P/I）给买方，写明每一种产品的数量、单价、合计总数、金额和自己的银行资料等，不再另邮寄合同；等买方的定金到账后即开始生产。

2．买方拟定合同寄卖方会签

买方拟定合同寄卖方会签的程序如下：（1）双方就主要交易条件达成一致后，买方根据来往函电和自己的格式合同制作购货确认书一式三份，留存一份后，将其他两份签署后邮寄给卖方签署。（2）卖方如无异议就在两份合同上签署，然后留存一份，将另一份回寄给买方存档；如有不同意见，应在规定的时间内向买方提出磋商，否则即认为卖方接受了购货确认书。卖方签署合同的日期为合同正式成立的日期。合同可以由企业的法人代表签署，也可以由一般代表签署后加盖企业的印章。如果只有一般代表签署而没有印章，就应该提供授权书，否则会导致合同无效。

四、合同实例

（一）实例1

因TH公司与SAR公司已有多次合作关系，经过几次磋商，8月19日，双方最终确定以每箱USD6.35的报价成交。8月20日，TH公司制作外销合同并传真给SAR公司要求其会签。

<table>
<tr><td colspan="6">SALES CONTRACT</td></tr>
<tr><td rowspan="3">卖方
SELLER:</td><td rowspan="3" colspan="3">TH FOODSTUFFS IMPORT& EXPORT CO.，LTD.128 TI YU CHANG ROAD，HANGZHOU 310003CHINA</td><td colspan="2">编号 NO.：2020EK151</td></tr>
<tr><td colspan="2">日期 DATE：Aug. 20，2020</td></tr>
<tr><td colspan="2">地点 SIGNED IN：ZHEJIANG</td></tr>
<tr><td>买方
BUYER:</td><td colspan="5">SULEIMAN ABDUL RAZZK CO.
P.O BOX 152 CODE 11438 T-445913，F-4455941 RIYADH.KSA</td></tr>
<tr><td colspan="6">买卖双方同意以下条款达成交易：
This contract is made by and agreed between the BUYER and SELLER，in accordance with the terms and conditions stipulated below.</td></tr>
<tr><td colspan="3">1. 品名及规格
Commodity & Specification</td><td>2. 数量
Quantity</td><td>3. 单价及价格条款
Unit Price & Trade Terms</td><td>4. 金额
Amount</td></tr>
<tr><td colspan="6">CFR RIYADH PORT VIA DAMMAM PORT</td></tr>
<tr><td colspan="3">“MAILNG” BRAND CANNED MELON JAM，24 TINS PER CARTONPER TIN 340 GRAMS NET WEIGHT</td><td>2 200
CARTONS</td><td>USD6.35</td><td>USD
13 970.00</td></tr>
<tr><td colspan="3">Total:</td><td>2 200
CARTONS</td><td></td><td>USD
13 970.00</td></tr>
<tr><td>允许
With</td><td>5%</td><td colspan="4">溢短装，由卖方决定
more or less of shipment allowed at the sellers' option</td></tr>
<tr><td colspan="2">5. 总值
Total Value</td><td colspan="4">USD THIRTEEN THOUSAND NINE HUNDRED AND SEVENTY ONLY</td></tr>
<tr><td colspan="2">6. 包装
Packing</td><td colspan="4">EXPORT CARTON</td></tr>
<tr><td colspan="2">7. 唛头
Shipping Marks</td><td colspan="4">WAZAH/RIYADH</td></tr>
<tr><td colspan="3">8. 装运期及运输方式
Time of Shipment & means of Transportation</td><td colspan="3">Not Later Than Oct.15，2020 BY VESSEL</td></tr>
<tr><td colspan="3">9. 装运港及目的地
Port of Loading & Destination</td><td colspan="3">From：XINGANG，P.R.CHINA
To：RIYADH PORT，SAUDI ARABIA
Via：DAMMAM PORT，SAUDI ARABIA</td></tr>
<tr><td colspan="2">10. 保险
Insurance</td><td colspan="4">TO BE COVERED BY THE BUYER</td></tr>
<tr><td colspan="2">11. 付款方式
Terms of Payment</td><td colspan="4">By T/T within 3 working days after the buyer's receipt of copy of B/L by fax. Full set of documents will be sent to buyer courier service within 5 days after the seller's receipt of full amount from the buyer</td></tr>
<tr><td colspan="2">12. 备注
Remarks</td><td colspan="4">（1）Transshipment allowed，Partial shipment not allowed
（2）Certificate of Original Invoice to be legalized by Chamber of Commerce</td></tr>
<tr><td colspan="3">THE Buyer
SULEIMAN ABDUL RAZZAK CO.
（进口商签字和盖章）</td><td colspan="3">THE Seller
TH FOODSTUFFS IMPORT & EXPORT CO.，LTD
（出口商签字和盖章）</td></tr>
</table>

（二）实例2

Sales Confirmation
成交确认书

No.:
Date:
Signed at:

The Buyer 买方： The Seller 卖方：
Add 地址： Add 地址：
Tel 电话： Tel 电话：
Fax 传真： Fax 传真：

This contract is negotiated and executed by and between the buyer and seller，which means the buyer agrees to buy and the seller agrees to sell the product according to the terms and conditions stipulated below：

买方与卖方就以下条款达成协议：

1．COMMODITY（商品）

Please refer to the detailed breakdown as attached.（as in the appendix）

详见清单（附页）

名称及规格 Description	单位 Unit	平均单价 Average unit price （JPY）	数量 Qty	总价 Amount
				FOB PORT
TOTAL VALUE FOB OSAKA PORT OR KOBE PORT				

2．PACKING（包装）

The commodity is supposed to be packed with infrangible Export standard packaging that suitable for long distance ocean and land transportation and well protected against dampness，moisture，shock，rust and rough handling. The Sellers shall be liable for any damage or rust damage to the goods that caused by improper packing，and pay for all cost and loss caused by the damage.包装：必须采用坚固的出口标准包装，适合于长途海运和陆运，防潮、防震、防锈、耐粗暴搬运。由于包装不良所发生的损失，由于未采用充分或不妥善的防护措施而造成的任何锈损，卖方应负担由此而产生的一切费用和/或损失。

3．SHIPPING MARK（唛头）

The Sellers shall mark on each package with fadeless paint the package number，gross weight，net weight，measurement and the wordings：“KEEP AWAY FROM MOISTURE”“HANDLE WITH CARE”“THIS SIDE UP” etc. and the shipping mark：×××卖方应用不褪色的颜料在每个箱子外部刷上箱号、毛重、净重、尺寸，并注明“防潮”“小心轻放”“此面向上”等，唛头为：×××

4．TIME OF SHIPMENT（装运期）：After 80% T/T Payment

5．PORT OF SHIPMENT（装运港）：OSAKA PORT OR KOBE PORT

6．PORT OF DESTINATION（目的港）：TIANJIN XINGANG，CHINA

7．Price Term（价格条款）：FOB Japanese main port

8．Telex Release（电放条款）telex release within 48 hours to the people or the shipping company which are entrusted by consignee.（Include the document that is mentioned in the 11th item）在 48 小时内向收货人委托的人员或船公司电传放行（包括第 11 项中提到的文件）。

9．More or less clause（溢短装）：5% more or less

10．PAYMENT（付款方式）：T/T Payment

The Buyer shall pay the seller 80% of the sales price by T/T in advance，and the balance should be paid to the Seller after loading.电汇。买方将买卖金额的 80%货款预付给卖方，剩余货款在商品装船后支付给卖方。

Bank's Name（银行名称）：

Bank's Address（地址）：

SWIFT Code（SWIFT 代码）：

Account No.（账号）：

Account（账户名称）：

11．DOCUMENTS（单证）

（1）Full set of clean shipping bills of lading 清洁海运提单一套

（2）Invoice in three copies 发票一式叁份

（3）Packing list in three copies issued by the Sellers 装箱单一式叁份

（4）Certificate of Quality issued by the Sellers 制造厂家出具的质量证明书

（5）Certificate of Origin 原产地证书

（6）Sanitary Certificate 卫生证书

（7）Certificate of Non Wooden Packing or Certificate of Fumigation 非木包装声明或熏蒸证

In addition，the Seller should send an extra set of the document by express airmail that mentioned above directly to the Buyer within 48 hours after shipment. 另外，卖方应于货物发运后 48 小时内，用特快专递寄送一套上述的单据给买方。

12．SHIPMENT（运输）

The Sellers shall ship the goods within the shipment time to the loading port. Transshipment is not allowed. Partial shipment is not allowed.卖方应于交货期内将合同货物送至装运港，不许分批，不许转运。

13．SHIPPING ADVICE（装运通知）

The Seller should advise the Buyer immediately about the CONTRAT NO.，commodity，quantity，invoiced value，gross weight，name of vessel and delivery date etc. either by fax of E-mail upon the completion of loading goods. Sellers will take all the responsibilities of total loss due to not letting buyers know in time.卖方应于装货后，立即用传真或邮件将有关合同号、货物、数量、发票价值、毛重、运输工具名称、交货日期、货物预计抵达日等资料通知买方。如果由于卖方未能通知买方而造成的所有损失均由卖方承担。

14. CHECK UPON DELIVER（验收）

The Buyer should finish checking all arriving goods arrived in buyer's warehouse within 20 days.买方必须在订货的本件商品到达仓库后 20 日内验收完毕。

15. FORCE MAJEURE（不可抗力）

The Sellers shall not be held responsible for the delay in shipment or non-delivery of the goods due to Force Majeure，which might occur during the process of manufacturing or in the course of loading or transit. The Sellers shall advise the Buyers immediately of the occurrence mentioned above and within fourteen days thereafter，the Sellers shall send by airmail to the Buyers for their acceptance a certificate of the accident issued by the Competent Government Authorities where the accident occurs as evidence thereof. Under such circumstances the Sellers，however，are still under the obligation to take all necessary measures to hasten the delivery of the goods. In case the accident lasts for more than 10 weeks，the Buyers shall have the right to cancel the Contract.对于制造或装船运输过程中可能产生的不可抗力而造成的延迟交货或不能交货，卖方可以不承担责任。卖方应立即将有关情况通知买方，并且在不可抗力产生的 14 日内，卖方应用航空邮件将有关政府当局部门出具的证明不可抗力产生的文件寄送给买方。在此情况下，卖方仍应尽最大努力采取各种措施促使货物的发运。如果事故持续 10 周，买方有权取消该合同。

16. ARBITRATION（仲裁）

Any distributes arising or in connection with this Contract shall be submitted for first arbitration in Osaka Court and the local court in the shop's area.发生本合同及与此关联的一切纠纷时，大阪地方法院及买方所在地所辖法院为一审专属管辖法院。

17. BANK CHARGES（银行费用）：All bank charges outside China will be on the account of the Sellers.所有中国之外的银行费用均由卖方承担。

18. OTHERS（其他）：This contract signed in two copies，the seller holds one copy and the buyer holds the other one.本合同一式两份，卖方执壹份，买方执壹份。

THE BUYER 买方：	THE SELLER 卖方：
Date 日期：	Date 日期：

【本章小结】

交易磋商是买卖双方就买卖商品的有关交易条件进行协商，以期达成交易的过程。交易磋商在形式上主要包括口头和书面两种，一般包括询盘、发盘、还盘和接受四个环节。其中，发盘和接受是交易达成和合同成立的必不可少的两个环节，它们的有效构成条件、生效时间及有效期、撤回与撤销等，《公约》均有严格的规定，外贸从业人员应该熟知。为获得有利的交易条件，交易磋商的各个环节都要讲究谈判策略。买卖双方达成交易后，通常还要签订书面合同将各自的权利和义务确定下来。书面合同的内容一般包括约首、本文、约尾三个部分。本文是合同的主体部分，具体列明各项交易条款，如品名规格条款、数量条款、价格条款、包装条款、装运条款、支付条款、保险条款、检验条款、索赔条款、仲裁条款和不可抗力条款等。

【拓展知识】

如何高效能处理询盘

一、识别买家身份（最重要）

你要知道你的询盘来自哪，包括：（1）来自哪个宣传渠道：谷歌、环球资源、阿里巴巴等。（2）来自哪个国家：这个国家会不会有政策限制，例如是否有反倾销；会不会有特殊规定，例如付款方式等；这个国家我之前有没有客户，是什么客户，合作状况怎么样，这个客户跟老客户可能会是什么关系？有没有什么明显特点。

搜一下看看能不能找到客户的网站，包括：（1）客户的发展历程，经营模式，主要产品，主要市场等。（2）客户的规模（看其联系方式也能窥探一二，如果网站上的联系方式就是给你发询盘留的联系方式，可能就是一个小公司）。（3）公司的性质，是中间商还是终端客户。搜索一下看看客户是不是有 SNS（Social Networking Services），如 Linked in，Facebook，尽量在客户的即时聊天工具上出现：（1）如果客户的邮件中有 skype 或者手机号，马上加上客户，作自我介绍。（2）顺便询问是否可以以后在这里跟他联系。（3）别忘记把你们聊的做备忘给客户发邮件。（4）实践证明，很多客户不愿意回邮件，但是会在即时沟通里回答很多问题。

二、明确买家需求

注意要点包括：（1）先理解后报价：对买家的询盘做详细分析，勿急勿躁。（2）不问已经告知的问题。（3）帮买家多走一步：思考买家在什么场景问你这个问题，换成你，希望得到什么样的答复。

三、分析买家询盘信息

询盘中可能提到的需求分类：目标价格、最小起订量、OEM/ODM、是否要求寄样、颜色/尺寸等产品额外要求、语言问题（是否需要支持其他语种，尤其是产品说明书）、出口经验要求、证书类、付款方式、物流问题、公司资质要求。当买家询问的产品较多的时候，最好列一个 Excel 表格给买家。

四、回复询盘

回复询盘时，关注以下几点：是否明确买家目的，检查邮件语言是否过于冗长，回复内容结构是否完整，价格和产品是否已经考虑同行竞争，是否主动推进，并留给买家再次回复形成互动的空间，你的产品行业专业度够了吗？邮件标题写得够吸引吗？

五、注意后期的跟进

跟进得当，能促进订单的成交，也能促进订单的二次甚至是多次的成交。后期的跟进可以分为以下几类：发完询盘回复后买家再也不回复的，样品未能满足买家要求的，买家说采购计划未确定的，认证等条件未达要求的，付款方式未达成一致的，沟通不错但买家就是不下单的，价格与客户目标价差距太远的，样品寄送后买家无联系的，跟进多次失去联系的。根据以上不同种类的客户制定跟进策略。

【专业术语】

1. Enquiry	询盘
2. Catalogue	商品目录
3. Price List	价格单
4. Sample	样品
5. Quotation	报价单
6. Offer	发盘
7. Withdrawal	撤回
8. Revocation	撤销
9. Acceptance	接受
10. Late Acceptance	逾期接受
11. Contract	正式合同
12. Confirmation	确认书
13. Agreement	协议书
14. Order	订单

【课后习题】

一、简答题

1. 简述交易磋商的四个环节。
2. 简述发盘的构成条件。
3. 还盘时哪些内容变更构成对发盘内容的实质性变更？
4. 简述接受的构成条件。

5. 合同一般包括哪些内容？

二、案例分析

1. 我某外贸公司拟向国外购进特种钢一批，5月20日我公司收到国外某公司的发盘，有效期至5月26日。5月22日我方复电："如能把单价降低6美元，可以接受。"外方没有回复。此时国内用货工厂催货心切，又鉴于该商品行市看涨，我方随即于6月2日又去电表示同意外方5月20日发盘的各项条件，对方仍未回复。

问：根据《公约》的规定，双方合同是否成立？

2. 2020年1月3日我A公司向比利时B公司发盘，"N95口罩100万个，每个5美元FOB布鲁塞尔（《lncoterms®2020》），1月底交货，1月6日前电复有效。1月4日B公司复电："接受你方1月3日发盘，你能否同意4月底交货？"2月5日下午在尚未收到A公司回复的情况下，B公司又发出接受传真："N95口罩100万个，每个1.5美元FOB布鲁塞尔（《lncoterms®2020》），1月底交货，我方接受。"

问：A、B双方合同关系有无成立？为什么？

第二篇

国际货物买卖合同的主要内容

第四章　合同主体和标的物

【导入案例】

我国某公司出口日本某客商“手工制造书写纸（Handmade Writing Paper）”一批，日方收到货物后经检验发现货物部分制造工序为机械操作，而我方提供的单据均表示该货物为手工制造，按照该国法律应属“不正当表示”和“过大宣传”，以致使进口人（即用户）遭用户退货，蒙受巨大损失，因而要求我方赔偿，我方拒绝。主要理由有二：

（1）该商品的生产工序基本是手工操作，而关键工序完全采用手工；

（2）该交易是经买方当面看样品成交的，而且实际品质和样品一样，因而认为所交货物与样品品质一致。因此，应认为所交货物与商定的品质一致。

对于这起“手工制造书写纸”名称引起的纠纷，后经有关人士调解后，双方在友好协商过程中取得谅解。

第一节　合同当事人

合同当事人是指签订合同，并享有合同所约定的权力和承担约定的义务的双方法人或自然人。合同的当事人是合同的主体，双方当事人的法律地位是平等的，需遵循公平和自愿的原则签订合同。

一、合同当事人需具备的条件

签订买卖合同的当事人可以是法人，也可以是自然人。合同当事人需要具备以下资质：

（一）法定资质

合同当事人必须是依法设立并合法存在的主体，如企业、机关、事业单位、社会团体等。对于个人而言，合同当事人必须是具有完全民事权利能力和民事行为能力的自然人。

（二）经营资质

合同当事人如果从事经营活动，需要具备法律、行政法规规定的，从事特定经营活动应当具备的法定经营资质及相应的资质等级，如企业营业执照、特许经营证、行业许可证等。例如，建设工程施工合同的承包人，应取得建筑施工企业资质及相应资质等级；合作开发房地产合同的当事人，至少其中一方应具备房地产开发经营资质等。

（三）财务实力

合同当事人需要具备足够的财务实力，以履行合同义务并承担相应的责任。如果合同一方当事人财务出现问题，会给买卖合同的履行带来风险。财务实力通常通过查看当事人的资产状况、财务报表、信用记录等来评估。

（四）守信记录

合同当事人的守信记录，是合同能够顺利履行的保证。签订国际货物买卖合同时，合同当事人需要有良好的信用记录，包括履行合同义务的记录、没有违反法律法规、合同规定的记录等。

（五）有合法代表人或授权代理人

合同当事人必须有合法的代表人或者被授权的代理人，能够签署合同并履行合同义务。一般在签署买卖合同之前，需要确认代表人和授权代理人的合法性。

需要注意的是，不同的合同类型可能会有不同的要求和资质限制，具体要求需要根据实际情况进行判断。

二、合同当事人条款的主要内容

在国际货物贸易的合同中，合同当事人条款通常包括以下内容：

（一）合同当事人的名称

合同当事人通常为企业法人。企业法人是指在法律上独立存在、具有法律人格，能够享有和承担民事权利和义务，以其自身财产对其债务承担责任的法律主体。企业法人是一种特殊的法人，主要应用于商业活动中的公司、合伙企业等组织形式。企业法人有自己的名称、机构和经营场所，具备缔约资格和能力。

在国际贸易实践中，许多社会经济组织都有自己的标准合同格式，合同的开头，一般都印有“买方”和“卖方”字样的栏目，供贸易的双方当事人分别载明各自机构的名称。此外，合同的尾部也印有“买方”和“卖方”字样的栏目，供贸易的双方当事人签字或加盖公章。

（二）合同当事人的地址

由于国际贸易中，交易双方当事人分别处于不同的国家和地区，距离较远。为了方便双方联系，货物顺利运达目的地交货，需要在合同中载明双方当事人的详细地址以及联系方式。个别买卖双方在订立交易合同时，由于疏忽，写错甚至漏写双方的名称和地址，给履约带来很大的麻烦。

第二节　商品的品名

一、列明商品品名的必要性

国际贸易中，绝大多数交易是远期合约交易，从签订合同到交付货物往往需要很长一段时间，而且交易的双方在洽商交易和签订买卖合同时，通常很少见到具体商品，一般凭借对买卖的商品作必要的描述来确定交易的标准。因此，在国际贸易的合同中列明商品的品名，就成为必要条件。

1．品名可以确定商品的身份。商品品名可以确定合同买卖的商品是什么，避免误解和混淆。

2．遵守海关规定。海关规定要求在进出口程序中清晰明确地列明商品品名。如果没有正确地标识商品，可能会导致海关扣留货物或对进口商征收罚款。

3．确定商品的价值。商品品名有助于确定商品的价值，这对于缴纳关税和其他费用至关重要。

4．确定质量和规格。商品品名通常与商品的质量和规格相关联。在国际贸易中，这些信息对于购买者和出售者都非常重要，以确保商品符合标准并且交易合法。

5．管理风险。商品品名可以帮助避免不必要的风险。例如，如果购买者不确定商品品名或购买了错误的商品，他们可能会面临额外的费用或法律责任。

二、品名条款的内容

合同中品名条款如何规定，一般并无固定格式，可由买卖双方根据具体情况自行商定。品名条款，通常是写在“商品名称”标题下，也可以只在合同的开头部分载明交易双方同意买卖的某种商品的文句。就一般商品而言，只需要列明拟买卖的商品名称即可，如大豆、玉米、煤炭等。但鉴于有些商品有不同的型号、品种、等级，为明确起见，需要将有关商品的品种、型号或等级包括进去，做进一步的限定，有时甚至把商品的质量规格也包括在内。此时，就成了品名条款和质量条款的合并。

三、订立品名条款的注意事项

（一）需明确商品信息

合同中的品名条款应该清楚、详细地描述商品的名称、型号、规格、质量标准、产地、数量等信息，以免产生歧义和争议。应避免使用不确定的描述，如“合格品”“标准品”等，而应使用具体的技术规范、国际标准、行业标准等明确的描述。

（二）尽量使用国际通用名称

有些商品的品名，不同地区可能叫法不同，为避免歧义，应尽量使用国际上通行的名称。如果使用地方性的名称，交易双方应事先就其含义达成共识。对于某些新商品名称的确定，应力求准确、易懂，并符合国际上的习惯称呼。

（三）应注意选择合适的名称

由于海关对于不同名称的商品进出口限制和关税税率不同，在不违背外贸政策的前提下，尽可能选择合理避税或方便进口的名称，作为合同中商品的品名。

（四）注意品名条款与其他条款协调一致

品名条款应与合同的其他条款相协调，如价格、交付条件、付款方式等，以确保合同能够顺利地履行。

总之，在订立国际贸易合同中，品名条款的准确性、清晰度和合法性都是至关重要的，需要双方协商一致，并在具体实施过程中严格执行。

第三节 商品的品质

一、品质的含义及其重要性

（一）品质的含义

品质也称商品质量（Quality of the Goods），是商品的内在质量和外观形态的综合，主要指商品的性能、可靠性、耐用度、安全性、外观等方面。商品品质是衡量一个商品是否达到消费者期望的标准之一，是商品竞争力的重要因素之一。商品的品质优劣，是进口商选择商品时主要关注的因素。

（二）商品品质的重要性

在国际贸易中，商品品质条款在合同中起着非常重要的作用，其重要性如下：

1. 明确双方责任。商品品质条款明确了卖方和买方的责任和义务。例如，条款可以规定卖方必须提供符合特定标准的产品，而买方必须接受这些产品。这有助于避免争端和纠纷。

2. 确定质量标准。商品品质条款可以规定产品的质量标准，如尺寸、材料、性能等。这可以确保买方获得符合其要求的产品。

3. 避免误解和歧义。商品品质条款可以避免因为双方对产品质量标准的理解不同而引起的误解和歧义。这有助于确保合同的明确性和可执行性。

4. 保护消费者权益。商品品质条款有助于保护消费者的权益。例如，如果卖方提供的产品质量低劣，买方可以要求退款或替换产品。

5. 提高产品竞争力。商品品质条款有助于提高产品的竞争力。如果卖方提供的产品符合高质量标准，买方会更愿意选择这个卖方，从而提高卖方的竞争力。

二、表示品质的方法

在国际贸易中，由于交易的商品数量种类繁多，特点各异，因此表示商品品质的方法也有多种，归纳起来，主要可以分为两大类：一是以实物表示，二是以文字说明表示。

（一）以实物表示商品品质

以实物表示商品品质的方法，是指以作为交易对象的实际商品或以代表商品品质的样品来表示商品的品质，前者为看货买卖，后者为凭样品买卖。

1. 看货买卖

看货买卖是根据现有商品的实际品质进行的交易。采用这种方法时，通常是先由买方（或其代理人）在卖方所在地验货，交易达成后，只要卖方交付的商品是经买方验看过的，买方就不得对交货品质提出异议。在国际贸易中，由于交易双方距离遥远，看货买卖的情况比较少，这种买卖方式主要在处理库存、拍卖、寄售和展卖等业务中采用。

2. 凭样品买卖

样品通常是指从一批商品中抽出来的或由生产使用部门设计、加工出来，足以反映和代表整批商品品质的少量实物。凭样品买卖是指买卖双方按约定的，用以代表实际货物的样品作为交货品质依据的交易。在国际贸易中，有些商品的品质难以用文字说明，且无法确定固定的标准或难以用科学的指标说明其质量，就只能借助样品来确定其品质。还有一些商品是出于市场习惯而采用凭样品买卖的方法。凭样品买卖一般适用于在造型上有特殊要求的商品。目前，我国出口的某些工艺品、服装、轻工业品等，常用凭样品买卖的方式来表示品质。

在国际贸易中，按样品提供者的不同，凭样品买卖可分为以下几种：

（1）凭卖方样品买卖。卖方提供样品作为交易的品质依据，称为凭卖方样品买卖。一般合同中应订明“品质以卖方样品为准”。为避免纠纷，卖方一般将样品分为一式两份，一份交由卖方，一份自己留存，自己留存的称为复样。也可多留几份，日后发生纠纷，可作为核对的依据。

（2）凭买方样品买卖。又称为“来样成交”，由买方提供样品交由卖方依样生产。这种情况下，合同中一般应该订明“品质以买方样品为准”。凭买方样品成交，多是由于买方对目标顾客的需求更为熟悉，卖方一般要充分考虑样品所代表的商品需要的原材料、生产工艺、出口条件等能否达到要求，避免日后交货出现问题。

（3）凭对等样品买卖。在国际贸易中，卖方为避免交货困难，往往会根据买方提供的样品，加工复制出一个类似的产品，交由买方确认。经确认后的样品称为“回样”或“对等样品”，待买方确认后，卖方日后所交付货物品质需以对等样品为准。

在国际贸易中，如果买卖双方寄送以介绍商品为目的的样品，最好标明“仅供参考”字样，以避免与标准样品混淆。凭样品买卖，很容易在交货品质问题上发生争议，一般很少使用。目前，我国出口商品中凭样品买卖的商品主要有工艺品、服装、轻工业品和土特产等。

【案例 5-1】

我国某出口公司向德国商人出口大麻一批，合同中的品质条款如下：含水（最高）：15%，含杂质（最高）：3%。在谈判过程中，我方曾向买方寄过样品，订约后又电告对方成交货物与样品相似。结果，货到德国后，经检验，虽然品质达到合同规定的规格要求，但是，买方拿出货物的品质规格比样品低 7%的检验证明，要求我方赔偿损失 600 英镑。

我方出口公司陈述说，这笔交易在交货时商品是经过挑选的，因该商品系农产品，不可能做到与样品完全相符，但不至于比样品低 7%。由于我方出口公司已将留存的样品遗失，对自己的陈述无法加以证明，我仲裁机构难以处理，最后只好赔付了一笔品质差价而结案。

试分析：我出口方的做法有何不妥？应该如何吸取教训？

【案例分析】

从以上案情看，我方已在合同中明确了以规格表示的品质条款，本应属凭规格买卖的合同。但是，在成交前又向德方寄去样品，而且没有声明是参考样品，订约后又通知对方货物与样品相似，这就使该项交易变成既凭规格又凭样品的买卖，使自己受到双重标准的约束，对方则可以选择其中最高的品质要求。

因此，在该业务中，我方应在赔偿后吸取教训。如果交易货物的品质能够以规格确定，就无需再寄送样品，更不能轻易地宣称交货品质与样品相似。当然，为了进行商品宣传也可以寄送样品，但应该注明该样品仅供参考，参考样品（Reference Sample）。如果是凭样品成交的合同，应该妥善保存复样，一旦发生争议，可以对复样进行重新检验以便对比，从而分清责任。

在国际贸易中，如果交易双方使用凭样品买卖，应注意以下几点问题：

（1）确保样品的真实性。卖方提供的样品必须是真实的、准确的、符合要求的。买方可以要求在合同中对样品的来源、品质、数量、标记等进行明确规定，并在交货时对货物与样品进行对照检查，以确保货物与样品一致。

（2）妥善保管样本。在运输和储存过程中，样品可能会受到损坏或变质。因此，在合同中需要明确规定卖方应当采取的保管措施，如保持样品的温度、湿度、避免曝光等。

（3）确定样品代表的货物数量。样品通常只能代表一小部分货物，而买卖双方需要根据样品确定全部货物的质量、规格等，因此需要确定样品与货物的比例，以及样品所代表的货物数量。

（4）明确样品的检测标准。在使用凭样品买卖时，需要对货物的质量、规格等进行检测，但不同国家或地区可能采用不同的检测标准，因此需要在合同中对检测标准进行明确规定。

（5）明确解决纠纷的方式。如果在使用凭样品买卖过程中发生纠纷，需要在合同中规定纠纷解决的方式，如通过仲裁或诉讼解决。

（二）以说明表示商品品质

以文字、图表、图片等方式说明商品品质的方式，都属于凭说明表示商品品质的范畴，具体来说主要有以下几种：

1．凭规格买卖

规格是指用来反映商品质量的主要指标，例如成分、含量、纯度、大小、长短、粗细、容量及性能等。用来说明商品品质的指标因商品不同而不同，即使是同一种商品，由于用途不同，对规格的要求也有所差别。由于用规格表示商品品质的方法比较科学，而且简单易行、具体明确，还可以根据每批货物的具体情况做出灵活的调整，在国际贸易中使用较为广泛。例如：

【即学即用】

例 1：

素断面门幅（英寸）	长度（码）	重量（姆米）	成分
55	38/42	16.5	100%真丝
Plain Statin Silk Width（Inch）	Length（yds）	Weight（m/m）	Cornposition
55	38/42	16.5	100% Silk

例 2：

Wheat Flour（小麦粉）	Wet Gluten（湿面筋）	28%～30%
	Ash（灰分）	0.5%～0.55%
	Moisture（水分）	13.5%+0.5%

2．评等级买卖

商品的等级是指对于同一类商品，根据其规格的不同，分为品质优劣不同的若干等级。通常用大、中、小；甲、乙、丙；一级、二级、三级；A、B、C 等来表示。

【即学即用】

出口苹果的品质等级分类如下：

AAA级：果实大型果果径不低于65mm，中型果果径不低于60mm；元帅系列要求着色90%以上，其他果70%以上。

AA级：果径同AAA级；着色度元帅系列为70%，其他为50%。

A级：果径同AAA级，元帅系着色度为50%，其他为40%。

在实际买卖中，水果的等级分类，具体规格非常翔实，对于果形、果梗、成熟程度、清洁度、损伤程度等都有明确规定。应指出的是，在凭等级买卖中，由于不同等级的商品具有不同的规格，当双方对等级内容不熟悉时，最好明确每一等级的具体规格，以便履行合同中出现争议。如双方对于级别的规格非常熟悉时，可在品质条款中只列明等级，就不必再规定其他具体规格。

3．凭标准买卖

商品的标准是指商品的规格和等级的标准化。商品的标准，由政府机关、行业团体、国际性工商组织、商品交易场所等规定。在国际货物贸易中，有些商品习惯于凭标准买卖，人们往往使用某种标准作为说明和评定商品质量的依据。例如，美国出售小麦时，通常使用美国农业部制定的小麦标准。

国际贸易中，各种商品的标准，一些是具有法律效力的，凡不符合标准要求的商品，不许进口或出口。但也有些标准不具有法律上的约束力，仅供交易双方参考使用，买卖双方洽商交易时，可另行商定对品质的具体要求。

在国际货物贸易中，买卖一些品质变化较大而难以规定统一标准的农副产品，以及品质构成条件复杂的某些工业制成品，由于长期形成的习惯，或者出口国尚未对该产品予以等级化或标准化，往往采用“良好平均品质”（Fair Average Quality，FAQ）这一术语来表示其品质。

（1）良好平均品质（FAQ）。所谓“良好平均品质”，是指在一定时期内某地出口货物的平均品质水平，一般指中等货，主要适用于品质变化较大的而难以规定统一标准的农副产品。对于这类商品，其具体解释和确定办法有两种：一是由生产国在收获农产品后通过广泛抽样制定年度的“良好平均品质”的样本和标准；二是从某一季度或月份，某一装运地各批出运货物中抽样制定出FAQ的标准。

在我国出口的农副产品中，也有用FAQ来说明品质的，习惯上称其为“大路货”，是与“精选货”相对而言的。采用这种方法时，除了在合同中注明FAQ字样，一般还要订明该商品的主要规格指标，以作为交货时的主要依据。

（2）尚好可销品质（Good Merchantable Quality，GMQ）。“尚好可销品质”是指卖方交货时只需要保证所交易的商品的品质在商业上良好可销。这一方式多用于无法用样品或无国际公认标准可循的场合。如木材、冷冻鱼虾等水产品采用。这种品质条件是指卖方所交的货物应属于“品质尚好、适合商销”。由于含义不具体，执行时容易引起纠纷，交易时一旦发生品质争议，通常由同业公会聘请专家以仲裁方式解决。该种品质表示方式目前已很少使用。

4．凭品牌或商标买卖

品牌是指工商企业给其制造或销售的商品所冠的名称，以便与其他企业同类产品区别开来，一个品牌既可以用于一种产品，也可以用于企业所生产的所有产品。如TCL电视、格力空调、福特汽车等。商标是指企业生产者或商号用来说明其所生产或销售的商品的标志，由一个或几个具有特色的单词、字母、数字、图形或图片等组成。凭品牌或商标买卖，主要适用于在市场上行销已久、质量稳定、信誉良好、为消费者熟悉喜爱的工业制成品或经科学加工的初级产品。

凭品牌或商标买卖，不需要提供样本，但一经约定牌名或商标，卖方即有交付约定的牌名或商标的商品的义务。由于买卖的商品有特定的品牌或商标，经过约定，实际上就已经确定了品质标准。如果除牌名或商标外，同时又约定凭样品，则卖方日后所交付的商品，不但牌名或商标必须与约定的相符，而且需要与约定的样品品质符合。

因为统一牌名或商标的商品，也有各种品类、类型、规格，所以在交易时，除牌名、商标之外，也应将其品种、类型、规格等明确约定。

5．凭说明书和图样买卖

在国际贸易中，机电产品及大型成套设备，由于其构造和性能十分复杂，无法用几个简单的指标来反映其品质的全貌，需凭详细的说明书具体说明其用途、构造、性能和使用方法等，必要时还需辅以图样、照片等来解说，这种用说明书表示品质的买卖称为凭说明书买卖（Sale by Illustration）。这些商品的交易中，除订有品质条款外，一般还订有品质保证条款或技术服务条款，明确规定卖方需在一定期限内保证其所出售的机器设备质量良好，符合说明书上所规定的指标。如在规定保证期限内，发现机器性能出现低于说明书的标准，或机器部件质量出现问题，或者出现某些隐患，买方有权索赔，卖方有义务解决上述问题，并承担由此引起的各项有关费用。

卖方有时为了推销自己的产品，将产品编成目录，一般分门别类并附图加以说明的文字和图片，印成精美的册子，寄给国外的顾客。交易时，如果是凭目录买卖，卖方所交付的货物需以目录描述为准。目前我国的国际贸易中，一些大型机电产品的交易，采用凭目录买卖（Sale by Catalog）。

例如，本章的导入案例的合同中约定采用“手工制造”商品制造方法表示商品品质，是属于“凭说明买卖”的一种表示方法。从各国法律和公约来看，凭说明约定商品品质，卖方所交商品的品质与合同说明不符，则买方有权撤销合同并要求损害赔偿。本案我方从根本上违反了买卖双方在合同中约定的品质说明，从而构成卖方的违约行为，应承担所交货物与合同说明不符的责任。同时贸易合同中如果采用“凭样品成交”的需要在合同中明示或默示地做出具体规定，而本案例中合同中没有明确表示双方是采用样品成交，所以我方所说的实际所交货物与样品一致不能成为拒付理由。本案例交易产品在实际业务中不可能采用全部手工制作，应该在合同中标明“基本手工制造书写纸”，以免双方产生争议，与实际所提交产品品质完全吻合。

6．凭产地名称买卖

有些农副产品由于产地的自然条件、传统加工工艺或其他的特殊因素作用，在品质方面具有其他地区产品所不具备的独特风格和特色。对于这类产品，习惯上凭产地名称买卖，其品质一般用产地名称来表示。例如：山东大蒜、山西陈醋、东北大米等。

【案例5-2】

韩国KM公司向我国BR土畜产公司订购大蒜650公吨，双方当事人几经磋商最终达成了交易。但在缮制合同时，由于山东胶东半岛地区是大蒜的主要产区，通常我国公司都以此为大蒜货源基地，所以BR公司就按惯例在合同品名条款打上了“山东大蒜”。可是在临近履行合同时，大蒜产地由于自然灾害导致歉收，货源紧张。BR公司紧急从其他省份征购，最终按时交货。但KM公司来电称，所交货物与合同规定不符，要求BR公司做出选择，要么提供山东大蒜，要么降价，否则将撤销合同并提出贸易赔偿。

试问：KM公司的要求是否合理？并评述此案。

【案例分析】

KM公司的要求合理。在表示商品品质的方法中，有一种是凭产地名称买卖，产地名称代表着商品的品质。不同产地的同种货物品质可能存在着很大的差别，因此KM公司要求提供山东大蒜的要求是合理的。

其实，遇到上述情况，BR公司可以援引不可抗力条款，及时通知买方，要求变更合同或解除合同。

三、合同中的品质条款

（一）品质条款的内容

品质条款是国际贸易合同的重要条款之一。如出口所交付的货物与合同中规定的货物品质不同，进口商有权要求退换或解除合同，并请求赔偿。在进出口贸易中，当事人必须就其所买卖的货物应达到何种标准的品质协议一致并制定相应的品质条款。

国际贸易合同中的品质条款内容，一般包括品名、规格、等级、标准、品牌、商标或产地名称等内容。如果是凭样本买卖，则需在品质条款中列明凭卖方样品或买方样品或对等样品等字样，同时列出样品的编号和寄送日期，有时也附列简要的规格。如果是国际市场上久负盛名的产品，在品质条款中，只列明成交商品的商标或品牌即可。

（二）品质机动幅度

在国际贸易中，为了避免因交货品质与买卖合同稍有不符而造成违约，保证合同的顺利履行，可以对某些商品规定一定的品质机动幅度，在合同品质条款中做出某些变通规定。

1. 品质公差

品质公差是指国际上公认的产品品质的误差。凡在品质公差范围内的货物，买方不得拒收或要求调整价格，品质公差用于工业制成品的交易中。为了明确起见，最好在合同中规定一定幅度的品质公差，如“货物尺寸允许有±（3%～5%）的合理公差”等类似条款。一般这种公认的误差，即使合同中没有明确规定，只要交付货物在公差范围内，也不视为违约，卖方不能拒收。

2. 品质机动幅度

品质机动幅度是指卖方所交商品品质指标在一定幅度内可以机动。货物交付时，在品质机动幅度范围内，一般不另行增减价格。这种方式主要适用于初级产品。品质机动幅度主要有以下几种：

（1）规定一定的范围。如：色织条格布，阔度为104cm/107cm。

（2）规定一定的极限。如：芝麻含油量最低42%。又如：鱼粉，蛋白质55%以上；脂肪最高9%；水分最高11%；盐分最高4%；砂分最高4%。

（3）规定上下差异。如：羊毛衫含绒量 20%，允许上下 1%。

为了体现按质论价，在使用品质机动幅度时，有些货物，也可根据交货情况调整价格，在合同中列明品质增减价条款。所谓品质增减价条款，是在品质机动幅度与品质公差条款中加进价格调整条款。如：含蛋白质 10%，如蛋白质含量有上下，按合同价 1 对 1 计价。即实际含量高或低 1%，价格相应增减 1%。

四、订立品质条款的注意事项

（一）品质条款应具体明确

为避免因商品品质问题引起的纠纷，合同中的品质条款应尽可能具体明确，避免采用“大约”“左右”之类笼统含糊或模棱两可的措辞。例如，采用“凭标准买卖”的方法时，由于不同国家、不同行业甚至不同年份的标准不同，不仅要订明是哪个国家、哪个行业的标准，而且还要订明是哪一年度的版本，以保证合同的顺利履行。

（二）正确运用表示品质的方法

表示商品品质的方法很多，交易中具体采用哪种方法，多根据商品的特性决定。在订立品质条款时，对于适于文字、图片、数据等表示的商品，一般优先采用凭说明买卖。一般不采用看货买卖或凭样品买卖的方法。看货成交具有一定的局限性，通常用于寄售、展卖和拍卖业务中。而凭样本成交，在交接货物时，容易引起争议，只有在无法用明确的指标来标志商品品质时，才可采用。

对于同一种商品不宜同时采用两种或两种以上的表示方法，凡是能用一种方式表明商品品质的，一般不采用两种。如果在交易中同时使用凭样品买卖和凭标准买卖，在订立合同时，既要规定遵循品质的标准，又要明确样本。在交付货物时，需要符合品质标准的同时，又与样本一致，实际中往往难以做到两全其美，从而引起纷争。

（三）实事求是地约定品质条件

订立品质条款时，要根据需要和可能，实事求是地确定品质条件，避免品质条件出现偏高或偏低的现象。例如，在出口业务中，订立商品品质条件时，需同时考虑客户的需求和自身的供货能力，如客户对品质要求过高，而卖方难以达到的条件，则不应接受。反之，在进口业务中，订立商品的品质条件也应从实际需要出发，不应盲目提高质量要求，造成不必要的资源浪费。

（四）质量指标明确具体

在品质条款中，凡对品质有重大影响的重要指标应当明确具体，相对次要的质量指标可少订，与品质无关紧要的条件和说明则不宜订明，以免条款过于烦琐。此外，订立品质条款时还应注意各项质量指标之间的内在联系，避免出现指标间相互矛盾的情况。以大豆交易为例，大豆含油量和蛋白质含量，是重要的品质指标，但不同用途的大豆，这两项指标的要求有差别。如大豆做榨油用，则品质条款中需要明确含油量指标；如果作为食用，则含油量不是重要指标，而蛋白质含量则为主要指标，应在合同中订明。

（五）要注意各质量指标内在联系和相互关系

品质条款中的各项质量指标，都是从不同的角度来说明商品的质量，实际上各项指标之间有其内在联系，且互相影响，如其中某项指标规定不当，就可能影响其他指标，例如，在荞麦品质条件中规定：“水分不超过 17%，不完善粒不超过 6%，杂质不超过 3%，矿物质不超过0.15%”。显然，此项规定不合理，而且对卖方很不利。因为对矿物质的要求过高，与其他指标不相称。为了使矿物质符合约定的指标，势必需要反复加工，这就使合同允许范围内的杂质和不完善颗粒的含量也随之减少，这对卖方是不利的。

第四节 商品的数量

商品的数量是指以一定计量单位所表示的合同标的物的量的测度，主要体现为一定的重量、个数、长度、面积、容积、体积等。商品的数量是国际货物买卖合同的主要交易条件之一，是买卖双方交接货物的基本依据。《联合国国际货物销售合同公约》把商品数量作为构成发盘内容不可缺少的三大基本要素之一，要求在提出的订约建议中，必须明示或默示地规定货物的数量，或约定规定数量的方法。《公约》第37条和第52条对此有明确规定：“如卖方交货数量少于约定的数量，卖方应在约定的期限内补交，由此造成的损失，买方有权提出损害赔偿要求；如卖方交货数量大于约定的数量，买方可以拒收多交的部分，也可以收取多交部分的全部或一部分，但买方对其多收的货物，仍应按合同价格付款。”

一、国际贸易中的度量衡制度

由于世界各国的度量衡制度不尽相同，致使计量单位上存在一定差异，即同一计量单位所表示的数量不同。

在国际贸易中，采用的度量衡制度有公制（The Metric System）、英制（The British System）美制（The U.S. System）和国际标准计量组织在公制基础上颁布的国际单位制（The International System of Units，简称SI）。《中华人民共和国计量法》规定：“国家采用国际单位制。国际单位制计量单位和国家选定的其他计量单位，为国家法定计量单位。”目前的国际贸易中，除特殊领域外，一般不允许再使用非法定计量单位。我国出口的商品，除照顾对方国家贸易习惯约定采用公制、英制或美制计量单位外，应遵循《计量法》规定，采用我国法定计重单位。我国进口的机器设备和仪器等，应按要求使用法定计量单位，否则，一般不允许进口，如确有特殊需要，也须经有关计量管理部门批准。

二、计量单位与计量方法

（一）商品数量的计量单位

国际货物贸易中使用的计量单位很多，究竟采用何种计量单位，除主要取决于商品的种类、特点外，还取决于贸易习惯和交易双方的意愿。由于商品的性质不同及各国采用的度量衡制度不同，再加上各地市场的传统习惯差别，采用的计量单位和计量方法也不相同，通常采用的计量单位有以下6种：

1．重量（Weight）单位。如吨（有公吨 Metricton、长吨 LongTon、短吨 ShortTon）、千克（Kilogram）、磅（Pound）、盎司（Ounce）等，重量单位多用于天然产品、大宗农产

品和部分工业制成品。例如：羊毛、谷物、矿产品、盐、油类、钢铁等。

2．数量（Number）单位。如件（Piece）、双（Pair）、套（Set）、打（Dozen）、罗（Gross）等，数量单位多用于杂货及一般工业制成品。例如：成衣、文具、纸张、玩具、车辆、机器零件等。

3．长度（Length）。如米（Meter）、英尺（Foot）、码（Yard）等。长度单位多应用于金属绳索、布匹、绸缎等类商品。

4．面积（Area）单位。如平方米（SquareMeter）、平方英尺（Square Foot）、平方码（Square Yard）等。在玻璃板、地毯、皮革等商品的交易中，一般习惯以面积作为计量单位。

5．按体积（Volume）计算。如立方米（CubicMeter）、立方英尺（Cubic Foot）、立方码（Cubic Yard）等。按体积成交的商品不太多，仅限于少数商品，比如木材、天然气和化学气体等。

6．按容积（Capacity）计算。如公升（Litre）、加仑（Gallon）、蒲式耳（Bushel）等，主要用于小麦、玉米、汽油、天然瓦斯、煤油、酒精、啤酒、双氧水等谷物类、部分流体和气体物品。美国以蒲式耳（Bushel）作为各种谷物的计量单位，但每蒲式耳所代表的重量，则因物不同而有差异。例如，每蒲式耳亚麻籽为56磅，燕麦为32磅，大豆和小麦为60磅。

（二）计量方法

国际货物贸易中使用的计量方法多种多样，根据所交易的商品不同，可按重量、容积、面积、长度、个数、体积等计量，但按重量计量的商品最多。根据一般商业习惯，有以下几种计量重量的方法：

1．毛重（Gross Weight）

毛重是指商品本身加包装的重量，即商品连同外包装的重量单量。这种计重方法一般适用于价值较低的商品，例如大米、大豆、小麦等用单层麻袋包装的农产品，通常“以毛作净”，就是以毛重作为净重计价。

2．净重（Net Weight）

净重是商品本身的重量，即除去包装后的重量。用净重计量商品重量时，应在毛重的基础上扣除皮重（即外包装的重量）。采用净重计量时，对于包装重量的计量，国际通常的方法有四种：

（1）实际皮重。实际皮重即指包装的实际重量，它是指对包装逐件衡量后所得的总和。

（2）平均皮重。指从整批商品中抽取一定件数，称出皮重，除以抽取的件数，即得到平均皮重，再乘以整批商品的总件数，作为整批商品的总皮重。这种方法适用于所交易的商品使用的包装比较划一，重量相差不大的情况。

（3）习惯皮重。有些商品，由于其所使用的包装已经规格化，皮重已被公认，因此，在计算其皮重时，就无须对包装逐件过秤，按习惯上公认的皮重乘以总件数即可。

（4）按约定重计算。约定皮重（Computed Tare）即按买卖双方事先约定的包装重量。

国际贸易中，大部分按重量成交的商品都是以净重作价，除了少数农产品采用“以毛作净”。以上几种计算皮重的方法，具体交易中采用哪一种方法来求得净重，应根据商品的性质、所使用包装的特点、合同数量的多寡以及交易习惯，由双方当事人商定并在合同中具体订明，以免履约时引起争议。

3．公量（Conditioned Weight）

有些商品，例如棉花、羊毛、生丝等商品具有较强的吸湿性，容易受天气或者周围环境的影响而导致其重量不稳定。这类商品的重量计量，国际上通常采用按公量计量，是按去除商品中的水分后的干净重，再加上标准水分求得货物的重量，这种方法求得的重量称为公量。公量的计算公式有两种：

（1）$公量=商品干净重\times(1+公定回潮率)$

（2）$公量=商品干净重\times\dfrac{1+公定回潮率}{1+实际回潮率}$

【即学即用】

某公司出口生丝 100 公吨，买卖双方约定抽取生丝的标准回潮率为 10%。假设抽取 10 千克生丝，用科学方法除去其中的水分，净剩 8 千克的干生丝，则生丝的实际回潮率为 2/8=25%。请问抽取的 10 千克生丝的公量是多少？

解：依据公式可得：

公量=10×（1+10%）/（1+25%）=8.8（千克）

或者

公量=8×（1+10%）=8.8（千克）

4．理论重量（Theoretical Weight）

对有固定规格和固定体积的商品，由于每件商品规格一致、体积相同，重量也大致相等，根据件数即可算出其总重量。如马口铁、钢板等。这种计量方法由于是建立在每件商品重量相同基础上的，如果重量有变化，商品实际重量就会与理论重量产生差异，所以这种方法一般只作为计重时的参考。

5．法定重量与实际重量

按照一些国家海关法的规定，在征收从量税时，商品的重量是以法定重量计算的。所谓法定重量是纯商品的重量加上直接接触商品的包装物料，如销售包装等的重量。法定重量除去销售包装的重量就是实际重量。

三、合同中的数量条款

（一）数量条款的基本内容

国际贸易合同中的数量条款通常包括交货数量与计量单位。按重计量的商品，还应包括计量重量的方法，如毛重、净重、公量等。数量条款是合同的主要条款之一。按照合同规定，卖方有义务承担约定数量的交货义务。

（二）溢短装条款与约数条款

在实际履约过程中，由于商品的特性的不同，或受自然条件的影响，或者受包装和运输条件的限制，卖方做到严格按合同规定的数量交货是有一定困难的。因此，为了避免交货数量与合同规定数量不一致而引起的纠纷，对于一些数量难以严格限定的商品，如大宗农副产品、矿产品以及某些工业制成品，买卖双方应事先约定，并在合同中订立交货数量的机动幅度。一般有两种规定方法：一是合同中订明“溢短装条款”；二是合同中订明“约”数条款。

1. 溢短装条款

在合同中规定卖方交货的数量时，可订明按照一定的机动幅度比合同规定的数量多交或少交若干（百分之几），这种规定通常称为“溢短装条款”或数量增减条款。按照国际商会《跟单信用证统一惯例》（第600号出版物）第30条第b款的规定，在总值金额不超过信用证金额的情况下，货物数量可允许有5%的增减幅度，但货物的数量按包装单位或个数计数时，此项规定则不适用。如出口的冰箱、电视等按数量计数的货物，没有溢短装条款。根据上述规定，凡属于散装货物，信用证未规定增减幅度的，也未使用“约”量时，可以有5%的机动幅度。

溢短装条款一般由卖方决定，如在合同中规定“中国东北大米10 000公吨，允许溢短装500公吨”或者“中国东北大米10 000公吨，可增减5%”，这样就非常明确了。有时溢短装也由买方决定，这种情况多是买方派船。当交易数量大，价格又经常变化时，为防止卖方或买方利用溢短装条款故意多装或少装，这时规定溢短装条款，目的是适应船舶等运输工具的需要。因为交货量的多少与承载货物的船舶舱容量密切相关，在租用船只时，需跟船方商定。所以在这种情况下，溢短装条款一般由负责安排船只的一方选择，或者也可以由船厂根据舱容和装载情况做出选择。

数量在机动幅度范围内，多装或少装的货物一般都按合同价格结算货款。但是，实务中溢短装条款可能被一方当事人刻意利用。例如，就卖方而言，如果在市场价格下跌时大都按照最高约定数量交货；在市场价格上升时，按照最低约定数量交货，则使买方处于不利地位。为避免溢短装条款选择的当事人利用机动数量机动幅度，根据市场价格情况故意多装或少装货物以获取额外收益，买卖双方可不按合同价计算，可在合同中另行规定多装或少装数量的价格，可按装运日或到货日的市场价格计算，以体现公平合理的原则。

2.“约”数条款

“约”数条款（Approximate Clause）是指在合同数量前冠以“大约”“近似”“左右”等伸缩性的字眼，用以说明合同的数量只是一个约数，从而卖方交货的数量可以拥有一定范围的灵活性。对于“约”字，国际商会《跟单信用证统一惯例》（第600号出版物）第30条第a款关于信用证金额、数量与单价的伸缩度有如下规定：“约”（About）或“大约”（Approximately）用于涉及信用证金额或信用证规定的数量或单价时，应解释为允许有关金额、数量或单价可有10%的增减幅度。在国际贸易中，买卖方双方来自不同国家，对于“约数”的理解可能不尽相同，为避免引起争议，一般不采用“约”数条款。

【案例5-3】

某单位对中东某海湾国家出口电扇1 000台，国外来证规定不允许分运。但在出口地发现有40台的包装破裂，有的风罩变形，有的开关按钮脱落。临时更换已来不及。为保证质量起见，发货人员认为根据《惯例》规定，即使不准分运，在数量上也许可有5%的伸缩。如果甩下40台，伸缩幅度并未超过5%，结果实装960台。当持单到银行议付时，银行则不予议付。问其故何在？

【案例分析】

按照《跟单信用证统一惯例》中有关数量机动幅度的规定：约量可有10%的增减（金额、数量等），容差可有5%的增减，但要符合三个前提：一是信用证未规定数量不得增减；二是支取金额不超过信用证总金额；三是货物不是按包装单位或以个数计数。

四、约定数量条款的注意事项

（一）合理规定约定数量

买卖双方应根据实际情况订立合理的数量条款，卖方交货可能会受到国内供应商、市场价格走势、政府政策、经济形势、国际形势等的影响，买方也要考虑自身经济实力和销售实力、市场发展态势等因素。合同应明确规定货物的数量，通常以单位、数量和重量等方式表示，以确保买卖双方对于货物数量的认知一致。合同应明确规定交货的数量，包括全部货物或部分货物的交付，以及在不同时间或地点的交货；合同还应规定如何处理数量异议，包括什么情况下可以对数量进行异议，异议应如何提出，以及如何处理。

（二）合理订立溢短装条款

合同应规定如何处理溢短装的情况，包括超过或少于合同规定的数量的货物应如何处理，以及如何计算价格和付款。溢短装条款应尽量体现公平合理的原则，避免条款被一方当事人利用。

（三）注意订立条款所涉及的范围、变更等方面的规定

明确合同中的数量条款所涉及的具体范围。例如，如果是一批货物，需要确定货物的数量范围和交货期限等。由于国际贸易合同的长期性和复杂性，可能会出现需要对数量进行调整的情况。因此，在合同中需要规定数量变更的条件、程序和时间等。另外，关于货物数量检验问题，合同中应明确规定如何进行检验和认可，以确保货物数量符合合同规定，并防止任何数量争议的发生。

第五节 商品的包装

商品的包装是指为了在流通过程中保护商品，方便运输和销售，按一定技术方法所采用的容器、材料及辅助物的总体名称。在商品生产过程中，包装是最后一道工序，在流通过程中，包装对于保护商品、美化商品、宣传商品、提高售价及对于商品的贮藏、运输、销售、使用都起着重要作用。此外，包装也在一定程度上反映一个国家经济、技术、科学、文化等方面的发达程度。在国际贸易中，除少部分商品外，绝大多数商品都需要包装。由于包装涉及买卖双方的利益，包装条件也是买卖合同的主要条件。

一、包装的种类

根据包装在流通过程中所起作用的不同，可将商品包装分为运输包装（即外包装）和

销售包装（即内包装）两大类。运输包装主要起保护商品、防止出现货损货差的作用；销售包装除了保护商品之外，还具有促销功能。

（一）运输包装

运输包装（Transport Packing）又称外包装（Outer Packing）、大包装（Big Packing），它是将货物装入特定的容器，或以特定的方式成件或成箱的包装。

国际贸易中的货物，除无须包装，可直接装入运输工具中的散装货物（Bulk Cargo，如矿石、煤等）和在形态上自成件数，不必包装或者只需略加捆扎即可成件的裸装货物（Nude Cargo，如钢材、铝锭、巨型设备）以外，其他绝大多数商品都需要包装。

（二）销售包装

销售包装（Sales Packing）又称内包装或小包装，是直接接触商品并随商品进入零售网点和消费者或用户直接见面的包装。它除具有保护商品的作用外，还有美化、宣传商品，促进销售的作用。销售包装种类多种多样，且不断有新的销售包装方式出现。目前使用较多的有便于陈列展销的堆叠式、可挂式及展开式包装；有便于消费者选购的开窗式包装、习惯性包装；也有便于消费者使用和携带的易开式、喷雾式、配套式、礼品式、复用式包装。此外对包装规格、材料等也提出了新的要求，即包装规格要求标准化、透明化、包装尺寸小型化。

在销售包装上，一般印有图案及文字说明，以充分说明商品的特点。在设计销售包装时，需注意不同国家或地区有不同宗教信仰、社会制度和风俗习惯，对同一图案可能有不同的含义和接受度，要避免触及当地的文化禁忌。文字说明的内容因商品种类而异，一般包括商标、牌名、品名、规格、数量、成分、药效、食用方法或使用方法、特性、用途、生产厂及生产国等。出口商品销售包装上的文字以外文为主，同时也要及时注意进口国家的具体规定。

销售包装中还有一项重要信息"条形码"，它由一组带有阿拉伯数字的粗细、间距不等的平行条纹组成，需借助光电扫描阅读设备，为计算机输入数据的特殊代码。

二、进出口货物的运输包装

国际贸易中，商品需经过长途运输才能到达收货人和消费者手中，为了保证货物在运输途中不受外界影响和安全到达买方手中，就需要有科学合理的运输包装。一般地说，国际货物运输包装比国内货物运输包装的要求更高，需要根据货物的特性进行包装，例如，水泥怕潮湿，玻璃制品容易破碎，流体货物容易渗漏和流失等，这就要求运输包装相应具有防潮、防震、防漏、防锈和防毒等良好的性能。对于不同的运输方式，包装要求也不同。例如，海运包装要求牢固，并具有防止挤压和碰撞的功能；铁路运输包装，要求具有不怕震动的功能；航空运输包装，要求轻便而且不宜过大。包装还要注意节省成本，符合客户要求等。

（一）单件运输包装与集合运输包装

运输包装的方式和造型多种多样，包装用料和质地各不相同，包装程度也各有差异，这就导致货物运输包装的多样性。一般地说，运输包装可按照包装方式分为单件运输包装和集合运输包装。

单件运输包装，是指货物在运输过程中作为一个计件单位的包装。单件运输包装从不同角度还可以进行分类：首先，按包装造型不同，可以分为箱、桶、袋、包、捆等；其次，按包装用料不同，可以分为纸箱、木箱，铁桶、木桶、塑料桶，纸袋、麻袋、塑料袋等。

集合运输包装是指将若干单件运输包装组合成一件大包装，以更有效地保护商品，提高装卸效率和节省运输费用。在国际货物贸易中，常见的集合运输包装有集装包和集装袋，通常是用塑料重叠丝纺织成的圆形大口袋或方形大包，这种集装袋或包的容量不一，一般为1—4吨，最高达13吨左右。此外，随着集装箱运输和托盘运输的出现，将货物装在特制的集装箱内或固定在特制的托盘上进行运输的情况越来越多。托盘以木制为主，但也有用塑料、金属等制成的。

在国际货物贸易中，买卖双方究竟采用何种运输包装，应根据商品特性、形状贸易习惯、货物运输路线的自然条件、运输方式和各种费用开支大小等因素。在洽商交易时谈妥，并在进出口合同中具体订明。

（二）运输包装的标志

为了保证装卸、运输、仓储、检验和交接等工作的顺利进行，防止错发、错运和损坏货物与伤害人身等的事故发生，使货物安全、完好地运交收货人，需要在运输包装上刷写相关标志，用以识别货物和提醒人们操作时注意。运输包装上的标志，按其用途可分为运输标志（Shipping Mark）、指示性标志（Indicative Mark）和警告性标志（Warning Mark）三种。

1．运输标志

运输标志又称唛头（Shipping Mark），通常由一个简单的几何图形和一些英文字母、数字及简单的文字组成，作用在于方便识别在运输过程中的货物。例如在装卸、运输、存放、保管等运输过程的每个环节，由于唛头的存在，货物易于被有关人员辨别，避免发生错装、错运、错转、错交和无法交付等情况。此外，当由于某种原因发生票货分离时，运输标志也便于港务工作人员能很快地确认货物所有人。其主要内容包括：

（1）收货人代号。即收货人或买方名称的英文缩写字母或简称。

（2）参考号。如贸易合同号、订单号、发票号或运单号。

（3）目的港（地）名称。货物运送的最终目的地或目的港的名称。

（4）件数、批号。本批每件货物的顺序号和该批货物的总件数。

此外，有的运输标志还包括合同号、许可证号、体积与重量、原产地等内容，（如图5-1示例）。运输标志的内容繁简不一，由买卖双方根据商品特点和具体需要商定。

例1：唛头（1）

SMCO ……收货人代号

2015/C NO.245789 ……参考号

NEW YORK ……目的地

NO.1—20 ……件数代号

例 2：唛头（2）

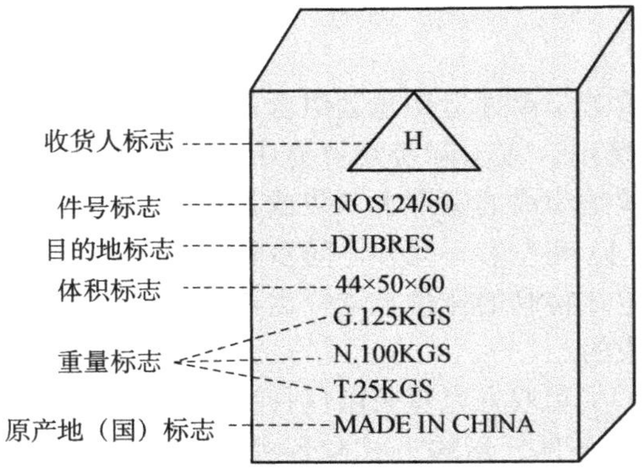

图 5-1　唛头样式

2．指示性标志

针对一些商品，具有易碎、易损、易变质的特性，在货物运输过程中应特别提醒注意，需要在运输包装上标明指示性标志。指示性标志又称保护标志、操作标志，是提示人们在装卸、运输、保管过程中需要注意的事项。一般用醒目的图形和简短的文字在包装上进行标志，提示有关人员在装卸、运输和存储过程中注意。标志的文字采用使用进口国和出口国两种文字，但一般英文使用较多。例如“此端向上”“小心搬运”“请勿用钩”等。为了统一各国指示标志，国际标准化组织（ISO）、国际航空运输协会（LATA）分别制定了包装储运指示标志，建议各国采纳。常见的指示性标志如图 5-2 所示。

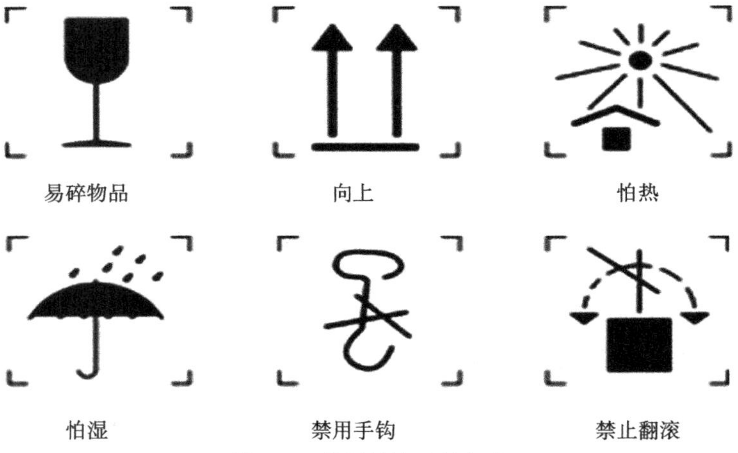

图 5-2　常用的指示性标志

3．警告性标志

警告标志又称危险品标志，是指在易燃品、爆炸品、有毒品、腐蚀性物品、氧化剂和放射性物品等危险品运输包装用图形或文字标明的危险品的标志。警示性标志的作用在于警告货物运输途中的有关人员，在货物的运输、装卸和保管过程中，根据货物的性质，采取相应的防护措施，以确保货物和人身安全。联合国海事协商组织公布有《国际海运危险品标志》，已被很多国家采用。对此，我国质量检验检疫总局于2020年一般发布了《危险货物包装标志》，在我国危险品货物出口时，一般要标识我国和联合国海事协商组织两套标志。常见的警告性标注如图5-3所示。

图5-3　常见危险品标志

三、中性包装和定牌

（一）中性包装

中性包装是指在商品包装和商品本身，既不标明生产国别、地名和厂商名称，也不标明原有商标和牌号。也就是说，在出口商品包装的内外，都没有原产地和出口厂商的标记。在国际贸易中，使用中性包装的目的主要是打破进口国家和地区实行的各种限制与政治歧视，是扩大商品出口的一种竞争手段。目前，某些出口商品使用中性包装已成为国际贸易中的一种习惯做法。我们采用它，有利于打破某些国家和地区对我国商品实行的关税和不合理的配额限制，使我国商品能进入这些国家和地区的市场。

（二）定牌

定牌生产也叫贴牌，是指卖方按买方的要求，在其出售的商品或包装上标明买方指定的商标或品牌。贴牌本意就是所谓的代工，一方下订单另一方生产，生产的产品贴对方的品牌，标明为对方的产品。

在出口贸易中，如购买方订货量较大，且需求比较稳定，为了适应买方转售的需要和有利于扩大产品出口，可以接受定牌生产，在我国出口贸易中，使用定牌有下述三种情况：

（1）在定牌商品或包装上，使用买方所指定的商标或品牌，而不标明生产商品的国别和厂商，这属于定牌中性包装。

（2）在定牌商品或包装上，使用买方所指定的商标或品牌，同时在商标或品牌下标明“中国制造”。

（3）在定牌商品或包装上，使用买方所指定的商标或品牌，同时也标明生产厂商的商标和品牌。

四、包装条款的基本内容

包装条款是国际货物买卖合同中的一项主要条款，按照合同约定的包装要求提交货物，是卖方的主要义务之一。《联合国国际货物销售合同公约》第35条规定："卖方必须按照合同规定的方式装箱或者包装"，"卖方必须按照同类货物通用的方式装箱或包装，如果没有此种通用方式，则按照足以保全和保护货物的方式装箱和包装"，"否则即为与合同不符"。许多国家的法律也规定，如卖方交付的货物未按约定包装，或者货物包装不符合行业习惯，买方有权拒收货物。国际货物买卖合同中的包装条款，一般包括包装方式、包装材料、包装规格、包装标志和包装费用等内容。

（一）包装方式、材料和规格

合同中涉及运输包装采用集合运输包装还是单件运输包装，是用集装箱装还是固定在托盘上，是采用集装袋还是集装包，均应事先明确。若采用单件包装时，则其包装方式是桶装还是箱装抑或其他方式的包装，应在合同中具体订明。

合同中的包装材料应包括规定包装采用何种材料，包装材料多种多样，例如金属、塑料、木材、玻璃、陶瓷、竹、纸质材料等，同时还应当规定材料的质量标准。规定包装物的规格，例如包装箱的尺寸、密度、厚度，每个包装箱中包装的货物数量和重量限制等。

（二）包装标志

按照国际贸易习惯，运输标志一般由卖方设计决定。但如果买方要求由他指定运输标志，卖方一般也可接受，但需在合同中明确规定买方应在货物装运前若干天将唛头的式样和内容通知买方，否则卖方可自行决定。运输标志规定不要过于复杂，在可能的情况下，尽量采用由联合国推荐的标准唛头。

（三）包装费用

按照国际贸易惯例，包装费用是包括在货价内的，合同包装条款中一般不需要另行订明包装费用条款。但在某些特殊情况下，例如：按照常规有些商品本不需要包装，但买方坚持要求包装；或者卖方对货物的包装有特殊要求，导致包装费用超出正常的包装费用；或者使用好的包装材料而致成本增加等。如发生上述情形，则需要在包装条款中订明，其超出的包装费用由买方负担。如双方协定由买方提供包装，在包装条款中需订明寄送包装的方法、送达的日期、逾期到达的责任及运送包装的费用负担等。

五、订立包装条款的注意事项

（一）包装条款应明确、具体

为便于履行合同，包装条款应明确具体，如系麻袋包装，应订明是一层还是二层，是新的还是旧的。如一项商品有两种或两种以上包装方法时，应明确由何方选择，以利履行合同。包装条款切忌使用笼统、含糊的词句，例如，一般不使用"海运包装"（Seaworthy Packing）和"习惯包装"（Customary Packing）之类的术语，以免引起争议。

（二）根据商品的特点选择合适的包装

由于交易的商品种类繁多、特性形状各异，因而对包装的要求各不相同，订立包装条款时应根据商品特点选择采用合适的包装方式和包装材料等。此外，由于不同运输方式对包装的要求各不相同，订立的包装条款应与成交商品所用的运输方式相符。

（三）考虑有关国家的法律规定及消费习惯

包装条款的订立，应考虑进口国对包装的有关法律规定及消费者的消费习惯。例如：日本、加拿大及欧美各国，禁用稻草、干草和报纸等为包装衬垫物；澳大利亚等多个国家规定含有木质包装的货物进口时需提供熏蒸证明；阿拉伯国家规定进口商品的包装禁用六角星图案（阿拉伯国家对有六角星图案的东西非常反感和忌讳）；德国对进口商品的包装禁用类似纳粹和军团符号的标志等。包装的选择应充分考虑各国不同的国情，以免造成不必要的损失。

（四）注意节省包装费用

交易双方在商订包装条款时，除考虑商品特点、运输要求和有关法律规定外，在选用包装材料、确定包装方式和包装规格等方面，在不影响商品质量的前提下，注意节省包装费用和减少其他费用开支。

（五）包装验收和赔偿责任

在订立包装条款时，双方可以约定在产品出厂前，对包装进行检查和验收，确保包装符合约定的要求和标准。还需订立赔偿条款，规定因包装不当导致货物损坏或丢失的责任和赔偿责任。

【本章小结】

在国际货物贸易中，签订合同的当事人都具有平等的法律地位，双方都享有合同规定的权利及承担约定的义务。合同当事人需具备法定资质、经营资质、财务实力，具有良好的守信记录。

国际货物买卖合同的标的是有形的商品，为了明确责任，避免纠纷，交易双方应具体约定成交商品的名称、质量、数量与包装等交易条件，这些条件都是合同的要件，同时也是货物说明的组成部分。

订立品质条款时，需合理确定表示品质的方法，选定品质指标，并根据货物性质规定机动幅度条款；商品数量条款，主要是根据交易货物的不同，选择计量方法，并注意是否有必要规定溢短装条款；商品的包装条款，主要在于确定包装的方式、材料、规格、运输标志、包装费用的负担等。

【拓展知识】

HS编码的内容

HS编码是海关编码的意思，是世界海关组织编制的关于国际贸易商品分类的标准目录，全称“The Harmonization System Code（HS-Code）商品名称及编码协调制度”，简称“协调制度”。HS编码“协调”涵盖了《海关合作理事会税则商品分类目录》和联合国的《国际贸易标准分类》两大分类编码体系，是系统的、多用途的国际贸易商品分类体系，用以统一各国海关对商品分类的界定标准，是对各种不同产品出入境应征/应退关税税率进行量化管理的制度。

通过HS编码可以进行商品归类，海关得以决定对于不同的商品应该征收的相应的关税，以及应采取的管理措施。HS编码除了海关税则和贸易统计之外，对运输商品的计费、统计、计算机数据传递、国际贸易单证简化以及普遍优惠制税号的利用等方面，都提供了一套国际准则。

HS编码的内容是什么？

HS编码的内容是采用六位数的编码，把全部国际贸易商品分为22类、98章。章以下再分为目和子目，商品编码第一、二位数码代表“章”，第三、四位数码代表“目”（Heading），第五、六位数码代表“子目”（Subheading）。

前6位数是HS国际标准编码，HS有1241个四位数的税目，5113个六位数子目。

六个数字可以分为三部分：

前两位数字（HS-2）标识商品归类的章节，例如09=咖啡，茶，马黛和香料。

接下来的两位数字（HS-4）标识该章中的分组，例如09.02=茶，无论是否调味。

接下来的两位数字（HS-6）甚至更具体，例如09.02.10绿茶（未发酵）…直到HS-6数字级别，所有国家/地区都以相同的方式对产品进行分类（存在一些例外情况，一些国家/地区使用旧版的HS）。

有的国家根据本国的实际，已分出第七、八、九位数码。我国目前使用的HS编码，一共10位，其中前面8位称为主码，后两位称为附加码。

在HS中“类”基本上是按经济部门划分的，如食品、饮料和烟酒在第四类，化学工业及其相关工业产品在第六，纺织原料及制品在第十一类，机电设备在第十六类，运输设备在第十七类，武器、弹药在第十九类等。

HS“章”分类基本采取两种办法：

一是按商品原材料的属性分类，相同原料的产品一般归入同一章。章内按产品的加工程度从原料到成品顺序排列。如52章棉花，按原棉——已梳棉——棉纱——棉布顺序排列。

二是按商品的用途或性能分类。制造业的许多产品很难按其原料分类，尤其是可用多种材料制作的产品或由混合材料制成的产品（如第64章鞋、第65章帽、第95章玩具等）及机电仪产品等，HS按其功能或用途分为不同的章，而不考虑其使用何种原料，章内再按原料或加工程序排列出目或子目。

HS的各章均列有一个起“兜底”作用，名为“其他”的子目，使任何进出口商品都能在这个分类体系中找到自己适当的位置。

如今不少国家或是经济联合体采用了HS编码，覆盖了超过98%的国际贸易，所以HS编码又被称为“国际贸易语言”。

【专业术语】

1. Sale by Sample	凭样品买卖
2. Representative Sample	代表性样品
3. Duplicate Sample	复样
4. Counter Sample	对等样品
5. Reference Sample	参考样品
6. Sale by Standard	凭标准买卖
7. Fair Average Quality，FAQ	良好平均品质
8. Good Merchantable Quality，G.MQ	尚好可销品质
9. Sale by Brand or Trade Mark	凭牌名或商标买卖
10. Sale by Description and Illustration	凭说明书和图样买卖
11. Quality Tolerance	质量公差
12. Gross Weight	毛重
13. Net Weight	净重
14. Gross for Net	以毛作净
15. Conditioned Weight	公量
16. Metric Ton，M/T	公吨
17. Square Meter	平米
18. Cubic Meter	立方米
19. More or Less Clause	溢短装条款
20. Bulk Cargo	散装货物
21. Transport Packing	运输包装
22. Gunny Bag	麻袋
23. Shipping Mark	运输标志
24. Indicative Mark	指示性标志
25. Warning Mark	警告性标志
26. Neutral Packing	中性包装

【课后习题】

一、简答题

1. 国际货物买卖合同中规定品名条款的意义是什么？订立品名条款注意事项有哪些？

2. 商品品质的表示方法有哪些？

3. 凭样品成交时应注意什么事项？

4. 什么是溢短装条款？溢短装条款包括哪些内容？

5. 订立数量条款应注意哪些事项？

6. 运输包装标志有哪几种？分别有什么作用？

7. 什么是定牌和中性包装？

二、案例分析

1. 一份国际货物买卖合同中品质条款规定："卖方必须在一定期限内保证商品的质量以符合说明书所规定的指标，如在保证期内发现品质低于规定，或部件的工艺质量不良，或因材料内部隐患而产生缺陷，买方则有权提出索赔，卖方有义务消除缺陷或更换有缺陷的商品或材料，并承担由此引起的各项费用。"

试问：该品质条款是采用哪一种方法规定商品的品质的？

2. 某年我国某出口公司出口到加拿大一批货物，金额80万美元。合同规定用塑料袋包装，每件要使用英、法两种文字的唛头。但该公司实际交货改用其他包装代替，并只有英文的唛头。国外商人为了适应当地市场的销售要求，不得不雇人重新更换包装和唛头，后向我方提出索赔，我方理亏只好认赔。试对此案例做出评析。

第五章 商品价格的核定

【导入案例】

中国某出口公司向法国某进口公司就某类出口商品询盘，法国客户报价为每吨400欧元CIF马赛，而中国公司对该商品内部掌握价为FOB大连每公吨人民币2 978元。当时中国银行外汇牌价为每100欧元的买入价人民币938.12元，卖出价人民币942.35元。中国公司备有现货，只要不低于公司内部掌握价即可出售。现该商品自中国某口岸至汉堡港的运费为每公吨人民币598元，保险费为每公吨102元。中国公司能否接受此报价，应如何换算价格?

第一节 商品定价的基本要求

在进出口贸易中，价格是决定成交与盈利的最重要因素。进出口商在报价时需要在掌握市场行情的动态变化的基础上，根据自身的经营成本情况、预期利润水平、同行竞争程度及其他影响价格构成的相关因素，对价格进行科学的经济核算。

一、定价原则

商品定价的基本原则是互利共赢，除此之外，还应该考虑以下三个方面的原则。

1．依据国际市场价格水平定价

国际市场价格是以商品的国际价值为基础并在国际市场竞争中形成的，它是交易双方都能接受的价格，是确定进出口商品价格的客观依据。国际市场价格水平根据国际市场对该商品的供求情况波动，因此掌握国际市场的供求情况以及价格变化趋势，是科学核算产品价格的重要基础。

2．依据国别、地区政策作价

为了使外贸配合外交，在参照国际市场价格水平的同时，也要结合考虑国别、地区政策，即在平等互利的基础上，双方约定按比较优惠的价格成交。

3．要结合购销意图作价

进出口商品价格在国际市场价格水平的基础上，可根据购销意图来确定，即可略高或略低于国际市场价格。例如在开拓市场阶段，可以定价略低于国际市场价格水平以获得市场份额；当国际市场需求旺盛，价格处于上升趋势时，卖方议价能力强，处于卖方市场，价格可以定得高一些；而当产品销售疲软，市场卖方竞争较为激烈时，应适当调低价格。

二、计价货币的选择

计价货币（Money of Account）是指买卖双方约定用来计算价格的货币。如合同中的价格是用一种双方当事人约定的货币（如美元）来表示的，且没有约定用其他货币支付，则合同中规定的货币（如美元），既是计价货币，又是支付货币（Money of Payment）。如在计价货币之外，还约定了用其他货币（如欧元、英镑、人民币）支付，则这种指定的货币就是支付货币。

在一般的国际货物买卖合同中，价格都表现为一定量的特定货币（如每公吨为300美元），通常不再规定支付货币。在国际货物贸易实际业务中，用来计价的货币，可以是出口国家的货币，也可以是进口国家的货币或交易双方同意的第三国的货币，还可以是某一种记账单位，这由双方当事人协商确定。由于世界各国的货币价值并不是一成不变的，而且在世界许多国家普遍实行浮动汇率的条件下，通常被用来计价的各种主要货币的币值更是经常波动变化。加之国际货物买卖的交货期一般都比较长，从订约到履约往往需要有一段时间，在此期间计价货币的币值可能会发生变化甚至会出现大幅度的起伏，其结果必然直接影响进出口双方的经济利益。因此，如何选择合同的计价货币就具有重大的经济意义，这是买卖双方确定价格时必须注意的问题。在国际货物贸易中，如交易双方所在国之间订有贸易协定和支付协定，而其交易本身又属于上述协定项下的交易，则必须按协定规定的货币进行清算。除此之外，一般进出口合同都是采用可兑换的、国际上通用的或双方同意的货币进行计价和支付，但是由于目前各种货币在国际市场上的地位和发展趋势不同，其中有的走向疲软有的日益坚挺，因此，任何一笔交易，都必须在深入调查研究的基础上，尽可能争取发展趋势于己有利的货币作为计价货币。从理论上说，采用硬币计价对卖方有利，采用软币计价对买方比较合算（硬币是指在实行浮动汇率的情况下，币值具有上浮趋势的货币；软币则是指币值具有下浮趋势的货币）。但是在实际业务中，以什么货币作为计价货币，还应视双方的交易习惯、经营意图和具体价格而定。如为了达成交易而不得不采用于己不利的货币成交，则可采用下述两种补救措施。

（1）根据该种货币今后可能的变动幅度，相应调整对外报价。

（2）在可能条件下，争取订立保值条款。在当前许多国家普遍使用浮动汇率的情况下，交易双方签订买卖合同时，可以约定合同货币与其他一种货币的汇率。付款时若汇率发生变动，即按比例调整合同价格，以避免计价货币汇率变动的风险。

在合同规定用一种货币计价而用另一种货币支付的情况下，因两种货币在市场上的地位不同，其中有的为硬币，有的为软币，这两种货币按什么时候的汇率进行结算，是关系到买卖双方利害得失的一个重要的问题。

按国际上的一般习惯做法，如两种货币的汇率是按付款时的汇率结算，则不论计价和支付用的是什么货币，都可以按计价货币的量收回货款。如计价货币是硬币，支付货币是软币，卖方基本上不会受损失，可起到保值的作用；如计价货币是软币，支付货币是硬币，其收入的硬币就会减少，这对卖方不利，而对买方有利。

如计价货币和支付货币的汇率在订约时已经固定，那么，在计价货币是硬币、支付货币是软币的条件下，卖方在结算时收入的软币所代表的货值，往往要少于按订约日的汇率应收入的软币所代表的货值，也就是说，这对买方有利，而对卖方不利。反之，如计价货币是软币，支付货币是硬币，则对卖方有利，而对买方不利。此外，也有在签订合同时明确规定计价货币和另一种货币的汇率，到付款时，该汇率如有变动，则按比例调整合同价格。

三、影响定价的因素

1．商品的质量和档次

在国际市场上，一般都贯彻按质论价的原则，即好货好价，次货次价。品质的优劣档次的高低，包装装潢的好坏，式样的新旧，商标、品牌的知名度，都影响商品的价格。

2．交货地点和交货条件

在国际贸易中，由于交货地点和交货条件不同，买卖双方承担的责任、费用和风险也不同，在确定进出口商品价格时，必须首先考虑这一因素。例如，在同一距离内成交的同一商品，按 CIF 条件成交与按 DDP 条件成交，其价格应当不同。

3．运输距离

国际货物买卖一般都要通过长途运输。运输距离的远近，影响运费和保险费的开支，从而影响商品的价格。因此，在确定商品价格时，必须核算运输成本，做好比价工作，做好成本收益核算。

4．成交数量

按照国际贸易的习惯做法，成交量的大小影响价格。成交量大时，在价格上应给予适当优惠，或者采用数量折扣的办法；反之，如成交量过小，甚至低于起订量时，也可以适当提高出售价格。那种不论成交量的多少，都采取同一价格成交的做法是不当的，应当掌握好数量方面的差价（Price Differences）。

5．季节性需求的变化

在国际市场上，某些时令性商品，如赶在时令前到货，就能卖上好价格；过了时令的商品，其售价往往很低，甚至以低于成本的价格出售。因此，我们应充分利用季节性需求的变化，切实掌握好季节性差价。

6．支付条件和汇率变动的风险

支付条件是否有利以及汇率变动风险的大小，都影响商品的价格。例如，同一商品在其他交易条件相同的情况下，采取预付货款和凭信用证付款方式的价格应当有所区别。同时，在确定商品价格时，一般应争取采用对自身有利的货币成交，如采用不利的货币成交时，应当把汇率变动的风险考虑在内。

另外，交货期的远近、市场销售习惯和消费者爱好的不同、产品所处生命周期阶段的不同等因素，对确定价格也有不同程度的影响。

四、定价方法

（一）固定价格

进出口合同通常都是在双方协商一致的基础上，明确地规定具体价格。按照各国法律的规定，合同价格一经确定，就必须严格执行。除非合同另有约定，或经双方当事人一致同意，任何一方都不得擅自更改。

在合同中规定固定价格是一种常规做法。它具有明确、具体、肯定和便于核算的特点，不过，由于商品市场行情多变，价格涨落不定。因此在国际货物买卖合同中规定固定价格，就意味着买卖双方要承担从订约到交货付款以至销售时的价格变动的风险。况且，如果行情变动过于剧烈，这种做法还可能影响合同的顺利执行。一些不守信用的商人很可能为逃避巨额损失，而寻找各种借口撕毁合同。

为了减少价格风险，在采用固定价格时，需要注意：第一，必须对影响商品供需的各种因素进行研究，在此基础上，对预期价格做出判断，以此作为决定合同价格的依据。第二，对客户的资信进行了解和研究，慎重选择订约的对象。但是，国际商品市场的变化往往受各种不确定因素的影响。政治、军事、经济等风险都可能导致货币汇价波动和商品市场动荡，价格剧涨暴跌的现象时有发生。在此情况下，固定价格会给买卖双方带来更大风险。

因此，为了减少风险，促成交易，提高合同的履约率，在合同价格的规定方面，也日益采取一些变通做法。

（二）非固定价格

非固定价格，即一般业务上所说的“活价”，大体上可分为以下几种。

1．具体价格待定

（1）在价格条款中明确规定未来的定价时间和定价方法。例如：在装船月份前50天参照当地及国际市场价格水平，协商议定正式价格；或按提单日期的国际市场价格计算。

（2）只规定未来定价时间。例如：由双方在某年某月某日协商确定价格。由于未就作价方式做出规定，这种方式容易给合同带来较大的不确定性，双方可能因缺乏明确的作价标准，而在商订价格时各执己见，相持不下，导致合同无法执行。因此，这种方式一般只适用于双方有长期交往，已形成比较固定的交易习惯的合同。

2．暂定价格

在合同中首先定一个初步价格，作为开立信用证和初步付款的依据，待双方确定最后价格后再进行最后清算，多退少补。

例如，“单价暂定CIF神户，每吨2 000英镑。作价方法：以某某交易所3个月期货，按装船月份月平均价加8英镑计算，买方按本合同规定的暂定价开立信用证”。

3．部分固定价格，部分非固定价格

为了照顾双方的利益，解决双方在采用固定价格或非固定价格方面的分歧，也可采用部分固定价格和部分非固定价格的方法。或是分批作价的方法，交货期相近的价格在订约时固定下来，余者在交货前一定期限内作价。

非固定价格是一种变通做法，在行情波动剧烈，或双方未能就价格取得一致意见时，采用这种做法有一定的好处。表现在如下三个方面。

（1）有助于暂时解决双方在价格方面的分歧，先就其他条款达成协议，早日签约。

（2）解除客户对价格风险的顾虑，使之敢于签订交货期长的合同。数量、交货期的早日确定，不仅有利于巩固和扩大出口市场，而且有利于生产、采购和出口计划的安排。

（3）对于进出口双方，虽然不能完全排除价格风险，但是对于出口人来说，可以不失时机地做成生意；对于进口人来说，可以保证一定的转售利润。

非固定价格的做法，是先订约后作价，合同的关键条款价格是在订约之后由双方按照一定的方式确定的。这就不可避免地给合同带来较大的不确定性，存在着双方在作价时不能取得一致意见，而使合同无法执行的可能性；或由于合同作价条款规定不当，而使合同失去法律效力的危险。

（三）定价技巧

为了把握好商品的定价，通常有三种定价技巧。

1．成本加成定价法就是出口商计算出成本，再加上预期的加成，以弥补总产或单产中的未分摊成本。这种方法的主要优点是简单方便。

2．收支平衡定价法是许多公司采用的方法。它在一定意义上是公司将成本加成法延伸，并考虑市场的一种方法，并且是决定公司的收入等于支出时的销售量确定在某一特定价格时的损益平衡点的方法。因此，每一不同的售价都有其不同损益平衡点。超过该点销售量的每个单位产品都产生利润。销售量超过损益平衡点越多，总产和单产带来的利润就越高。低于该点的销售量，会使卖方产生亏损。

3．边际成本定价法是定价技巧的另一种方法。有时由于市场的复杂性及制定政策时考虑的不同，所定的出口价格比国内价格低得多。在多种情况下公司生产能力大于国内市场容量，商人自然不愿意降低其价格。如果国内销售就可收回固定成本，那么就可以认为出口产品的额外成本只是可变成本，按照可变成本定价。边际成本定价法的关键在于把出口销售视为“额外销售”。

五、商品价格的构成要素

国际贸易中除个别商品按总价或总值（Total Amount）成交外，绝大多数商品采用单价（Unit Price）报价成交。单价由计价数量单位、单位价格金额、计价货币（Quote Currency）和贸易术语四部分构成。如：“每公吨200美元CIF纽约，包括2%佣金”（USD200 per M/T CIF New York including 2% commission）。

（一）计价数量单位

计价数量单位简称计量单位。一般来说，计价数量单位应该与合同数量条款中所用的计量单位相一致。如数量以“公吨”表示，则单价也应以“公吨”表示。

（二）单位价格金额

单位价格金额是价格条款的核心。在交易磋商过程中，进出口双方应根据成本合理计算价格，并慎重报价，否则会影响后续的流程。价格经双方协商一致后，应正确填写在合同中。

（三）计价货币

国内贸易活动的商品价格通常表示为“××元”，元即人民币（CNY）。但国际贸易活动中的“元”有美元（USD）、欧元（EUR）、英镑（GBP）、日元（JPY）、加拿大元（CAD）、澳大利亚元（AUD）等多种。因此，使用哪种货币，合同中必须有明确的规定。

（四）贸易术语

贸易术语是进出口单价构成的要素，用来说明该成交价格的构成。如某公司以每公吨200美元CIF纽约价格出口货物，“200美元每公吨”这一价格计算方式可根据“CIF纽约”这一贸易术语得知。

（五）佣金和折扣

一般来说，应用文字或简略的方法明确表示出包含佣金或给予折扣的价格。若有关价格未对佣金或折扣做出表示，除双方事先另有协定外，通常应理解为不含佣或不给予折扣。不包含佣金或不给予折扣的价格，即为净价。

如果价格中包含佣金，除前文的表述方式外，也可在贸易术语后面加注佣金的英文缩写字母C，并注明佣金的百分比来表示。例如，“每打100英镑CIFC2%香港（£100 per dozen CIFC2% Hong Kong）”。此外，佣金除用百分比表示外，还可以用绝对数来表示。例如“每公吨付佣金10美元（USD 10 per M/T）”等。

如果价格中允许给予折扣，一般应用文字作具体表示。例如，“每打100英镑CIF新加坡减1%折扣（£100 per dozen CIF Singapore less 1% discount）”。有时折扣也可用绝对数来表示，例如“每公吨折扣10美元”。在实际业务中，也有用CIFR或CIFD来表示CIF价格含折扣，这里的R和D分别是Rebate和Discount的缩写。由于在贸易术语中加注R或D容易和贸易术语中的字母混淆，引起误解，因而最好不使用这类缩写。

六、不同贸易术语的价格构成和价格换算

在国际贸易中，不同的贸易术语表示其价格构成因素不同，即包括不同的从属费用。例如：FOB术语中不包括运费和保险费，CFR术语中包括从装运港至目的港的通常运费；CIF术语中不仅包括从装运港至目的港的通常运费，还包括保险费。在对外洽商交易过程中，一方按某种贸易术语报价，但另一方希望改用其他贸易术语报价。因此，外贸从业人员不仅要了解主要贸易术语的价格构成，还应了解主要贸易术语的价格换算方法。

（一）主要贸易术语的价格构成

1．FOB、CFR和CIF的价格构成

这三种常用的贸易术语的价格构成包括货物成本、各项费用开支和净利润三方面内容，其中费用开支包括国内费用开支和国外费用开支两部分。

（1）国内费用：涉及的项目较多，主要包括国内保险费、加工整理费、包装费、国内运费装船费、报关单费、检验费、产地证费、许可证费、公证费、领事签证费、邮电费贴现利息和手续费，以及预计损耗等。

（2）国外费用，主要包括从装运港至目的港的运输费用和海上货物运输保险费用，如有中间商，还应包括付给中间代理商的佣金。

以上表明，这三种贸易术语的价格构成的计算公式如下：

FOB价格=进货成本价+国内费用+净利润

CFR价格=进货成本价+国内费用+国外运费+净利润

CIF价格=进货成本价+国内费用+国外运费+国外保险费+净利润

2．FCA、CPT和CIP的价格构成

这三种贸易术语的价格构成与上述FOB、CFR和CIF三种贸易术语类似，其价格构成也包括进货成本、各项费用开支和净利润三部分。因为这些贸易术语适用多种运输方式，存在交货地点与交货方式的差别，所以发生的具体费用不尽相同。

（1）国内费用：通常包括国内保险费、报关单费、商检费、加工整理费、包装费、保

管费、国内运费（仓至码头车站、机场、集装箱货运站或堆场）、拼箱费、公证费、领事签证费、许可证费、邮电费、贴现利息和手续费以及预计损耗等。

（2）国外费用：主要包括自出口国内陆起运地至国外目的地的运输费用和国外保险费，在有中间商介入时，还应包括支付给中间代理商的佣金。因此，这三种贸易术语的价格构成的计算公式如下：

FCA 价格=进货成本价+国内费用+净利润

CPT 价格=进货成本价+国内费用+国外运费+净利润

CIP 价格=进货成本价+国内费用+国外运费+国外保险费+净利润

（二）主要贸易术语的价格换算

在磋商交易过程中，交易双方都希望选用于己有利的贸易术语，如一方对另一方提出的贸易术语不同意，而要求改用其他某种贸易术语时，则可采用下列价格换算方法。

1．FOB、CFR 和 CIF 三种价格的换算

CIF 的价格构成为：CIF 价格=FOB 价格+国外运费+国外保险费

这里要特别注意的是，国外保险费是以 CIF 价格为基础计算的。所以，如果写明保险费的计算办法，则应为：

CIF 价格=FOB 价格+CIF 价格×（1+保险加成率）×保险费率+国外运费

如已知 FOB 价格现改报 CFR 价格或 CIF 价格，则 CFR 价格和 CIF 价格分别为：

CFR 价格=FOB 价格+国外运费

$$\text{CIF价格}=\frac{\text{FOB价格}+\text{国外运费}}{1-(1+\text{保险加成率})\times\text{保险费率}}$$

如已知 CIF 价格，现改报 FOB 价格或 CFR 价格，则 FOB 价格和 CFR 价格分别为：

$$\text{FOB价格}=\text{CIF价格}\times[1-(1+\text{保险加成率})\times\text{保险费率}]-\text{国外运费}$$

$$\text{CFR价格}=\text{CIF价格}\times[1-(1+\text{保险加成率})\times\text{保险费率}]$$

如已知 CFR 价格，现改报 FOB 价格或 CIF 价格，则 FOB 价格和 CIF 价格分别为：

FOB 价格=CFR 价格−国外运费

$$\text{CIF价格}=\text{CFR价格}/[1-(1+\text{保险加成率})\times\text{保险费率}]$$

本章导入案例中的企业可比较中方 FOB 报价与法方 FOB 价格，法商报价为每吨 400 欧元 CIF 马赛，折合 FOB 人民币报价为 4×938.12−598−102=3 052.48 元。而中国公司对该商品内部掌握价为 FOB 大连每公吨人民币 2 978 元。因此，经过比较，法方给出的价格高于中国出口公司内部掌握价，故中国公司可以接受此报价。

2．FCA、CPT 和 CIP 三种价格的换算

CIP 的价格构成应为：CIP 价格=FCA 价格+国外运费+国外保险费

应注意保险费以 CIP 价格为基础计算，所以，如果写明保险费的计算办法，则应为：

CIP 价格=FCA 价格+CIP 价格×（1+保险加成）×保险费率+国外运费

这样，如已知 FCA 价格，现改报 CPT 价格或 CIP 价格，则 CPT 和 CIP 价格分别为：

CPT 价格=FCA 价格+国外运费

$$\text{CIP价格}=(\text{FCA价格}+\text{国外运费})/[1-(1+\text{保险加成率})\times\text{保险费率}]$$

如已知 CIP 价格，现改报 FCA 价格或 CPT 价格，则 FCA 价格和 CPT 价格分别为：

$$FCA价格 = CIP价格 \times [1-(1+保险加成率) \times 保险费率] - 国外运费$$

$$CPT价格 = CIP价格 \times [1-(1+保险加成率) \times 保险费率]$$

如已知 CPT 价格，现改报 FCA 价格或 CIP 价格，则 FCA 价格和 CIP 价格分别为：

FCA 价格=CPT 价格−国外运费

$$CIP价格 = CPT价格 / [1-(1+保险加成率) \times 保险费率]$$

【即学即用】

我国某出口商品对芬兰商人报价为 80 欧元/件，FOB 广州，现芬兰商人要求将价格改报 CIF 赫尔辛基，我方经查保险费率为 0.4%，每件运费是 FOB 价的 5%。

问：在不减少我方利益的情况下，CIF 的报价应为多少？

解：

根据 CIF 价=（FOB 价+国外运费）/1−（1+保险加成率）×保险费率

=（80+80×5%）/（1−110%×0.4%）= 84/0.9956

= 84.37（欧元）

因此，在不减少我方利益的情况下，CIF 的报价应为每件 84.37 欧元。

第二节　佣金和折扣的核算

在合同价格条款中所规定的价格，可分为包含佣金或折扣的价格和不包含的净价（Net Price）。包含佣金的价格，通常称为“含佣价”。正确运用佣金和折扣，可以加强对外竞争，提高外商经营我国商品的积极性。

一、佣金

（一）佣金的含义

佣金（Commission），是代理人或经纪人为委托人进行交易而收取的报酬。在货物买卖中，往往表现为出口商支付给销售代理人或进口商支付给购买代理人的酬金。因此它适用于与代理人或佣金商签订的合同。凡在合同价格条款中，明确规定佣金的百分比，叫作“明佣”。不标明佣金的百分比，甚至连“佣金”字样也不标示出来，有关佣金的问题由当事人另行约定，这种暗中约定佣金的做法，叫作“暗佣”。佣金的多少直接关系到商品的货价，含佣价必然高于净价。合理运用佣金，有利于调动中间商的积极性并扩大交易。

（二）佣金的规定办法

在商品价格中包括佣金时，通常应以文字进行说明。例如，“每公吨 600 美元 CIF 香港，包括 2%佣金（USD600 per M/T CIF HK including 2% Commission）”。特殊情况下，中间商为了从买卖双方获取“双头佣金”或为了逃税，有时要求在合同中不规定佣金，而另按双方暗中达成的协议支付“暗佣”。佣金的规定需要能调动代理商积极性还不影响商品销售，其比率一般掌握在 1%和 5%之间，不宜过高。

（三）佣金的计算与支付

1．佣金的计算

在国际贸易中，计算佣金的方法不一，有的按成交金额约定的百分比计算，也有的按成交商品的数量来计算，即按每一单位数量收取若干佣金计算。在按成交金额计算时，有的以发票总金额作为计算佣金的基数，有的则以 FOB 总值为基数来计算佣金。如按 CIF 成交而以 FOB 值为基数计算佣金时，则应从 CIF 价中减去运费和保险费，求出 FOB 值，然后以 FOB 值乘以佣金率，即得出佣金值。

关于佣金的计算公式如下：

单位货物佣金额=含佣价×佣金率

净价=含佣价−单位货物佣金额

上述公式也可写成：

净价=含佣价×（1−佣金率）

假如已知净价，则含佣价的计算公式应为：

$$含佣价=\frac{净价}{1-佣金率}$$

【即学即用】

在洽商交易时，我方报价为 200 美元，对方要求 2%的佣金，在这种情况下，我方改报含佣价，按上述公式算出应为 204.1 美元，这样才能保证实收 200 美元。

2．佣金的支付

佣金一般是由卖方收到全部货款后，再支付给中间商。因为，中间商的服务不仅在于促成交易，还应负责联系、督促实际买方履约，协助解决履约过程中可能发生的问题，以便督促合同圆满完成。但是，为了防止误解，卖方与中间商在双方建立业务关系之初应明确佣金于货款全部收妥后才予以支付的做法，并达成书面协议。否则，有时中间商可能于交易达成后，即向卖方要求佣金，而不保证合同日后是否能切实得到履行，货款是否能顺利收到。中间商可于合同履行后直接从货价中扣除佣金，也可根据合同履行进度，在卖方收款之后逐笔支付，或按月、按季、按半年甚至一年汇总计付。通常双方可先就此达成书面协议，根据协议执行。

按照一般惯例，在独家代理情况下，如委托人与约定地区的其他客户达成交易，即使未经过独家代理促成交易，也要按约定的比率向其支付佣金。

二、折扣

（一）折扣的含义

折扣是指卖方按原价给予买方一定比例的减让，即在价格上给予适当的优惠。国际贸易中使用的折扣，名目很多，除一般折扣外，还有为扩大销售而使用的数量折扣（Quantity Discount），为实现某种特殊目的而给予的特别折扣（Special Discount），以及年终回扣（Turnover Bonus）等。凡用文字明确表示折扣多少的，称作“明扣”；如交易双方已就折扣达成协议，但在合同价格条款中未明确表示，称为“暗扣”。折扣直接关系到商品的价格，货价中是否包括折扣和折扣率的大小，都影响商品价格；折扣率越高，则价格越低。折扣如同佣金一样，都是市场经济的必然产物，正确运用折扣，有利于调动采购商的积极性和扩大销路。

（二）折扣的规定办法

在国际贸易中，折扣通常在合同价格条款中用文字明确表示出来。例如，“CIF 旧金山每公吨350美元，折扣2%（USD 350 per M/T CIF San Francisco including 2% Discount）”。

交易双方采取暗扣的做法时，则在合同价格条款中不予规定。有关折扣的问题，按交易双方暗中达成的协议处理。这种做法属于不公平竞争。公职人员或企业雇佣人员拿“暗扣”，属于贪污受贿行为。

【即学即用】

我国A公司向美国B公司出口某商品一批共180公吨，每公吨1 200美元，FOB大连，含折扣2%。

问：A公司实际净收入是多少？

答：卖方实际净收入=（含折扣价-单位货物折扣额）×180

=（1 200-1 200×2%）×180

=211 680（美元）

因此，A公司实际净收入为211 680美元。

第三节　出口商品的成本效益核算

经济核算是交易磋商的重要环节，出口和进口报价、还价都要经过经济核算。出口商品的价格由成本、费用和利润三个部分构成。一般来说，成本所占的比重最大，费用次之，利润最小。其中利润主要指出口商的预期利润。

确定商品的成交价格应有客观依据，应从横向和纵向进行比价，避免确定的成交价格偏离实际市场价格水平。通过加强成本核算，在价格制定中应注意提高经济效益，防止出现不计成本、不计盈亏和单纯追求成交量的现象。尤其在出口方面，加强成本核算，掌握出口总成本、出口销售外汇净收入和人民币净收入情况，并计算和比较各种商品出口的盈亏情况，更有现实意义。

出口总成本是指出口商品的进货成本加上出口前的一切费用和税金。出口销售外汇净收入（Net Foreign Exchange Income From Export Sales）是指出口商品按照FOB价出售所得的外汇净收入。出口销售人民币净收入是指出口商品的FOB价按照当时外汇牌价折算成人民币的数额。根据出口商品成本的这些数据，可以计算出出口商品盈亏率、出口商品换汇成本和出口创汇率。

一、保本价格核算

“保本价格”即“盈亏平衡价格”，它是出口报价和还价的底线。在出口报价和还价时，经常要进行出口保本价格核算。外贸公司自营出口时的保本价格核算公式为：

$$出口保本价格=\frac{实际采购成本+相关费用}{出口货物的数量}$$

在外贸业界常用“保本汇率”（又叫“保本换汇成本”）计算保本价格，这样更加简便，其计算公式为：

$$保本汇率=银行汇率\times\frac{1+增值税税率}{1+增值税税率-出口退税率}$$

$$保本价格=\frac{工厂收购价}{保本汇率}+其他费用$$

在上述公式中，因为银行汇率是经常变化的，所以银行汇率应采用估计的预期收汇日的银行汇率。

【即学即用】

已知某商品的收购价为 78 元人民币/件，出口退税率为 13%，该商品的增值税率为 17%，当期汇率 USD∶CNY=1∶6.7 时，请计算（1）保本汇率是多少？（2）该商品的保本价应该是多少？（保本价）（3）若该公司的利润目标是 10%，则价格应是多少？

解答：

（1）保本汇率 $=6.7\times(1+0.17)/(1+0.17-0.13)=7.5315$

（2）保本价格 $=78/7.5315=10.3565$（美元）

（3）价格 $=78\times(1+10\%)/7.5315=11.3922$（美元）

二、出口商品盈亏率

出口商品盈亏率（Profit and Loss Ratio of Export Commodity）是指出口商品盈亏额与出口总成本的比率。出口商品盈亏额是指出口销售人民币净收入与出口总成本的差额，前者大于后者为盈利，反之为亏损。其计算公式如下：

$$出口商品盈亏率=\frac{出口销售人民币净收入-出口总成本}{出口总成本}\times 100\%$$

三、出口商品换汇成本

出口商品换汇成本（Exchange-Based Cost for the Export of Products）也是用来反映出口商品盈亏的一项重要指标，它是指按人民币计算的某种商品的出口总成本与按外币（如美元）计算的出口所得的净收入之比，即用多少人民币换回了一单位外币。出口商品换汇成本若高于银行的外汇牌价，则出口为亏损；反之，则说明出口有盈利。其计算公式如下：

$$出口换汇成本=\frac{出口总成本（人民币）}{出口外汇净收入（外币）}$$

出口总成本（人民币）是实际采购成本与国内费用之和。出口外汇净收入（外币）是指出口商品外汇收入扣除外汇费用（如运费、保险费、码头操作费、驳船费等）的外汇净收入，即按 FOB 价出售所得的外汇净收入。如果是以 CIF 价成交，则要扣除国外运费和保险费；如果是含佣价，则还要扣除佣金。这样可以将上述公式转换为：

$$出口换汇成本=\frac{（实际采购成本+国内费用）（人民币）}{FOB价（外币）}$$

准确测算出口商品换汇成本除了应正确计算运费、保险费及保险免赔外，还应正确估算正常的银行费用，尤其是信用证项下的费用。在一般情况下，信用证结算发生的正常费用主要包括信用证通知费、保兑费、议付费、寄单费、单据处理费、电报费、偿付费等。由于信用证金额不同、内容条款不同、开证国家不同、各银行收取费用的标准不同、优惠项目不同，由此信用证结算产生的费用各不相同，因此，在测算换汇成本时，就需要根据不同国家和不同银行的费用水平，再结合合同规定的条款来全面地测算银行费用。

出口换汇成本核算的作用有：（1）比较出口换汇成本与外汇牌价可以反映出口的盈亏情况；（2）比较同类出口商品不同时期的换汇成本，可以了解经营效益的变化；（3）比较不同公司同类出口商品的出口换汇成本，可以找出公司经营能力的差距；（4）比较各类出口商品的换汇成本，可以找出最佳的出口商品结构；（5）比较出口到不同国家或地区同类商品的换汇成本，可以为调整出口市场提供依据。

四、出口创汇率

出口创汇率（Export Creates Exchange Rate），又称外汇增值率，是指加工后成品出口的外汇净收入与原料外汇成本的比率。该指标主要用于计算用国外原材料或国产原材料加工再出口的业务其计算公式如下：

$$出口创汇率=\frac{成品出口外汇净收入-原材料外汇成本}{原材料外汇成本}\times100\%$$

需要说明的是，如果原材料为国内产品，其外汇成本可按原材料的FOB出口价计算；如果原材料是进口的，则按该原材料的CIF价计算。通过出口的外汇净收入和原材料外汇成本的对比，则可以看出成品出口的创汇情况，从而确定出口成品是否有利。特别是在进料加工的情况下，核算出口创汇率这一项指标更有必要。

五、出口盈亏额和出口盈亏率

出口盈亏额是出口净收入（人民币）与出口成本（人民币）的差额。如果差额是正数则表示有盈余；如果是负数，则表示有亏损。出口盈亏率是出口盈亏额（人民币）与出口成本（人民币）的比值，它反映出口盈亏程度。

出口盈亏额=出口净收入（人民币）–出口成本（人民币）

出口盈亏率=出口盈亏额（人民币）/出口成本（人民币）×100%

出口盈亏额和出口盈亏率还可以用下面的公式计算：

出口盈亏额=（结算汇率–换汇成本）×外汇净收入

出口盈亏率=（结算汇率–换汇成本）/ 换汇成本×100%

六、出口商品实际采购成本

出口商的“采购成本”与“实际采购成本”不同。采购成本是含税成本，即从货源企业购买或委托工厂生产的出口商品成本，包含增值税和消费税；实际采购成本是不含税成本，即采购成本中扣除出口退税额后的成本。世界各国普遍实行出口退税的政策。货物出口后，国家将出口商品中包含的增值税和消费税退给企业，因此实际采购成本才是出口商的真正成本。与出口商出口成本有关的几个计算公式如下（假设只包含增值税）。

1．商品进价

商品进价 = 商品金额 + 增值税税额

= 商品金额 + 商品金额 × 增值税税率

= 商品金额 ×（1 + 增值税税率）

2．出口退税额

出口退税额 = 商品金额 × 出口退税率

= 商品进价出口退税率 /（1 + 增值税税率）

3．实际采购成本

实际采购成本 = 商品进价 − 出口退税额

= 商品进价 ×（1 + 增值税税率 − 出口退税率）/（1 + 增值税税率）

第四节　价格条款的约定

一、价格条款的基本内容

价格条款（Payment Terms）是进出口合同中的核心条款，它与其他相关条款有着密切的联系。如前文内容所述，在国际货物买卖中，进出口商品的单价，通常包括下列四个组成部分：一是计量单位，如每公吨或每件等；二是单位价格金额，如 100 或 1 000 等；三是计价货币名称，如美元或欧元等；四是贸易术语，如 FOB 上海或 CIF 伦敦等。商品单价可表述如下：每公吨 100 美元 FOB 上海（USD 100 per metric ton FOB Shanghai）。上述单价一经买卖双方约定，履约时应按此价格结算货款，即使订约后市场价格发生变动，任何一方都不得要求变更原定的价格。由于各种因素的影响，有些商品的价格容易发生波动，为确保合同的顺利履行，买卖双方需在合同中写明使用固定价格或非固定价格。

商品单价与成交商品数量的乘积，即为商品的总值，它是指一笔交易的货款总金额。进出口合同价格条款中的总值与单价所使用的货币，应当是一致的。商品单价和商品总值是商品价格条款的基本内容。

二、保值条款

如果为达成交易而不得不采用对我方不利的货币，则可以争取订立保值条款，以避免计价货币汇率变动的风险。

常用的货币保值条款有：

（1）黄金保值条款

具体做法是：在订立合同时按签约日的黄金价格将计价货币的金额折合为若干一定数量的黄金，到支付日再将特定数量的黄金按当时的金价转换成一定数量的计价货币。如果黄金价格上涨，则支付货币金额要相应增加，反之，则相应减少。

实行黄金保值条款的前提是黄金价格保持稳定，若黄金价格不断波动，则此方法不能起到避免风险的作用。

（2）一篮子货币保值条款

具体做法：在签订合同时，双方协商确定支付货币与一篮子保值货币之间的汇率，并规定出各种保值货币与支付货币之间汇率变动的调整幅度。如果到支付期时汇率的变动超过规定的幅度，则按合同中已规定的汇率调整，从而达到保值的目的。由于一篮子货币当中，货币的汇率有升有降，汇率风险分散化，这就可以有效避免外汇风险，把较大的外汇风险限制在规定的幅度内。

三、约定价格条款的注意事项

为了约定好合同中的价格条款，在对外洽商价格和约定价格条款时必须注意下列事项：

第一，应在充分调查研究的基础上，根据国际市场供求状况和价格走势，并遵循我国进出口商品作价原则和每笔交易的经营意图，合理约定适当的成交价格，防止盲目定价而导致成交价格偏离国际市场价格的情况出现。

第二，鉴于贸易术语是商品单价中的组成部分，且同交易双方有直接利害关系，因此，应根据运输市场情况、运价水平，并结合自身条件和经营意图，酌情选择于己有利的贸易术语。FOB、CFR 和 CIF 是我国各外贸公司习惯使用的三种贸易术语，但随着集装箱运输的发展，新的贸易术语陆续出现，故在选用贸易术语时，我们也应随机应变而采取较为灵活的做法。例如，按装运港交货条件成交，在采用滚装、滚卸或集装箱运输，或者要求卖方在船舶到港前即将货物交到港口货站时由于货物风险和费用以船为界来划分已失去实际意义，故在此情况下，就不宜继续沿用 FOB、CFR 或 CIF 三种贸易术语。就卖方而言，明智的做法应当是，按《2020 通则》规定，分别选用 FCA、CPT 或 CIP 贸易术语更为适宜。这是因为，在按 FCA、CPT 或 CIP 贸易术语成交时，只要卖方将其出售的货物交给承运人处置，风险即随之转移。如仍沿用 FOB、CFR 或 CIF 贸易术语，实际上，卖方多承担将货物交给承运人处置时起至货物装上船为止这段时间与空间的费用与风险。若单价相同，显然，这对卖方是不利的。

第三，争取选择于己有利的计价货币，以免遭受币值变动带来的风险与损失。如根据当时市场情况和自身的经营意图，不得已而被迫采用不利的计价货币成交时，应当加订保值条款，以利维护自身的经济利益。或者，把币值可能变动的风险考虑到成交价格中去。

第四，根据成交商品的品种、数量、交货期限和市场行情变化等因素，灵活运用各种不同的作价办法，力争择优选用，以免承担价格变动的风险。

第五，参照国际贸易的习惯做法，注意佣金与折扣的合理运用，以便有效地利用中间代理商的购销渠道和扩大交易。

第六，若在买卖合同中，对交货品质、数量规定了机动幅度，即约定了品质增减价条款、数量增减条款（或称溢短装条款），则应一并表明其机动部分的作价，以利履行合同。

第七，若交易双方商定商品的包装材料和包装费另行计价，则其计价办法也应一并在买卖合同中具体订明，以便依约行事。

第八，鉴于合同中的价格条款是一项核心条款，它与其他相关条款有着内在联系，故价格条款的内容与其他相关条款的规定，应当彼此衔接，不能互相矛盾，以利合同的履行。

【本章小结】

价格是贸易活动的核心要素。国际贸易中的价格构成更为复杂，定价时应充分考虑各种影响因素的作用。合同中的价格条款一般包括商品的单价和总值两项基本内容。商品的单价通常由四部分组成，即计量单位、单位价格金额、计价货币和贸易术语。对外贸易效益成本核算通常包括出口商品盈亏率、出口商品换汇成本和出口创汇率等。佣金是代理人或经纪人为委托人进行交易而收取的报酬。折扣是指卖方按原价给予买方一定比例的减让。根据国际贸易的特点，用来计价的货币，可以是出口国家货币，也可以是进口国家货币或双方同意的第三国货币，由买卖双方协商确定。为避免收汇损失，出口定价时应积极争取以硬币定价，合同中的价格也可以根据实际情况采用非固定价格。

【拓展知识】

增值税专用发票与普通发票的区别①

增值税专用发票是发票的一种，具有增值税一般纳税人资格的企业都可以到主管国税部门申请领购增值税专用发票，并通过防伪税控系统开具。具有增值税一般纳税人资格的企业可以凭增值税专用发票抵扣增值税。增值税专用发票是我国为了推行新的增值税制度而使用的新型发票，与日常经营过程中使用的普通发票比较，有如下区别。

1. 发票的印制要求不同。《中华人民共和国税收征收管理法》第二十二条规定，增值税专用发票由国务院税务主管部门指定的企业印制；其他发票，按照国务院主管部门的规定，分别由省、自治区、直辖市国家税务局、地方税务局指定企业印制。未经前款规定的税务机关指定，不得印制发票。

2. 发票使用的主体不同。增值税专用发票一般只能由增值税一般纳税人领购使用，小规模纳税人需要使用的，只能经税务机关批准后由当地的税务机关代开；普通发票则可以由从事经营活动并办理了税务登记的各种纳税人领购使用，未办理税务登记的纳税人也

① 资料来源：余庆瑜著. 国际贸易实务：原理与案例. 北京：中国人民大学出版社，2021.

可以向税务机关申请领购使用普通发票。

3. 发票的内容不同。增值税专用发票除了具备购买单位、销售单位、商品或者服务的名称、商品或者劳务的数量和计量单位、单价和价款、开票单位、收款人、开票日期等普通发票所具备的内容外，还包括纳税人税务登记号、不含增值税金额、适用税率应纳增值税税额等内容。

4. 发票的联次不同。增值税专用发票有四个联次和七个联次两种。第一联为存根联（用于销售方留存备查），第二联为发票联（用于购买方记账），第三联为抵扣联（用作购买方扣税凭证，是购买方向税务机关申请抵扣进项增值税的依据），第四联为记账联（用于销售方记账，是销售方缴纳销项增值税的依据）。七个联次的其他三联为备用联，分别作为企业出门证、检查和仓库留存用。普通发票则只有三联，第一联为存根联，第二联为发票联，第三联为记账联。

5. 发票的作用不同。增值税专用发票不仅是购销双方收付款的凭证，而且可以用作购买方扣除增值税的凭证；而普通发票除运费、收购农副产品、废旧物资按法定税率作抵扣外，其他的一律不允许作抵扣用。

在计算出口退税时，将“采购成本”除以“1+增值税税率”是因为增值税的征收和退还都是以“货价”（不含税价）为基础，而不是以采购成本为基础的。在增值税专用发票上，采购成本是以价税分离的形式列出的。要获得出口退税，外贸公司在向货源企业采购商品时应提出交货时提供增值税专用发票的要求。若能提供增值税专用发票，则说明制造商缴纳了增值税，只有这样出口后才能退税。如果货源企业不能提供增值税专用发票，外贸公司就必须按照无退税条件进行成本核算。

【专业术语】

1. Commission	佣金
2. Price differences	差价
3. Discount	折扣
4. Quantity Discount	数量折扣
5. Special Discount	特别折扣
6. Net Foreign Exchange Income from Export Sale	出口销售外汇净收入
7. Profit and Loss Ratio of Export Commodity	出口商品盈亏率
8. Exchange-based Cost for the Export of Products	出口商品换汇成本
9. Export Creates Exchange Rate	出口创汇率
10. Quote Currency	计价货币
11. Payment Terms	价格条款

【课后习题】

一、简答题

1. 我国进出口商品的定价原则是什么？
2. 在确定进出口商品价格时应考虑哪些影响因素？
3. 在国际货物买卖中，有哪些定价办法？它们各自适用于什么条件？
4. 如何计算出口商品盈亏率、出口商品换汇成本和出口创汇率？
5. 在进出口合同中正确选择计价货币有什么意义？
6. 在国际货物贸易中如何正确运用佣金与折扣？

二、案例分析

1. 我国A公司出口大豆油300桶，对外报价为每桶60美元FCAC3%大连，外商要求将价格改报为每桶CIPC5%东京。已知运费为每桶10美元，保险费为每桶0.24美元，进货成本为420元人民币/桶，商品流通费为15元人民币/桶，出口退税为98元人民币/桶。该商品的出口销售盈亏率及换汇成本是多少？要维持出口销售外汇净收入不变CIPC5%应改报为多少？（结汇当天的汇率：USD100=CNY681.26～684.00）

2. 某公司出口某商品，CIF温哥华每公吨500美元，国外运费为每公吨70美元，保险费为每公吨6.5美元。该商品的实际采购成本为每公吨1 800元，国内直接和间接费用为实际采购价的17%。计算该商品的出口换汇成本。当期银行外汇牌价为1美元兑8.3元人民币（买入价），计算每公吨的出口盈亏额和出口盈亏率（计算结果保留4位小数）。

第六章 国际货物运输

【导入案例】

我国某出口公司先后与伦敦B公司和瑞士S公司签订两个出售农产品合同，共计3 500长吨，价值8.275万英镑。装运期为当年12月至次年1月。但由于原定的装货船舶出故障，只能改装另一艘外轮，致使货物到2月11日才装船完毕。在我公司的请求下，外轮代理公司将提单的日期改为1月31日，货物到达鹿特丹后，买方对装货日期提出异议，要求我公司提供1月的装船证明。我公司坚持提单是正常的，无需提供证明。结果买方聘请律师上货船查阅船长的船行日志，证明提单日期是伪造的，立即凭律师提供的证据，向当地法院控告并由法院发出通知扣留该船，经过4个月的协商，最后，我方赔款2.09万英镑，买方方才肯撤回上诉而结案。（注；长短是英制国家采用的重量单位，对应的短吨是美国国家采用的重量单位。1长短=1 016.05公斤，1短吨=907.2公斤）

试问：本案例的提单是何种提单？承运人签发提单时应注意哪些问题？我国某公司败诉的原因是什么？

第一节 国际货物运输方式

国际货物运输是国际贸易中不可缺少的一个重要环节，商品成交后，只有通过运输，按照约定时间、地点和条件把商品交给对方，贸易的全过程才算最后完成。

国际货物运输方式包括海洋运输、陆上运输、航空运输、江河运输、管道运输及邮包运输等方式，其中，海洋运输所占比重最大。

一、海洋运输

在国际货物运输中，海洋运输是最主要的运输方式，目前，其运量占国际货物运输总量的80%以上。相比其他运输方式，海洋运输具有下列优点：

（1）通过能力大。海洋运输可以利用四通八达的天然海道，不像陆上运输受轨道和道路的限制。

（2）运量大。海洋运输的运载能力远远大于其他运输方式，一艘万吨货轮的载重量相当于250—300节火车车皮的载重量。

（3）运费低。海运运量大，航程远，分摊于每货运吨的运输成本较少，海运运费只相当于铁路运费的1/5，公路运费的1/10，航空运费的1/30。

（4）适合运输的货物种类多。除了鲜活、易腐、时效要求高的货物，海运几乎适用于所有货物的运输。但海运的缺点是运输速度慢、时间长、风险大、容易受气候变化的影响。

按照船舶经营方式的不同，海洋运输可分为班轮运输（Liner Transport）和租船运输（Shipping by Chartering）。

（一）班轮运输

1．班轮运输的特点

班轮运输又称定期船运输，是指船舶在固定的航线上和港口之间，按照事先公布的船期表航行，从事客、货运输业务，并按照事先公布的费率收取运费的海运方式。具有以下特点：

（1）“四固定”，即固定航线、固定港口、固定船期和相对固定的费率。

（2）同一航线上的船型相似，各船舶之间保持一定的航班密度。

（3）由船方负责配载装卸，运价内已经包括了装卸费用，不计算滞期费和速遣费。

（4）承托双方的权利义务，以及责任豁免以船方签发的提单条款作为依据。

（5）班轮运价属于垄断性价格。

班轮运输对港口的装卸作业要求比较高，承运货物的品种、数量比较灵活，货运质量比较有保证，而且一般在班轮码头仓库交接货物，为货主提供了便利和良好的服务。班轮运输的货物数量约占海运货物总量的20%左右，但价值却占海运承载的国际贸易总量的80%左右。

班轮运输的组织技术比较复杂。因此，一个国家有多少定期班轮航线，每月能开出多少班轮航班，是衡量一个国家对外贸易和航运发达程度的重要标志之一。目前，我国已成为全球最大的班轮运输国家之一，拥有大量航运公司和航线。

2．班轮运费的计收依据与标准

班轮运费是承运人为承运货物而收取的报酬，而计算运费的单价（或费率）就称为班轮运价。班轮运价是按照班轮运价表的规定计算的。不同班轮公司或班轮公会各有不同的班轮运价表。班轮运价表可以分为等级运价表和单项费率运价表两种。班轮运价表一般包含的内容有货物分级表、航线等级费率表、附加费率表、冷藏货费率表以及活牲畜费率表和说明及有关规定。

班轮运费包括基本运费和附加费两部分。基本运费是指货物从装运港到卸货港所应收取的基本运费，构成全程运费的主要部分；附加费是指对一些需要特殊处理的货物，或者由于突然事件的发生或客观情况变化等原因需要另外加收的费用。

（1）基本运费

在班轮运价表中，根据商品的不同，对基本运费的计收标准有以下几种：

① 按货物毛重即重量吨（Weight Ton）计收，运价表内用“W”表示。

② 按货物体积即尺码吨（Measurement Ton）计收，运价表内用“M”表示。

③ 按货物的FOB总值计收，即从价运费，运价表内用“A.V”或“Ad. val.”表示。用于贵重品及高价品。

④ 按从高计收，运价表用“W/M”“W/M or A. V”，有时按重量、体积从高计收后加上一定百分比从价运费，运价表内用“W/M plus A. V”表示。

⑤ 按货物的件数计收。如牲畜按“每头”（Per Head），车辆按“每辆”（Per Unit）收费。

⑥ 按议价计收（Open Rate）。由船货双方临时协商议定。通常适用于粮食、矿石、煤炭等大宗低值货物。

另外，上述计算运费的重量吨和尺码吨通常运费吨（Freight Ton）或计费吨。目前，国际上一般采用国际单位制（公制），其中重量单位为公吨（M/T），尺码单位为立方米（CBM），计算运费时，1 公吨作为 1 重量吨，1 立方米作为 1 尺码吨。运费计算单位一般以公吨或立方米为准。对于既不够 1 公吨也不足 1 立方米的少量货物，船公司规定有最低标准。按最低标准计收运费的就叫起码运费。

（2）附加费

附加费指除去基本运费之外加收的费用。是船公司根据不同情况，为了抵补运输中额外增加的开支或蒙受一定损失时而收取的费用。附加费名目繁多，具体包括以下几种。

① 超重附加费。一件货物毛重超过运价表中规定的重量即为超重货。我国的轮船公司规定每件货物不得超过 5 公吨。如超过限额，则按每公吨加收一定的超重附加费。

② 超长附加费。一件货物的长度超过运价表中规定的长度即为超长货。一般规定为 9 公尺，如超过则按每公尺加收超长附加费。如一件货物既超重又超长，则按高者计收。如需转船，则每转一次，加收一次超重或超长附加费。

③ 转船附加费。凡运往非基本港口且需转船运往目的港的货物，需加收转船附加费，其中包括中转费和二程运费。但有的轮船公司不收转船附加费，而分别另收中转费和二程运费。中转费和二程运费连同一程运费叫作“三道价”。

④ 燃油附加费。在燃油价格上涨时，轮船公司便按基本运价的一定百分比加收附加费，或按每一运费吨加收。

⑤ 直航附加费。运往非基本港口的货物达到一定数量（如“中远”规定近洋直航须达到 2 000 公吨，远洋直航须达到 5 000 公吨），轮船公司才肯安排直航，因为直航附加费较转船附加费低。

⑥ 港口附加费。有些港口由于设备条件差或装卸效率低，轮船公司便加收附加费以弥补其因船舶靠港时间延长所造成的损失。一般按基本运价的百分比收取。

⑦ 港口拥挤附加费。有些港口由于压港压船，以致停泊时间较长，一般按基本运价收取附加费。通常此项费用较大，遇有这种费用，卖方应设法让买方负担。

⑧ 选港附加费。托运时因不能确定卸货港口，只能预先提出两个或两个以上（最多不得超过三个）的港口作为选卸港。但所选港口必须是班轮的基本港口，货主应在货船到达第一选卸港之前 24 或 48 小时（各轮船公司规定不一）通知船方最后确定的卸货港，否则船方有权将货物卸在所选港口中的任何一个港口。

⑨ 变更卸货港附加费。货主要求改变原定卸货港口，如有关当局（海关）准许、船方又同意时便要加收这项附加费。此项费用应由买方负担。

⑩ 绕航附加费。当正常航道不能通行，需绕道才能将货物运至目的港时，轮船公司便要加收此项费用。

另外，当运价表中规定的货币贬值时，轮船公司为弥补其损失便按基本运价加收一定百分比的货币贬值附加费。除此以外，还有一些附加费须由船、货双方临时议定，如洗舱费、熏蒸费、破冰费、加温费等。

3．班轮运费计算方法

班轮运费的计算步骤如下：

（1）选择相关的船公司运价表。

（2）根据货物名称，在货物分级表中查出相应的运费计算标准和等级。

（3）在等级费率表的基本费率部分，找到相应的航线、起运港和目的港，按等级查到基本运价。

（4）从附加费部分查出所有应收（付）的附加费项目和数额（或百分比）及货价种类。

（5）根据基本运价和附加费算出实际运价。

（6）总运费=实际运价×运费吨。

根据上述步骤，总结出班轮运费的计算公式为：运费=运费吨（重量吨或尺码吨）×等级运费率×（1+附加费率）。即：F=Fb+∑S，其中，F 表示运费总额，Fb 表示基本运费，S 表示某一项附加费。

【即学即用】

中国某港运往南斯拉夫里斯卡港的货物，需在马赛或热那亚转船，除去一程运费要加收 13%的燃油附加费以外，所加收的转船附加费（基本运价的 50%），也还要加上 13%的燃油附加费。如果这批货重 2 公吨，4 立方米，M8 级，从量计费，一程运价为 213.50 港元，求全程运费。

由于计费标准为从量计费，运价表中属于 8 级货物，按 M 计收运费，该批货物的运费为：

基本运费：213.5×4=854（港元）

附加运费：213.5×（13%+50%+50%×13%）×4=593.53（港元）

总运费为：854+593.53=1 447.53（港元）

（二）租船运输

1．租船运输的特点

租船又称不定期船（Tramp）运输，船舶没有预定的船期表、航线、港口。船舶按租船人（Charterer）和船东（Ship Owner）双方签订的租船合同（Charter Party）规定的条款形式使用船舶运输货物。具有以下特点：

（1）没有固定航线、装卸港及船期。

（2）根据租船合同组合运输。

（3）租船运输中的提单不是一个独立的文件。

（4）租船运输中有关费用的支出依据不同的租船方式，由租约约定。

（5）租船主要是用来运输国际贸易中的大宗货物。

租船一般都通过租船市场整船租赁。租船运价是竞争价格，租船运量大，运输成本一般比班轮运价低，有利于低值大宗货物的运输。只要是船舶能安全出入的港口，租船都可以进行直达运输。在贸易量增加，船位不足时，租船运输就可以起到弥补需要的作用；如果一时舱位有余，为了避免停船损失，还可以租船揽货或转租。

2．租船运输的方式

目前，国际市场上主要有航次租船、定期租船和空船租船3种。

（1）定程租船（Voyage Charter，Trip Charter）。又称航次租船，是船舶所有人按双方事先议定的运价与条件向租船人提供船舶全部或部分的舱位，在指定的港口之间进行一个或多个航次运输指定货物的租船业务。船舶所有人与租船人双方的责任、义务以定程租船合同为准。定程租船就其租赁方式的不同可分为：①单程租船；②来回航次租船；③连续航次租船；④包运合同租船。

（2）定期租船（Time Charter）。又称期租船，是船舶所有人把船舶出租给承租人使用一定时期的租船方式。在此期限内，承租人可以利用船舶的运载能力来安排货运，也可将此期租船充作班轮或程租船使用。

（3）光船租船（Demise or Bare Boat Charter）。又称船壳租船，是指在租期内船舶所有人只提供一艘空船给承租人使用，而配备船员、供应给养、船舶的营运管理以及一切或变动的营运费用都由承租人负担，船舶所有人在租期内除了收租金外，不再承担任何责任和费用。这种船舶不具有承揽运输性质，实质上是一种财产租赁。

3．定程租船与定期租船的异同点

（1）二者都是由船东任命并指挥船长。

（2）程租船的运输工作是由船东负责；期租船的运输工作是由租船人负责。

（3）程租船运费按货物数量根据双方议定的费率收取；而期租船租金则按船舶的每一夏季载重吨若干货币单位按月或按日收取。前者要规定装卸费用、滞期费、速遣费。

（4）程租船下，租方不承担船舶经营工作，只提供货物，指示从何处装货，何处卸货，除负担规定的装卸费外，不负担任何其他费用。期租船下，租方要承担船舶本身经营工作，即调度权在租船人，船舶营运管理的日常开支均由租方负责。

4．租船运费计算方法

在此只对定程租船运费进行介绍。定程租船运费的计算方法有两种，一种是按规定运费率（Rate Freight），即按每单位重量或单位体积规定的运费额计算；另一种是规定整船包价（Lump Sum Freight）。费率的高低主要取决于租船市场的供求关系，但也与运输距离、货物种类、装卸率、港口使用、装卸费用划分和佣金高低有关。合同中对运费按照装船重量（Taken Quantity）或卸船重量（Delivered Quantity）计算，运费是预付或到付，均需在合同中具体订明。特别要注意的是，应付运费时间是指船东收到运费的日期，而不是租船人付出运费的日期。

定程租船装卸费用的划分方法，有以下几种：

（1）船方负担装卸费

船方负担装卸费（GrossTerms；LinerTerms；Berth Terms）又称“班轮条件”。在这种条件下，费用划分界限一般在船边，承租人把货物交到船边的吊钩下，船方负责把货物装进舱内并整理好；卸货时，船方负责把货物从舱内卸货到船边，由承租人或收货人提货。所以，船方和货方责任和费用的划分以船边为界，由船舶所有人负责雇用装卸工人并负担货物的装卸费用。

（2）船方不负担装卸费

船方不负担装卸费（Free In and Out；F.I.O.）是指船方不负担装卸费。采用这一条件时，还要明确理舱费和平舱费由谁负担。一般都规定由租船人负担，即船方不负担装卸、理舱和平舱费条件（Free In And Out，Stowed，Trimmed. F.I.O.S.T.），是装卸费收取最常用的条件。

（3）船方管装不管卸

船方管装不管卸（Free Out；F.O.）是指在装货港由船舶出租人负担装货费，在卸货港由承租人负担卸货费。

（4）船方管卸不管装

船方管卸不管装（Free In，F.I.）是指在装货港由船舶承租人负担装货费，在卸货港由出租人负担卸货费。

5．租船合同

租船合同是指船舶出租人（Owner）与租船人（Charter）按照契约自由的原则达成的协议，依照此协议，船舶出租人将船舶全部或部分提供给租船人使用，租船人向船舶出租人支付一定的运费或租金；而且，协议中还就双方当事人的权利与义务，责任与豁免等事项，均以条款的形式加以规定，以明确双方的经济、法律关系。

尽管依据租船方式，租船合同可分为三种基本类型，但相比而言，在国际货物运输领域，定程租船合同应用最为广泛。定程租船合同范本很多，其标准格式大都是由各个国际航运组织制定，根据船舶航行的航线、承运货物种类等不同而有所区别。由波罗的海国际航运公会（The Baltic and International Maritime Conference，BIMCO）制定的统一杂货租船合同（Uniform General Charter，GENCON）简称“金康”，适用于不分航线的杂货运输。GENCON 合同是最具有代表性的定程租船合同，它在实践中的使用也最为频繁。

定程租船合同一般订有以下条款：船舶说明条款、预备航次条款、船东责任条款、运费支付条款、装卸条款、滞期费和速遣费条款、解约条款、留置权条款（Lien Clause）、提单条款、共同海损条款、佣金条款、通用罢工条款、战争条款、通用冰冻条款（General Ice Clause）、双方互有碰撞责任条款（Both to Blame Collision Clause）、新杰森条款（New Jason Clause）和仲裁条款等。

二、其他运输方式

（一）铁路运输

铁路运输（Rail Transport）是一种仅次于海洋运输的主要运输方式，在内陆接壤的国家之间的贸易中，铁路运输起着无法替代的作用。铁路运输具有运行速度快、载运量大、成本低、受气候影响小、准时性和连续性强等优点。办理铁路货运手续比海洋运输简单，而且发货人和收货人可以在就近的始发站（装运站）和目的站办理托运和提货手续。缺点是铁路建设初期投资大，铁路运输需要铺设轨道，建路工程艰巨复杂，需要消耗大量原材料等。

我国的铁路运输可分为国际铁路货物联运和对港澳地区铁路货物运输。

1．国际铁路货物联运

凡使用一份统一的国际铁路联运票据，由铁路部门负责经过两国或两国以上铁路的全程运输，并由一国铁路向另一国铁路移交货物时，无须发货人和收货人参加，这种运输称为国际铁路货物联运。国际铁路联运牵涉面广，从发货站发运货物时起，须经过出口国的国境站、经过国的进口和出口国境站，直到进口国的进口国境站最后至到达站，环节多，交接复杂。为使联运货物顺利运送，要求每批货物的包装要符合长途运输的要求，票据要规范、清晰、随附各种单证要齐全、完备，运送车辆为国际列车，设备必须完好无损。

目前，我国铁路事业迅速发展，形成了以北京为中心的全国铁路网络。在国际货物运输方面，我国铁路发挥着重要的作用，成为我国联系欧洲、东南亚等国家和地区的主要陆路动脉。具体包括滨洲线、滨绥线、集二线、北疆线、沈丹线、长图线、梅集线、湘桂线、昆河线及图珲线。此外，我国于 2011 年顺利开通首列中欧班列，截至 2022 年底，中欧班列累计开行突破 6.5 万列，运输货物超过 600 万标箱，货值 3 000 亿美元，已经开通运行了 82 条线路，联通欧洲 24 个国家 200 多个城市，基本形成了对亚欧地区全覆盖的交通物流网络。中欧班列以其运距短、速度快、安全性高的特征，以及安全快捷、绿色环保、受自然环境影响小的优势，已经成为国际物流中陆路运输的骨干方式，是我国外贸运输中的“钢铁驼队”。

采用国际铁路货物联运，有关当事国事先必须有书面的约定。目前，国际铁路运输业务主要集中在欧洲和亚洲两大片区，分属不同的两个公约管辖。欧洲片区国家在国际铁路运输领域通常遵循《国际铁路货物运输公约》，亚洲片区国家则通常遵循《国际铁路货物联运协定》。这两个公约是协调参加国之间铁路货物运输的主要法律依据。

2．对港澳地区的铁路货物运输

香港和澳门是我国的特别行政区，直辖于中央人民政府，除外交和国防事务属中央人民政府管理之外，享有高度的自治权。按照基本法的规定，中国内地与香港、澳门之间的经贸活动参照国际惯例进行。香港和澳门分别作为单独的关税区，实行独立的关税制度和自由贸易政策，特别是香港，是我国同世界各国经贸往来的重要通道之一。

供应港、澳地区的物资运输既不同于国际联运，又不同于一般的国内货物运输，是一种特殊的运输方式。对港澳运送货物的全过程由内地段和港九段两部分铁路运输组成。

（1）对香港地区的铁路货物运输

发货人在内地车站填写国内铁路运单，办理发货地至深圳北站的国内段运送，以深圳外运公司或者中国铁路对外服务总公司作为收货人。如果暂时存仓或装箱中转的货物，发货人必须在运单中做出说明。

深圳外运公司或者中国铁路对外服务总公司作为发货人的代理，在口岸与铁路部门办理货物运送票据的交接，并向铁路部门租车，然后向海关办理出口申报手续，经海关、检验检疫、边防等查验放行后，过轨至香港九龙站。货车过轨后，由深圳外运公司或者中国铁路对外服务总公司在香港的代理，向香港九广铁路公司重新起票办理港段铁路，货物运进九龙各目的地车站后，由上述代理人将货物卸车交给香港的实际收货人。

因此，对港澳出口货物的运送是一种“租车方式、两票运送”的特殊运送方式。由各地外运分支机构以运输承运人的身份向发货人提供经深圳中转香港货物的承运货物收据，作为向银行结汇的凭证。

（2）对澳门地区的货物运输

内地货物按国内铁路运单运至广州南站，收货人是广东省外运公司。货到后由广东省外运公司办理水路中转业务到澳门。出口单位或货物代理在发送地车站将货物托运至广州南站新风码头42道专用道（零担到广州南站，危险品零担到广州吉山站，集装箱和快件到广州车站），收货人均为广东省外运公司。货到广州后由广东省外运公司办理水路中转，将货物运往澳门，货到澳门后由南光集团的运输部负责接货并交付收货人。

3．通过国际铁路货物联运出口货物的一般程序

（1）托运与承运。发货人在托运货物时，向车站提交货物运单正、副本，车站接到运单后，审核通过，即交给签证车站在运单上签证表示受理托运。发货人按指定的日期将货物运到指定的货位，装车完毕，发运站在货物运单上加盖承运日期，即为承运。

（2）发运。即货物进站、请车、拨车、装车、加固和密封。

（3）取得运单正、副本。运单正本是发货人与铁路之间的运输契约，运单副本是贸易双方结算货款的依据。两者不能互相替代。

值得注意的是，托运人向铁路承运人托运一批货物的重量、体积或形状需要使用一辆及以上货车运输的货物，应按整车运输的方式向铁路承运人办理托运手续。根据我国《铁路货物运输规程》的有关规定，下列货物限按整车办理：需要冷藏、保温或加温运输的货物；规定限按整车办理的危险货物；易于污染其他货物的污秽品（如未经消毒处理或未使用密封不漏包装的牲骨、湿毛皮、粪便、炭黑等）；不易计算件数的货物；蜜蜂；未装容器的活动物（铁路局定在管内可按零担运输的除外）；一件货物重量超过2公吨、体积超过3立方米或长度超过9米的货物等。此外，一批货物的重量或容积不满一辆货车，可与其他几批甚至上百批货物共用一辆货车装运时，则按零担办理。根据我国《铁路货物运输规程》的有关规定，凡按零担托运的货物有：一种货物体积最小不得小于0.02立方米（一件重量在10公斤以上的除外），每批货物不得超过300件，这是为了防止化整车货物为零担货物运输。

（二）航空运输

航空运输（Air Transport）是一种现代化的运输方式，相比海洋运输和铁路运输，具有运输速度快、货运质量高、手续简便、不受地面条件限制等优点。但由于运量小、运价高，航空运输适宜运送急需物资、鲜活商品、电子产品、精密仪器和贵重物品。近年来，随着国际贸易的迅速发展以及国际货物运输技术的不断现代化，采用空运方式日趋普遍。

1．国际航空货运方式

国际航空货运方式通常包括班机运输、包机运输、集中托运、陆空联运和航空快递等，以适应不同货物运输的需要并合理利用飞机的运输能力，获得良好效益。

（1）班机运输（Scheduled Airline）。是指根据班期时刻表，按照规定的航线，定机型、定日期、定时刻的，为非特定的众多货主提供规则的、反复的客、货、邮运输服务，并按照运价本或协议运价的规定收取运费的一种航空运输经营方式。班机运输一般有固定的航线、固定的始发站、途经站和目的站。

（2）包机运输（Chartered Carrier）。是航空公司按照约定的条件和费率，将整架飞机租给一个或若干个包机人（包机人指发货人或航空货运代理公司），从一个或几个航空站装运货物至指定目的地。包机运输适合大宗货物的运输，费率低于班机，但运送时间比班机要长。包机运输方式又可分为整机包机和部分包机两类。

（3）集中托运（Consolidation）。指航空货运代理公司将若干批单独发运的货物，集中

成一批向航空公司办理托运，采用一份总运单集中发运到同一目的地，由集中托运人委托当地的代理人收货、报关并负责分发给各个实际收货人的运输方式。这种托运方式可以降低运费，是航空货运代理的主要业务之一。

（4）联合运输（TAT Combined Transport）。是指包括空运在内的两种以上运输方式的联合运输。具体包括三种类型："火车—飞机—卡车"的联合运输，简称TAT（Train-Air-Truck）；"火车—飞机"的联合运输，简称TA（Train-Air）；"卡车—飞机"的联合运输，简称TA（Truck-Air）。

（5）航空快递（Air Courier）。是指具有独立法人资格的企业将进出境的货物或物品从发件人所在地，通过自身或代理的网络，以最快速度在货主、机场、用户之间传递急件的运输服务业务，这种方式又称为"桌至桌"的运输。特别适用于急需的药品、医疗器械、贵重物品、图纸资料、货样及单证等的传送。

2．航空运费

货物的航空运费是指将一票货物自始发地机场运输到目的地机场所应收取的费用，不包括承运人、代理人或机场收入的其他诸如提货、报关、交接和仓储等费用。货物的航空运费主要受两个因素影响，即货物适用的运价与货物的计费重量。

（1）运价。运价又称费率，是指承运人对所运输的每一重量单位货物（千克或磅）所收取的自始发地机场至目的地机场的航空费用。货物的航空运价一般使用始发地货币公布。

（2）计费重量。货物的计费重量或者是货物的实际毛重，或者是货物的体积重量，或者是两者之中较高的一个。具体而言：①实际毛重：包括货物包装在内的货物重量；②体积重量：体积重量的换算标准为每6 000立方厘米（0.006立方米）折合1千克；③计费重量：采用货物的实际毛重与货物的体积重量两者比较取高者。

国际航协规定，国际货物的计费重量以0.5千克为最小单位，重量尾数不足0.5千克的，按0.5千克计算；0.5千克以上不足1千克的，按1千克计算。空运货物按一般货物、特种货物和货物的等级规定运价标准。

（三）集装箱运输、国际多式联运、大陆桥运输

1．集装箱运输

（1）集装箱运输的特点

集装箱是指具有一定强度、刚度和规格，专供周转使用的大型装货容器。集装箱运输（Container Freight Transport），是指以集装箱为载体，将货物集合组装成集装单元，以便在现代流通领域内运用大型装卸机械和大型载运车辆进行装卸、搬运作业和完成运输任务，从而更好地实现货物"门到门"运输的一种新型、高效率和高效益的运输方式。使用集装箱装运货物，可直接从托运人的仓库运到收货人的仓库，中途更换车、船时，也无须将货物从箱内取出来换装。因此，集装箱运输有助于提高装载效率、加快车船周转、降低运输成本、减轻劳动强度、减少货损货差、保证运输安全。

为使集装箱在国际上具有广泛的流动性，国际标准化组织制定并推荐了三个系列13种规格的集装箱标准方案。只要各国制造的集装箱外部尺寸和载重量符合国际标准，即认为是国际标准集装箱。现在国际海运中大量使用的是20英尺和40英尺的集装箱，即上述标准第1系列的1A（20×8×8′）和1C（40×8×8′）型。其中，20′箱载货限量17.5公

吨，装箱容量一般为24立方米—25立方米，最多达33立方米；40′箱限重为30公吨，箱内容积为61立方米—67立方米，一般可装50立方米—55立方米的货物。同时，为便于计算集装箱数量，以20英尺长的集装箱为标准箱（Twenty-foot Equivalent Unit，缩写为TEU），也称国际标准箱单位，通常用来表示船舶装载集装箱的能力，也是集装箱和港口吞吐量的重要统计和换算单位，其余长度的集装箱再折合为20英尺计算。

集装箱按材质划分，可分为铝合金集装箱、钢板集装箱、纤维板集装箱及玻璃钢集装箱；按用途划分，有干货集装箱、冷藏集装箱、罐式集装箱、框架集装箱、平台集装箱、通风集装箱、牲畜集装箱、开顶集装箱及挂衣集装箱等种类。

（2）集装箱运输的交货方式

集装箱运输的货物可分为整箱货（Full Container Load，FCL）和拼箱货（Less than Container Load，LCL）。整箱货是指由发货人负责在工厂或仓库装箱和计数，填写装箱单并加封志，直接运交集装箱堆场（Container Yard，CY）等待装运，货物到达目的地（港）后，收货人可直接从目的地（港）集装箱堆场提走，通常只有一个发货人和一个收货人。拼箱货是指货量不足一整箱，由承运人在集装箱货运站（Container Yard，CY）负责将不同发货人的少量货物拼在一个集装箱内装箱和计数，填写装箱单，并加封志，货到目的港（地）后，由承运人拆箱分拨给各收货人，通常是多个发货人和多个收货人。

集装箱货物主要的交接方式有：①场到场的交接（CY to CY），即发货人整箱交货，收货人整箱接货，主要用于海运承运人；②站到站的交接（CFS TO CFS），即发货人拼箱交货，收货人拼箱接货，主要用于拼箱经营人；③门到门的交接（DOOR TO DOOR），即由承运人在发货人工厂或仓库接货，在收货人工厂或仓库交货。主要用于货代、多式联运、物流经营人。

（3）集装箱运费的计算

国际集装箱海运运费的计算办法与普通班轮运费的计算办法一样，也是根据费率表规定的费率和计费办法计算运费，运费分为基本运费和附加费。不过，由于集装箱货物既可以交集装箱货运站（CFS）装箱，也可以由货主自行装箱整箱托运；既可以使用自有集装箱，也可以使用承运人的集装箱，因而在运费计算方式上有所不同。

目前，对集装箱拼箱货运费的计算，各船公司基本上是依据件杂货运费的标准按所托运货物的实际运费吨计费，即尺码大的按尺码吨计费，重量大的按重量吨计费。在拼箱货海运运费中还要加收与集装箱有关的费用，如拼箱服务费等。由于拼箱货涉及不同的收货人因而拼箱货不能接受货主提出的有关选港或变更目的港的要求。拼箱货海运运费中没有选港附加费和变更目的港附加费。

对于整箱托运的集装箱货物运费的计收：一种方法是同拼箱货一样，按实际运费吨计收；另一种方法，也是目前采用较为普遍的方法，是根据集装箱的类型按箱计收运费。如果使用的是承运人的集装箱时，为确保承运人的利益和提高集装箱利用率，集装箱海运费计收有“最低计费吨”和“最高计费吨”的规定。

2．国际多式联运

国际多式联运（International Multimodal Transport或International Combined Transport，美国称为International Intermodal Transport）是在集装箱运输的基础上产生发展起来的，以集装箱为媒介把海洋运输、铁路运输、公路运输、航空运输等单一运输方式有机结合起来的综合、连贯的一种新型运输方式，是实现门到门运输的有效方式。自20世纪60年代初在美国首先出现后，很快在欧洲及亚洲的一些地区广为采用。

根据《联合国国际多式联运公约》的解释，国际多式联运是指由多式联运经营人按照多式联运合同，以至少两种不同的运输方式，将货物从一国境内接管货物的地点运往另一国境内指定交付货物地点的运输方式。

根据上述定义，结合国际实际做法，可以概括出国际多式联运具有以下几个特征：

（1）必须具有一份多式联运合同。

（2）必须使用一份全程多式联运单据

（3）必须是至少两种不同运输方式的连贯运输。

（4）必须是跨越国境的国际的货物运输。

（5）必须有一个多式联运经营人对货物运输的全程负责。

（6）必须对货主实行全程单一运费费率。

国际多式联运以其手续简便、安全可靠、包装简化、迅速及时等优点，在国际上被广泛采用，是实现“门到门”运输的有效方式，货物的交接地点，可以做到门到门、门到港站、港站到港站、港站到门等。

3．大陆桥运输

大陆桥运输（Land Bridge Transport）是指以横贯大陆上的铁路或公路运输系统为中间桥梁，把大陆两端的海洋连接起来的集装箱连贯运输。大陆桥的意思是在海洋间把一块大陆当作桥梁，组成一个“海—陆—海”的运输方式。因此，这是一种地理上的形象叫法。大陆桥运输，实际上是指采用国际标准集装箱（20英尺或40英尺），装载在直达专用列车上，利用大陆的铁路作为中间桥梁，将其与大陆的两端海上运输连接起来，凭借不同国家的铁路进行运输，从而形成跨越大陆、连接海洋的国际集装箱连贯运输方式。因此，大陆桥运输也是“国际铁路集装箱过境运输”。

大陆桥运输也是“国际多式联运”的组成部分，它以集装箱为媒介，将多种运输方式联合成一个整体的运输体系，从而选择最便捷的路径，使之发挥各自的优势，以达到缩短运程、节省时间、降低运输成本、简化货运手续、加快运输速度，并发挥集装箱运输的优越性。

大陆桥正式诞生于1967年。当时由于埃及战争，苏伊士运河被迫关闭，而巴拿马运河又拥挤堵塞，远东与欧洲之间的海上货船不得不改道绕航非洲好望角或南美洲德雷克海峡，导致航程和运输时间大大延长。加上油价猛涨，海运成本增加，而当时正值集装箱运输兴起，所以大陆桥运输应运而生。从远东港口至欧洲的货运，于1967年底首次开辟了使用美国大陆桥运输路线，把原来全程海运，改为海、陆、海运输方式，试行结果取得了较好的经济效果，达到了缩短运输里程、降低运输成本、加速货物运输的目的。发展到现在已经形成下列几条大陆桥运输路线。

（1）北美大陆桥

北美大陆桥是指从日本东向，利用海路运输到北美西海岸，再经由横贯北美大陆的铁路线，陆运到北美东海岸，再经海路运到欧洲的“海—陆—海”运输结构。北美大陆桥是世界上历史最悠久、影响最大、服务范围最广的陆桥运输线。北美大陆桥运输对巴拿马运河的冲击很大，由于陆桥运输可以避开巴拿马运河宽度的限制，许多海运承运人开始建造超巴拿马型集装箱船，增加单艘集装箱船的载运箱量，放弃使用巴拿马运河，使集装箱国际海上运输的效率更为提高。

北美大陆桥包括美国大陆桥运输和加拿大大陆桥运输。美国大陆桥有两条运输线路：一条是从西部太平洋沿岸至东部大西洋沿岸的铁路和公路运输线；另一条是从西部太平洋沿岸至东南部墨西哥湾沿岸的铁路和公路运输线。

（2）西伯利亚大陆桥

西伯利亚大陆桥（或称亚欧第一大陆桥或欧亚大陆桥）是利用俄罗斯西伯利亚铁路作为陆地桥梁，把太平洋远东地区与波罗的海和黑海沿岸以西欧大西洋口岸连接起来的大陆桥。大陆桥全长1.3万公里，东起俄罗斯东方港或纳霍德卡港，西至俄芬（芬兰）、俄白（白俄罗斯）、俄乌（乌克兰）和俄哈（哈萨克斯坦）边界，过境欧洲和中亚等国家。

（3）新亚欧大陆桥

新亚欧大陆桥，也称亚欧第二大陆桥。该大陆桥东起中国的连云港，西至荷兰鹿特丹港，全长1.08万千米，其中在中国境内4 143千米，途经中国、哈萨克斯坦、俄罗斯、白俄罗斯、波兰、德国和荷兰7个国家，可辐射到30多个国家和地区。1990年9月，中国铁路与哈萨克铁路在德鲁日巴站正式接轨，标志着东起中国连云港经徐州、郑州、西安、兰州、乌鲁木齐、经阿拉山口进入哈萨克斯坦，再经俄罗斯、白俄罗斯、东欧和西欧直达荷兰鹿特丹的亚欧大陆桥贯通。1991年7月20日开办了新疆——哈萨克斯坦的临时边贸货物运输。1992年12月1日由连云港发出首列国际集装箱联运“东方特别快车”，经陇海、兰新铁路，西出边境站阿拉山口，分别运送至阿拉木图、莫斯科、圣彼得堡等地，标志着该大陆桥运输的正式开办。

（4）其他运输形式

OCP运输是美国大陆桥运输的形式之一。“OCP”是Overland Common Points的缩写，译作“内陆公共点”，意为“内陆地区”。OCP的运输过程是指出口到美国的货物海运到美国西部港口（旧金山、西雅图等）卸货，再通过陆路交通向东运至指定的内陆地点。美国内陆区域，是以落基山脉（Rocky Mountains）为界，即除紧临太平洋的美国西部九个州以外，其以东地区均为适用OCP的地区范围。

北美地区的陆桥运输不仅包括上述大陆桥运输，而且还包括小陆桥运输（Mini-bridge）和微桥运输（Micro-bridge）等运输组织形式。小陆桥运输从运输组织方式上看与大陆桥运输并无大的区别，只是其运送货物的目的地为沿海港口。微桥运输与小陆桥运输基本相似，只是其交货地点在内陆地区。

（四）国际公路、内河、邮政和管道运输

1．公路运输

公路货物运输（Road Transportation）是现代主要运输方式之一，也是陆上运输的两种基本方式之一。国际公路货物运输是指国际货物借助一定的运载工具，沿着公路作跨及两个或两个以上国家或地区的移动过程。目前，世界各国的国际公路货运一般以汽车作为运输工具，所以它实际上就是国际汽车货物运输。它既是一个独立的运输体系，也是车站、港口和机场集散物资的重要手段。

公路运输具有机动灵活、速度快和便捷等特点，尤其是在实现“门到门”运输中，更离不开公路运输。但公路运输也有一定的不足之处，如载货量有限，运输成本高，容易造

成货损事故。

全世界机动车总数已近7亿辆。全世界现代交通网中，公路线长占2/3，约达2 000万千米，公路运输所完成的货运量占整个货运量的80%左右，货物周转量占10%。在一些工业发达国家，公路运输的货运量、周转量在各种运输方式中都名列前茅，公路运输已成为一个不可缺少的重要组成部分。我国内地同港澳地区的部分进出口货物也通过公路运输，通过香港的多式联运都可以通过公路运输来实现。

2．内河运输

内河运输是水上运输的一个重要组成部分，起着陆上运输的分流作用和海上运输的延伸作用，同时，也是连接内陆腹地（Inland Area）和沿海地区（Coastal Region）的纽带。内河运输具有运量大、投资少、成本低、耗能少等特点，对一个国家的国民经济和工业布局起着重要作用。世界各国都重视本国内河运输系统的建设。

我国拥有四通八达的内河航运网，长江、珠江等主要河流中的一些港口已对外开放，同一些邻国还有国际河流相通，这就为我国进出口货物通过河流运输和集散提供了十分有利的条件。

3．邮政运输

邮政运输又称邮包运输（Parcel Post Transport），是一种最简便的运输方式。世界各国的邮政业务均由国家办理，而且均兼办邮包运输业务。各国邮政部门之间订有协定和公约，从而保证了邮件包裹传递的畅通无阻、四通八达，形成了全球性的邮政运输网，使得国际邮政运输成为国际贸易中普遍采用的运输方式之一。

邮政运输具有广泛的国际性和国际多式联运的性质，可以实现“门到门”运输，受限于邮政业的规定及运费的影响，邮政运输只适宜于重量轻、体积小的商品，如精密仪器、机器零件、金银首饰、药品以及各种样品和零星物品等。

4．管道运输

管道运输（Pipeline Transport）是货物在管道内借高压气泵的压力向目的地输送的一种运输方式，是随着石油的生产而产生和发展的。它是一种特殊的运输方式，与普通货物运输形态完全不同。普通货物运输是货物随着运输工具的移动而移动，管道运输的运输工具本身就是管道，是固定不动的，只是货物本身在管道内移动，它是运输通道和运输工具合二为一、高度专业化的一种专门运输方式。

现代管道运输起源于美国。1861年，美国宾夕法尼亚州最初使用木制油槽，从油矿把原油输送至聚油塔、因木制油槽阻力大，易渗漏，随后改以铁制管道代替。直至20世纪初，管道运输得到了迅速的发展。为了增加运量，加速周转，现代管道管径和气压泵功率都有很大增加，管道里程愈来愈长，最长达数千千米。现代管道不仅可以输送原油、各种石油成品、化学品、天然气等液体和气体物品，而且可以输送矿砂、碎煤浆等。近年来，管道运输也被进一步研究开发用于散状物料、成件货物、集装物料运输，并发展了容器式管道输送系统。

管道运输是国民经济综合运输的重要组成部分之一，也是衡量一个国家的能源与运输业是否发达的特征之一。在全球230万千米管道中，输油管道占近40%，输气管道占50%，化工和其他管道占约10%。管道运输在世界各国各地区的油田、油港和炼油中心之间起着纽带作用，在原油和油品的进出口贸易中，是与油轮相辅相成的重要运输方式。

管道运输由于具有运量大、运输成本低、安全可靠、易于管理等特点而备受青睐，呈快速发展之势。随着科学技术的发展，各国越来越重视输煤管道的研究和应用。随着运行管理的现代化，管道运输将会发挥越来越大的作用。

第二节 运输单据

运输单据是承运人收到承运货物后签发给托运人的证明文件，是交接货物、处理索赔与理赔以及向银行结算货款或进行议付的重要单据。在国际货物运输中，运输方式不同，使用的运输单据也各有不同，具体主要包括海运单据和其他运输单据。

一、海运单据

（一）海运提单

1．海运提单的定义、性质和作用

海运提单（Bill of Lading，B/L）简称提单，是指由船长或船公司或其他代理人签发的，证明已收到特定货物，允诺将货物运到特定目的地并交付给收货人的凭证，也是收货人在目的港据以向船公司或其代理提取货物的凭证。海运提单的性质和作用可以概括为以下三个方面：

（1）运输契约

提单是承运人与托运人之间订立运输契约的证明。提单条款明确规定了承运人和托运人之间的权利、义务与责任豁免，一旦发生争议，双方据此进行解决。

（2）货物收据

提单是承运人或其代理人签发的货物收据，证明承运人已经收到或接管提单上所列的货物。

（3）物权凭证

提单是一种货物所有权的凭证，在法律上具有物权证书的作用，船货抵达目的港后，承运人应向提单的合法持有人交付货物。提单可以通过背书转让，从而转让货物的所有权。

2．海运提单的内容

海运提单包括班轮提单和租船合同项下的提单两种。这两种提单的格式不同，内容也有很大差别。前者除提单正面列有托运人和承运人分别填写的有关货物与运费等记载事项外。背面还有印就的涉及承运人与货方之间的权利、义务与责任豁免的条款；后者仅在提单正面列有简单的记载事项，并表明“所有其他条款、条件和例外事项按某年某月某日租船合同办理”，而提单背面则无印就的条款。

（1）海运提单正面内容

如表 6-1 所示，提单正面都记载了有关货物和货物运输的事项。这些事项有的是有关提单的国内立法或国际公约规定的，作为运输合同必须记载的事项，如果漏记或错记，就可能影响提单的证明效力；有的则属于为了满足运输业务需要而由承运人或代理人自行决定，或经承运人与托运人协议，认定应该在提单正面记载的事项。前者称为必要记载事项，后者称为任意记载事项。

表 6-1　　　　海运提单范本

<table>
<tr><td colspan="5">1. SHIPPER</td><td>10.B/L NO.</td></tr>
<tr><td colspan="5">2. CONSIGNEE</td><td rowspan="3">COSCO
中国远洋运输（集团）公司
CHINA OCEAN SHIPPING
（GROUP）CO.</td></tr>
<tr><td colspan="5">3. NOTIFY PARTY</td></tr>
<tr><td colspan="3">4. PLACE OF RECEIPT</td><td colspan="2">5. OCEAN VESSEL</td></tr>
<tr><td colspan="3">6. VESSEL NO.</td><td colspan="2">7. PORT OF LOADING</td><td rowspan="2">ORIGINAL
Combined Transport Bill of Lading</td></tr>
<tr><td colspan="3">8. PORT OF DISCHARGE</td><td colspan="2">9. PLACE OF DELIVERY</td></tr>
<tr><td>11. MARKS</td><td colspan="2">12. NOS & KINDS OF PACKS</td><td>13. DESCRIPTION OF GOODS</td><td>14. G.W.（kg）</td><td>15. MEAS（m²）</td></tr>
<tr><td></td><td colspan="2"></td><td></td><td></td><td></td></tr>
<tr><td colspan="6">16. TOATAL NUMBER OF CONTAINERS OF PACKAGES（IN WORDS）:</td></tr>
<tr><td>FREIGHT&CHARGES</td><td>REVENUE TONS</td><td>RATE</td><td>PER</td><td>PREPAID</td><td>COLLECT</td></tr>
<tr><td>PREPAID AT</td><td colspan="2">PAYABLE AT</td><td colspan="3">17. PLACE AND DATE OF ISSUE</td></tr>
<tr><td>TOTAL PREPAID</td><td colspan="3">18. NUMBER OF ORIGINAL B（S）L</td><td colspan="2" rowspan="2">21. SIGNED FOR THE CARRIER</td></tr>
<tr><td>19. DATE</td><td colspan="3">20. LOADING ON BOARD THE VESSEL BY</td></tr>
</table>

必要记载事项。各国关于提单的法规都对提单的必要记载事项做出规定，虽然有简有繁，但从提单的法律效力和业务需要考虑，各国对提单必要记载事项的规定是基本相同的。我国海商法第 73 条第 1 款规定，提单内容，包括下列各项：①关于货物的描述：货物的品名、标志、包数或者件数、重量或者体积，以及运输危险货物时对危险性质的说明；②关于当事人：托运人和收货人的名称、承运人的名称和主营业场所；③关于运输事项：船舶名称和国籍、装货港和在装货港接受货物的日期、卸货港和运输路线、多式联运提单增列接收货物地点和交付货物地点；④关于提单的签发：提单的签发日期、地点和份数；承运人、船长或者其代理人的签字。⑤关于运费和其他应付给承运人的费用的记载。

一般记载事项。①属于承运人和托运人因业务需要而记载的事项；②区分承运人与托运人之间的责任而记载的事项；③承运人免责和托运人作承诺的条款。

（2）提单的背面条款

提单的背面印有各种条款，一般分为两类：一类属于强制性条款，其内容不能违背有关国家的海商法规、国际公约或港口惯例的规定，违反或不符合这些规定的条款是无效的；另一类是任意性条款，即上述法规、公约和惯例没有明确规定，允许承运人自行拟订的条款。所有这些条款都是表明承运人与托运人以及其他关系人之间承运货物的权利、义务、责任与免责的条款，是解决他们之间争议的依据。各船公司的提单背面条款繁简不一，但内容大同小异。通常包括：定义条款、首要条款、管辖权条款、承运人的责任条款、承运人的责任期间条款、承运人的免责条款、承运人的赔偿责任限额条款及托运人的责任条款等。

3．海运提单的种类

海运提单的种类繁多，可以从不同角度分为不同的种类。以下是主要的几种。

（1）根据货物是否已装船，可分为已装船提单和备运提单

已装船提单（On Board B/L，Shipped B/L）是指整票货物已经全部装进货舱或装在甲板（如集装箱）后，由船长或承运人或其授权的代理人凭大副收据所签发给托运人的提单。这种提单除载明一般事项外，通常还必须注明装载货物的船舶名称和装船日期，即提单项下货物的装船日期。这种提单在国际贸易中被广泛使用。

备运提单（Received for Shipment B/L），又称收妥待运提单，是指承运人在接管托运人送交的货物但还未装船时，应托运人的要求签发的提单。银行结汇一般不接受备运提单。

（2）根据提单有无批注条款，可分为清洁提单和不清洁提单

清洁提单（Clean B/L）是指在装船时，货物的外表状况良好，承运人在签发提单时，未在提单上加注任何有关货物残损、包装不良、件数、重量和体积，或其他妨碍结汇批注的提单。在国际贸易实践中，使用清洁提单非常重要，买方要想收到完好无损的货物，首先必须要求卖方在装船时保持货物外观良好，并要求卖方提供清洁提单。清洁提单是国际贸易中广泛采用的提单。如果承运人签发了清洁提单，而货物到港后发现有残损，除非是承运人可以免责的原因所致，承运人必须负责赔偿。

根据国际商会《跟单信用证统一惯例》第三十四条规定："清洁运输单据，是指货运单据上并无明显地声明货物及/或包装有缺陷的附加条文或批注者；银行对有该类附加条文或批注的运输单据，除信用证明确规定接受外，当拒绝接受。"

不清洁提单（Unclean B/L，Foul B/L）是指承运人明确地在提单上对有关货物表面状况或货物包装不牢、破残、渗漏、玷污、标志不清等现象时，大副将在收货单上对此加以批注，并将此批注转移到提单上，这种提单称为不清洁提单。

我国《海商法》第七十五条规定："承运人或者代其签发提单的人，知道或者有合理的根据怀疑提单记载的货物品名、标志、包数或者件数、重量或者体积与实际接收的货物不符，在签发已装船提单的情况下怀疑与已装船的货物不符，或者没有适当的方法核对提单记载的，可以在提单上批注，说明不符之处，怀疑的根据或者说明无法核对。"

（3）根据提单的不同抬头，可分为记名提单、不记名提单和指示提单

记名提单（Straight B/L）又称收货人抬头提单，是指提单上的收货人栏内具体填写收货人名称的提单。这种提单所记载的货物只能由该特定收货人提取，或者说承运人在卸货港只能把货物交给提单上所指定的收货人。如果承运人将货物交给提单指定的以外的人，即使该人占有提单，承运人也应负责。这种提单失去了代表货物可转让流通的便利，但同时也可以避免在转让过程中可能带来的风险。因此原则上记名提单不能流通转让。记名提单在国际贸易中使用并不多，一般只在运输展览品或贵重物品时使用。

不记名提单（Bearer B/L）是指提单上的收货人一栏内未写明收货人，只填写"持有人"（Bearer）字样，即货交提单持有人，或收货人一栏为空白。这种提单不需要任何背书手续即可转让或提取货物，承运人应将货物交给提单持有人，谁持有提单，谁就可以提货，承运人交付货物只凭单，不凭人。这种提单丢失或被窃，风险极大，若转入善意的第

三者手中时，极易引起纠纷，故国际上较少使用这种提单。

指示提单（Order B/L）是指在提单正面收货人一栏内填上“凭指示”（To Order）或“凭某人指示”（To Order of...）字样的提单。指示提单是一种可以转让的提单，提单的持有人可以通过背书的方式把它转让给第三者，而无须经过承运人同意，所以这种提单为买方所欢迎。按照抬头的写法不同，指示提单分为凭银行指示、凭收货人指示、凭发货人指示及不记名指示四种。在国际贸易中，指示提单被广泛使用。

（4）根据运输方式，可分为直达提单、转船提单和联运提单

直达提单（Direct B/L）是指货物从装运港装船后，中途不换船直接运到目的港卸船交给收货人的提单。直达提单上不得有“转船”或“在某港转船”的批注。凡信用证规定不准转船者，必须使用这种直达提单。如果提单背面条款印有承运人有权转船的“自由转船”条款，而无转船批注，则不影响该提单成为直达提单的性质。使用直达提单，货物由同一船舶直运目的港，对买方来说比中途转船有利得多，它既可以节省费用、减少风险，又可以节省时间，及早到货。因此，通常买方只有在无直达船时才同意转船。在贸易实务中，如信用证规定不准转船，则卖方必须取得直达提单才能结汇。

转船提单（Transshipment B/L）是指货物从起运港装载的船舶不直接驶往目的港，需要在中途港口换装其他船舶转运至目的港卸货，承运人签发这种提单称为转船提单。在提单上注明“转运”或在“某某港转船”字样，转船提单往往由第一程船的承运人签发。由于货物中途转船，增加了转船费用和风险，并影响到货时间，故一般信用证内均规定不允许转船，但直达船少或没有直达船的港口，买方也只好同意可以转船。

联运提单（Through B/L）是指货物运输需经两种或两种以上的运输方式来完成，如海陆、海空或海海等联合运输所使用的提单。海海联运在航运界也称为转运，包括海船将货物送到一个港口后再由驳船从港口经内河运往内河目的港。

联运的范围超过了海上运输界限，货物由船舶运送经水域运到一个港口，再经其他运输工具将货物送至目的港，先海运后陆运、先海运后空运，或者先空运后海运、先陆运后海运。当船舶承运由陆路或飞机运来的货物继续运至目的港时，货方一般选择使用船方所签发的联运提单。

（5）根据提单的签发日期，可以分为过期提单、倒签提单、预借提单和顺签提单

过期提单（Stale B/L）有两种情况可以构成过期提单：第一种是指由于航线较短或银行流转速度过慢，以致货物到达目的港时，收货人尚未收到提单，提单晚于货物到达目的港，造成提货受阻；第二种则是由于出口商在取得提单后未能及时到银行议付形成过期提单。对于第一种情况，目前的解决办法是采用非转让的海运单或应用电子提单来替代目前的提单，以加快货物的流转。对于第二种情况，则根据国际商会《跟单信用证统一惯例》的规定，“如信用证无特殊规定，银行将拒收在运输单据签发日期后超过二十一天才提交的单据。在任何情况下，交单不得晚于信用证到期日。”银行一般都拒收过期提单。

倒签提单（Anti-dated B/L）是指货物装船完毕后，承运人或其代理人应托运人的要求，在货物的实际装船日期迟于信用证或合同规定的装运期限时，以早于货物实际装船日期为签发日期的提单。当货物实际装船日期晚于信用证或合同规定的装船日期，若仍按实际装船日期签发提单，托运人就无法结汇。为了使签发提单的日期与信用证规定的装运日期相符，以利结汇，承运人应托运人的要求，在提单上仍以信用证或合同规定的装运日期

填写签发日期，以免违约。倒签提单是一种既违约又违法的行为，在许多国家都被视为卖方和船方的共同欺诈，一经发现，承运人将不得不与托运人共同赔偿收货人因此而遭受的损失。本章的导入案例中的提单就属于倒签提单，因为货物实际装船完成日期是2月11日，但提单签发日期为1月31日。倒签提单是一种欺诈性质的提单，曾有犯罪学权威说过，提单与名画价值同样不菲，但伪造提单要比伪造蒙娜丽莎名画像容易得多。又有人形容提单好似“一把打开浮动仓库的钥匙”。提单所注装运日期只有承运人一方才能保证，如果承运人没有如实在提单上注明装运日期，就构成了对提单受让人的一项欺瞒行为，等于与发货人一起对收货人进行欺瞒，本身是一种违法行为，要对此引起的损失负责。一些地区，如欧美，甚至会将之列为刑事案（诈骗案）处理，且船东互保协会对于承运人由于出具倒签提单所致的一切损失不予理赔。我公司败诉的原因就在于提交的是具有欺诈性质的倒签提单，为此要承担对于收货人造成的损失。本章的导入案例说明在国际货物运输中，无论发货人还是承运人都一定要恪守诚实守信的原则。

预借提单（Advanced B/L）是指货物尚未装船或尚未装船完毕的情况下，信用证规定的结汇期（即信用证的有效期）即将届满，托运人为及时结汇而要求承运人或其代理人提前签发的已装船清洁提单，即托运人为了能及时结汇而从承运人那里借用的已装船清洁提单。这种提单往往是当托运人未能及时备妥货物或船期延误，船舶不能按时到港接受货载，估计货物装船完毕的时间可能超过结汇期时，托运人采用出具保函的形式从承运人那里借出提单用以结汇。与倒签提单相比，预借提单的风险更大，因为预借提单是承运人在货物尚未装船，或者装船还未完毕时签发的。我国法院对承运人签发预借提单的判例，不但由承运人承担由此而造成的一切后果，赔偿货款损失和利息损失，还要赔偿包括收货人向第三方赔付的各项损失。

顺签提单（Post-dated B/L）。有时信用证规定的是最早装运期（到最晚装船期），货物发货时间早于该装运期，货主开具保函，申请提单的签单日期向后延至规定的日期。这就是提单的顺签。这种情况比较少发生。

提单的倒签和顺签，都是对事实的不符，一旦产生争议，提单的签发人都必须承担故意过失，保函仅能证明提单签发人是出于善意的行为，不具抗辩效力。因此，对于倒签和顺签，船公司很少予以批准，货代也应非常谨慎。

（6）根据提单内容的繁简，可分为全式提单和略式提单

全式或繁式提单（Long Form B/L）是指提单除正面印就的提单格式所记载的事项，背面列有关于承运人与托运人及收货人之间权利、义务等详细条款的提单。由于条款繁多，所以又称繁式提单。在海运的实际业务中大量使用的大都是这种全式提单。

略式或简式提单（Short Form B/L）是指仅保留提单正面的必要记载事项，而无背面关于承运人与托运人及收货人之间的权利义务等详细条款的提单。这种提单一般都列有“本提单货物的收受、保管、运输和运费等项，均按本公司全式提单内所印的条款为准”的字样。租船合同项下所签发的提单通常是简式提单。

（7）按提单使用的有效性，可分为正本提单与副本提单

正本提单（Original B/L）是指提单上有承运人正式签字并注明船名和签发日期的提单。这种提单在法律上和商业上是公认的、有效的单据。正本提单的份数若干，若无明文规定，一般是一套两至三份并且必须在提单上注明签发的份数。此外，提单上必须要标明

“正本”（Original，First Original，Second Original，Duplicate，Triplicate等）字样以区别于副本提单。

副本提单（Copy B/L）是指与正本提单相对的提单，即提单上没有承运人签字盖章，只供工作上参考使用。副本提单上一般都标有“Copy”或“Non-negotiable”字样，以区别于正本提单。

（8）按船舶经营性质，可分为班轮提单与租船提单

班轮提单（Liner B/L）是经营班轮运输的船公司出具的提单。这种提单通常有固定印就的格式，其背面条款不会因不同航次或面对不同的发货人而轻易改变。另外，除了一般条款外，班轮提单通常印有“光船条款”（Demise Clause）和“承运人身份条款”（Identity of Carrier Clause）。这两个条款是指当班轮公司租用期租船时，提单上虽印就班轮公司的抬头，而实际使用的船舶（承运人）是真正的期租船舶。

租船提单（Charter Party B/L），又称租船合同提单，是根据租船合同签发的一种提单，提单上一般批注有“根据××租船合同出立”字样。因此，这种提单要受租船合同条款的约束。在租船合同下签发的提单，船东或租船人都有可能成为向收货人或提单持有人承担货物运输的承运人。

（9）按运费支付时间，可分为运费预付提单与运费到付提单

运费预付提单（Freight Prepaid B/L）。若贸易合同采用CIF、CIP或CFR等条件，按规定，货物托运时必须预付。在运费预付情况下出具的提单称为运费预付提单。这种提单正面载明“运费预付”（Freight Prepaid）字样。付费后，若货物灭失，运费不退。因此，这种提单对货主存在一定的风险。

运费到付提单（Freight to Collect B/L）。若贸易合同采用FOB、FAS等条件，则不论是买方订舱还是买方委托卖方订舱，运费通常为到付，并在提单上载明“运费到付”字样。这种提单对承运人存在一定的风险。

4．有关海运提单的国际公约

为了统一规定海上运输中承运人和托运人（或收货人）的权利和义务，国际上签署若干公约，其中有关提单的国际公约有《海牙规则》《维斯比规则》《汉堡规则》及《鹿特丹规则》。

（1）《海牙规则》

海牙规则（Hague Rules）的全称是《统一提单若干法律规定的国际公约》，1924年8月25日由26个国家在布鲁塞尔签订，1931年6月2日生效。公约草案1921年在海牙通过，因此定名为海牙规则，包括欧美许多国家在内的50多个国家都先后加入了这个公约。1936年，美国政府以这一公约作为国内立法的基础制定了1936年美国海上货物运输法。海牙规则使得海上货物运输中有关提单的法律得以统一，在促进海运事业发展，推动国际贸易发展方面发挥了积极作用，是最重要的和目前仍被普遍使用的国际公约，我国于1981年承认该公约。

海牙规则的特点是较多地维护了承运人的利益，在风险分担上很不均衡，因而引起了作为主要货主国的第三世界国家的不满，纷纷要求修改海牙规则，建立航运新秩序。

（2）《维斯比规则》

维斯比规则（Visby Rules）全称是《关于修订统一提单若干法律规定的国际公约的议

定书》，简称为“1968年布鲁塞尔议定书”。规则于1968年2月23日在布鲁塞尔通过，1977年6月生效。目前已有英、法、德、荷、西、丹麦、挪威、新加坡、瑞典等30多个国家和地区参加了这一公约。由于该议定书草案在斯德哥尔摩讨论期间，参加会议的成员到过哥特兰岛的维斯比城，为借用中世纪维斯比海法之名声，故将该议定书称为《维斯比规则》。

当时在第三世界国家的强烈要求下，修改海牙规则的意见已为北欧国家和英国等航运发达国家所接受，但他们认为不能急于求成，以免引起混乱，主张折中各方意见，只对海牙规则中明显不合理或不明确的条款作局部的修订和补充，维斯比规则就是在此基础上产生的。所以维斯比规则也称为“海牙—维斯比规则”。

（3）《汉堡规则》

汉堡规则（Hamburg Rules）全称是《1978年联合国海上货物运输公约》。1976年由联合国贸易法律委员会草拟，1978年在德国汉堡举行的联合国海上货物运输会议上通过。汉堡规则可以说是在第三世界国家的反复斗争下，经过各国代表多次磋商，并在某些方面做出妥协后通过的。汉堡规则全面修改了海牙规则，较大程度上加重了承运人的责任，保护了货方的利益，代表了第三世界发展中国家意愿，这个公约已于1992年生效。但因签字国为埃及、尼日利亚和罗马尼亚等非主要航运货运国，因此目前汉堡规则对国际海运业影响不是很大。

（4）《鹿特丹规则》

鹿特丹规则（The Rotterdam Rules）全称是《联合国全程或部分海上国际货物运输合同公约》。2008年12月11日在纽约举行的联合国大会上规则正式得到通过，会议授权2009年9月23日在荷兰鹿特丹举行新公约开放签署仪式，因而该公约又被命名为《鹿特丹规则》。从内容上看，《鹿特丹规则》是当前国际海上货物运输规则之集大成者，不仅涉及包括海运在内的多式联运、在船货两方的权利义务之间寻求新的平衡点，而且还引入了如电子运输单据、批量合同、控制权等新的内容。此外，公约还特别增设了管辖权和仲裁的内容。从公约条文数量上看，公约共有96条，实质性条文为88条，是《海牙规则》的9倍，《汉堡规则》的3.5倍。因此，该公约被称为一部“教科书”式的国际公约。

《鹿特丹规则》的目标是取代现有海上货物运输领域三大国际公约，即《海牙规则》《海牙—维斯比规则》和《汉堡规则》，以统一国际海上货物运输法律制度。《鹿特丹规则》与我国《海商法》及现在国际上普遍采用的《海牙规则》《海牙—维斯比规则》相比较，对承运人责任制度的规定有很大的变化，扩大了承运人责任期间，改变了承运人的责任基础，取消了传统的承运人免责事项，提高了承运人责任限额，如果该规则生效，将大大加重承运人的责任，可以预见其对航运业及保险业将会带来重大影响，尤其是对一些经营船龄较大、管理水平不高的中小航运企业带来的冲击。

截至2018年1月28日，共有25个国家签署了《鹿特丹规则》，其中西班牙、多哥、刚果和喀麦隆4个国家批准加入该公约。根据公约的规定，《鹿特丹规则》将在20个国家批准或者加入一年后生效，因此，该公约尚未生效。虽然国际社会对《鹿特丹规则》前景，即是否能够生效，主要航运和贸易国家是否能够批准加入，是否能够在国际上发挥重要作用，存在不同看法，但毋庸置疑的是，《鹿特丹规则》必将引发国际海上货物运输立法的一场革命。该公约一旦生效，将会对船东、港口营运商、货主等各个国际海上货物运输相关方带来重大影响；也将会对船舶和货物保险、共同海损制度等带来影响。

（二）电子提单

虽然传统的纸质提单具有许多优点，但也有一定的弊端，如提单晚于货物到达目的地、极易产生欺诈行为等。随着现代科学技术和通信的发展，国际运输已开始利用现代化的计算机技术，通过电子数据交换系统实现在国际运输中货物所有权的转移。在这个背景下，电子提单应运而生。

1．电子提单的含义

电子提单（Electronic B/L）是指通过电子数据交换系统（Electronic Data Interchange，EDI）对海运途中的货物支配权进行转让的新型提单。电子提单不同于传统提单，它是无纸单证，即按照一定规则组合而成的电子数据。各有关当事人凭密码通过 EDI 进行电子提单相关数据的流转，既解决了因传统提单晚于船舶到达目的港，不便于收货人提取货物的问题，又具有一定的交易安全性，因而有着广阔的应用前景。

2．电子提单的特点

电子提单的在载体和操作过程不同于传统书面提单。与传统提单相比，电子提单具有以下特点：

（1）货物运输过程中所涉及的当事人均以承运人（或船方）为中心，通过专有计算机密码告知运输途中货物所有权的转移时间和对象。承运人在收到托运人货物后即会将一份货物收据连同一个密码传送给发货人，发货人就可以凭密码提货或指定收货人。在转让货物时，承运人会取消原由出让人所掌握的密码，并向受让人核发新的密码，从而使得谁持有密码，谁就持有货物的所有权。

（2）在整个货物运输过程中，一般不出现任何书面文件。目前，国际上使用的电子提单转让程序是利用 EDI 系统根据特定密码使用计算机实现的。收货人提货，只要出示有效证件证明身份，由船舶代理验明即可。

（3）电子提单表现为储存于计算机存储器中的电子数据，其交换和处理也由计算机自动进行。应用 EDI 时，租船订舱由计算机自动进行，承运人在收到货物之后发给发货人一份收讫电讯，这相当于传统上的承运人签发提单；该收讫电讯除包含装运货物的说明外，还包括传统提单在背面所记载的条款内容。

3．关于电子提单的国际规则

INCOTERMS 1990、INCOTERMS 2000 和 UCP500 明确允许使用电子提单。1990 年在国际海事委员会第 34 届大会上通过了《国际海事委员会电子提单规则》。该规则可以由当事人协议适用。联合国国际贸易法委员会也通过了《1996 年联合国国际贸易法委员会电子商务示范法》。1997 年，我国交通部颁布了《国际海上集装箱运输电子数据管理办法》，为我国有关电子提单的使用和管理提供了相关依据。

（三）海运单

海运单（Sea Waybill，Ocean Waybill）是证明海上运输合同和货物由承运人接管或装船，以及承运人保证据以将货物交付给单证所载明的收货人的一种不可流通的单证，因此又称“不可转让海运单”（Non-negotiable Sea Waybill）。海运单具有三个基本作用：

（1）承运人收到由其照管的货物的收据；

（2）运输契约的证明；

（3）在解决经济纠纷时作为货物担保的基础。

不同于海运提单，海运单不是货物的物权凭证，故不得转让。收货人不凭海运单提货，而是凭到货通知提货。因此，海运单收货人一栏不可签“To order”字样，而应填写实际收货人的名称和地址，以便货物到达目的港后通知收货人提货。

在国际贸易业务中，海运单一般适用于下列货物运输：中途不被转售的制成品货物的班轮运输；出售给跨国公司的一家分公司或一家联营公司、相关公司之间的贸易，以记账贷款为基础的买卖；结算方式为直接汇付、往来账户、现金的贸易；其他不需要信用证的贸易。

鉴于海运单有一定的用途，为规范其使用，国际海事委员会于1990年6月在第34届大会上通过了《国际海事委员会海运单统一规则》。该规则共8条，分别为适用范围、定义、代理、承运人的权利和责任、货物的说明、支配权、交付和效力等。

二、其他运输单据

（一）铁路运输单据

铁路运单（Railway Bill）是铁路承运人收到货物后所签发的铁路运输单据。我国对外贸易铁路运输按营运方式分为国际铁路联运和国内铁路运输两种方式。前者使用国际货协铁路运单，后者使用承运货物收据。

1．国际铁路联运运单

国际铁路联运运单是国际铁路联运的主要运输单据，它是参加联运的发送国铁路与发货人之间订立的运输契约，其中规定了参加联运的各国铁路和收、发货人的权利和义务，对收、发货人和铁路都具有法律约束力。当发货人向始发站提交全部货物并付清应由发货人支付的一切费用，经始发站在运单正本和运单副本上加盖始发站承运日期戳记，证明货物已被接管承运后，即认为运输合同已经生效。

运单正本随同货物到达终点站，并交给收货人，它既是铁路承运货物出具的凭证，也是铁路与货主交接货物、核收运杂费和处理索赔与理赔的依据。运单副本于运输合同缔结后交给发货人，是卖方凭以向收货人结算货款的主要证件。

2．承运货物收据

承运货物收据（Cargo Receipt）是对港澳铁路运输中使用的一种结汇单据。该收据包括大陆段和港段两段运输，是代办运输的外运公司向出口人签发的货物收据。也是承运人与托运人之间的运输契约，同时还是出口人办理结汇手续的凭证。

（二）航空运单

航空运单（Air Waybill）与海运提单有很大不同，但与国际铁路运单相似。它是由承运人或其代理人签发的货物运输单据，是承托双方的运输合同，其内容对双方均具有约束力。航空运单不可转让，持有航空运单也并不能说明可以对货物要求所有权。因此，在航空运单的收货人栏内，必须详细填写收货人的全称和地址，而不能做成指示性抬头。

航空运单的正本一式三份，每份都印有背面条款，其中一份交发货人，是承运人或其代理人接收货物的依据；另一份由承运人留存，作为记账凭证；最后一份随货同行，在货物到达目的地，交付给收货人时作为核收货物的依据。

航空运单主要分为主运单和分运单两大类：

1．航空主运单

凡由航空运输公司签发的航空运单就称为主运单（Master Air Waybill，MAWB）。它是航空运输公司据以办理货物运输和交付的依据，是航空公司和托运人订立的运输合同，每一批航空运输的货物都有自己相对应的航空主运单。

2．航空分运单

集中托运人在办理集中托运业务时签发的航空运单被称作航空分运单（House Air Waybill，HAWB）。在集中托运的情况下，除了航空运输公司签发主运单外，集中托运人还要签发航空分运单。此时，航空分运单作为集中托运人与托运人之间的货物运输合同，合同双方分别为货主和集中托运人；而航空主运单作为航空运输公司与集中托运人之间的货物运输合同，当事人为集中托运人和航空运输公司。货主与航空运输公司没有直接的契约关系。此外，由于在起运地货物由集中托运人将货物交付航空运输公司，在目的地由集中托运人或其代理从航空运输公司处提取货物，再转交给收货人，因而货主与航空运输公司也没有直接的货物交接关系。

（三）多式联运单据

多式联运单据（Multimodal Transport Document，MTD）是证明多式联运合同以及证明多式联运经营人接管货物并负责按照合同条款交付货物的单据。多式联运公约规定，多式联运单据是多式联运合同的证明，也是多式联运经营人收到货物的收据和据以交付货物的凭证。根据发货人的要求，它可以做成可转让的，也可以做成不可转让的。多式联运单据如签发一套一份以上的正本单据，应注明份数，其中一份完成交货后，其余各份正本即失效。副本单据没有法律效力。在实际业务中，对多式联运单据正本和副本的份数规定不一，主要视发货人的要求而定。

多式联运单据与联运提单在形式上有相同之处，但在性质上不同。

（1）签发人不同：多式联运单据由多式联运经营人签发，全程运输均安排各分承运人负责；而联运提单由承运人或其代理人签发。

（2）签发人的责任不同：多式联运单据的签发人对全程运输负责，而联运提单的签发人仅对第一程运输负责。

（3）运输方式不同：多式联运单据项下的运输可用各种运输方式的联运，而联运提单项下的运输限于海运与其他运输方式的联合运输。

（4）已装运证明不同：多式联运单据可以不表明货物已装上运输工具，而联运提单必须是已装船提单。

（四）邮政收据

邮政收据（Parcel Post Receipt）是邮政运输的主要单据，它既是邮局收到寄件人的邮包后所签发的凭证，也是收件人凭以提取邮件的凭证，当邮包发生损坏或丢失时它还可以作为索赔和理赔的依据，但邮包收据不是物权凭证。

邮寄证明（Certificate of Posting）是邮政局出具的证明文件，据此证实所寄发的单据或邮包确已寄出和作为邮寄日期的证明。有的信用证规定，出口商寄送有关单据、样品或包裹后，除要出具邮政收据外，还要提供邮寄证明，作为结汇的一种单据。

专递收据（Courier Receipt）是特快专递机构收到寄件人的邮件后签发的凭证。

根据《跟单信用证统一惯例》规定，如信用证要求邮政收据或邮寄证明，银行将接受的邮政收据或邮寄证明表面上应有信用证规定的寄发地盖戳并加注日期，该日期即为装运或发运日期；如信用证要求专递或快递机构出具的单据，银行将接受的快递单据的表面应注明专递或快递机构的名称并盖戳、签字并经证实，标明取件或收件日期，此日期即为装运日期或发运日期。除非信用证特别规定由指定的专递或快递机构出具的单据，银行将接受由任何专递或快递机构开立的单据。这种专递和快递采用先进的运输工具和方式，实行"门到门"（Door to Door）和"桌到桌"（Desk to Desk）的服务，所以银行接受快递的单据。

第三节　装运条款

国际货物买卖合同中的装运条款，其内容与合同的约定和运输方式有着密切的关系。由于我国进出口货物大部分通过海洋运输，所以本节以海洋运输为例介绍海运进出口合同中的装运条款，具体包括装运时间、装卸港、转运与分批装运、装运通知，以及滞期和速遣条款等。

一、装运时间

装运时间又称装运期（Time of Shipment），是指卖方将合同规定的货物装上运输工具或交给承运人的期限。

装运时间是买卖合同的主要交易条款，卖方必须严格按照规定时间交付货物，不得随意提前和延迟。反之，买方有权拒收货物，撤销合同，或要求卖方赔偿损失。但在规定装运时间内，应注意它与交货时间（Time of Delivery）的区别。

在国际贸易中，交货时间（Time of Delivery）和装运时间（Time of Shipment）是两个不同的概念。在使用 FOB、CIF、CFR 以及 FCA、CIP、CPT 等贸易术语签订的买卖合同中，卖方在装运港或装运地，将货物装上船只或交付给承运人监管，就算已完成交货义务。因此，按照上述贸易术语订立的合同，交货和装运的概念是一致的。但若采用 DAP、DPU、DDP 等术语达成交易时，交货时间是指货物运到目的地交给买方的时间。装运时间是指卖方将货物装上船或其他运输工具的时间。所以，按照 D 字头术语成交的合同，交货和装运是两个完全不同的概念，二者不能相互代替使用，以免引起不必要的纠纷。

随着国际贸易和运输方式的发展，国际惯例对装运时间的最新解释是：装船（Loading on Board Vessel）、发运（Despatch）、收妥待运（Accepted for Carriage）、邮局收据日期（Date of Post Receipt）、收货日期（Date of Pick-up）以及在多式联运方式下承运人的接受监管（Taking in Charge）均可理解为装运日期。

（一）装运时间的规定方法

1．规定明确、具体的装运时间

具体包括规定一段时间和规定最迟装运期限。例如："5 月份装运"（Shipment during

May)，“装运不迟于 7 月 31 日”（Shipment not later than July 31)，“9 月底或以前装运”（Shipment at or before the end of Sep.）。此种规定方法明确、具体，故使用较为广泛。

2．规定收到信用证后若干天装运

如：“收到信用证后 30 天内装运”（Shipment within 30 Days after Receipt of L/C）。为防止买方不按时开证，一般还规定：“买方必须不迟于某月某日将信用证开到卖方”（The Relevant L/C Must Reach the Seller not Later than...）的限制性条款。卖方对某些进口管制较严的国家或地区，或专为买方制造的特定商品，或对买方资信不够了解时，为防止买方不履行合同而造成损失，可采用此种规定方法，以保证其利益。

3．规定近期装运术语

如：“尽快装运”（Shipment as soon as Possible）“立即装运”（Immediate Shipment）“即期装运”（Prompt Shipment）等。由于这些术语在各国、各行业中有不同的解释，不宜使用。国际商会制定的《跟单信用证统一惯例》也明确规定不宜使用此类用语，如果使用，银行将不予理会。

（二）规定装运时间应注意的问题

1．买卖合同中的装运时间的规定，要明确、具体，装运期限应当适度

海运装运期限的长短，应视不同商品和租船订舱的实际情况而定。装运期限过短势必给船、货安排带来困难；装运期过长也不合适，特别是采用在收到信用证后若干天内装运的条件下，会造成买方积压资金，影响资金周转，从而反过来影响卖方的售价。

2．应注意货源情况、商品的性质和特点以及交货的季节性等

如雨季一般不宜装运烟叶，夏季一般不宜装运沥青、易腐性肉类及橡胶等。

3．应结合考虑交货港、目的港的特殊季节因素

如北欧、加拿大东海沿岸港口冬季易封冻结冰，故装运时间不宜定在冰冻时期。反之，热带某些地区，则不宜定在雨季装运等。

4．在规定装运期的同时，应考虑开证日期的规定是否明确合理

装运期与开证日期是互相关联的，为保证按期装运，装运期和开证日期应该互相衔接起来，特别要注意装运期、开证日期、交单期和信用证有效期之间的间隔日期是否合理。

二、装运港和目的港

装运港（Port of Shipment）是指货物起始装运的港口。目的港（Port of Destination）是指最终卸货的港口。在国际贸易中，装运港（地）一般由卖方提出，经买方同意后确认；目的港（地）一般由买方提出，经卖方同意后确认。

（一）装运港和目的港的规定方法

在买卖合同中，装运港和目的港的规定方法有以下几种：

1．在一般情况下，装运港和目的港各规定一个。例如，装运港：上海（Port of Shipment：Shanghai)；目的港：伦敦（Port of Destination：London）。

2．有时按实际业务的需要，也可以基于货源地分别规定两个或两个以上的装运港或目的港。如装运港：新港/上海（Xingang/Shanghai)；大连/青岛/上海（Dalian/Qingdao/Shanghai)；目的港：伦敦/利物浦（London/Liverpool）。

3．在磋商交易时，如明确规定装运港和目的港有困难，可以采用选择港的办法规

定。选择港有两种方式：一种是在两个或两个以上港口中选择一个，如 CIF 伦敦，选择港汉堡或鹿特丹（CIF London，Optional Hamburg/Rotterdam)；另一种是笼统规定某航区为装运港或目的港，如“地中海主要港口”，即最后交货时选择地中海的一个主要港口为目的港。

（二）规定国外装运港和目的港应注意的问题

1．对国外装运港或目的港的规定，应力求具体、明确。在磋商交易时，如国外商人笼统地提出以“非洲主要港口”为装运港或“欧洲主要港口”为装运港或目的港时，不宜轻易接受。因为，欧洲或非洲港口众多，而且各港口距离远近不一，港口条件也有区别，运费和附加费相差很大，所以，应避免采用此种规定方法。

2．不能接受内陆城市为装运港或目的港的条件。因为，一旦接受这一条件，就要承担从港口到内陆城市这段路程的运费和风险。

3．必须注意装卸港的具体条件。主要有：有无直达班轮航线、港口和装卸条件以及运费和附加费水平等。如果采用租船运输，还应进一步考虑码头泊位的深度、有无冰封期、冰封的具体时间以及对船舶国籍有无限制等港口制度。

4．应注意国外港口有无重名问题。世界各国港口重名的很多，例如，维多利亚（Victoria）港，世界上有 12 个之多。为防止发生差错引起纠纷，在买卖合同中应明确注明装运港或目的港所在国家和地区的名称。

5．如进口商采用选择港口的规定，要注意备选港口不宜太多，一般不超过三个，而且必须在同一航区、同一航线上。同时在合同中应明确规定：如所选目的港要增加运费、附加费，应由买方负担，同时要规定买方宣布最后目的港的时间。

6．在出口业务中，对国内装运港的规定，一般以接近货源地的对外贸易港口为宜，同时考虑港口和国内的运输条件和费用水平。在进口业务中，对国内目的港的规定，原则上应选择以接近用货单位或消费地区的对外贸易港口为最合理。但根据我国目前港口的条件，为避免港口到船集中而造成堵塞现象或签约时目的港还未确定，在进口合同中也可酌情规定为“中国口岸”。

总之，买卖双方在确定装运港时，通常都是从本身利益和实际需要出发，根据产销和运输等因素考虑的。为了使装运港和目的港条款订得合理，我们必须从多方面加以考虑，特别是国外港口很多，情况复杂，在确定国外装运港和目的港时，更应格外谨慎。

三、分批装运和转运

分批装运和转运关系到买卖双方的利益，因此，双方应根据需要在合同中做出明确规定。

（一）分批装运

分批装运（Partial Shipment）又称分期装运（Shipment by Installment)，是指一个合同项下的货物分若干批或若干期装运。在大宗货物或成交数量较大的交易中，买卖双方根据交货数量、运输条件和市场等因素，可在合同中规定分批装运条款。

根据《跟单信用证统一惯例》规定，除非信用证另有规定，应允许分批装运。因此，为了避免不必要的争议和防止交货时发生困难，除非买方坚持不允许分批装运，原则上应明确在出口合同中规定“允许分批装运”(Partial Shipment to be Allowed)。

《跟单信用证统一惯例》规定："运输单据表面上注明货物是使用同一运输单据装运并经同一路线运输的，即使每套运输单据注明的装运日期不同，以及/或装运港、接受监管地不同，只要运输单据注明的目的地相同，也不视为分批装运。"该惯例对定期、定量分批装运还规定："信用证规定在指定时期内分期付款/或装运，其中任何一期未按期付款或装运，除非信用证另有规定，则信用证对该期及以后各期均告失效。"

（二）转运

转运（Transshipment）包括运输过程中的转船、转机以及从一种运输工具上卸下再装上另一种运输工具的行为。卖方在交货时，如驶往目的港没有直达船或船期不定或航次间隔时间太长，为了便于装运，则应在合同中订明"允许转船"（Transshipment to be Allowed）。按照《跟单信用证统一惯例》规定，"转运"一词在不同运输方式下有不同的含义，应根据具体情况进行分析。另外，除非信用证另有规定，可允许转运。为了明确责任和便于安排装运，买卖双方是否同意转运以及有关转运的办法和转运费用的负担等问题，应在买卖合同中明确做出规定。

（三）合同中的分批装运、转运条款

国际货物买卖合同中的分批装运、转运条款通常是与装运时间条款结合起来规定的。举例如下：

1．5/6/7 月份装运，允许分批装运和转运（Shipment during May/June/July，with Partial Shipment and Transshipment Allowed）。

2．6/7 月份分两批装运，禁止转运（During June/July in Two Shipments，Transshipment is Prohibited）。

3．11/12 月份分两次平均装运，由香港转运（During Nov/Dec in Two Equal Monthly Shipment，to be Transshipped at Hong Kong）。

四、装运通知

装运通知（Advice of Shipment）也是装运条款的一项重要内容，规定装运通知条款的目的在于促使买卖双方互相合作，共同做好车、船、货衔接和办理货运保险。不论采用何种贸易术语成交，交易双方都要承担互相通知的义务。

如按照 FOB、CFR 和 CIF 术语签订的合同，卖方应在货物装船后，按约定的时间将合同、货物名称、数量、重量、发票金额、船名及装船日期等项内容电告买方；如按 FCA、CPT 和 CIP 术语签订的合同，卖方应在把货物交付承运人接管后，将交付货物的具体情况及交付日期电告买方，以便买方办理保险并做好接卸货物、筹措资金和付款的准备，并及时办理进口报关手续。装运通知发出时间不能超过信用证约定的时间，常见的有以小时为准（Within 24/48 Hours）和以天（Within 2 Days after Shipment Date）为准两种情形，信用证没有规定时应在装船后立即发出，如信用证规定"Immediately after Shipment"（装船后立即通知），应掌握在提单签发后三天之内发出。

应当特别强调的是，买卖双方按 CFR 或 CPT 条件成交时，卖方交货后，及时向买方发出装运通知具有更为重要的意义，如果因卖方晚发装船通知导致买方未及时投保且货物出险，卖方承担一切损失。

五、装卸时间、装卸率、滞期费和速遣费

在国际贸易中，大宗商品大多使用程租船运输。由于装卸时间直接关系到船方的经营效益，如果装卸货物由租船人负责，船方对装卸货物的时间都要做出规定。如承租人未能在约定的装卸时间内将货物装卸完，则船舶在港停泊时间和航次时间都会延长，进而增加船舶所有人在港口的费用开支，又降低了船舶的周转率，最终减少船舶所有人的营运收入。反之，如果承租人在约定的装卸时间以前将全部货物装卸完，则船舶在港停泊时间缩短，船舶周转率提高，这对船舶所有人来说是有利的。正是由于装卸时间的长短和装卸效率的高低直接关系到船方的利害得失，故船方出租船舶时，往往要求在定程租船合同中规定装卸时间、装卸率，并规定延误装卸时间和提前完成装卸任务的罚款与奖励办法，以约束租船人。

（一）装卸时间

装卸时间（Lay Time）是指允许完成装卸任务所约定的时间，它一般以天数或小时数来表示。装卸时间要注意其规定方法、起始和终止时间的规定等问题。

（二）装卸率

装卸率（Loading/Discharging Rate）即指每日装卸货物的数量。装卸率的具体确定一般应按照习惯的正常装卸速度，掌握实事求是的原则。装卸率的高低关系到完成装卸任务的时间和运费水平，装卸率规定过高或过低都不合话。规定过高，完不成装卸任务，要承担滞期费的损失；反之，规定过低，虽能提前完成装卸任务，可得到船方的速遣费，但船方会因装卸率低，船舶在港时间长而增加运费，致使租船人得不偿失。因此，装卸率的规定应适当。

（三）滞期费和速遣费

滞期费和速遣费一般是航次租船合同中的条款。滞期费（Demurrage）是指承租人未能在租船合同中约定的装卸时间内完成装卸作业，对因此产生的船期延误向船东支付的罚金。滞期费按船舶滞期时间乘以合同规定的滞期费率计算，滞期时间为实际装卸时间与合同规定的装卸时间之差。速谴费（Despatch Money）是指承租人在合同约定的时间内提前完成装卸作业，使船方节省了船舶在港的费用开支，船方对承租人就节省的时间支付的奖金。速遣费按船舶速遣时间乘以合同规定的速遣费率计算，速遣费率通常为滞期费率的一半。

【本章小结】

国际货物运输是国际货物贸易中不可缺少的一个环节。商品成交后，只有通过运输，按照约定时间、地点和条件把商品交给对方，贸易的全过程才算最后完成。为了确保及时有效地完成进出口任务，在对外洽商交易、订立合同和履约过程中，必须根据商品特性、运输路线、运输距离、运输季节、港口情况及市场行情等条件，合理选择运输方式，切实

订好买卖合同中各项装运条款，并正确缮制和运用各种有关的运输单据。同时，运费是商品价格的重要构成部分，选择合适的运输方式，正确核算运费，关系到商品在国际市场上的竞争力。

【拓展知识】

理舱费：是指为了使装船货物按照舱图妥善放置、装载合理，在货物装入船舱底之后，进行垫隔、整理、安置所需的费用。理舱费适用于大宗打包货物或可计件的货物，包括隔离包装等费用。

平舱费：是指货物装船后，为了保持船舶承受压力均衡和航行安全，由此导致的作业费用。货物装船后，为了保持船舶承受压力均衡和航行安全，对成堆装入船舱的散装货物，如煤炭，粮谷等，需要进行调动和平整。这项作业叫作平舱。由此导致的作业费用，叫作平舱费。

中欧班列：是由中国铁路总公司组织，按照固定车次、线路、班期和全程运行时刻开行，运行于中国与欧洲以及“一带一路”沿线国家间的集装箱铁路国际联运班列。我国共铺设了西中东三条中欧班列运行路线：西部通道由我国中西部经阿拉山口（霍尔果斯）出境，中部通道由我国华北地区经二连浩特出境，东部通道由中国东北地区经满洲里（绥芬河）出境。中欧班列的兴起源于2014年。彼时，国家主席习近平前往欧盟访问中提出，中欧双方应该把简单买卖型贸易合作提升为各领域联动的复合型经贸合作，力争早日实现年贸易额1万亿美元的目标。中欧班列以其运距短、速度快、安全性高的特征，以及安全快捷、绿色环保、受自然环境影响小的优势，成为国际物流中陆路运输的骨干方式，助推中欧双方贸易额从2013年的5 591亿美元增长至2022年的8 473亿美元，成为深化我国与沿线国家经贸合作的重要载体和推进“一带一路”假设的重要抓手。

【专业术语】

1. Liner Transport	班轮运输
2. Shipping by Chartering	租船运输
3. Shipped B/L	已装船提单
4. Received for Shipment B/L	收妥待运提单
5. Named B/L	记名提单
6. Bearer B/L	不记名提单
7. Order B/L	指示提单

8. Clean B/L	清洁提单
9. Foul B/L	不清洁提单
10. Direct B/L	直达提单
11. Through B/L	联运提单
12. Combined B/L	多式联运提单
13. Anti-dated B/L	倒签提单
14. Post-dated B/L	顺签提单
15. Advanced B/L	预借提单
16. Stale B/L	过期提单
17. On deck B/L	舱面提单

【课后习题】

一、简答题

1.国际货物运输方式有哪些，各自具有什么特点?

2. 如何根据商品的特点选择运输方式?

3. 什么是班轮运输，班轮运输有哪些特点?

4. 班轮运费的计算标准有哪些?

5. 什么是滞期费和速遣费? 在哪种运输方式中有滞期费和速遣费的规定?

6. 什么是倒签提单和预借提单? 二者是何种性质的提单? 如果侥幸未被识别出来，何方从中受益?

7. 什么是过期提单? 过期提单的效力如何?

二、计算题

某公司出口欧洲一批工艺品，原报价每箱 CFR 价格 1 200 元，共 100 箱。现客户要求报 CIF 价，并由卖方按 CIF 加一成投保一切险加战争险，目的地为热那亚，最后的目的地为米兰。经查费率表得知，出口欧洲意大利的一般货物费率为 0.65%，该工艺品的指定费率为 0.2%，海运战争险费率为 0.05%，保险责任从热那亚到米兰需要加费 0.12%。

请计算:（1）CIF 热那亚价格;（2）该批货物的保险金额及保险费各是多少。

第七章 货物运输保险

【导入案例】

2021年3月初，世界超级集装箱货轮“长赐号”从深圳盐田港出发，驶往荷兰鹿特丹港。3月23日上午7点40分，途经苏伊士运河时，运河上狂风大作（74海里/时，137.048公里/时），沙尘暴弥漫，“长赐号”船体突然偏离水道，撞到河底，继而搁浅，并恰好卡在了运河北向航道上，导致全球数一数二繁忙的运河航道双向交通大堵塞6天。根据航运数据和新闻公司劳埃德船级社（Lloyd's）的清单，货轮堵塞苏伊士运河造成的损失约为每小时4亿美元。德国安联保险公司研究显示，搁浅导致的苏伊士运河封锁或使全球贸易每天损失60亿至100亿美元。其中，直接损失包括：搁浅的“长赐号”货轮本身1亿美元以上的修理费；搁浅货轮的货物损失；“长赐号”的救援费用；苏伊士运河平均每天1 200万—1 400万美元的航道收费损失；被堵在运河两端的其他货船每天3万—8万美元的停泊费；其他货船绕道好望角的运输延误赔偿费及额外支付的燃料和其他费用。

试问：上述损失分别属于何种性质的损失？应该由哪一方承担上述损失？投保何种险别可以获得保险公司的损害赔偿？

第一节 保险的基本概念和原则

国际贸易中的商品，一般都需要通过国际的长途运输才能到达收货人和消费者手中。国际货物运输中环节多、运输距离长、涉及面广，运输沿途国际形势的变化、社会的动乱、各种自然灾害和意外事故的发生，以及战乱、封锁禁运或海盗活动等，都可能直接或间接地影响到国际货物运输，导致货物运输途中遭受损失。为了转嫁运输过程中的风险损失，货主便通过办理货物运输保险转嫁运输途中的风险损失，将在途货物可能发生的损失变为固定的费用，一旦在途货物遭到承保范围内的损失，即可从保险公司及时得到经济上的补偿。因此，保险在国际贸易中起着重要的作用，办理货物运输是国际贸易实务一个很重要的环节，是同自然灾害和意外事故做斗争的一种经济措施。国际货运保险业的发展有效地促进了国际贸易的发展。

一、保险的含义

“保险”一词，是从英文“Insurance”和“Assurance”翻译而来的，其英文的原意是以缴纳一定费用为代价来换取遭受危险损失时的补偿。这种解释在一定程度上反映了保险的基本特性。现在，多数学者都认为保险是一种经济补偿手段，是对危险造成的损失进行补偿的制度。它是指人们为了保障日常生产和生活的稳定，对同类危险事故发生所造成的损失，运用多数单位的力量建立共同准备金，并根据合理的数学计算建立的经济补偿制度或金钱给付的安排。

从不同的角度划分，保险具有不同种类。按照保险对象和标的物的不同，可分为财产保险、责任保险、信用保证保险和人身保险；按照保险性质划分，可分为商业保险、社会保险和政策保险；按保险实施方式不同，可分为自愿保险和强制保险；根据保险转移层次或承担责任次序不同，分为原保险和再保险。

国际货物运输保险是随着贸易，特别是国际贸易的发展而发展起来的，它属财产保险的范畴，其性质为商业保险。由于国际货物运输方式包括海洋运输、陆上运输、航空运输和邮包运输等，国际货物运输保险也相应地分为海运货物保险、陆运货物保险、航空货运保险和邮包运输保险。

二、保险的基本原则

保险在其历史发展过程中，逐渐形成了一系列为人们所公认的基本原则。这些原则是保险活动的准则，始终贯穿于整个保险业务中，是保险各方当事人都必须遵守的。坚持和贯彻这些基本原则，有利于维护保险各方的合法权益，更好地发挥和体现保险的基本职能和作用，从而保证保险业的健康发展，保障社会经济生活的安定。保险原则具体包括最大诚信原则、保险利益原则、近因原则和损失补偿原则。

（一）最大诚信原则

最大诚信原则（Principle of Utmost Good Faith）也称诚实信用原则，是任何一项民事活动中，各方当事人都应该遵循的基本原则，是保险法各项基本原则中的首要原则，严格遵守最大诚信原则是维持保险业务正常进行的前提条件。《我国保险法》第 4 条明确规定：“从事保险活动必须遵守法律、行政法规，遵循自愿和诚实信用的原则。”

诚信原则可以表述为：在保险合同的签订和履行过程中，当事人双方均应本着绝对的诚意，恪守信用，互不隐瞒和欺骗，特别是在签订合同时，无论是否被问及，双方当事人均应主动把与投保标的相关的重要情况向对方做出充分、准确的披露（告知）。英国 1906 年《海上保险法》第 17 条规定：海上保险契约以最大诚信为基础。倘若任何一方不遵守最大诚信原则，另一方必须声明此项契约无效。尽管对双方当事人都有诚信的要求，但通常情况下，最大诚信原则更多的是强调对投保人或被保险人的要求。这样做的目的，是为了保证双方当事人在对保险标的有同等了解的基础上平等地订立保险合同。

最大诚信原则的基本内容主要包括告知、陈述和保证三个方面。

1．告知

告知（Disclosure）主要是指投保人或被保险人在签订保险合同前或同时，应将他所知道的或在通常业务中应当知道的与保险标的有关的重要事实尽量告诉保险人，这称为告知义务。告知存在于合同签订之前，它并不是合同规定的义务，而是保险立法加诸投保人或被保险人的特别义务。但是，告知义务的履行并不是保险合同成立的条件，只是合同上权利存续的条件；违反告知义务，保险合同仍可成立，只是保险人有权解除合同而已。保险人的告知主要在于主动向投保人说明保险合同条款的内容，特别是免责条款的内容必须明确说明。

2．陈述

陈述（Representation）是指被保险人在与保险人磋商保险合同或在保险合同订立前对其所知道的有关保险标物的情况，向保险人所做的说明。若所做的说明不真实，则为错误陈述（Misrepresentation）。根据英国1906年《海上保险法》的规定，陈述也可分为以下3种类型：对重要事实的陈述、对一般事实的陈述和对希望或想法的陈述。我国《保险法》中没有陈述的概念，通常将其与告知等同看待。

3．保证

保证（Warranty）是指被保险人在保险期限内，对某种特定事项的作为或不作为。也就是说被保险人应承诺做某事或不做某事。所以保证带有一种承诺的性质，是保险人通过要求被保险人遵守某项或几项保证的内容以控制风险，确保保险标的及其周围环境处于良好的状态。值得注意的是，保证的要求，比告知更严格，一旦保险人把某一方面的询问列为保证条款，投保人必须遵循，不管是有意还是无意，不管是否对保险人有利，一旦投保人（被保险人）违反了保证，保险人就有权取消合同。

（二）保险利益原则

保险利益，也称可保利益。是指投保人或被保险人对保险标的具有的法律上承认的利益。它体现了投保人或被保险人与保险标的之间的利害关系，如果保险标的安全，投保人或被保险人可以从中获益；一旦保险标的受损，投保人或被保险人必然会蒙受经济损失。正是由于保险标的维系着被保险人的经济利益，投保人才会将保险标的投保以求转嫁各种可能发生的风险，而保险公司可以通过风险分摊来保障被保险人的经济利益。

保险利益原则（Principle of Insurance Interest）又称可保利益原则，是指投保人或被保险人必须对保险标的具有保险利益，才能同保险人订立有效的保险合同；如果投保人或被保险人对保险标的没有保险利益，则他同保险人所签订的保险合同就是非法或无效的。保险利益原则是保险经营中最重要的原则之一。早在海上保险诞生初期。当时并未规定投保人需对保险标的具有保险利益，曾诱发大量道德风险和保险赌博等现象，给保险市场造成极大混乱。直到随后对海上保险和人寿保险规定了不得签发不具有可保利益的保险单后，保险业才重新走上正轨。

在国际贸易中，不同的贸易术语对风险何时由卖方转移给买方有不同的规定，而风险转移的时间又决定了对货物保险利益转移的时间，因此货物自起运地卖方仓库运至目的地买方仓库的整个运输过程中发生的货损货差或灭失，何方享有保险利益及在事故发生时何方享有向保险人损害索赔权利，均取决于买卖双方在贸易合同中所采用的贸易术语。

（三）近因原则

近因原则（Proximate Cause）是当保险标的发生损失时，确定对保险标的所受损失是否予以赔偿的基本原则。近因原则的基本含义是：若引起保险事故发生、造成保险标的损失的近因是保险责任，则保险人负责赔偿；若近因属于除外责任，则保险人不负赔偿责任。

保险中的近因是指对保险标的物的损失起决定作用的、有支配力的或者是直接促成损失后果的原因，而不是仅仅从时间上或空间上最接近损失的原因。因此，“近因”是直接造成事故发生的关键因素，而“远因”则指那些虽然对事故的发生有一定影响，但并非起主导作用的原因。近因是一种起因，它与结果之间的时间可长可短，也可能引起一连串事故，只要中间没有新的力量打破或中断这一因果关系，这一起因就是近因。所谓没有新的力量打破这一因果连锁关系，是指由起因之间的每个事故都是先前事故的自然结果。

在现实工作中，保险标的的致损原因往往不是一眼就能看出的。有时会难以判断出真正造成标的损失的原因。而确定保险标的致损的真正原因，对保险双方来说，却又是非常重要的。

【即学即用】

一辆汽车意外撞倒一棵大树，树不堪撞击，倒向建筑物，该建筑物不堪重负被压塌，塌下的屋顶压死了屋内的居民。则该居民的致死原因到底是什么？显然，根据近因的定义，导致该居民死亡的近因不是屋顶塌下，也不是树压房屋，而是汽车撞击所致。

（四）损失补偿原则

经济补偿是保险的基本职能。损失补偿原则是保险的基本原则之一。

损失补偿原则（Principle of Indemnity）是指投保人通过与保险人订立保险合同，将特定的风险转由保险人承担。当保险标的发生了承保责任范围内的损失时，保险人应当按照保险合同条款的规定履行全部赔偿责任。但保险人的赔偿金额不得超过保险单上的保险金额或被保险人实际遭受的损失，即不能超过被保险人对保险标的所具有的可保利益。保险人的赔偿不应使被保险人因此而获得额外利益。

补偿包括两层含义：其一，投保人与保险人订立保险合同后，一旦发生保险单事故造成承保责任范围内的损失，被保险人有权要求获得全面、充分的赔偿。如果低于保险标的的实际损失，补偿即为不充分，表明保险没有完全发挥作用，有悖于补偿原则的宗旨；其二，保险人对被保险人的补偿恰好能够使保险标的恢复到保险事故发生之前的状况，保险赔偿不能高于保险标的的实际损失，防止被保险人因保险事故的发生而获得额外的利益。

保险补偿原则一方面维护了保险双方的正当权益，真正发挥保险的损失补偿作用；另一方面有助于预防道德风险和保险欺诈的发生。

第二节　海运货物保险的保障范围

一、海洋运输货物保险保障的风险

国际贸易中的货物绝大部分都是通过海洋运输来完成的。但海洋运输又是处在海上这种特殊环境和条件之中的一种运输方式，货物和船舶极易遭受海上各种风险的侵袭和威胁，从而可能导致货物和船舶的灭失或损害，同时还可能因此而产生有关的费用。但海运货物保险并不是对所有的海上风险造成的货物损失都负责赔偿，只有当造成损失的原因属于保险单上所列明的风险或费用种类时，保险人才承担相应的赔偿责任。海上运输货物保险所保障的风险一般可分为两大类：即海上风险和外来原因引起的外来风险。

（一）海上风险

海上风险又称为海难（Perils of Sea），主要是指船舶或货物在海上运输过程中发生的或随海上运输所发生的风险，一般包括自然灾害和海上意外事故两种。

1．自然灾害

自然灾害（Natural Calamities）是指不以人的意志为转移的自然界的力量所引起的灾害。但在海上保险中，并不泛指一切由于自然力量所致灾害，按照我国 1981 年 1 月 1 日修订的《海上货物运输条款》中的规定，自然灾害包括：恶劣气候、雷电、海啸、地震、洪水等人力不可抗拒的灾害；根据 1982 年伦敦《协会货物条款》规定，自然灾害包括：雷电、地震、火山爆发、浪击入海，以及海水、潮水、河水进入驳船、运输工具、集装箱、大型海运箱或储存处所等。综上所述，运输货物的风险中自然灾害的主要含义如下。

（1）恶劣气候（Heavy Weather)。这里的恶劣气候，特指载运货物的船舶在海上偶然遭受不同寻常的、未能预测到的、不可抗拒的气候条件，如暴风、飓风和大浪等，它们足以使船舶颠覆、船舱进水，造成船体破裂、船舶及其设备损坏，进而造成货物湿潮、倒垛、散包等损失。恶劣气候会导致箱体互撞、货物移动、箱体从高处跌落等，从而导致内部货物的损害。但在不同时间、不同地点，恶劣气候的构成标准也有所不同。例如在冬季的太平洋水域，气候条件一般均为风力 8 级以上，浪高 10 米，此时的气候条件虽然恶劣，但却是可以预防的，不构成海运货物保险所承保的恶劣气候；如果保险货物因此受损，则保险人不负责赔偿责任；而在春季的太平洋水域航线上，气候条件一般为风力 2～3 级，浪高 2～3 米，这时船舶如突然遭受风力 8 级以上，浪高 10 米的气候条件，就构成所谓的恶劣气候了。

（2）海啸（Tsunami)。海啸主要是指由于地震、火山爆发或风暴而引起的海水巨大涨落现象，导致航行于海上的船舶及其所载货物的损毁或灭失。2004 年 12 月的印度洋大海啸即属于地震海啸，而风暴海啸则是因强大低气压通过海面时，引起海面异常升起，形成巨浪。海啸发生时，海面水位剧烈涨落，破坏力巨大，尤其是大浪袭击拥挤的港口地区，会使船舶互撞，船只沉没，甚至将大船冲向海滩。

（3）地震或火山爆发（Earthquake or Volcanic Eniption)。直接或归因于地震或火山爆发所致货物或船舶的损失。

（4）洪水（Flood)。山洪暴发、江河泛滥、潮水上岸及倒灌使保险标的受浸泡、冲散、冲毁等损失。

（5）其他人力不可抗拒的灾害。包括浪击入海（Washing Overboard）和海水、湖水、河水进入船舶、驳船、运输工具、集装箱或大型海运箱及储存所等。

2．海上意外事故

海上意外事故（Marine Fortuitous Accident）是指海上运输工具遭遇外来的、突然的、不可预料的事故。这里的运输工具不仅指船舶，还包括延伸至与海上运输相关联的内陆运输工具。根据我国《海洋运输货物保险条款》和英国伦敦《协会货物条款》的规定，属于海上意外事故范畴的主要有船舶沉没、碰撞、触礁、搁浅、倾覆和失踪等。

（1）沉没（Sinking）。沉没是指船舶由于海水进入舱内而失去浮力，船体的全部或大部分已经浸入水面以下，并失去继续航行能力的一种状态。船舶沉没通常由恶劣的气候引发，尽管现代化的集装箱船发生沉没的可能性较小，但那些过于陈旧的、配置较差的船舶在恶劣气候的海上航行中仍面临沉没的风险。

（2）碰撞（Collision）。碰撞也包括碰触（Contact），指船舶在航行中与其他可航行的物体发生猛烈接触，或船舶与任何漂浮物体、航行物体、沉船残骸以及港口、码头、河堤等建筑物的接触而导致船上货物的损失。

（3）触礁（Stranding）。触礁是指船舶航行中船身或船底擦过水中岩礁或其他障碍物而仍能继续前进的一种状态。

（4）搁浅（Grounding）。船舶在航行或锚泊中由于意外原因使船体与海中岩礁、海岸或其他障碍物（如沉船、木桩等）发生接触，而且持续一段时间，如停航达 12 小时以上，使其失去进退自由的状态。

（5）倾覆（Over Turn）。倾覆是指船舶遭受灾害事故，船身失去平衡导致倾覆或倾斜，处于非正常的、非经施救或救助而不能继续航行的状态。

（6）失踪（Missing）。失踪是指船舶在海上航行，失去联络超过一定期限的一种情况。所谓一定期限，国际上一般视为 6 个月。我国的《船舶保险条款》中规定，若超过 2 个月没有音讯，即构成全损。船舶失踪，船上所载货物自然也因此下落不明而灭失。

（7）火灾（Fire）。火灾是指保险标的被烧毁、烧焦、烧裂、烟熏以及救火等行为所致的损失。火灾虽然不是海上保险所特有的危险，但确实是海上航行中可能遭遇的最严重的危险之一，因火灾遭遇的损失大约占失事船舶损失原因的 1/4。不论现代造船材料和防火技术如何进步，船货一旦失火，常造成严重损失。

（8）爆炸（Explosion）。爆炸是指货物在海上运输过程中因自身性质并在外界因素的作用下发生物理或化学变化引起的爆炸，也包括载货船舶的锅炉或设备装置发生爆炸而殃及所载货物。

（9）抛货（Jettison）。抛货也称投弃，构成共同海损的损失之一。指船舶和其他承载的货物均处于紧急危险情况下，船长为了保全船舶与货物的共同安全，故意将船上部分货物或设备投弃海中所造成的损失。

（10）船长或船员的恶意行为（Barratry of the Master and Mariners）。船长或船员的恶意行为是指船长或船员故意报复损害船东或租船人利益的一种非法行为，从而导致船舶或货物受损。比如在航行途中恶意弃船，或破坏船上设施，或纵火焚烧或凿沉船身，非法将货物变卖以及走私等。

（二）外来风险

外来风险，是指由于海上风险以外的其他外来原因所致的风险。可分为一般外来风险和特殊外来风险两种。

1．一般外来风险

（1）偷窃（Theft & Pilferage）。偷窃，指整件货物或包装内一部分货物被人暗中窃取，但不包括公开的暴力抢劫行为所致的损失。

（2）短少和提货不着（Short-delivery & Non-delivery）。提货不着是指货物在运输途中由于不明原因而被遗失，造成货物未能运抵目的地，或运抵目的地发现整件短少，没能交付给收货人的损失。

（3）渗漏（Leakage）。渗漏是指盛在容器中的流质或半流质的物质在运输途中由于不明原因造成容器破漏引起的渗漏损失，以及用液体储运的货物，如湿肠衣，液体渗漏而使肠衣发生质腐等损失。

（4）短量（Shortage in Weight）。短量是指被保险货物在运输途中或货物到达目的地后发现包装内货物数量短少或散装货物重量短缺。

（5）碰损（Clash）。碰损是指金属和金属制品等货物在运输途中因受震动、颠簸、碰撞、受压等而造成的凹瘪、变形。

（6）破碎（Breakage）。破碎主要是指易碎物品在运输途中因搬运、装卸不慎以及受到震动、颠簸、碰撞、受压等造成的货物本身破碎和破裂。

（7）钩损（Hook Damage）。钩损主要是指袋装、捆装货物在装卸、搬运过程中因使用手钩、吊钩操作不当而致货物的损失。

（8）淡水雨淋（Fresh Water and Rain Damage）。淡水雨淋是指直接由于淡水、雨水以及冰雪融化造成货物的水渍损失。

（9）生锈（Rust）。生锈是金属或金属制品的一种氧化过程，海运货物保险中承保的生锈，是指货物在装运时无生锈现象，在保险期内生锈造成的货物损失。

（10）玷污（Contamination）。玷污是指货物同其他物质接触而受污染，如布匹、纸张、食物、服装等被油类或带色的物质污染造成的损失。

（11）受潮受热（Sweating & Heating）。指由于气温骤变或船舱上的通风设备失灵使船舱内水汽凝结，引起发潮发热导致货物的损失。

（12）串味（Taint of Odour）。指被保险货物受到其他带异味货物的影响，引起串味而使价值受损。例如，茶叶和樟脑丸放在一起，会使茶叶吸收樟脑丸的气味而失去饮用价值。

2．特殊外来风险

特殊外来风险是指除一般外来风险以外的其他外来原因导致的风险，往往是与政治、军事、社会动荡、国家政策法令以及行政措施等有关的风险。常见的特殊外来风险主要有战争风险（War risk）、罢工风险（Strikes Risk）、交货不到风险（Failure to Delivery）、拒收风险（Rejection Risk）等。

二、海洋运输货物保险保障的损失

货物在运输途中，会因遭遇各类灾害事故而导致损失。海上风险和外来风险所造成的损失，称为海上损失。根据国际保险市场上的一般解释，凡与海上运输相关联的海陆连接运输过程中发生的损失，也属于海上损失的范畴。就货物损失的程度而言，海损可分为全部损失和部分损失；就货物损失的性质而言，海损可分为共同海损和单独海损。

（一）全部损失

全部损失（Total Loss）简称“全损”，是指运输途中的整批货物或不可分割的一批被保险货物在运输中全部遭受损失，分实际全损和推定全损。

1．实际全损

实际全损（Actual Total Loss，ATL）是指保险标的在实际上完全灭失或损毁。我国

《海商法》中对实际全损的规定是"保险标的发生保险事故后灭失，或受到严重损坏完全失去原有形体、效用，或不能再归还被保险人所拥有"。由此可见，构成实际全损的情况有以下四种：

（1）保险标的物即货物的实体已经完全灭失。如：船舶因恶劣气候或碰撞而沉入海底无法打捞修复；大火烧掉船舶和货物；糖、盐等这类易溶货物被海水溶解等。

（2）被保险货物遭到了严重损失，已失去原有用途或商业价值。尽管其实体还存在，但保险标的的属性已彻底改变，不再是投保时所描述的内容，保险标的物的原商业价值已不复存在。如水泥经海水浸泡变成硬块，香烟和茶叶经海水浸泡无法正常使用，皮革经海水浸泡腐烂发臭而失去原有价值等。

（3）被保险人对保险货物的所有权已丧失，并且已无法挽回。这种情况下，保险标的虽然仍实际存在，并没有完全灭失，即保险标的物的价值或使用价值未受到影响，但被保险人已丧失了对它的所有权，并且不可挽回。如货物被敌人没收并宣布为战利品、船舶被海盗劫走等。

（4）载货船舶失踪达一定时期仍无音讯。我国《海商法》第 248 条规定，船舶失踪达 2 个月的，可按实际全损处理。

保险标的遭受了实际全损后，被保险人可按其投保金额获得保险人全部损失的赔偿。

2．推定全损

推定全损（Constructive Total Loss），又称商业全损。我国《海商法》第 246 条规定：船发生保险事故后，认为实际全损已经不可避免或为避免发生实际全损所需支付的费用超过保险价值的，为推定全损。货物发生保险事故后，认为实际全损已经不可避免，或者为避免发生实际全损所需支付的费用与继续将货物运抵目的地的费用之和超过保险价值的，为推定全损。

判断货物是否为推定全损有两个相互独立的标准：实际全损不可避免；为避免实际全损，所需支付的费用和续运费用之和超过保险标的物的价值。所以，构成推定全损的情况有以下四种：

（1）保险标的在海上运输中遭遇保险事故之后，虽然尚未达到灭失的状态，但据估计完全灭失将是不可避免的。

（2）保险标的遭受保险事故之后，被保险人丧失了对保险标的物的所有权，而收回所有权所花费用估计要超过收回后保险标的物的价值。

（3）保险货物受损后，其修理和续运到原定目的地的费用，估计要超过货物的保险价值或在目的地的完好价值。

（4）被保险船舶受损后，其修理或者救助费用分别或两项费用之和将超过船舶的保险价值。

在推定全损的情况下，被保险人可以获得部分损失的赔偿，也可获得全部损失的赔偿。如果被保险人想获得全部损失的赔偿，被保险人必须无条件地把保险标的委付给保险人。

委付（Abandonment），就是指保险标的处于推定全损状态时，被保险人向保险人发出通知，表示愿意将本保险承保的被保险人对保险标的的全部权利和义务转让给保险人，而要求保险人对全部损失给予赔偿的一种行为。

（二）部分损失

部分损失是指被保险货物的损失没有达到全部损失的程度，不属于实际全损和推定全损的损失。按照损失的性质，部分损失可分为单独海损与共同海损。

1．单独海损

单独海损（Particular Average）是指货物受损后，未达到全损程度，而且是单独一方的利益受损并只能由该利益所有者单独负担的一种部分损失。也可以说，单独海损是指货物因承保风险引起的不属于共同海损的部分损失。通常单独海损造成的损失只能由受损方自己承担，是否能从保险公司得到补偿取决于当事人投保的险别及保险单的条款是如何制定的。

构成单独海损一般需具备以下两个条件：一是特定的保险标的单独遭受损失，对标的具有保险利益的一方单独承担因此而引起的损失；二是损失是由于偶然的和意外的海上灾害事故所致，而并非人们故意采取的行为造成的。例如，一艘船舶满载袋装砂糖驶往某地，途中因气候恶劣，海水涌进船舱，致使部分糖包浸水，砂糖被溶解，这项货物损失即属于单独海损。

2．共同海损

共同海损（General Average）是指载货船舶在海运途中遇到危及船、货的共同危险，船方为了维护船舶和货物的共同安全或使航程得以继续完成，有意地并且合理地做出的某些特殊牺牲或支出的特殊费用。

共同海损的成立应具备以下条件：

（1）船方在采取措施时，必须确有危及船、货共同安全的危险存在，不能主观臆测可能有危险发生而采取措施。

（2）船方所采取的措施必须是为了解除船货的共同危险，人为地、有意地采取的合理措施。

（3）所做出的牺牲必须是特殊的，费用必须是额外支付的。

（4）构成共同海损的牺牲和费用支出必须是最终有效的。

以上四条是构成共同海损的先决条件，必须同时具备才行。

【案例 7-1】

某货轮从天津新港驶往新加坡，在航行途中船舶货舱起火，大火蔓延到机舱，船长为了船、货的共同安全，下令往舱内灌水，火很快被扑灭，但是由于主机受损，为继续航行，于是船长决定雇佣拖轮将船拖回新港修理，修好后重新驶往新加坡。这次造成的损失有：（1）1 000 箱货物被火烧毁；（2）600 箱货物被水浇湿；（3）主机和部分甲板被烧坏；（4）拖轮费用；（5）额外增加的燃料和船上人员的工资。从损失的性质上看，上述哪些损失属于共同海损，哪些属于单独海损？为什么？

【案例分析】

根据单独海损和共同海损的概念和构成条件可判断，（1）（3）属于单独海损；（2）（4）（5）属于共同海损。准确区分单独海损和共同海损是进行索赔的前提条件，有助于受损各方合理分摊损失。

【案例 7-2】

一艘开往新加坡装满棉布的货轮，在航行途中甲舱突然起火，乙舱并未着火，但船长并未调查便认为都已着火，命令对两舱进行灌水施救，结果甲舱棉布大部分被烧毁，剩下一部分及其乙舱全部棉布发生严重水渍，请问：甲舱、乙舱所造成的损失各为何种海损？

【案例分析】

按照海损性质，并参照保险业务的习惯，甲舱棉布大部分被烧毁，属于单独海损，因为这是由“火灾”这一自然灾害直接造成的损失。甲舱另外一部分因救火灌水遭受水渍，造成的损失属于共同海损。乙舱棉布未着火，该棉布严重水渍，并非确有危及船货共同安全的危险存在（并未着火），船长命令灌水施救的行为是不合理的，属于判断错误造成的。因此该项损失不属于共同海损，此项损失只能由船方负责。

共同海损成立后，为了船舶、货物等的共同安全所做的共同海损牺牲和费用必须由各受益方按照最后获救的价值按比例分摊，这种分摊称为共同海损分摊。根据我国《海商法》第 199 条规定，船舶、货物和运费的共同海损分摊价值分别依照下列规定确定：

（1）船舶共同海损分摊价值，按照船舶在航程终止时的完好价值，减去不属于共同海损的金额计算，或者按照船舶在航程终止时的实际价值，加上共同海损牺牲的金额计算。

（2）货物共同海损分摊价值，按照货物在装船时的价值加保险费加运费，减去不属于共同海损的损失金额和承运人承担风险的运费计算。货物在抵达目的港以前出售的，按照出售净得金额，加上共同海损牺牲的金额计算。旅客的行李和私人物品，不分摊共同海损。

（3）运费共同海损分摊价值，按照承运人承担风险并于航程终止时有权收取的运费，减去为取得该项运费而在共同海损事故发生后，为完成本航程所支付的营运费用，加上共同海损的牺牲金额计算。

【案例 7–3】

有一艘货轮价值为 100 万美元，船上载有甲乙丙三家的货物，分别为 50 万、33 万、8 万美元，待收运费为 2 万美元。该货轮在航行中与流冰相撞，船身一侧裂口，舱内部分乙方货物遭浸泡。船长不得不将船就近驶入浅滩，进行排水，修补裂口。而后为了浮起又将部分甲方笨重的货物抛入海中。乙方部分货物遭受浸泡损失了 3 万美元，将船舶驶上浅滩以及产生的一连串损失共为 8 万美元。

请问，这些损失应如何分摊损失？

【案例分析】

需要注意各方按获救价值分摊共同海损，因共同海损发生前，意外事故致使乙方产生三万美元的单独海损，因此，乙方获救价值为 30（33–3）万美元。各方分摊比例及金额如表 7–1 所示。

表 7–1　　各有关方分摊比例及金额表

各有关方	标的物价值（万美元）	分摊比例（%）	分摊金额（万美元）
船方	100	52.63	4.210
甲方	50	26.31	2.104
乙方	33–3	15.79	1.263
丙方	8	4.21	0.337
运费方	2	1.08	0.086
合计	190	100	8

三、海洋运输货物保险保障的费用

海上风险除了可能造成保险标的的损失，还会带来大量的费用支出。保险人负责赔偿的费用主要有施救费用、救助费用、续运费用和额外费用。

（一）施救费用

施救费用（Sue and Labour Expenses），是指当保险标的遭遇保险责任范围内的灾害事故时，被保险人或其代理人、雇佣人员和保险单证受让人等为抢救保险标的物，以防止损失扩大所采取的措施而支出的合理费用。

（二）救助费用

救助费用（Salvage Expenses）是指保险标的物遇到各种海上灾害事故时，由保险人和被保险人以外的第三者采取救助行为救助或保全船货的安全，而由被救助者向其支付的报酬。

（三）续运费用

续运费用（Forwarding Charge），是指由保单承保风险引起的被保险人货物的运输，在非保单载明的目的地港口或地方终止时，保险人对被保险货物的卸货费用、仓储费以及继续运往保单载明的目的地港口的费用等额外费用。

（四）额外费用

额外费用（Extra Charge）是指为了证明损失索赔的成立而支付的费用。包括保险受损后，对其进行检验、查勘、公证、理算或拍卖受损货物等支付的费用。一般只有在索赔成立时，保险人才对额外费用负赔偿责任，但如果公证、查勘等是由保险人授权进行的，不论索赔是否成立，保险人仍需承担该项额外费用。

第三节 中国海洋运输货物保险条款

在海洋运输保险业务中，保险人承保的责任范围，都是通过各种不同的保险条款规定的。为了适应国际货物海运保险的需要，原中国人民保险公司结合我国保险工作的实际情况并参照国际保险市场的习惯做法，制定“中国保险条款”（China Insurance Clauses，CIC），其中包括“海洋运输货物保险条款”“海洋运输货物战争险条款”和其他各种专门条款。投保人可根据货物特点和航线与港口实际情况自行选择投保适当的险别。

根据中国《海洋运输货物保险条款》（2009 版）规定，按照能否单独投保来划分，我国海运货物保险的险别包括基本险、附加险和其他专门险三种类型。

一、基本险

基本险亦称主险，主要承保“自然灾害”和“意外事故”造成的货物损失或费用，不必依附于其他险别，可以单独投保。中国人民保险公司所规定的基本险别包括平安险（Free from Particular Average，FPA）、水渍险（With Average or With Particular Average，WA or WPA）和一切险（All Risks）。

（一）平安险

平安险的承保责任范围包括以下八个方面：

1．被保险货物在运输途中由于恶劣气候、雷电、海啸、地震、洪水自然灾害造成整批货物的全部损失或推定全损。当被保险人要求赔付推定全损时，须将受损货物及其权利委付给保险人。被保险货物用驳船运往或运离海轮的，每一驳船所装的货物可视作一个整批。推定全损是指被保险货物的实际全损已经不可避免，或者恢复、修复受损货物以及运送货物到原定目的地的费用超过该目的地的货物价值。

2．由于运输工具遭到搁浅、触礁、沉没、互撞，与流冰或其他物体碰撞以及失火、爆炸等意外事故所造成的货物全部或部分损失。

3．在运输工具已经发生搁浅、触礁、沉没、焚毁意外事故的情况下，货物在此前后又在海上遭受恶劣气候、雷电、海啸等自然灾害所造成的部分损失。

4．在装卸或转运时由于一件或数件货物整件落海所造成的全部或部分损失。

5．被保险人对遭受承保责任内的危险货物采取抢救、防止或减少货损的措施而支付的合理费用，但以不超过该批被救货物的保险金额为限。

6．运输工具遭遇海难后，在避难港由于卸货引起的损失以及在中途港、避难港由于卸货、存仓以及运送货物所产生的特别费用。

7．共同海损的牺牲、分摊和救助费用。

8．运输契约订有“船舶互撞责任”条款的，根据该条款规定应由货方偿还船方的损失。

平安险的责任范围表明，在投保平安险的情况下，保险公司主要是对自然灾害造成的全部损失和意外事故造成的全部损失及部分损失予以赔偿。此外，对于海上意外事故发生前后，由于自然灾害造成的部分损失也予以赔偿。

由于平安险的承保责任范围有限，一般多适用于大宗、低值、粗糙的无包装货物，如废钢铁、木材、矿砂等的投保。

（二）水渍险

水渍险的责任范围比平安险广泛，包括以下两大部分：

1．平安险所承保的全部责任。

2．被保险货物在运输途中，由于恶劣气候、雷电、海啸、地震、洪水等自然灾害所造成的部分损失。

即投保水渍险时，保险公司对自然灾害和意外事故造成的全部损失和部分损失，均负责赔偿。

在保险实务中，水渍险一般适用于不大可能由于其本身特性或外部环境变化而造成品质变化损失的货物，例如小五金工具、旧汽车或旧机械、化工原料等。

【案例 7–4】

有一批货物已投保了平安险，载运该批货物的海轮于 5 月 3 日在海面遇到暴风雨的袭击，使该批货物受到部分水渍，损失货值 1 000 万美元。该货轮在继续航行中，又于 5 月 8 日发生触礁事故，又使该批货物损失 1 000 万美元。

问：保险公司如何赔偿？

【案例分析】

保险公司应对全部损失 2 000 万美元予以赔偿。原因在于尽管货物投保的是平安险，但货物在因自然灾害遭遇部分损失后又因意外事故遭遇了部分损失，在平安险的承保范围之内。

（三）一切险

投保一切险后，保险公司除承担水渍险的各项赔偿责任外，还对被保险货物在运输途中由于一般外来风险造成的全部或部分损失负责赔偿。

从上述三种基本险别的责任范围来看，平安险的责任范围最小，它对自然灾害造成的全部损失和意外事故造成的全部和部分损失负赔偿责任，而对自然灾害造成的部分损失，一般不负赔偿责任。水渍险的责任范围比平安险的责任范围大，凡因自然灾害和意外事故所造成的全部和部分损失，保险公司均负责赔偿。一切险的责任范围是基本险别中最大的一种，它除了包括平安险、水渍险的责任范围外，还包括被保险货物在运输过程中，由于一般外来原因，如货物被盗窃、钩损、碰损、受潮、受热、淡水雨淋、短量、包装破裂和提货不着等所造成的全部或部分损失，保险公司均负责赔偿。由此可见，一切险是水渍险加一般附加险的总和。在这里还需特别指出的是一切险并非保险公司对一切风险损失均负赔偿责任，它只对水渍险和一般外来原因可能引起的风险损失负责，而对货物的内在缺陷、自然损耗以及运输延迟、战争、罢工等所致损失，保险人均不负赔偿责任。

由于一切险提供的保障范围较为全面，在保险实务中，一切险适用于各类货物，特别是那些价值较高、可能遭受损失因素较多的货物，如纺织品、工艺品、精密仪器等。

中国《海洋运输货物保险条款》（2009 版），除规定上述基本险的责任范围外，为进一步明确保险人的责任范围，还同时规定了下列除外责任，即对下列原因造成的损失不负赔偿责任：

1．被保险人的故意行为或过失所造成的损失。

2．属于发货人责任引起的损失。

3．在保险责任开始前，被保险货物已存在品质不良或数量短差所造成的损失。

4．被保险货物的自然损耗、本质缺陷、特性以及市价跌落、运输延迟引起的损失或费用。

5．海洋运输货物战争险条款和罢工险条款规定的责任范围和除外责任。

我国的《海洋运输货物保险条款》（2009 版）对保险责任的起讫也作了具体规定。在海运保险中，保险责任的起讫，主要采用“仓至仓”条款（Warehouse to Warehouse Clause），即保险责任自被保险货物运离保险单所载明的起运地仓库或储存处所开始，包括正常运输中的海上、陆上、内河和驳船运输在内，直至该项货物到达保险单所载明的目的地收货人的最后仓库或储存处所或被保险人用作分配、分派或非正常运输的其他储存处所为止。如未抵达上述仓库或储存处所，则以被保险货物在最后卸载港全部卸离海轮后满 60 天为止。如在上述 60 天内被保险货物需转运到非保险单所载明的目的地时，则以该项货物开始转运时终止。当被保险货物遭受承保范围内的损失时，保险索赔时效，是从保险事故发生之日起算，最多不超过两年。

【案例 7-5】

我国 A 公司以 CIF 汉堡出口食品 1 000 箱，即期信用证付款。货物装运后，A 公司凭已装船清提单和已投保一切险及战争险的保险单，向银行收妥货款，货到目的港后经进口人复验发现下列情况：

（1）该批货物共有10个批号，抽查20箱，发现其中2个批号涉及200箱食品细菌含量超过进口国标准；

（2）收货人只实收995箱，短少5箱；

（3）有10箱货物外表状况良好，但箱内货物共短少60千克。

试分析上述情况，进口人应分别向谁索赔？

【案例分析】

（1）部分损失应向出口商索赔，原因在于出口商交货质量与合同及信用证要求不符；（2）部分损失应向承运人或保险公司索赔，原因在于承运人签发的清洁提单表明货物数量完好，短少5箱是运输过程中造成的损失；（3）部分损失应向出口商索赔，原因在于货物外包装良好，箱内短少，判断是出口商少装货物。

二、附加险

在海运保险业务中，进出口商除了投保货物的上述基本险别外，还可根据货物的特点和实际需要，酌情再选择若干适当的附加险别投保。附加险是基本险的扩大和补充，不能单独投保，必须在投保主险（基本险的一种）的基础上加保。加保的附加险可以是一种或几种，由被保险人根据需要选择确定。按照承保的风险不同，附加险分为一般附加险和特殊附加险。

（一）一般附加险

一般附加险（General Additional Risks）负责赔偿一般外来风险所致的损失。由于一般附加险被包括在一切险的承保范围内，故在投保一切险时，无须再加保一般附加险。

由于被保险货物的品种繁多，货物的性能和特点各异，而一般外来风险又多种多样，所以一般附加险的种类也很多，其中主要包括：偷窃提货不着险、淡水雨淋险、渗漏险、短量险、钩损险、混杂玷污险、碰损破碎险、生锈险、串味险、受潮受热险和包装破裂险。上述这11种一般附加险，均包括在一切险中。

（二）特殊附加险

1．战争险

战争险的承保责任范围主要包括对由于战争和其他各种敌对行为所造成的损失负赔偿责任，战争险不能作为一个单独的项目投保，而只能在投保上述三种基本险别之一的基础上加保战争险。战争险保险责任起讫不采取“仓至仓”条款，而是从货物装上海轮开始至货物运抵目的港卸离海轮为止，即只负责水面风险。其保险责任到货物卸离保险单所载明的目的港海轮或驳船时为止。若海轮到目的港后货物未卸船，最长期限则为海轮到达目的港当天午夜起算满15天。

2．罢工险

罢工险是在投保海运货物基本险的基础上加保的特殊附加险，只承保罢工行为所致的被保险货物的直接损失，如因罢工行为使货物无法正常运输装卸导致的间接损失不在保险人赔偿责任范围。罢工险的保险期限与海运货物基本险相同，即以“仓至仓”条款为准。

假如被保险人在投保海运货物基本险的基础上已加保战争险，还要再加保罢工险，按国际保险市场习惯，不需另行缴付罢工险的保险费。如果只在投保基本险的基础上加保罢工险，则需按战争险费率缴付保险费。

3．其他附加险

除上述一般附加险和特殊附加险外，在中国人民保险公司附加险条款中，还列有六种不包括在基本险中的其他附加险别，即交货不到险、进口关税险、舱面货物险、拒收险、黄曲霉素险、出口货物到香港（包括九龙在内）或澳门存仓火险。这六种附加险所承保的风险，大多与国家行政法令、政策措施与航海贸易习惯有关。这六种附加险，必须在投保基本险的基础上另行加保，才能获得保障。

三、海运货物保险专门险

在我国海洋运输货物保险中，根据被保险货物的特性，还专门制定了海洋运输冷藏货物保险条款和海运散装桐油保险条款。此外，为了促进出口贸易的发展，我国保险公司还专门设立了卖方利益险。

（一）海洋运输冷藏货物保险

凡蔬菜、水果、肉类和水产品等货物，为保持其新鲜程度，运输时都须置于专门的冷藏箱。为使这些冷藏货物在运输过程中得到全面保障，就需要投保海洋运输冷藏货物保险，具体包括冷藏险（Risks for Frozen Products）和冷藏一切险（All Risks for Frozen Products）两种险别，两者均可单独投保。

冷藏货物保险的责任范围和除外责任如下：冷藏货物保险责任范围包括由于冷藏机器（如冷藏车、冷藏集装箱和冷藏船上的制冷设备等）停止工作连续达 24 小时以上所造成的货物腐烂或损失，以及被保险的冷藏货物在运输途中由于自然灾害或意外事故造成的腐败或损失予以赔偿。冷藏一切险的责任范围是在承保冷藏险的各项责任基础上，还负责被保险鲜货在运输途中由于外来原因所致的腐烂变质或损失。

海洋运输冷藏货物保险的除外责任在海洋运输货物保险条款的基础上稍有改变。改变之一是，增加了一项除外责任，即将“被保险鲜货在运输途中的任何阶段，因未存放在有冷藏设备的仓库或运输工具中，或辅助运输工具没有隔温设备所造成的货物腐败的损失”列入除外责任。改变之二是，将“海洋运输货物保险条款除外责任中的在保险责任开始前，被保险货物已存在的品质不良或数量短差所造成的损失”改为“被保险鲜货在保险责任开始时，因未保持良好状态（包括整理加工和包扎不妥，冷冻上的不合规定及骨头变质）所引起的货物腐败和损失”。

海洋运输冷藏货物保险的保险期限与海洋运输货物保险条款规定的保险期限有所不同。冷藏货物的保险期限为：

1．冷藏货物到达保险单载明的最后目的港后，须在 30 天内卸离海轮，否则，保险责任终止。

2．如冷藏货物卸离海轮后不存入冷藏仓库，保险责任至卸离海轮时即终止。

3．冷藏货物全部卸离海轮并存入冷藏仓库，保险人负责货物卸离海轮后 10 天内的风险。但在上述期限内，货物一经移出冷藏仓库，保险责任即终止。

海洋运输冷藏货物险的索赔时效与海洋运输货物保险条款的规定相同。

（二）海运散装桐油险

桐油是一种优良的带干性植物油，具有干燥快、比重轻、光泽度好、附着力强、耐热、耐酸、耐碱、防腐、防锈、不导电等特性，用途广泛。它是制造油漆、油墨的主要原料，大量用作建筑、机械、兵器、车船、渔具、电器的防水、防腐、防锈涂料，并可制作油布、油纸、肥皂、农药和医药用呕吐剂、杀虫剂等。

桐油因自身特性，在运输过程中容易受到污染、变质等损失，故需要提供不同于一般货物保险的特殊保障。为此，保险公司设立了海运散装桐油保险的险别，可以单独投保。

海运散装桐油险的责任范围，包括不论任何原因所致的桐油超过保险单规定免赔率的短少、渗漏损失和不论任何原因所致的桐油的玷污或变质损失，均予负责。海运散装桐油保险的除外责任与海洋运输货物保险条款的规定相同。

（三）卖方利益险

当出口货物按 FOB 或 CFR 条件成交时，由买方自行办理货物运输保险，一旦货物在运输途中遭受损失，若买方不付款赎单，卖方不仅无法收回货款，而且因为没有投保货运保险而无法向保险人索赔，这势必造成经济损失，为使卖方的损失能及时得到补偿，我国保险公司便设立了卖方利益险这项专门的险别。凡出口货物采用 FOB 或 CFR 贸易术语并按商业信用付款条件成交，出口商应投保卖方利益险，以便使其损失得到及时补偿。

根据卖方利益险条款的规定，保险人负责赔偿货物遭受保险单上载明的货运险责任范围内的卖方损失，但仅在买方不支付该项受损货物的货款时，才予赔偿。因买方拒绝提货而使卖方遭受的其他损失，则不属于卖方利益险保险人承担的责任。

由于买方不付款赎单的行为违反了买卖合同，应当承担违约责任，保险人只有取得代位求偿权后，方可向买方追偿。因此，卖方利益险条款还规定，被保险人应将其向买方或第三方追偿的权利转让给保险人。

本章导入案例中搁浅的“长赐号”货轮的修理费用及救援费用属于共同海损，应由船方、货方和运费方共同承担损失；搁浅货轮的货物损失、其他货船的停泊费和绕航费属于单独海损，应由货方、船方及运费方单独承担损失；而运河方的运费损失应向“长赐号”船舶所有人提出索赔。对于“长赐号”货轮及货轮上货物的货主而言，无论是共同海损还是单独海损，损失都是由于船舶搁浅这一意外事故导致的，从理论上而言，平安险承保意外事故造成的全部及部分损失，所以仅投保平安险即可获得保险公司的损害赔偿；当然在实践中的索赔可能较为复杂。而其他船舶的停泊费、绕航费及装载货物运输延迟造成的损失较为复杂，判断投保何种险别才能获得损害赔偿，首先要判断运河堵塞导致的停泊和绕航是否属于海上风险，属于何种海上风险；其次要判断相应险别是否承保运输延迟造成的损失。

第四节　伦敦保险协会海洋运输货物保险条款

在国际保险市场上，各国保险组织都分别有自己的保险条款，其中影响较大，应用最为广泛的是英国伦敦保险协会所制定的《协会货物条款》(Institute Cargo Clause，ICC)。据统计，在全世界范围内约有2/3的国家，其中在发展中国家约有3/4的国家都在采用“协会货物条款”。还有一些国家在制定本国保险条款时参考或采用该条款内容。中国出口企业和保险公司对国外商人提出的投保ICC的要求，一般均可接受。

英国是近代世界海上保险的中心，在国际海上贸易航运和保险业中占有很重要的地位。英国劳合社的S·G·保险单的说明规则被英国1906年《海上保险法》列为附则，后来逐渐成为国际海上保险单的范本。1912年，伦敦保险协会的技术与条款委员（Technical and Clause Committee）制定了英国《协会货物条款》，对沿用已久的S·G·保险单的内容进行了修改和补充，以加贴的形式附于保险单背面。后为了适应不同时期法律、判例、商业、贸易、航运等方面的变化和发展，“协会货物条款”经常进行修订和补充。2009年1月1日，联合货物保险委员会（Joint Cargo Committee）推出了新的条款ICC2009。新的条款扩展了保险责任起讫日期，对保险人援引免责条款做出了一定的限制，对条款中易于产生争议的用词做出了更加明确的规定。新条款中的文字、结构等也更加简洁、严密，便于阅读和理解。

一、《协会货物保险条款》的基本险

协会货物险条款包括协会货物A条款，即ICC（A）；协会货物B条款，即ICC（B）；协会货物C条款，即ICC（C）；协会战争险条款（Institute War Causes-Cargo）；协会罢工险条款（Institute Strikes Clauses-Cargo）；恶意损害险条款（Malicious Damage Clauses）和偷窃、偷窃提货不着险条款（Theft，Pilferage and Non-delivery Clause）。前五个险别条款结构统一，系统清晰，都包含承保责任、除外责任、保险期间、索赔、保险的利益、减少损失、防止延迟和法律与惯例这八项内容，可以单独投保。恶意损害险和偷窃、提货不着险属于附加险，不能单独投保。

（一）ICC（A）条款的主要内容

1．承保风险

ICC（A）险的承保范围较广，具体包括3个条款，即风险条款、共同海损条款和船舶互撞责任条款。

（1）风险条款（Risks Clause）。该条款采用“一切风险减除外责任”的方式，即除了“除外责任”项下所列的风险保险人不予负责外，其他风险均予负责。这里的其他风险仅指船舶航行中可能遇到的各类海上风险，即意外风险或外来风险。

（2）共同海损条款（General Average Clause）。该条款承保根据运输合同、管辖法律或惯例所理算或确定的共同海损和救助费用，同样，对于条款规定的除外责任不负赔偿责任。

（3）双方有责碰撞条款（Both-to-Blame Collision Clause）。该条款根据货物运输合同中的同名条款而设，目的在于保护被保险人即货方，使其不至于在面临承运人根据运输合同中的该条款规定向其追偿时遭受损失。

2．除外责任

除外责任共包括四个条款，即一般除外责任、不适航不适货除外责任、战争除外责任和罢工除外责任。

（1）一般除外责任（General Exclusion Clause），一般除外责任包括以下 7 项：①因被保险人的故意违法行为所致的灭失、损害费用。②保险标的的自然漏损、重量或容量的自然损耗或磨损。③由于保险标的包装或准备不充分或不适当引起的灭失、损害或费用。④由于标的固有缺陷或性质而导致的灭失、损害或费用。⑤以运输迟延为近因的灭失，损害或费用，即使迟延是由承保风险造成的。⑥由船舶所有人、管理人、租船人或经营人的破产或新债务造成的灭失、损失或费用。⑦因使用任何原子或热核武器所造成的货物的灭失或费用。

（2）不适航、不适货除外责任（Unseaworthiness and Unfitness Exclusion Clause）。主要指被保险人在被保险货物装船时已知船舶不适航，以及船舶、运输工具、集装箱等不适货。

（3）战争险除外责任。

（4）罢工险除外责任。

以上的（3）（4）两项因已有专门的战争险和罢工险单独承保，故在此将其列为除外责任。但由于在战争除外责任里有“海盗行为除外”几个字，除外的除外，意即不除外，则意味着“海盗”风险属于 ICC（A）的承保责任。

（二）ICC（B）与ICC（C）的承保风险与除外责任

ICC（B）与 ICC（C）条款，除承保范围不同外，其他条款与 ICC（A）基本完全一致，个别条款因承保范围的不同，法律解释上存在一些差别。ICC（B）和 ICC（C）均采用了列明风险的保险责任方式，与 ICC（A）款相比，属于限制条件条款。ICC（B）共列出了 10 项承保风险，包括了大多数的海上风险和意外事故；而 ICC（C）的承保范围更加窄，同样是列明风险承保，但其只承担重大意外事故而不承担自然灾害及非重大意外事故造成的损失。

ICC（B）险的除外责任与 ICC（A）基本相同，只是新增了一项，规定对“由于任何个人或数人非法行动故意损坏或故意破坏保险标的或其任何部分”的损失或费用，保险人不承担赔偿责任。在 ICC（A）中，保险人只对被保险人的故意不法行为所致损失列入除外，并未将其他人的恶意行为除外，而 ICC（B）则明确地把包括被保险人在内的任何人的故意行为所造成的损失排除在承保范围之外。此外，战争除外责任中同样将“海盗”风险除外，而前面列明风险中并未提及这一风险，从而表明 ICC（B）不承保海盗行为所致损失。ICC（C）险的除外责任与 ICC（B）险的除外责任完全相同。

（三）保险期间

保险期间又称保险期限或保险有效期，是指保险人对保险标的发生的事故须负损失赔偿责任的起讫时间，即保险合同效力开始至终止的期间。ICC（A）、ICC（B）和 ICC（C）3 个条款有关保险期限的规定是完全相同的，主要反映在“运输条款”“运输契约终止条款”及“航程变更条款”3 个条款之中。

运输条款将人们熟悉的“仓至仓”条款和扩展责任条款的内容合并在一起。按该条款规定，保险人对保险货物所承担的保险责任，是从货物运离保险单所载明的起运地仓库或储存处所开始运输时生效，并在正常运输过程中继续有效，直至该项货物被运到保险单所载明的目的港（地）收货人的最后仓库或储存处所；或被保险人用作分配、分派或非正常运输的其他储存处所为止；如未抵达上述仓库或储存处所，则以被保险货物在最后卸载港全部卸离海轮后满 60 天内。将被保险货物转运到非保险单所载明的目的地时，则于货物开始转运时终止。

运输契约终止条款主要规定：由于被保险人无法控制的原因，被保险货物在运抵保险单载明的目的地之前，运输契约即在其他港口或处所终止。这时，在被保险人立即通知保险人并在必要时加缴一定保险费的条件下，保险继续有效，直到货物在这个卸载港口或处所出售或交货之时为止。但最长时间以不超过货到该港口或处所满 60 天。若在 60 天内继续运往保单载明目的地或其他目的地，保险责任仍按正常运输情况下的规定终止。

航程变更条款规定：在保险责任开始之后，若被保险人要求变更保险单所载明的目的地，则在立即通知保险人并另行确定保险费及保险条件的情况下，保险责任继续有效。

（四）保险索赔

这一部分涉及与出险后索赔有关的事宜。包括可保利益、续运费、推定全损和增值条款等 4 个条款。

可保利益条款（Insurable Interest Clause）强调了保险标的发生损失时，被保险人必须对标的享有可保利益，以及当保险合同签订之前，若保险标的已经发生损失，只要被保险人对此不知情且具有可保利益，他就有权对损失要求赔偿。

续运费条款（Forwarding Charge Clause）规定了由于发生承保风险，致使保险标的被运送到保单载明目的地以外的港口或地点，因而发生的装卸货、储存等其他额外的费用，待航程终止时可向保险人索赔。

推定全损条款（Constructive Total Loss Clause）规定了按推定全损索赔的前提条件，即必须构成推定全损，并及时进行委付。

增值条款（Increased Value Clause）则是针对有增值保险的情况下，原保险人与增值保险人在理赔时的赔偿金额计算方法。

（五）保险权益

保险权益（Benefit of Insurance）规定承运人或其他受托人不得享受保险利益，否则影响保险人正常的代位追偿。

（六）减少损失

减少损失包括两个条款：被保险人义务条款和放弃条款。前者明确了被保险人所负有的两项义务：采取合理措施避免和减少承保损失；保护保险人的代位追偿权。后者则表明当保险标的发生损失时，被保险人或保险人为施救、保护或修复保险标的所采取的措施，不应视为放弃或接受委付，或影响任何一方的利益。

（七）防止延迟

主要是防止运送迟延，敦促被保险人合理迅速处置运输行为。

（八）法律与惯例

在新条款中的每一险别，都对应一条“英国法律和惯例”条款，主要作为海事诉讼时法庭的依据，避免纠纷。

二、《协会货物保险条款》的战争险、罢工险和恶意损害险

（一）协会货物战争险条款

1982 年 1 月 1 日起使用的《协会货物战争险条款》共分 8 部分 14 条，具有完整的结

构体系，可以单独投保。

1．承保范围

《协会货物战争险条款》承保由于下列原因造成的保险标的物的损失或损害：

（1）战争、内战革命、造反、叛乱或由此引起的内乱或任何交战方之间的敌对行为。

（2）由上述承保风险引起的捕获、拘留、扣留、禁制或扣押，以及这些行动的后果或任何进行这种行为的企图。

（3）被遗弃的水雷、鱼雷、炸弹或其他被遗弃的战争武器。

此外，协会货物战争险还承保为避免风险所造成的共同海损和救助费用。

2．除外责任

战争险条款的除外责任包括“一般除外责任”和“不适航、不适货除外责任”两部分。“一般除外责任”部分和《协会货物条款》（A）相比，新增了“航程挫折条款”，即对由于战争原因导致航程终止，货物未能运到保单载明的目的地而引起的间接损失，保险人不予负责。此外，在战争险条款中，“核武器除外责任”的内容中特别强调“由于敌对性地”使用核战争武器所致损失不予负责。其他内容和《协会货物条款》（A）中的有关规定完全一致。

3．保险期限

协会货物战争险关于保险期限的规定比较特殊，主要包括以下几方面：一是规定保险期限以“水上危险”为限，即保险责任自货物装上海轮时开始，直到卸离海轮时终止；若货物未及时卸离海轮，以海轮到最后港口或卸货港当日午夜起满15天为限，保险责任终止，如果中途港转运，也以到港15天为限。二是规定当保险责任中途终止时，如果货物继续运往保险单载明的目的地，通过支付保险人所要求的额外保险费，自续运开始后，保险单可以重新恢复效力。三是规定如果由驳船向海轮装卸货物，保险人承保装卸时的水雷和鱼雷风险，但最长不超过卸离海轮后60天。

协会战争险的其他内容与ICC（A）条款相同。

（二）协会货物罢工险条款

伦敦《协会货物罢工险条款》由8部分共14个条款组成，同样可以单独投保。

1．承保范围

罢工险对下列原因造成的保险标的的损失或损害负责赔偿：

（1）罢工者、被迫停工工人或参与工潮、暴动或民变的人员所致。

（2）任何恐怖分子或任何出于政治目的采取行动的人所致。

此外，协会罢工险条款也承保为避免承保风险所致的共同海损和救助费用。

2．除外责任

罢工险的除外责任同样包括ICC（A）条款列出的“一般除外责任”和“不适航、不适货除外责任”两部分。只是由于罢工险只负责货物因罢工而造成的直接损失，对罢工引起工人缺勤、缺员等情况导致的货物间接损失，保险人不承担责任。故增加了三项不保的内容：

（1）由于罢工导致的航程终止，致使货物未运抵保单载明目的地而引起的间接损失。

（2）由于罢工、停工、工潮、暴动或民变造成的各种劳动力缺乏、短缺或抵制引起的间接损失。

（3）对战争风险所致的损失后果。

罢工险的其他内容和ICC（A）条款相同。

（三）协会货物恶意损害险条款

协会货物恶意损害险条款是新的协会条款新增的附加险条款。它没有完整的结构，不能单独投保，而只能在投保其他险别的基础上加保。恶意损害险主要承保被保险人以外的其他人的故意损害、故意破坏、恶意行为所致保险标的物的损失或损害。如果恶意行为是出于政治动机，则不属于本条款的承保范围，但可以在罢工险条款中得到保障。

协会A条款只对被保险人的恶意行为予以除外不保，显然已将恶意损害险的内容包括在其承保范围之内，而在B条款和C条款中，被保险人以外的任何他人的恶意行为所致的损失均被列入除外责任，因此，若想转嫁恶意损害风险，除非已经投保A险，否则须加保恶意损害险。

第五节 国际货运保险条款

在国际货物买卖合同中，为了明确交易双方在货运保险方面的责任，通常都订有保险条款，其内容主要包括：保险投保人、保险公司、保险险别、保险费率和保险金额的约定等事项。

一、保险投保人的约定

每笔交易的货运保险，究竟是由买方还是由卖方投保，完全取决于买卖双方约定的交货条件和所使用的贸易术语。由于每笔交易的交货条件和所使用的贸易术语不同，对投保人的规定也相应有别。例如，按FOB或CFR条件成交时，在买卖合同的保险条款中，一般只订明“保险由买方自理”。如买方要求卖方代办保险，则应在合同保险条款中订明：“由买方委托卖方按发票金额×××%代为投保××险，保险费由买方负担”。按D组术语成交时，在合同保险条款中，也可订明“保险由卖方自理”。凡按CIF或CIP条件成交时，由于货价中包括保险费，故在合同保险条款中，需要详细约定卖方负责办理货运保险的有关事项，如约定投保的险别、支付保险费和向买方提供有效的保险凭证等。

二、保险险别的约定

应在贸易合同中明确保险险别。如果合同中没有明确，那么在由卖方办理保险的CIF和CIP术语中，卖方应按照协会货物条款或其他类条款中的最低险别投保。若买方提出特殊要求，卖方在买方自担费用的条件下，可以投保战争险和罢工暴乱民变险。各种险别的名称要明确，不能笼统含糊。

保险人承担保险责任，是以保险险别为依据的，在不同的险别下，保险人承担的责任范围不同，保险货物在遭受意外损失时可能获得的赔偿也不同，当然不同的险别保险费率也不同。投保人在选择险别时，既要顾及所选择的险别能为被保险货物提供充分的保险保障，又要注意到保险费的节省，避免不必要的保险费开支。另外，不同险别下，保险人和被保险人所负担的举证责任也有很大不同，这一点，作为被保险人也需慎重考虑。

交易双方在约定采用何种险别时，一般应考虑下列因素：

第一，应考虑货物的品类和特性。由于货物品类不同，其特性各异，在运输途中，即使遭遇同一种风险事故，也可能引起不同损失后果。为了获得充分保障，就需要针对被保险货物的特性，约定适当的险别。

第二，需要考虑货物的包装条件。货物的包装方式和包装材料直接影响货物在运输途中的安全和损失程度，因此，选择险别时，应参照包装条件而定。

第三，需要考虑货物的使用价值与价值。为使被保险货物的使用价值与价值均能获得全面保障，应依据被保险货物的特定用途和价值贵重程度来确定险别。

第四，必须考虑运输方面的各种因素。货物受损情况易受运输方式、运输工具、运输线路、运输时间长短、运输距离远近、运输季节和装、卸、转运车站及港口环境等因素的影响，因此，选择运输保险的险别，必须注意运输方面的上述各种因素。

第五，目的地市场的变化趋势。如预期利润偏低，不足额保险，损失后不能得到足额的赔偿。如想按照上涨后的市场价格索赔，可另行加保“增值保险”。

第六，各国的贸易习惯。如按CIF价格成交时，国际商会规定卖方应按ICC中最低限度的险别投保；比利时规定卖方应投保水渍险；美国则规定卖方代买战争险，费用由买方支付。

三、保险金额的约定

按CIF或CIP条件成交时，因保险金额关系到卖方的费用负担和买方的切身利益，故买卖双方有必要将保险金额在合同中具体订明。根据保险市场的习惯做法，保险金额一般都是按CIF价或CIP价加成计算，即按发票金额再加一定的百分率。此项保险加成率，主要是作为买方的预期利润。按国际贸易惯例，预期利润一般按CIF价或CIP价的10%估算，因此，如果买卖合同中未规定保险金额时，习惯上是按CIF价或CIP价的110%投保。

由于不同货物、不同地区、不同时期的预期利润不一，因此，在洽商交易时，如买方要求保险加成超过10%时，卖方也可酌情接受。如买方要求保险加成率过高，则卖方应先征得保险公司同意。

（一）保险金额的计算

已知CIF价格和加成率，计算保险金额

$$\text{保险金额} = \text{CIF价} \times (1 + \text{投保加成率})$$

已知CFR价格、保险费率和加成率，计算保险金额

$$\text{CIF价} = \frac{\text{CFR}}{1 - \text{保险费率} \times (1 + \text{投保加成率})}$$

已知FOB价格、运费、保险费率和加成率，计算保险金额

$$\text{CIF价} = \frac{\text{FOB} + \text{运费}}{1 - \text{保险费率} \times (1 + \text{投保加成率})}$$

（二）保险费的计算

已知 CIF 价格、加成率和保险费率，计算保险费

保险费＝CIF价×(1＋投保加成率)×保险费率

四、保险公司和保险条款的约定

在按 CIF 或 CIP 条件成交时，保险公司的资信情况，与卖方关系不大，但与买方却有重大的利害关系。因此，买方一般要求在合同中限定保险公司和所采用的保险条款，以利日后保险索赔工作的顺利进行。选择保险人时主要考虑保险公司的经济实力和经营稳定性、保险商品的价格是否合理、保险公司的理赔时效和公平性、保险公司的服务水平等。

五、保险单的约定

在国际货物买卖合同中，如约定由卖方代为投保，通常还要在合同中规定卖方必须向买方提供保险单。一旦被保险货物在运输途中发生承保范围内的损失，买方即可凭卖方提供的、并经卖方签章背书的保险单向有关保险公司索赔。

六、贸易合同中保险条款的写法

贸易合同中保险条文通常用英文表达，常见的条款如下。

（一）有关险别的条文

1．合同约定投保平安险（F.P.A）。如要求“卖方按发票金额×××投保平安险”，其英文表达为：“Insurance to be effected by the sellers for ×××% of invoice value against F.P.A”。

2．合同约定投保水渍险（W.A）。如要求“卖方按发票金额×××加成 10%投保水渍险”，可写：“Insurance to be effected by the Sellers for ×××% of invoice value against W.A”.若商定投保一切险（All Risks）的，只需将上述条文中的具体险别做更改即可。

3．若商定投保附加险的，如“由卖方按发票金额×××投保平安险/水险加保×××险”，可写：“Insurance to be effected by the sellers for ×××% of invoice value against F.P.A / W.A. including ××× risk”。其中的“×××”可根据实际情况填入具体附加险名称，如战争险（War Risk）、罢工险（Strike Risk）等。

（二）有关保险期限的条文

1．若要求延长保险期限的，可写：“Insurance to be effected by the sellers for ×××% of invoice value against ××× Risks including 90 days at port of destination”。

2．若要求保险责任延长到内陆目的港的，可写：“Insurance to be effected by the sellers for ×××% of invoice value against ××× risks up to ×××（内陆地名）”。

（三）有关特殊约定的条款

1．若保险单订有免赔率的，可表达为：“...against ××× Risks in excess of ×××%”。

2．若保险责任中不包括途耗的，具体表达为：“...against ××× Risks but excluding natural loss”。

3．若按 FOB 或 CFR 条件成交，但保险由买方委托卖方办理的，可写："保险由买方委托卖方按照发票金额 ××× 代为投保 ××× 险，保险费由买方负担"，"Insurance to be effected by the Sellers on behalf of Buyers for ×××% of invoice value against ××× Risks, premium to be paid by buyers"。

【本章小结】

保险作为一种经济补偿手段，在人们的经济活动和日常生活中占有重要地位，而国际货物运输保险是国际货物贸易中不可缺少的重要环节，也是国际货物买卖合同条款中一项很重要的内容。由于海洋运输货物保险的发展历史最长，它在整个货物运输保险中所占份额最大，因此，本章在介绍了保险的含义及基本原则基础上，着重阐述海洋运输货物保险。在海洋运输货物保险部分，对保险公司保障的风险、保障的损失和保险费用，做了具体介绍和说明，并分别介绍了我国海洋运输货物保险条款和伦敦协会海洋运输货物保险条款的基本内容。最后，本章还专门就交易双方如何约定买卖合同中的保险条款做了具体说明，以利合同当事人依约办理货物运输保险事宜，并列出了贸易合同中保险条款的常见写法。

【拓展知识】

货物运输保险保障范围并非一成不变，会基于客观环境变化增减一些特别约定。如 2020 年 7 月，多地海关从厄瓜多尔进口的冻南美白虾集装箱内壁和外包装样本中检出新冠病毒核酸阳性，此后海关总署发文暂停厄瓜多尔 3 家企业在华注册资格，暂停 3 家企业的产品进口，暂停受理 3 家企业产品的进口申报，并要求进口商应立即采取相关措施。

新冠肺炎疫情爆发给全球保险市场带来了诸多新挑战，但此前主要体现在财产险、责任险、意外险等领域，"白虾事件"又将行业的目光转移至货物运输保险领域。安达保险有限公司水险总监宋巍对此表示："对于此次运输背后的保险安排我们还不是非常清楚。此次白虾的损失是否能够在货运险保单项下索赔，需要结合保单的保障范围（包括特别约定）、损失发生的时间和地点以及损失性质等多种因素进行判断。目前，国际和国内市场有很多保险条款（包括主险和附加险），但从常用的主险条款的内容来看，基本上都没有对新冠和其他传染病的风险进行特别的约定或者明确除外。因此，对于此类损失，在保险理赔上恐怕会存在比较大的争议。此类风险需要引起保险行业的重视。货主也需要考虑如何更好地保护自己的利益。"由于新冠病毒在全球范围内传播，货物运输风险会因各地疫情、各地防疫管控措施以及病毒特点等因素发生变化。保险市场已经在考虑进一步明确货运险保障范围，也会相应增加一些特别的约定。且已有保险人将“传染病除外”条款加入到货运险保单中。

【专业术语】

1. Perils of the Sea 海上风险
2. Extraneous Risks 外来风险
3. Fortuitous Accidents 意外事故
4. Partial Loss 部分损失
5. Total Loss 全部损失
6. General Average 共同海损
7. Particular Average 单独海损
8. FPA 平安险
9. WPA 水渍险
10. All Risks 一切险
11. General Additional Risks 一般附加险
12. Special Additional Risks 特殊附加险

【课后习题】

一、简答题

1. 运输险在进出口贸易中有何作用？
2. 在海运货物保险中，保险公司承保哪些风险、损失和费用？
3. 如何判断实际全损和推定全损？
4. 什么是共同海损，与单独海损有何区别？
5. 什么是“仓至仓”条款，是否在所有价格术语下保险人的责任起讫都适用于该条款？
6. 采用CIF或CIP条件成交时，按照国际惯例，保险金额如何确定？投保险别如何选择？

二、案例分析

1. 某货轮满载货物驶离A港口。开航后不久，由于空气湿度很大，导致老化的电线短路引起大火，将装在货舱甲的毛毯完全烧毁。船到B港口卸货时发现，装在同一货舱中的烟草和茶叶由于羊毛燃烧散发出的焦煳味道而遭受了不同程度的串味损失。其中烟草由于包装较好，串味不是非常严重，经过特殊加工处理，仍保持了烟草的特性，但是等级已大打折扣，售价下降三成。而茶叶则完全失去了其特有的芳香，无论如何不能当作茶叶了，只能按照廉价的填充物处理。后来，该船不幸又与另一艘货轮相撞，船体严重受损，货舱乙破裂，舱内进入大量海水，剧烈的震动和海水浸泡导致舱内装载的精密仪器严重受损。为了救险，船长命令用亚麻临时堵住漏洞，造成大量亚麻损失。在船舶停靠在避难港进行大修时，船方就受损精密仪器的抢修整理事宜向岸上有关专家进行了咨询，发现整理恢复费用十分庞大，已经超过了货物的保险价值。为了方便修理船舶，不得不将货舱丙和货舱丁的部分纺织品货物卸下，在卸货时造成一部分货物钩损。

试分析：各部分损失属于什么类型和性质？

2. 中国A公司与美国B公司签订出口合同一份，贸易术语为CFR NEWYORK，A公司按合同规定将货物运至码头装船，在运输过程中车辆遇险翻覆，货物受损，A公司电告B公司事故，由于CFR系买方投保，A公司提出按保险惯例，承包范围为仓至仓，所以要求B公司向保险公司索赔。

问：保险公司是否应做出赔偿呢？为什么？

第八章　货款的收付

【导入案例】

132届广交会已于2022年10月15日在线上开幕。近几年来，由于疫情反复叠加复杂的国际局势，某些商品的原材料存在短缺、价格一路上涨的情况。了解到很多制造企业原材料需要在国外采购，但复杂的国际贸易环境中，如何确保货款成功汇出并顺利拿到货物，这使为数不少的企业感到为难。

“哎，如今原材料价格一天一个价，工厂的人工费用又高。好不容易在广交会找到了一家在韩国的原材料供应商，这家供应商的产品物美价廉，实在不错。我们也打算在这家韩国公司进口特殊工艺塑料原材料，但是他们要求我们预付货款，才同意发货。之前完全没有接触过这家公司，我们担心货款汇出，对方不发货，钱货两失啊!”某小家电生产企业的负责人罗先生不禁叹气说。

“不用担心，可以在我们中山建行开立国际信用证呀！通过开立国际信用证，中山建行可以给进口商提供信用支持，对出口商在信用证下的相符交单予以承付的确定承诺。韩国的出口商就可以安心发货了，中山建行收到出口商寄送的单据后，贵司才付款，非常符合你们的需求。”知道罗先生的困难后，客户经理小汤马上排忧解难，为他推荐了中山建行产品。中山建行对具备进出口经营权客户的资信、提交资料和业务背景等进行详细审核，并审核贸易背景真实性，确保不涉及欺诈、洗钱、金融制裁等非法行为；企业提供担保，通过相应的审批，即可受理；并且可根据进口商的需求，灵活办理远期付款的融资服务，进一步延长企业的付款期限，解决企业短期资金融通问题。

什么是国际信用证？它如何帮助企业规避了案例中提到的风险？实际业务中，进出口双方应如何通过选择合适的结算方式促进交易，保护自身的利益？①

第一节　支付工具

在国际结算中，考虑到便利性和安全性，在大多数情况下都使用金融票据作为国际业务的结算和信贷工具。这些金融票据是可以流通转让的债权凭证。为规范票据使用，各国

① 案例来源：https://business.sohu.com/a/586603893_100217077 建行中山市分行：落地信用证业务，助力小微企业发展。

都对票据进行立法。我国的票据法为《中华人民共和国票据法》。

一、汇票

（一）汇票的含义和基本内容

汇票是国际货款结算中使用最为广泛的主要票据。根据现行《中华人民共和国票据法》（2004 修正）的规定，“汇票是出票人签发的，委托付款人在见票时或者在指定日期无条件支付确定的金额给收款人或者持票人的票据”。在《1882 年英国汇票法》中，“汇票是一个人向另一个人签发的、要求见票时或在将来的固定时间或可以确定的时间，对某人或其指定的人或持票人支付一定金额的无条件的支付命令”。

汇票是一种要式证券，所以必须要式齐全。所谓要式齐全，就是必须具备法定的形式要件，必须载明必要的法定事项，才能成为完整的汇票，从而具有票据的效力。各国票据法对汇票内容的规定有所不同。根据我国的《票据法》（2004 修正）的明确规定，汇票必须记载下列事项，未记载规定事项之一的，汇票无效。

1. 标明“汇票”字样。这样做是为了方便与本票和支票相区别，同时也是为了防止伪造汇票。

2. 无条件支付的命令。汇票的付款要求是无条件的命令，而不是请求。

3. 确定的金额。汇票上的金额必须确定，如果不确定，则汇票无效。同时，在汇票上记载金额的大小写数字不一致视为无效。

4. 付款人名称，又称受票人，即接受支付命令付款的人。在进出口业务中，通常是进口人或者指定的银行。

5. 收款人名称，又称受款人，即有权收款的人。在进出口业务中，通常是出口人或其指定的银行。

6. 出票日期。在签发的日期和汇票转移交付的日期之间不一致的，应该以汇票签发的日期为准。

7. 出票人签章。签章可以是签名、盖章或者是签名加盖章。

按照票据法的规定，汇票的要项必须齐全、完整，未记载规定事项之一的，汇票无效，受票人有权拒付。

汇票样式如下：

BILL OF EXCHANGE

No._______, Exchange for______________, ____________________

Payable with interest @_______________%

At ________sight of this FIRST of exchange （second of exchange Being Unpaid）

pay to the order of____

the sum of____

To: _____________ For and on behalf of______________

（Authorized Signature）

（二）汇票的种类

汇票可以按照各种不同的标准来分类。

1．按出票人不同，汇票可分为银行汇票和商业汇票

银行汇票（Banker's Draft/Bill）是指由银行签发的汇票，是一家银行向另一家银行发出的书面支付命令，出票人和付款人都是银行。商业汇票（Trade Bill）是指由企业或个人签发的汇票。商业汇票的付款人可以是企业、个人或银行。

2．按承兑人不同，汇票可分为银行承兑汇票和商业承兑汇票

银行承兑汇票（Banker's Acceptance Bill）是以银行为承兑人的远期汇票。商业承兑汇票（Trader's Acceptance Bill）是以银行以外的任何商号或个人为承兑人的远期汇票。

3．按有无附属单据，汇票可分为光票和跟单汇票

光票（Clean Bill）是由出票人开立的不附任何商业单据的汇票。银行汇票多为光票。光票还常在国际贸易中支付佣金、垫付费用，以及收取货款尾数时开立。跟单汇票（Documentary Bill）是指附带有关商业单据的汇票，附带单据如发票、提单等。商业汇票多为跟单汇票。

4．按付款时间不同，汇票可分为即期汇票和远期汇票

即期汇票（Sight Bill/Demand Draft）是指持票人向付款人提示后对方立即付款，又称“见票即付”汇票。远期汇票（Time/Usance Bill）是指在出票一定期限后或特定日期付款的汇票。远期汇票的付款时间，有以下几种规定办法：

（1）见票后若干天付款（at ×× days after sight）；

（2）出票后若干天付款（at ×× days after date）；

（3）提单签发日后若干天付款（at ×× days after date of Bill of Lading）；

（4）指定日期付款（at a Fixed date）。

（三）汇票的票据行为

汇票的票据行为，是以行为人在票据上进行必备事项的记载、完成签名并交付为要件，以发生或转移票据权利、负担票据债务为目的的法律行为。汇票的票据行为一般包括出票、提示、背书、承兑、付款等。汇票的基本原理和法律规则同样适用于本票和支票。

1．出票

出票（Draw a Draft），即汇票的签发，是指出票人出具汇票经签字后交付给收款人的票据行为。可见，出票由两个部分组成，一是由出票人出具汇票并在汇票上签字；二是由出票人将汇票交付给收款人。只有经过交付，汇票才开始生效。

2．提示

提示（Presentation）是指收款人或持票人将汇票提交付款人要求付款或承兑的行为。提示分为两种：

（1）提示承兑（Presentation for Acceptance）。是指远期汇票的持票人向付款人出示汇票，要求付款人承诺到期付款的行为。

（2）提示付款（Presentation for Payment）。是指汇票的持票人向付款人或承兑人出示汇票要求付款的行为。

提示承兑和提示付款均应在法定期限内进行。根据我国《票据法》的规定，定日付款或者出票后定期付款的汇票，持票人应当在汇票到期日前向付款人提示承兑。见票后定期

付款的汇票，持票人应当自出票日起一个月内向付款人提示承兑。见票即付的汇票，自出票日起一个月内向付款人提示付款。定日付款、出票后定期付款或者见票后定期付款的汇票，自到期日起十日内向承兑人提示付款。

3．背书

背书（Endorsement）是指持票人在汇票的背面记载背书文句、签名，并把汇票交付给被背书人的行为。经过背书，汇票的权利由背书人转移给被背书人，被背书人获得票据所有权。背书人对被背书人负有担保汇票必然会被承兑或付款的责任。通常，汇票可经过再次背书在市场上继续转让。

背书通常有三种方式。

（1）记名背书。记名背书（Special Endorsement）又称特别背书，背书人先作被背书人的记载，再签字。例如，“支付给 Smith 或其指定人”（Pay to Smith or order）。经过记名背书的汇票，被背书人可以再作背书，转让给他人。

（2）空白背书。空白背书（Blank Endorsement）又称不记名背书，背书人在汇票背面签字，但不记载被背书人的名称。当然，受让人也可以将空白背书转变为记名背书，具体做法是在空白背书上加上自己的名字，当空白背书转化为记名背书之后，被背书人可以再作空白背书或记名背书来转让票据权利。

（3）限制性背书。限制性背书（Restrictive Endorsement）是指背书人在背书中加注限制汇票继续流通的文字，如，支付给 B 公司，不可流通（Pay to B not Negotiable）。根据我国《票据法》的规定，持票人转让汇票时应当背书并交付汇票。在国际贸易结算中，限制性背书用得较少。

4．承兑

承兑（Acceptance）是指汇票付款人承诺在汇票到期日支付汇票金额的票据行为。我国《票据法》规定，付款人承兑汇票后，应当承担到期付款的责任。承兑的具体手续是由付款人在汇票正面写上“承兑”字样，注明承兑的日期，付款人签名后交还收款人或其他持票人。汇票一经承兑，付款人就成为承兑人，并成为汇票的主债务人。

5．付款

付款（Payment）是指付款人向持票人按汇票金额支付票款的行为。无论是即期汇票，还是远期汇票，当持票人做付款提示时，付款人均应立即付款。即期汇票在付款人见票时付款；远期汇票在到期日持票人做付款提示时付款。付款后，汇票上的一切债权债务即告终止。

6．拒付

持票人的汇票要求承兑时，遭到拒绝承兑，或持票人提示汇票要求付款时，遭到拒绝付款均称拒付（Dishonor），也称退票。除了拒绝承兑和拒绝付款外，付款人拒不见票、死亡或宣告破产，以致付款事实上已不可能时，也称拒付。

7．追索

如汇票在合理时间内提示，遭到拒绝承兑，或在到期日提示，遭到拒绝付款，对持票人立即产生追索权，他有权向背书人和出票人追索票款。持票人为了行使追索权应及时做出拒付证书。所谓追索权（Right of Recourse）是指汇票遭到拒付时，持票人对其前手（背书人、出票人）有请求偿还汇票金额及费用的权利。拒付证书是由付款地的法定公证人或其他依法有权做出证书的机构如法院、银行、公会、邮局等做出证明拒付事实的文件，它是持票人凭以向其“前手”进行追索的法律依据。如果拒付的汇票已经承兑，出票人可凭此向法院起诉，要求汇票的承兑人付款。

二、本票

（一）本票概述

根据《中华人民共和国票据法》第 73 条，“本票是出票人签发的，承诺自己在见票时无条件支付确定的金额给收款人或者持票人的票据。本法所称本票，是指银行本票。”本票是出票人自己的无条件承诺，故无须提示承兑。

本票（Promissory Note）的基本当事人只有两个：出票人和收款人。本票的付款人就是出票人本人。根据我国《票据法》，在持票人提示见票时，本票的出票人必须承担付款责任。各国票据法对本票应当具备的内容的规定大同小异。我国《票据法》规定本票必须记载下列事项：（1）标有“本票”字样；（2）无条件支付的承诺；（3）确定的金额；（4）收款人的名称；（5）出票日期；（6）出票人签章。

本票样式如图 8-1 所示。

PROMISSORY NOTE

No. xxx New York，March 15，2007

USD 20 000

On demand We promise to pay to the order of Henry Co.，the sum of USD Twenty thousand only

For S Company
New York
(signature)

图 8-1 本票样式

（二）本票的种类

按照《汇票和本票统一法公约》和《英国票据法》，根据出票人身份的不同，本票可分为商业本票和银行本票。商业本票的出票人是工商企业或个人，因此又称一般本票，它可分为即期商业本票和远期商业本票；而银行本票都是即期的。由于银行本票建立在银行信用的基础上，因此在国际贸易结算业务中被广泛使用。

我国《票据法》规定，本票仅限于银行本票，且开立自出票日起，付款时间不能超过两个月。工商企业和个人不能签发本票。

三、支票

（一）支票的含义和内容

《中华人民共和国票据法》第 81 条规定：“支票是出票人签发的，委托办理支票存款业务的银行或者其他金融机构在见票时无条件支付确定的金额给收款人或持票人的票据。”

支票（Check）是以银行为受票人的即期汇票。支票的基本当事人和汇票一样，有三个：出票人、付款人和收款人。出票人就是支票的出票人，他已经在银行开设存款账户并且订有支票协议。付款人是出票人开立账户的银行。

收款人可以在支票上注明，也可以不注明。需要注意的是，支票的出票人所签发的支票金额不得超过其在付款人处的实有存款余额。若出票人签发的支票金额超过其在付款人处的实有存款余额，该支票被称为空头支票。各国法律一般都禁止签发空头支票。按照票据法的一般规定，出票人必须按照签发的支票金额承担保证向正当持票人付款的责任。出票人在付款人处的存款足以支付支票金额的，付款人应在提示付款当日足额付款。

根据我国《票据法》的规定，支票必须记载以下事项：（1）表明“支票”字样；（2）无条件支付的委托；（3）确定的金额；（4）付款人的名称；（5）出票日期；（6）出票人签字。未记载以上事项之一的，支票无效。

支票样式如图 8-2 所示。

No.　xxx
Cheque for USD 25 000　　New York，Dec 20，2007
Pay to the order of RA Co.，the sum of U. S. DOLLARS TWENTY FIVE THOUSAND ONLY
To：Bank of ×××
　　New York
　　For AG Co.，New York
　　Manager（Signature）

图 8-2　支票样式

（二）支票的种类

1. 记名支票

记名支票（Check Payable to Order）是在支票的收款人栏，写明收款人的姓名，如“支付某某人或指定人”（Pay to sb. or Order）；取款时须有收款人签章，方可支取。

2. 不记名支票

不记名支票（Check Payable to Bearer），又称空白支票。支票上不记载收款人姓名，只写“付来人”（Pay to Bearer）。取款时持票人无须在支票上签章即可支取。

3. 划线支票

划线支票（Crossed Check）是在支票正面划两道平行线的支票。划线支票不同于一般支票。一般支票可委托银行收款入账，也可由持票人自行提取现款。而划线支票只能委托银行代收票款入账。使用划线支票的目的是防止支票遗失，被人冒领时，还有可能通过银行代收的线索追回票款。

4. 保付支票

保付支票（Certified Check）是由付款银行在支票上加盖“保付”戳记，支票一经保付，付款责任由银行承担，支票的可靠性随之提高，因而有利于流通。

（三）支票的票据行为

在支票的票据行为中，对于出票、背书、付款行为和追索权的行使，适用票据法中对于汇票的相应行为和权利行使的规定，但对支票的特定规定除外。例如，禁止签发空头支票。另外，根据我国《票据法》，支票的持票人应当自出票日起10日内提示付款，异地使用的支票其提示期限按中国人民银行的规定。超过提示付款期限的，付款人可以不予付款，但出票人仍应对持票人承担票据责任。

【案例8-1】

2015年5月，昆明一家公司的财务经理刘某，因公司资金周转需要，找“财务机构”办贴现，被骗5 000万元。

刘某了解到，一家叫“恒丰银行”的财务机构对外宣称可以帮助企业快速办理电子银行承兑汇票贴现业务，并且具有周期短到账快的特点，而且利息远远低于银行。5月6日上午，刘某如约将该汇票交到了“恒丰银行”冉某的手上。3天后刘某发现资金没有如约到账。刘某立即赶到“恒丰银行”办公地点，却发现已经人去楼空。①

【案例分析】

电票在交易过程中，先打款还是先背书，这个问题一直困扰着交易双方；犯罪分子为获取信任有的显账作假，有的先给一定的费用，其实根本没钱，欺骗一些不严谨的企业或机构的票据背书，再销账。因此在汇票的流通环节，还是应尽职调查，避免正当持票人发生财产损失以及避免承兑银行产生不良资产。

总的来说，电子银行承兑汇票以电子信号为载体，以电子密钥为手段，可以很大程度上避免纸质票据被伪造、变造、克隆等情形的发生。同时，纸质票据一旦丢失，必须进行挂失止付、公示催告等复杂的法律程序，而电子银行承兑汇票则不会出现这种情形，因为电子银行承兑汇票的出票、保证、背书、质押、贴现、转贴现、再贴现、承兑等一切票据行为都是在电子商业汇票系统上进行的。目前，我国电子银行承兑汇票最长期限为1年，而纸质票据为6个月，最大票面金额也从纸质的1亿元放大到电子的10亿元，提高了票据的使用效率。

本案例对外贸从业人员的启示是，在资金融通的过程中，应保证严谨的工作作风，对贴现票据的金融机构进行详细的资信调查，切不可为贪图小利而盲目相信犯罪分子的虚假宣传。票据贴现骗局涉及票据诈骗罪，量刑时会根据涉及金额的不同，处以15年以下的有期徒刑或拘役及罚金。

第二节　支付方式

一、电汇

国际货款的支付方式根据资金的流向与支付工具的传递方向是否相同，可以分为顺汇和逆汇两种方式。国际货款的结算方式主要有汇付、托收和信用证三种，其中汇付属于顺汇法。汇付方式包括电汇、信汇和票汇，其中使用的最为广泛的是电汇。

① 案例来源：https://www.sohu.com/a/242130171_100199333《点票网课堂》。

（一）电汇的含义

电汇（Telegraphic Transfer，T/T）是指汇出行应汇款人的申请，用加押电报或电传的形式指示汇入行付款给收款人的一种汇款方式。

电汇具有到款迅速、安全可靠的优点，但费用较高。电汇方式下的资金周转率和资金利用水平较高，通常适用于金额大、需求急且汇款双方信任程度较高的汇款。

（二）电汇的当事人

1．汇款人（Remitter），指委托银行汇出款项的人，即付款方。

2．收款人或受益人（Payee or Beneficiary），指收取款项的人，即收款方。

3．汇出行（Remitting Bank），指受汇款人委托，汇出款项的银行。汇出行办理汇出汇款业务。

4．汇入行（Paying Bank），又称解付行，指受汇出行的委托解付汇款的银行。汇入行办理汇入汇款业务。

其中，汇款人与汇出行之间通过汇款申请书形成委托关系，汇出行与汇入行（汇出行的代理行）之间订有代理合约，也为委托关系。

（三）电汇的特点

1．安全迅速，费用低廉

电汇通过银行全球网络汇款，可保证款项安全迅速地进入指定收款人的账户，并且相对于托收和信用证具有手续简便、费用低廉的优点。

2．属于商业信用，风险大

电汇以进口商和出口商之间的相互信任为基础，对预付货款中的进口商或者货到付款中的出口商而言风险大。

3．资金负担不平衡

预付货款属于进口商给出口商的资金融通便利，出口商可能完全使用进口商的资金备货、装货，进口商的资金负担较大。货到付款，属于出口商给进口商提供的资金融通便利，出口商不仅要自己垫付资金以备货、装货，还有可能要等到货物销售之后才能获得货款，出口商的资金负担较大。因此，在电汇业务中双方的资金负担极不平衡。

二、托收

托收（Collection）是指债权人（一般为出口商）开具汇票，委托当地银行通过其在进口地的分行或代理行向债务人（一般为进口商）收取票款的一种支付方式。

因为在托收业务中，汇票是从出口地开向进口地的，而资金要从进口地流向出口地，结算工具汇票与资金流向相反，所以托收属于逆汇方式。

（一）当事人

1．委托人（Principal），委托银行办理托收的一方，通常是开立汇票委托银行向国外进口商收取货款的出口商。

2．托收行（Remitting Bank），接受委托人的委托办理托收业务的人，通常是出口地银行。

3．代收行（Collecting Bank），接受托收行的委托向付款人收取票款的银行，通常是进口地银行，并且多数是托收行在进口地的分行或代理行。

4．付款人（Drawee），根据托收指示，被提示单据并被要求付款或承兑汇票的人，即汇票的受票人，通常是进口商。

委托人与托收行的关系以及托收行与代收行的关系都是委托代理关系。委托人与托收行之间通过委托人提交的托收申请书确定委托代理关系，托收行与代收行之间通过托收委托书和签订的代理协议确定双方的委托代理关系。付款人和代收行之间不存在任何契约关系。如果付款人拒付，代收行不承担付款责任，仅将拒付情况通知托收行并由托收行通知委托人。

（二）托收的种类

托收按其是否带有商业单据可分为光票托收和跟单托收两种。

1．光票托收（Clean Collection）是指不附带商业单据的资金单据的托收。光票托收主要用于货款尾数、小额贷款、贸易从属费用和索赔款的收取。

2．跟单托收（Documentary Collection）是指附有包括货运单据在内的商业单据的托收。通常远期付款的跟单托收带有金融单据（汇票），即期付款的跟单托收也可以不带有金融单据。跟单托收的汇票，可以是即期汇票，也可以是远期汇票。在国际贸易的货款支付中，通常采用跟单托收，其中货运单据代表了货物的所有权，在象征性交货条件下，交单即等于交货。因此，对于交单的规定要符合合同的要求。

根据代收行向进口商交付货运单据的条件不同，跟单托收的交单方式可分为付款交单和承兑交单两种。付款交单（Documents against Payment，D/P）是指在代收行提示跟单汇票后，进口商只有付清货款，才能将货运单据交给进口商的交单方式。按付款时间的不同，付款交单又可分为即期付款交单和远期付款交单。

（1）即期付款交单（D/P at Sight）是指出口商发货后开具即期汇票，连同货运单据通过银行向进口商提示，进口商见票即付，在付清货款后领取货运单据。

（2）远期付款交单（D/P after Sight）是指出口商发货后开具远期汇票，连同货运单据通过银行向进口商提示，进口商先在汇票上承兑，然后于汇票到期日付清货款后再领取货运单据。一般在实务中不提倡使用远期付款交单。

（3）承兑交单（Documents against Acceptance，D/A）是指进口商在远期汇票上承兑后，即可领取货运单据，然后于汇票到期日再向银行付款。承兑交单相当于出口商给进口商的资金融通，风险高于付款交单，收款保障全依赖于进口人的信用。

托收申请书样式如图 8-3 所示。

（三）托收方式的特点

托收方式属于商业信用，银行办理托收业务时，只是按委托人的指示传递单据，没有检查单据的义务，也无需承担付款人必然付款的义务。如进口人拒付或者丧失清偿债务的能力，出口人则可能收不回或晚收到货款。在进口人拒不付款赎单后，除非事先约定，银行没有义务代为保管货物。如货物已到达，还要发生在进口地办理提货、缴纳进口关税、存仓、保险、转售以致被低价拍卖或被运回国内的损失。在各类托收方式中，D/A 这种方式对进口人很有利，可免去开立信用证的手续和预付押金，减少费用支出，有利于资本融通和周转。目前，在发达国家市场上，出口商竞相通过保理业务，采用承兑交单来加强对外竞争、扩大出口。

中国建设银行
China Construction Bank

出口托收委托书

致：中国建设银行股份有限公司________行：

兹随附下列出口托收单据一套，请按国际商会《托收统一规则》（第 522 号出版物）办理托收业务

代收行（若空白，由贵行选择）：	委托人：
付款人：	托收金额：USD1,000,000.00

发票号码：							核销单编号：						
单据	汇票	发票	海运提单	空运提单	保险单	装箱单	产地证	G.S.P FORM A	检验/分析证	受益人证　明	装船通知		
份数													

委托事项：请依照下列标有"X"的内容

☒请贵行要求代收行：　☐付款交单（D/P）　☐承兑交单（D/A）　DAYS ☐

☐上述托收款项收妥后：

　☐请结汇划至开户行：________________ 账号：________________

　☐请原币划至开户行：________________ 账号：________________

☐请贵行对上述单据办理出口托收贷款，出口托收贷款金额________________，比例为托收金额的________%。

　☐愿与贵行签订单笔使用的出口托收项下《出口托收贷款合同》。

　☐请支用我公司与贵行签订的编号为________________字第____号《贸易融资额度合同》项下的出口托收贷款额度。

　请贵行将出口托收贷款款项：

　☐结汇划至开户行：________________ 账号：________________

　☐原币划至开户行：________________ 账号：________________

☐贵行费用由我公司承担。

☐贵行费用由付款人承担　☐可放弃　☐不可放弃

☐请贵行通知我公司汇票到期日。

☐若付款人拒绝付款/承兑，请立即通知我公司并说明原因。

☐寄单方式：☐DHL　☐EMS　☐快邮　☐航邮　☐

☐其他：

公司公章

公司联系人：　　联系电话：　　年　月　日

银行签收人：	签收日期：
银行复审记录：	

图 8-3　托收申请书样式

（四）使用托收方式应注意的问题

托收方式纯粹是建立在商业信用的基础上，对出口人风险较大，对进口人较为有利。所以在出口业务中，为了确保收汇的安全，应注意以下几个问题。

1．深入调查进口人的资信。在签订国际贸易合同前要对进口人的支付能力、经营作风和商业信誉做全面的调查，然后确定是否可以使用托收的方式以及应掌握的成交额度。

2．托收行和代收行的选择。托收行一般都为我国当地的银行。代收行大多由托收行选定，如进口人指定代收行，一般应满足对方要求，但事先须咨询托收行后再作决定，不要盲目接受，以防发生意外事故。

3．价格条件的选择。托收业务在货款未收妥之前的一切风险均属出口人，因此，原则上应选用 CIF 的价格条件，由出口人办理保险。

4．提单抬头人的做法。在货物装运后是否确定收款尚无绝对把握，为了掌握货物的所有权，提单的收货人应做成凭发货人指示或空白抬头，由发货人即出口人背书，而不要做成进口人指示或记名式，以防货权已转移却遭到拒付，出口人处于不利地位。

5．注意了解进口国的贸易法令、外汇管理条例和银行习惯，以免影响安全收汇。

6．在托收过程中，出口人应随时与托收行密切联系，要健全托收记录和账户检查制度，了解进口人承兑付款的情况，如到期不付抓紧催款。

7．办理出口信用保险。承保的是因海外商业风险或政治风险而导致的出口企业在应收账款方面的损失。

三、信用证

信用证（Letter of Credit，L/C）至今已有 100 多年的历史，它的产生是一次国际贸易支付方式上的革命，它解决了买卖双方互不信任的矛盾。信用证不仅可以用于国际贸易结算，也可以用在其他方面，这里只介绍国际贸易中使用的信用证。

信用证是国际贸易最重要的结算方式，在今天的国际贸易中，80%以上的交易都是采用信用证结算的。因为信用证下的结算工具和资金流向相反，所以信用证属于逆汇方式。

（一）信用证的概念

根据《跟单信用证统一惯例》2007 年修订本国际商会第 600 号出版物（The Uniform Customs and Practice for Documentary Credits，2007 Revision，ICC Publication No. 600：简称 UCP 600)，信用证意指一项约定，无论其如何命名或描述，该约定不可撤销并因此构成开证行对于相符提示予以兑付的确定承诺。（Credit means any arrangement，however named or described，that is irrevocable and thereby constitutes a definite undertaking of the issuing bank to honour a complying presentation.）

简而言之，信用证是一种银行开立的有条件地承诺付款的书面文件，具体条件就是受益人必须提交符合信用证规定的各种单据。当然，信用证既可以应客户的要求对外开立，也可以不经客户申请，由开证行根据自身业务需要，直接向受益人开立，这种情况主要是银行为了向他人融资或购买物品时开立的备用信用证。

（二）信用证的特点和局限

1．信用证的特点

（1）信用证交易的独立性

信用证是独立于买卖合同或任何其他合同之外的交易，开立信用证的基础是买卖合同，但银行不受买卖合同约束。因此，一家银行做出的付款、承兑、支付汇票、议付或履行信用证下其他义务的承诺都是独立的，不受申请人、开证行、受益人之间关系的制约。

（2）信用证业务是纯单据交易

对出口商来说，只要按信用证规定的条件提交了单据，在单单一致、单证一致的情况下，即可从银行得到付款；对进口商来说，只要付款就可以从银行得到符合信用证规定的代表货物所有权的单据。因此，银行开立信用证实际是进行单据的买卖。但值得注意的是，根据银行惯例，银行不需亲自询问单据的真实性、已装运的货物的真实性、已装运的货物是否真正装运，以及单据签发后是否失效。除非银行知道其是欺诈行为，否则这些实际发生的情况与银行无关。

（3）信用证是一种银行信用

在信用证交易中，银行承担了作为第一付款人的义务。只要卖方根据信用证提供了符合要求的单据，即使买方无力支付，卖方也确定能从银行得到付款。这样，银行提供了远优于进口商商业信誉的银行信用，较托收或直接付款方式来说，卖方风险大大减少。

2. 信用证的局限

（1）手续烦琐，费用高。信用证办理过程中涉及的银行和银行业务较其他结算方式更多，因此涉及的费用也更高。为了节约交易成本，信用证只用于相互间不够信任的贸易双方之间。

（2）所提供的银行信用不足以全部抵消贸易风险。因为信用证是纯单据业务，存在出口商伪造单据的风险，也可能出现货物虽然合格但是单据不被银行接受的问题，并不能完全消除买卖双方的贸易风险。另外开证行本身的信用也需要谨慎识别，开证行同样存在倒闭破产无力付款的风险。

（三）信用证的当事人

信用证一般有三个基本当事人：开证申请人、开证行、受益人，在使用过程中，又产生了通知行、议付行、付款行和保兑行等其他当事人。

1. 开证申请人（Applicant），是向银行申请开立信用证的人，通常是进口商。

2. 开证行（Opening Bank，Issuing Bank），是应开证申请人的要求，开立信用证并承担付款责任的银行，通常是进口地银行。

3. 受益人（Beneficiary），是接受信用证并享有信用证下合法权利的人，通常是出口商或实际供货人。

4. 通知行（Advising Bank），是受开证行的委托，将信用证通知出口商的银行，通常是出口地的银行。

5. 议付行（Negotiating Bank），是指自己垫付资金买入或贴现受益人开立并提交的符合信用证规定的跟单汇票的银行。根据信用证开出时的约定，议付行可以是信用证上指定的银行也可以是非指定的银行。

6. 付款行（Paying Bank，Drawee Bank），是开证行授权进行信用证项下付款或承兑并支付受益人出具的汇票的银行。付款行可以是开证行自己，也可以是接受开证行委托的另一家银行。

7. 保兑行（Confirming Bank），是应开证行的请求，在信用证上加具保兑的银行，它具有与开证行相同的责任。

（四）信用证的内容

一般来说，信用证包含三部分内容。第一部分内容包括信用证性质、编号、开证日期及地址、有效期限及有效地点、申请人名称及地址、受益人名称及地址、通知行、信用证金额、有效方式、对装运的要求、汇票的期限、受票人及金额；第二部分主要描述支取信用证时需要提交的单据种类、份数、内容等；第三部分内容则包括货物描述、特殊条款、对交单银行的要求、国际惯例的适用性等。现将主要条款分述如下。

1．信用证开证日期

信用证中必须明确标明开证日期（Issuing Date）。如果信用证中没有开证日期字样则视开证行的发电日期（电开信用证）或抬头日期（信开信用证）为开证日期。

2．信用证有效期限和有效地点

信用证的有效期限（Expiry Date）是受益人向银行提交单据的最后日期。受益人应在有效期限日期之前或当天向银行提交信用证单据。有效地点（Expiry Place）是受益人在上述有效期限内向银行提交单据的地点。

3．信用证号码

信用证号码（Documentary Credit Number）是开证行的银行编号，在与开证行的业务联系中必须引用该编号。

4．信用证金额的币别

信用证金额的币别（Currency Code）应是可自由兑换的币种。信用证的金额一般采用国际通常的写法。

5．信用证装运期限

信用证的装运期限（Shipment Date）是受益人装船发货的最后期限，它应在有效期限内。

6．信用证交单期限

信用证的交单期限（Period for Presentation of Documents），是指在装运日期后的一定时间内向银行交单的期限。根据 UCP 600，受益人必须在装运日期后 21 天内提交单据，并且交单日不应迟于信用证的有效期。

7．信用证货物描述

信用证的货物描述（Description of Goods）应准确、明确和完整。根据国际惯例，信用证中对货物的描述不宜烦琐，其基本内容包括名称、数量、型号及价格即可。

8．信用证单据条款

信用证的单据条款（Documents Required），是开证行在信用证中列明的受益人必须提交的交易的种类、份数、签发条件等内容。信用证的单据条款之间必须保持一致。

9．信用证特别条款

信用证中有时附有对受益人、通知行、付款行、承兑行、保兑行或议付行的特别条款（Special Conditions）。

信用证基本样式如图 8-4 所示。

（五）信用证业务的基本流程

跟单信用证的基本业务流程如图 8-5 所示，光票信用证没有托运货物、审单和交单相关程序，其他程序与跟单信用证相同。

To: AGRICULTURAL BANK OF CHINA　　BRANCH
致：中国农业银行　　行

Credit No.信用证号码

□ Issued by mail 信开
□ With brief advice by teletransmission 简电开
Issued by swift 电开

Expiry Date 有效期
Expiry Place 有效交单地
□ in________________________（开证行所在国家/地区）
□ in________________________（指定银行所在国家/地区）
□ in________________________（受益人所在国家/地区）

Applicant 申请人

Beneficiary(with full name and address)受益人(全称和详细地址)

Advising Bank(if blank, at your option)通知行

Currency and Amount(in figures & words)币种及金额(大、小写)

□Place of taking in charge/Dispatch from.../Place of receipt 接管/从…发送/收货地
□Place of final destination/For transportation to.../place of delivery 目的地/运至.../交付地
□Port of loading 装货港　　□Airport of departure 起飞机场
□Port of discharge 卸货港　　□Airport of destination 目的地机场
□Latest date of Shipment 最迟装运日

Instalment Shipment（Specify, if any）分期装运：（如有，请具体列明）

Partial shipments 部分装运
□ allowed 允许
□ not allowed 不允许

Transhipment 转运
□ allowed 允许
□ not allowed 不允许

Trade term 贸易术语
□ FOB　□ CFR　□ CIF________
□ FCA　□ CPT　□ CIP________
□ other（please specify）其他(请列明)________

Credit available with 此证由________（bank 银行）by
□ sight payment 即期付款
□ deferred payment at____days after______date__日后____天延期付款
□ acceptance 承兑
□ negotiation 议付
against the documents required herein 连同下列所需单据，
□and beneficiary's draft(s) □ at ________day(s) sight/□at______days after________date drawn on ________ for ______ % of invoice value.
及受益人按发票金额______%，做成以________为付款人，期限为□见票后____天/□________日后______天的汇票。

Description of goods 货物描述

□see attachment(s) 详见附件

Documents required:
□Signed Commercial Invoice in___original(s) and in___copy(copies) indicating L/C No. and Contract No.________________.
经签字的商业发票正本___份，副本___份，标明信用证号和合同号________________。
□Full /□____set of clean on board Ocean Bill of Lading made out□ to order /□ to________________and blank endorsed, marked "freight □prepaid/ □to collect". □showing freight amount and notifying________________.
□全套/□___套清洁已装船海运提单做成□空白抬头/□______为抬头、空白背书，注明"运费 □已付/ □待付"，□标明运费金额，并通知______。
□Clean Air Waybill consigned to________________marked "freight □prepaid/ □to collect" notifying________________.
清洁空运单收货人为________________，注明"运费 □已付/ □待付"，并通知________________。
□Insurance Policy/Certificate in full set for___% of the □invoice value/ □Value of goods, blank endorsed, indicate that the risks are covered at least between (place of taking in charge or shipment) and__________ (place of discharge or final destination) showing claims payable at__________,in the currency of the draft, covering All risks, War risk ________________.
全套保险单/保险凭证，按 □发票金额/ □货物价值的___%投保，空白背书，注明至少包括从__________（接管或发运地） 到（卸货地或最终目的地）的风险，注明赔付地在__________，以汇票同种货币支付，投保一切险，战争险__________。
□Packing List/Weight Memo in___original(s) and in___copy(copies) indicating quantity, gross and net weight of each package.
装运单/重量证明正本___份，副本___份，注明每一包装的数量、毛重和净重。
□Certificate of Quantity/Weight in___original(s) and in___copy(copies) issued by________________.
数量/重量证明正本___份，副本___份，由________________出具。
□Certificate of Quality in___original(s) and in___copy(copies) issued by________________.
品质证正本___份，副本___份，由________________出具。
□Certificate of Origin in___original(s) and in___copy(copies) issued by________________.
产地证正本___份，副本___份，由________________出具。
□Beneficiary's Certified copy of fax/telex dispatched to the applicant within______day(s) after shipment advising L/C No., name of Vessel/flight No., date of shipment, name of goods, quantity, weight and value of goods.
受益人传真/电传方式通知申请人装运证明副本。该证明须在装运后____天内发出，并注明该信用证号、船名/航班号、装运日以及货物的名称、货物的数量、重量和金额。
□Other documents or see attachment(s, if any 其他单据或详见附件

Additional instructions:附加条款
□All banking charges outside the Issuing Bank and reimbursing charges □and__________charges are for account of Beneficiary.
开证行以外的所有银行费用(包括可能产生的偿付费用及___费用)由受益人承担。
□All document(s) must be made within____days after date of shipment but not later than the expiry date of Credit.
包含运输单据正本的单据，须在装运日后____天内提交，但不得迟于信用证有效期。
□Both quantity and Credit amount___% more or less are □ allowed □ not allowed.
数量及信用证金额 □允许 □不允许 有___%的增减。
□This is a usance L/C payable at sight basis by the Issuing Bank or the Paying Bank nominated by the Issuing Bank. Discount interest and other banking fees are for account of us.
本信用证为假远期信用证，由贵行或贵行指定的付款行即期对外付款，利息和其他银行费用由我公司承担。
□The remaining ____ % of total ____value will be paid against the presentation of the following documents:
____ 总金额剩余的 ____ %凭以下单据付款：
□Confirmation instruction: □Without　□May add　□Confirm
保兑指示：□不加保　□可以加保　□保兑
□Other terms and conditions or see attachment(s, if any 其他条款或详见附件

本信用证为履行第________________号进口合同开立，开证前应存开证保证金为开证金额的________%，即（币种及金额大写）________________，其余信用证金额申请减免保证金。本笔开证业务受编号为________________的 □《进口开证合同》/□《进口开证额度合同》的约束。

申请人声明：贵行已依法向我方提示了本申请书及其背面承诺书相关条款（特别是黑体字条款），应我方要求对相关条款的概念、内容及法律效果做了说明，我方已经知悉并理解上述条款。

申请人（签章）

法定代表人

或授权代理人

年　月　日

图 8-4　信用证基本样式

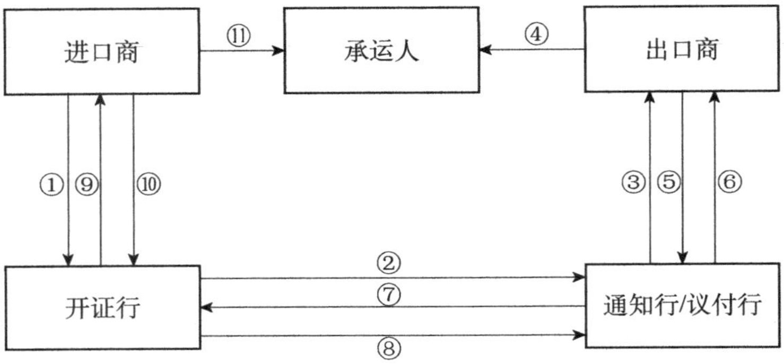

图 8-5 跟单信用证业务流程图

① 进口商根据买卖合同规定，填写开证申请书，向开证行申请开立信用证。

② 开证行接受进口方开证申请，收受开证押金后，依据开证申请书内容开出信用证，发送出口商所在地通知行。

③ 通知行鉴定信用证表面真实性后通知受益人（出口商）。

④ 出口商审核信用证与买卖合同条款相符后，按信用证规定装运货物。

⑤ 备齐各种装运单据并开立汇票，在信用证规定的交单期和有效期内送交当地银行（议付行）议付。

⑥ 议付行按信用证条款审核单证相符后，按汇票金额扣除有关利息和手续费，将余额垫付给出口商。议付后，议付行应在信用证背面作有关议付事项的必要记录，称为“背批”，其作用是防止超额和重复议付。

⑦ 议付行将汇票和装运单据分次寄往开证行索偿，以防邮递过程中发生单据遗失现象。

⑧ 开证行对照信用证审核单据无误后，将款项偿付给议付行。

⑨ 开证行通知进口商付款赎单。

⑩ 进口商付款赎单。倘若进口商验单时，发现单证不符，有权拒绝付款赎单，此时开证行就有可能造成损失。而且，开证行不能以验单时未发现单据不符为由向议付行要求退款。

⑪ 进口商付款赎单后，在海运方式下，凭海运提单在目的港提货。

本章开始的导入案例中建行开出的国际信用证体现了银行信用。如图 8-5 所示，出口商在收到开证行开出的信用证之后才发货，这相当于获得了在信用证条件下相符交单，开证行确定付款的承诺。进口方通过承担开立信用证的成本消除了出口方对自己的不信任。同时进口商可以通过开证行的付款条件督促出口商按时履约，出口商有义务按照进口商提出的要求按时按质发货并备齐相关单据，由开证行审核无误后才能获得货款。因此，使用信用证方式结算，有利于消除贸易中可能存在的商业风险。

（六）信用证种类

信用证根据其性质、期限、付款方式等特点，可以从不同的角度进行如下分类。

1．可撤销和不可撤销信用证

按开证行所负的责任分类，信用证可分为不可撤销信用证（Irrevocable L/C）和可撤销信用证（Revocable L/C）。

（1）不可撤销信用证是指信用证一经开出，在信用证的有效期内，未经受益人及相关当事人的同意，开证行不得片面修改或撤销信用证。只要受益人提交的单据符合信用证规定，开证行就必须履行付款义务。不可撤销信用证确定了开证行对受益人有条件的付款承诺，在国际贸易中使用最广泛。根据《UCP 600》的规定，跟单信用证必须是不可撤销的，即只要开出的信用证依据《UCP 600》解释，该跟单信用证就是不可撤销信用证。

（2）可撤销信用证是指开证行对所开信用证不必征得受益人及有关当事人的同意有权随时撤销或修改的信用证。

【案例 8-2】

我 A 公司与南非 B 公司签订一份 FOB 上海的智能手机出口合同。合同规定从上海港至伊丽莎白港不迟于 9 月 30 日装运，不可撤销即期信用证付款。合同签订后，A 公司收到 D 公司通过银行开来的 SWIFT 信用证，审证发现该信用证中未明确规定“不可撤销”字样。我 A 公司是否必须要求对方修改信用证？[①]

【案例分析】

该信用证不需要修改就可使用。因为按规定 SWIFT 信用证都依照 UCP600 解释，而根据 UCP600 的规定，跟单信用证必须是不可撤销的。因此，我方不需要对方改证即可认为该证是不可撤销的。

2．跟单信用证和光票信用证

按信用证项下的汇票是否附有装运单据，信用证可分为跟单信用证和光票信用证。

（1）跟单信用证（Documentary Credit）

跟单信用证是指开证行凭跟单汇票或仅凭装运单据付款的信用证。国际贸易中所使用的信用证，绝大部分是跟单信用证。

（2）光票信用证（Clean Credit）

光票信用证是指开证行仅凭不附装运单据的汇票付款的信用证。在采用信用证方式预付货款时，通常是用光票信用证。

3．保兑信用证和不保兑信用证

按照有没有另一家银行加以保证兑付，信用证可分为保兑信用证和不保兑信用证。

（1）保兑信用证（Confirmed Letter of Credit）

保兑信用证是指开证行开出的信用证，由另一家银行保证对符合信用证条款规定的单据履行兑付义务。对信用证加保兑的银行，称为保兑行（Confirming Bank）。保兑行一经保兑，就和开证行一样承担兑付责任，并在承付或议付后，对受益人或其他前手银行无追索权。

保兑信用证意味着该信用证不但有开证行不可撤销的承付保证，又有保兑行的兑付保证，两者都负第一性的付款责任，所以这种有双重保证的信用证对出口商最为有利。保兑行的兑付责任，是以规定的单据在到期日或之前向保兑行或信用证的指定银行提交，并符合信用证的条款为条件。保兑行通常是通知行，有时也可以是出口地的其他银行或第三国银行。保兑的做法一般是由保兑银行在信用证上加列下述保兑文句：“兹对此证加具保兑，并保证于提示符合此证条款的单据时履行兑付。”

---

① 案例来源：余世明. 国际贸易实务及案例. 广州：暨南大学出版社，2020.

（2）不保兑信用证（Unconfirmed Letter of Credit）

不保兑信用证是指开证银行开出的信用证没有经另一家银行保兑。当开证银行资信较好和成交金额不大时，一般都使用这种不保兑的信用证。

4．即期付款信用证、延期付款信用证和承兑信用证

UCP600 规定，任何一份信用证均须明确表示其适用于何种兑付方式。按照兑付方式的不同，信用证又可分为即期付款信用证、延期付款信用证和承兑信用证三种。

需要指出的是，UCP600 首次引入了“承付”（Honour）的概念，并就此取消了议付信用证的分类。所谓“承付”是指：①如果为即期付款信用证，则即期付款。②如果为延期付款信用证，则承担延期付款责任并于到期日付款。③如果为承兑信用证，则承兑受益人开出的汇票并于到期日付款。可见，“承付”一词概括了“即期付款”“承兑”和“延期付款”三类信用证项下与支付有关的行为，从而使得 UCP600 的条文更加统一和简洁。任何一种信用证下，只要受益人能够满足信用证内规定的相关条件，提交信用证要求的单据，出口商所在地银行大多可办理议付。

（1）即期付款信用证

凡注明“付款兑付”（Available by Payment）的信用证称为付款信用证。按付款期限的不同，付款信用证又可分为即期付款信用证和延期付款信用证。

注明“即期付款兑付”（Available by Payment at sight）的信用证称为即期付款信用证（Sight Payment Credit）。因有些国家规定票据须征收印花税，为逃避印花税，即期付款信用证通常不要求受益人开立汇票，付款行或开证行仅凭与信用证条款相符的单据付款。开证行通常在不要汇票的即期付款信用证中加列下述保证条款：“我行保证凭符合信用证条款的单据付款。”（We hereby engage that payment will be dully made against documents presented in conformity with the terms and conditions of this credit.）开证行通常在要求即期汇票的即期付款信用证中加列下述保证条款：“我行保证凭符合本信用证条款之汇票及单据付款。”（We hereby engage that all drafts drawn under and documents presented hereunder will be duly honoured by us provided that the terms and conditions of the credit are complied with.）出口人作为受益人，在利用即期付款信用证作为出口结算方式时，应注意以下问题：按 UCP600 规定，信用证必须规定可在其所在地兑付的银行，或者是否可在任何银行兑付。规定在指定银行兑付的信用证同时也可在开证行兑付。除非信用证规定只能由开证行办理即期付款，信用证须指定一付款行办理即期付款，该付款行即是信用证中“Available with”后紧接着的被指定银行。信用证中规定的最迟交单期及信用证有效期的到期地点，通常也在该被指定付款行处。

（2）延期付款信用证

标明“延期付款兑现”（Available by Deferred Payment）的信用证称为延期付款信用证（Deferred Payment Credit）。为避免印花税，同时也由于某些国家对远期汇票的期限有所限制，延期付款信用证不要求受益人出具远期汇票。延期付款信用证必须在证中明确规定在何到期日付款（不能为即期付款），以及该到期日如何确定，如装运日后 45 天付款或交单日后 30 天付款。如延期付款信用证需要汇票，则开证行只能要求受益人在延期付款的到期日提示即期汇票，以作为有关银行已履行付款义务的凭证。

需要指出的是，延期付款信用证不要求远期汇票，也就没有已经银行承兑的汇票这一

融资工具，因此，受益人不能据以贴现汇票融资，这对受益人相当不利。此时作为出口人的受益人可通过向银行申请担保贷款和出口押汇等其他途径以解决其资金占压问题。

（3）承兑信用证

注明“承兑兑付”（Available by Acceptance）的信用证称为承兑信用证（Acceptance Credit）。承兑信用证必须要求受益人提供以被指定银行为付款人的远期汇票，不得要求出具以进口人等商号或非银行机构为付款人的汇票。远期汇票期限可定为：“见票后××天付款”“装运日后××天付款”等。因此，承兑信用证属远期信用证。开证行在承兑信用证中通常加列下述保证条款：“我行保证对按信用证条款开立之汇票提示时即予承兑，并于到期时付款。”（We hereby engage that drafts drawn in conformity with the terms of this credit will be duly accepted on presentation and honoured at maturity.）

5．可转让信用证

根据受益人对信用证的权利可否转让，分为可转让信用证和不可转让信用证。可转让信用证（Transferable Credit）是指信用证的受益人（第一受益人）可以要求授权付款、承担延期付款责任、承兑或议付的银行（统称“转让银行”），或当信用证是自由议付时，可以要求信用证中特别授权的转让银行，将信用证全部或部分转让给一个或数个受益人（第二受益人）使用的信用证。

不可转让信用证是指受益人不能将信用证的权利转让给他人的信用证。凡信用证中未注明“可转让”的，就是不可转让信用证。UCP600 规定，只有明确指明“可转让”（Transferable）的信用证方可转让。

UCP600 规定，受益人可通过款项让渡及信用证转让两种方法将其权利转让于第三者。两种方法不同之处在于：在款项让渡项下，受益人是根据现行法律规定，将信用证项下应得款项让渡或转让于第三者；而在可转让信用证项下，受益人是将信用证项下应执行的权利转让于第三者（即第二受益人）。

【案例 8-3】

2021 年初，苏州出口企业×公司采用信用证结算方式向孟加拉出口一批布料。完成货物出运后，恰逢疫情在孟加拉爆发，买方告知×公司暂时不要提交信用证项下的单据，导致×公司未能够及时向开证行递交全套单证，最终开证行以信用证迟交单一个月为由拒绝承兑，并向×公司退回了全套单据，数万美元的货物也只能滞留在港口。

2021 年 7 月，被保险人向中国信保发起索赔，收到索赔后中国信保海外渠道迅速介入调查，确认了被保险人迟交单的事实，由于是被保险人自身在信用证项下的履约出现严重问题，开证行的拒绝承兑理由充分且合理，因此债权无法确立，进而中国信保无法对企业的损失进行赔付。

出于帮助出口企业降低损失的目的，中国信保海外渠道介入协助被保险人进行退运，但无论是买方还是开证行均拖延配合出具“不反对退运声明”，导致货物退运无法执行，而滞港费用在不断累加中已超过货值。①

---

① 案例来源：http://commerce.suzhou.gov.cn/tradepromotion/mcyw/202201/a4357659c75d4e919c4f35e5c52ace66.shtml 中国国际央易促进委员会苏州市委员会。

【案例分析】

根据本案例，外贸企业在从事相关业务中应注意以下两个方面。

（1）企业应根据自身能力选择合适的结算方式

信用证作为一种相对较为有保障且以银行信用代替商业信用的贸易结算工具，在国际贸易中被广泛使用。但是出口需要注意的是，在这种结算方式下，出口企业必须严格按照信用证中的要求履约，如果出口企业自身管理不够规范无法达到信用证的履约要求就极易产生不符点，进而导致开证行拒绝承兑。因此在出口贸易中，建议出口企业根据自身履约能力选择合适的贸易术语及结算方式。

（2）不可忽视目的港海关政策

案例中，出口企业的信用证虽然遭遇拒绝承兑，但如果能够把货物拉回国内，仍然可以有效地降低损失，但是在实际操作过程中却是阻碍重重，导致损失不断扩大。这主要是因为孟加拉当地的海关政策对于货物退运有特殊的规定，即要求进口商配合出具同意退货的声明，但在双方交易破裂的前提下，进口商的配合度大打折扣。有类似海关政策的国家还有土耳其、印度、韩国、孟加拉、巴基斯坦、埃及、越南等国。因此，出口企业在发货时，应对目的港政策有所了解，做好预案以应对突发情况。

外贸从业人员应注意提高自身外贸业务知识素养，关注贸易国政治经济形式、政策法规变化，积累与贸易活动有关的运输、结算、保险等相关业务规定，注意业务执行过程中的合规性，以提高业务能力，促进合同顺利履行，增加企业效益。

四、银行保函和备用信用证

（一）银行保函

银行保函（Banker's Letter of Guarantee）简称L/G，又称银行保证书，它是指银行应申请人要求，向受益人开出的担保履行某项义务的、有条件地承担经济赔偿责任的书面承诺文件。银行保函同信用证一样，也属于银行信用。

1．银行保函的当事人

（1）委托人

委托人（Principal）又称申请人，即为要求银行开立保证书的一方，一般是债务人。根据他与保函受益人之间的合同，在某种条件成立时，如未按质量交货，他必须以金钱偿还债务。在使用保函时，如果他不付，那么受益人可要求保证人付款。当然，保证人付款后是一定要委托人偿还的。

（2）受益人

受益人（Beneficiary）即为收到保证书并凭以要求银行担保的一方。当委托人不履行或不完全履行买卖合同时，他有权根据保证书的保证条款向保证人提出偿付其损失的要求，但索偿的金额以保证金额为限。

（3）保证人

保证人（Guarantor）也称担保人，即保证书的开立人。他是根据委托人的请求承担委托人不履行合同而使受益人遭受损失的赔偿人。银行保证书的保证人一般为银行，有时也可能是保险公司或信托投资公司等金融机构。

（4）转递行

转递行（The Transmitting Bank）即根据开立保证书的银行的要求将保证书转递给受益人的银行。一般情况下，转递行对保证书只负责核对印鉴或密押，不负任何经济责任：但按规定可收取一定的转递手续费。

（5）保兑行

保兑行（The Confirming Bank）是指在保证书上加以保兑的银行。保兑行只有在保证人不按保证书规定履行赔付义务时才向受益人赔付，所以受益人可得到双重担保。

（6）转开行

转开行（The Reissuing Bank）是指接受担保银行的要求，向受益人开出保函的银行。这种保函发生赔付时，受益人只能向转开行要求赔付。

2．银行保函的分类

银行保函广泛地用于各类国际商事活动，主要包括国际货物贸易、服务贸易、工程承包、招标投标、预付款、借贷、租赁、来料加工、补偿贸易等许多领域。银行保函多用于国际货物贸易以外的其他国际商事活动，少数用于国际货物贸易结算。

按索偿条件不同，保函通常可分为两种。

（1）有条件保函（Conditional L/G）

有条件保函是指担保人的偿付责任从属于或依附于委托人在基础交易合同下的责任和义务，如果委托人已经履行了合同下的责任和义务，担保人也随之解除了对受益人的偿付责任。可见有条件保函的担保人承担的是第二性的、附属的付款责任。

（2）见索即付保函（Demand Guarantee）

见索即付保函又称独立保函，指“无论其如何命名或描述，根据提交的相符索赔进行付款的任何签署的承诺。”可见，所谓“见索即付保函”就是担保人替债务人（申请人）向债权人（受益人）开出的凭规定单据赔款的承诺书，是集担保、融资、支付及相关服务为一体的多功能金融产品。据此，见索即付保函的担保人承担的是第一性的、直接的。

见索即付保函的优点可以从两方面看：从担保银行看，从属保函索赔时，担保银行要调查基础合同的履行情况，其人手和经验都不够，还有卷入合同纠纷甚至诉讼的风险。从受益人看，从属保函索赔时，委托人可能提出不可抗力等理由来对抗索赔，受益人的权益得不到充分保障。而对于独立保函，不管委托人是否履行合同，只要受益人按独立保函规定提供了索赔文件，就能够得到赔偿。这样，受益人的权益比较有保障。正因为独立保函具有这个优点，所以它成为第二次世界大战后国际担保的主流。目前国际经贸往来中使用的保函绝大多数都是独立保函。

（二）备用信用证

备用信用证（Standby Letters of Credit）是美国商业银行创造的一种以融通资金、保证债务为目的的金融工具。19 世纪初，美国有关法律限制银行办理保函业务，但实际中又有银行担保的需要，美国商业银行于是创造了备用信用证来规避法律管制。可见备用信用证实际上就是一种银行保函性质的支付承诺。作为一个独立的凭单付款的承诺，备用信用证通常仅要求受益人提交汇票和简单的文件，以证明申请人违约。因此在实际业务中，美国银行只给信誉良好的客户开具备用信用证。由于美国银行在开具备用信用证时很谨慎，开出的备用信用证多半是“备而不用”的。因而对申请人来说既方便又节省费用，所以很受欢迎。时至今日，虽然美国限制商业银行开立保函的法律早已取消，但由于备用信用证具有独立性、单据化和见索即付的特点，因此较保函而言，备用信用证较易为银行和进出口商接受，不但在美国沿用至今，而且在世界范围也得到了广泛应用。

1．备用信用证的当事人

备用信用证的当事人主要包括申请人、开证人、受益人、保兑人、转开行和通知人。

（1）开证申请人

开证申请人，简称“申请人”（Applicant），是指申请开立或代理他人申请开立备用信用证的一方当事人。具体讲，包括以自身名义为自己申请开证之人和代他人以自身名义申请开证之人。

（2）开证人

开证人（Issuer）是指开立备用信用证之人，开证人承担向受益人兑付表面符合备用信用证条款的提示的义务。

（3）受益人

受益人（Beneficiary）是在备用信用证下有权支款的指名当事人，包括可转让备用信用证下的“受让受益人”。

交单人（Presenter）是指作为或代表受益人或其指定人提交单据的人。交单人主要包括两种人：第一种是为自己向开证人或被指定人提交单据要求付款的受益人：第二种是代表受益人提交单据要求付款的人。

（4）保兑人

保兑人（Confirmer）是指经开证人指定在开证人的承诺上加上其自身保证承付备用信用证的人。一般来讲，保兑备用信用证，是指由开证行以外的银行接受开证行的授权或要求，对其开出的不可撤销备用信用证加具保兑责任的双重担保备用信用证。保兑人的责任与开证人的责任是分离的，相互独立的。

（5）转开行（The Reissuing Bank）是指接受反担保银行的要求，向受益人开出备用信用证的银行。转开备用信用证通常是由于外国法律或外国政府的规定和受益人的要求而进行的，其目的是使“海外”担保变为“国内”担保，一旦产生争议和纠纷不仅索赔迅速，而且还可以利用本国法律来进行仲裁。转开行转开备用信用证后，发生申请人（债务人）不履行基础合约，受益人凭备用信用证只能向转开行索偿，而不能向反担保银行（或指示行）索偿。

2．备用信用证、商业信用证及保函三者间的关系

与一般商业跟单信用证一样，备用信用证也具有独立性和单据化的特点，只要受益人提交了与信用证相符的单据，开证人就必须履行付款义务。但备用信用证的作用与一般商业跟单信用证存在显著不同。

（1）付款责任

一般商业跟单信用证是受益人履行交货义务后银行付款：而备用信用证则是在申请人未能履约时由开证人赔款。可见，尽管备用信用证的开证人形式上承担着“见索即付”的“第一性”付款责任，但其开立意图实质上是“第二性”的，具有保函的性质，因此有时被人称为“担保信用证”。

（2）适用范围

与一般商业跟单信用证相比，备用信用证用途更广，它并不限于进出口贸易结算，还可用于投标及履约担保等。从法律观点来看，备用信用证等于见索即付保函，二者具有独立性和单据化的特点，但还是有很大区别，备用信用证已发展到适用于各种用途的融资工具，包括比见索即付保函用途更广的范围。

（3）开证机构

按照《国际备用证惯例》（The International Standby Practices，ISP98）的规定，备用信用证的开立者并不限于银行，也可是非银行机构。而按照《UCP600》的规定，商业信用证的开立者只能是银行。“信用证意指一项约定，无论其如何命名或描述，该约定不可撤销并因此构成开证行对于相符提示予以兑付的确定承诺”，“开证行意指应申请人要求或代表其自身开立信用证的银行”。

（4）适用的惯例

两者适用的惯例也有所不同。备用信用证适用于ISP98或《UCP600》；而见索即付保函则适用于1992年国际商会制定的《见索即付保函统一规则》。

五、国际保理

（一）国际保理的含义及适用范围

国际保理（International Factoring）是指出口商在以赊销或D/A等商业信用形式出售商品时，为避免收汇风险或者进行资金融通，将货物装船后获得的发票、汇票、提单等代表应收账款的单据，出售给银行、承购应收账款的财务公司或其他金融机构，由这些保理商去催收账款、评估进口商信用程度、资金融通、销售账户管理、信用风险担保的一种综合性金融服务。它既是一种可供选择的国际结算方式，又是一种短期的贸易融资方式。

（二）国际保理的内容

1．信用调查

保理商在签订保理协定之前，对应收账款对象即贸易合同中的买方进行全面信用评估和调查，并结合调查结果为买方制定信用限额，作为放款和风险承担的重要参考。同时也会评估卖方的资信及其经营和生产能力，以便决定是否接受其申请。

2．风险承担

保理商一旦签订保理协议，如果到规定时间收不到款，只要是在保理协议所规定的正常业务范围内并且在协议约定的承担限额之内，保理商将承担这笔应收账款可能造成的损失。但是保理业务不负责买卖双方因交货问题产生的纠纷，例如因未按合同规定发货或货物质量不符合要求导致买方拒绝付款时，卖方应自己负责。

3．销售分账户管理和应收账款收取

保理商收到客户（出口商）交来的销售发票后，在计算机中设立分户账，可根据客户要求随时或定期提供账户信息。客户（出口商）的应收账款到期时，保理商通过国外的合作金融机构提醒进口商支付货款，并负责收取应收账款，将款项交给卖方，对未收账款继续催收。

4．资金融通

与出口商在银行取得的融资额度（可能需要担保、抵押）不同，国际保理业务以购买应收账款的方式为客户（出口商）提供融资。保理融资额度一般为应收账款的90%以内，并且除客户（出口商）在交货时产生纠纷外，保理商对融资款无追索权。

（三）国际保理的作用

1．为进出口双方提供风险保障。保理商通常为大银行，提供银行信用。对出口商来说，进口商的付款风险转由保理商承担，出口商可以得到收汇保障；对进口商来说，相当于凭借公司的信誉和良好的财务表现而获得银行信贷，并且无须提供抵押。

2．为进出口双方增加收入。因为保理通常是基于赊销或D/A结算方式下的业务，所以对出口商来说，有利于买方的付款方式能够增加卖方的竞争优势，促进成交，有利于拓展海外市场；对进口商来说，获得了有利的付款条件，在收到货物前不用占用自己的资金，有利于进口商把握市场机会，扩大业务规模。

3．为进出口双方简化手续。对出口商来说，免去了使用信用证时必须要经历的审证、交单、改单等烦琐手续；对进口商来说，可以免去申请开立信用证的手续，还能在批准信用额度后，快速进货。

4．为进出口双方节约成本。对出口商来说，保理商提供资信调查、账务管理和追收账款，减轻了出口商的业务负担和管理成本；对进口商来说，节省了开立信用证和处理繁杂文件所需的费用。

六、跨境支付的结算方式

在跨境电商交易中，主要有以下跨境支付与结算方式：PayPal、WesternUnion、WebMoney、跨境电商平台自营的跨境支付与结算方式、支付宝跨境支付与结算、微信跨境支付与结算、连连跨境支付与结算、PingPong跨境支付与结算等。

（一）国内跨境结算平台

1．跨境电商支付宝

跨境电商支付宝是由支付宝国际版公司开发并运营的。支付宝旗下有“支付宝”与“支付宝钱包”两个独立品牌。跨境电商商家可以通过它进行在线交易、收款、结算。这对于涉及多平台的跨境电子商务来说非常便利，可以通过它搭建一个包括中国、美国、日本、印度、越南、澳大利亚、巴西、英国、西班牙、德国、法国等多个国家和地区的支付平台。

一般来说，国内客户在国外支持支付宝付款的商户消费以及国内用户在国外跨境电商平台上购物时，都没有手续费，汇率按照实时汇率计算。通过支付宝汇款给国外朋友时，全部手续费=国内银行手续费+国外银行手续费，国内银行手续费50元/笔，国外银行手续费由国外银行计算并收取。

2．微信支付

微信支付和CITCON（聚合跨境移动支付与营销平台）于2017年合作进入美国市场，为赴美人士提供在美国享受无现金支付的服务。通过微信支付，用户在美国的衣食住行均可直接用人民币结算。

一般来说，国内客户在国外支持微信付款的商户消费以及国内用户在国外跨境电商平台上购物时，都没有手续费，或者收取少量手续费，汇率按照实时汇率计算。

3．连连支付

连连支付隶属于连连银通电子支付有限公司，该公司是目前浙江省内最大的支付机构。连连支付于2011年8月29日获得了中国人民银行颁发的《支付业务许可证》，业务类型为互联网支付、移动电话支付，覆盖范围为全国。于2016年8月29日完成支付业务许可证续展。同时，公司于2015年1月12日获得了中国人民银行杭州中心支行许可，开展电子商务跨境人民币结算业务；2015年2月13日，获得国家外汇管理局浙江省分局许可，开展跨境外汇支付业务。

连连跨境支付与结算模式目前主要包括帮助亚马逊（Amazon）、新蛋（Newegg）等店铺跨境收款、提现以及PayPal账户提现。国内亚马逊商家通过连连支付提现，到账速度是67秒，一般2个小时之内就能提现到账。PayPal账户提现到账时间3—4天，比提现到银行卡快。连连支付的亚马逊提现手续费是0.7%，是在所有跟亚马逊官方合作的企业里面费用最低的。通过连连支付，将PayPal中的外币提现为人民币，手续费仅为1.2%，无其他任何费用。

4．PingPong

PingPong隶属于杭州呯嘭智能技术有限公司，该公司是一家主体位于杭州的国内知名的全球收款公司，主要为中国跨境电商卖家提供低成本的海外收款服务。PingPong帮助中国企业获得公平的海外贸易保护，是全球首家也是目前唯一一家专门为中国跨境电商卖家提供全球收款的企业。

在PingPong的跨境收款业务中，主要涉及三个核心环节：电商平台绑定收款账户、境外银行账户、资金入境。PingPong跨境支付与结算业务模式目前主要包括帮助亚马逊（Amazon）、希望（Wish）等平台的商家跨境收款、提现。PingPong不是银行，无法给卖家提供境外银行账户。卖家在PingPong平台开立的收款账户，其实是一个记账账户，不是真实的资金账户。这个账户的余额既不能产生利息，也不能用于消费。PingPong与境外银行合作公对公业务，境外买家的付款资金会结算到境外银行的备付金账户进行存管。资金存管后，PingPong会更新卖家收款账户里的余额。当卖家在PingPong平台发起提现后，PingPong发送指令给境外银行进行收结汇，做资金入境。卖家提现时，PingPong会参考中国银行的汇率进行货币转换。由于提现过程中涉及多个合作方来完成资金入境、到账，PingPong不允许卖家撤销提现操作。境外资金入境有多种方式，一般是通过境外清算行、代理行处理。由于PingPong在境内没有支付牌照，目前是借助合作的支付机构来处理境内资金。资金入境后（收结汇），支付机构通过清算机构将资金结算到卖家在境内的银行账户。将买家的资金结算到境外银行账户里，要由电商平台与清算平台完成，通常需要1—3个工作日，最多可能需要5个工作日或更长时间。PingPong最大的价值在于，缩短了境外资金到境内账户的处理耗时，降低了资金的入境结算成本，可以做到当天到账，做到手续费1%封顶。

（二）国外跨境结算平台

1．PayPal

PayPal（PayPal Holdings，Inc.，在中国大陆品牌为贝宝），是美国eBay公司的全资子公司。1998年12月建立，总部位于美国加利福尼亚州圣荷西市。PayPal主要提供普惠金融服务，PayPal 电子支付平台已辅助 2.27 亿 PayPal 活跃用户完成线上、移动端、App 以及面对面的连接与交易，帮助人们和企业参与全球经济并获得成功。通过技术创新与战略合作相结合，PayPal 为资金管理和移动创造了更好的方法，为人们转账、付款或收款提供更多灵活选择。目前，PayPal 支付平台遍及全球 200 多个国家和地区，支持用户接收 100 多种货币付款，56 种货币提现，以及在 PayPal 账户中拥有 25 种不同货币的余额。

（1）PayPal 的类型

PayPal 账户分三种类型：个人账户、高级账户和企业账户。个人账户适用于在线购物的买家用户。高级账户适用于在线购物或在线销售的个人商户。企业账户适用于以企业或团体名义经营的商家，特别是使用公司银行账户提现的商家用户。用户可根据实际情况进行注册，个人账户可以升级为高级账户再而升级为企业账户，反之企业账户也可以降为高级或者个人账户。

（2）PayPal 与支付宝的差异

① PayPal 是全球性的，通用货币为美元、欧元、英镑、日元、加元、澳元 6 种货币。支付宝是中国的，以人民币结算。

② PayPal 是一个将会员分等级的机构，对高级账户会收取手续费，当然利益保障也更牢靠。支付宝则不存在这种等级。

③ PayPal 账户存在投诉率过高会导致账户永久性关闭，因此卖家是很谨慎的。支付宝不会轻易关闭账户。

（3）Paypal 的费用

PayPal 现有的收费体系是为了鼓励卖家使用 PayPal，随着卖家交易额的增大，会给卖家一定的返利。

PayPal 的手续费收取标准为分段收费，其中 3 000 美元及以下的交易，收取 4.4%+0.30 美元；3 000 美元至 10 000 美元，收取 3.9%+0.30 美元；10 000 美元至 100 000 美元，收取 3.7%+0.30 美元；100 000 以上美元，收取 3.4%+0.30 美元。高级用户可以使用集中付款方式。国内付款（中国国际账户间）每笔 2%，1 美元封顶；跨国付款（中国国际账户对他国账户）每笔 2%，50 美元封顶。

针对不同商家账户，PayPal 将设置不同的收费标准（根据交易额）PayPal 的标准收费并没有上涨，所有每月通过 PayPal 收到 3 000 美元以上的 PayPal 用户，都可以申请成为 PayPal 的商家用户。

2．Western Union

西联汇款是国际汇款公司（Western Union）的简称，是世界上领先的特快汇款公司，迄今已有 150 年的历史，它拥有全球最大最先进的电子汇兑金融网络，代理网点遍布全球近 200 个国家和地区。Western Union 公司是美国财富五百强之一的第一数据公司（FDC）的子公司。中国光大银行、中国邮政储蓄银行、中国建设银行、浙江稠州商业银行、吉林银行、哈尔滨银行、福建海峡银行、烟台银行、龙江银行、温州银行、徽商银行、浦发银行等多家银行是 Western Union 中国合作伙伴。

（1）Western Union 与普通国际汇款的区别

Western Union 的优点主要是它不需要开立银行账户，1 万美元以下业务不需要提供外汇监管部门审批文件；汇款在 10 分钟内就可以汇到，简便快捷。而普通国际汇款需要

3—7 天才能到账，2 000 美元以上还须外汇监管部门审批。其次是安全，可以先收钱后发货，对商家比较有利。其缺点是汇款手续费按笔收取，对于小额收款手续费高；很多时候买家会不信任，比如第一次与某个卖家合作，打款给卖家了，但是卖家迟迟不发货，导致买家受损。

（2）Western Union 的费率

汇款金额在 10 000 美元以下的，500 元以下收取 15 美元，500.01—1 000.00 美元，收取 20 美元，1 000.01—2 000 美元，收取 25 美元，2 000.01—5 000 美元，收取 30 美元，5 000.01—10 000 收取 40 美元。超过 10 000 美元，每增加 500 美元或其零数，加收 20 美元。

第三节　结算方式的选用

一、选择结算方式的影响因素

在选择结算方式时，安全因素是首先需要考虑的重要问题，其次是占用资金时间的长短，当然也要注意具体操作时的手续繁简、银行费用等。此外，下列因素在选择使用何种结算方式的时候具有一定的影响，有时甚至起决定性作用。

（一）客户资信

在国际贸易中，合同能否顺利圆满地得到履行，在很大程度上取决于客户的信用。因此，要在贸易中安全收汇、安全用汇就必须事先做好对客户的资信调查，以便根据客户的具体情况，选用适当的结算方式。在国际经济环境的不确定性日益增加时，如本章的导入案例中使用信用证结算的方式有效地利用银行信用提高了进口商的资信水平，当然也可以使用保函、备用信用证等方式。

（二）贸易术语

国际货物买卖合同中采用不同的国际贸易术语，表明各项合同的交货方式和使用的运输方式是不同的，而不同的交货方式和运输方式所适用的结算方式不会完全相同。因此在选择结算方式时，要注意采用适当的贸易术语。

（三）运输单据

如果货物通过海上运输，出口商装运货物后得到的运输提单是海运提单，而海运提单属于物权凭证，提单交付给进口商之前，出口商尚能控制货物，故可以选用信用证和托收方式结算货款。如果货物通过航空、铁路、邮包运输时，出口商装运货物后得到的运输单据是航空运单、铁路运单或邮包收据，这些都不是物权凭证，在这种情况下，一般不适宜做托收。即使采用信用证方式，大多也规定必须以开证行作为运输单据的收货人，以便银行控制货物。

二、结算方式的结合使用

（一）信用证与汇付相结合

信用证与汇付相结合是指部分货款采用信用证、余额采用汇付方式结算。这种结算方式常用于允许交货数量有一定机动幅度的某些初级产品的交易。例如，买卖矿砂、煤炭粮食等散装货物，买卖合同规定90%的货款以信用证方式付款，其余10%在该货物运抵目的港、经检验核实货物数量后，按实到数量确定余数金额以汇付方式支付。又如，对于特定商品或特定交易需进口商预付订金的，也有规定预付订金部分以汇付方式支付，其余货款以信用证方式结算。

（二）信用证与托收相结合

信用证与托收相结合是指一笔交易的货款，部分用信用证方式支付，余额用托收方式结算。这种结合形式的具体做法通常是：信用证规定受益人（出口商）开立两张汇票，属于信用证项下的部分货款，通过光票支付，而余额则将货运单据附在托收的汇票项下，按即期或远期付款交单方式托收。这种做法对进口商而言，可减少开证金额、少付开证押金、少垫资金。对出口商而言，托收部分虽然有一定风险，但因为有部分信用证的保证而且货运单据在信用证内规定跟随托收汇票，开证行需等全部货款付清后才能向进口商交单，因而收汇较为安全。但必须订明信用证的种类和支付金额以及托收方式的种类，必须订明“在全部付清发票金额后方可交单”的条款。在合同中，对于信用证与托收结合方式的条款通常可作如下规定：“买方通过卖方可接受的银行于装运月份前××天开立并送达卖方不可撤销的即期信用证，规定发票金额的×%凭即期光票支付，其余部分用托收方式即期付款交单。发票金额100%的全套货运单据随附托收项下，于买方付清发票全部金额后支出。如买方未付清全部发票金额，则货运单据须由开证行掌握，凭卖方指示处理。”

（三）信用证与银行保函相结合

信用证与银行保函相结合用于成套设备或工程承包交易。除了支付货款外，还有预付定金或保留金的收取。一般货款可用信用证支付，预付定金要先开银行保函，保留金的收取可以用保函代替。如果是招标交易，则须投标保函、履约保函、退还预付金保函与信用证相结合。

（四）托收与银行保函相结合

托收与汇付相反，属于逆汇。出口商先交货后收款，从而要负担进口商收到货物后拒付而造成的货款两空的风险。因此，采取托收方式对于出口商不利。为了使收取货款有保障，可以让进口商申请开立保证托收付款的保函；一旦进口商没有在收到单据后的规定时间内付款，出口商有权向开立保函的银行索取出口货款。

第四节 合同的支付条款

一、收付条款的内容

在国际贸易合同中，收付条款的内容是指货款结算方式如汇付、托收、信用证或各种结算方式的结合。为明确责任，防止拖延付款时间，影响及时发运货物和企业的资金周转，订立合同时，应合理选择支付方式。在汇付方式下，应明确规定汇付时间、具体的汇付方法和金额等；在托收方式下，明确规定交单条件（付款或承兑）和付款期限等内容；在信用证方式下，明确规定开证时间、开证银行、信用证的受益人、种类、金额、装运期和到期日等。

1．信用证结算条款举例

"The Buyers shall open with a bank to be accepted by both the Buyers and Sellers an irrevocable transferable letter of credit，allowing partial shipment，transshipment in favor of the Sellers and addressed to Sellers payable at sight against first presentation of the shipping document to Opening Bank. The covering letter of credit must reach the Sellers 30 days before shipment and remain valid in China until the 21st day（inclusive）from the date of shipment."

买方应通过买卖双方都接受的银行向卖方开出以卖方为受益人的不可撤销、可转让的即期付款信用证并允许分装、转船。信用证必须在装船前 30 天开到卖方，信用证有效期限延至装运日期后 21 天在中国到期。

2．托收结算条款举例

"The Buyers shall duly accept the documentary draft drawn by the Sellers at 30 days sight upon first presentation and make payment on its maturity，the shipping documents are to be delivered against payment only."

买方对卖方开具的见票后 30 天付款的跟单汇票，于提示时应即予承兑，并应于汇票到期日即予付款，付款后交单。

3．汇付结算条款举例

"*50% of the total contract value as advance payment shall be remitted by the Buyer to the Seller through T/T within 15 days after signing this contract. Payment to be effected by the Buyer shall not be later than 7 days after receipt of the documents listed in the contract by T/T."

买方同意在本合同签字之日起，15 天内将本合同总金额 50%的预付款，以电汇方式汇交卖方，并在收到本合同所列单据后 7 天内电汇其余货款。

4．多种结算方式结合举例（Combination of Letter of Credit and Remittance 信用证与汇付相结合）

"It means that the payment is partially made by L/C and the balance is paid by remittance. For example，for the transaction of ores，both parties may agree that ×× percent of the invoice amount is paid by L/C with presentation of the shipment documents，the balance is paid by remittance according to the goods inspection result and the actual quality or weight after the arrival of the goods."

这种方式是指部分货款用信用证支付，余数用汇付方式结算。例如，对于矿砂等初级产品的交易，双方约定，信用证规定凭装运单据先付发票金额的若干成，余数待货到目的地后，根据检验的结果，按实际品质或重量计算出确切的金额，另用汇付方式支付。

二、拟订收付条款应注意的问题

1．要灵活运用支付方式

（1）在国际贸易中使用的支付方式主要有汇付、托收和信用证，这三种支付方式虽都通过银行办理，但汇付和托收属于商业信用，而信用证属于银行信用。

（2）在出口贸易中，原则上采用信用证支付方式，但为了提高竞争力和降低费用，对于信誉好的客户，也可采用汇付或托收。

（3）一笔交易大多使用一种支付方式，但有时根据不同需要，也可把两种或两种以上的支付方式结合使用。

2．不接受可撤销信用证

采用信用证付款时，不接受可撤销信用证或以开证人为付款人的信用证。UCP600 规定信用证只要开立，都是默认不可撤销的。

3．T/T 付款应预先收取定金

采用 T/T 付款时，必须先收取一定的定金（如 30%），在货物装运前通知买方电汇货款，款到后方能装运出口。

4．信用证和托收结合付款单据的处理

采用信用证和托收付款时，全套单据必须随附托收项下的汇票，信用证项下的汇票采用光票收款。

5．区分“议付”与“付款”的不同含义

（1）“议付”是指被授权议付的银行对汇票及/或单据付出对价的行为；而“付款”是开证行或其指定的代付行向信用证受益人或其代理人进行付款或支付其出具的汇票行为。按规定，只审单而不付出对价，不能构成议付。

（2）对于“议付”，议付行如因开证行无力偿付等原因而未能收回款项时，可向受益人追索；对于“付款”，开证行、保兑行或指定付款行一经付款就无权向受款人及其前手行使追索权。

【本章小结】

货款的收付是国际贸易的中心环节。在实际业务中，主要通过结算工具体现债权债务关系，并通过结算方式完成货款的实际收付。结算工具主要包括汇票、本票和支票，其中本票和支票可以视为特殊的汇票。传统结算方式包括电汇、托收和信用证，其中汇款和托收基于商业信用，信用证基于银行信用。银行保函和备用信用证也是重要的国际结算方式，主要作用是银行通过出借自己的信用为商业活动中不被信任的一方担保，以保障贸易活动的顺利进行。国际保理既是结算方式又是融资方式，属于综合性的金融服务。跨境电商的结算方式相对灵活和快捷，有利于提高结算效率。在实际业务中应注意多种结算方式的综合使用以提高结算效率，增强贸易竞争力，促进资金融通，降低贸易风险。

【拓展知识】

中信保简介[①]

中国出口信用保险公司（简称中国信保，英文 Sinosure）是我国唯一承办出口信用保险业务的政策性保险公司，也是我国四家政策性金融机构之一。于 2001 年 12 月 18 日正式揭牌运营，公司资本金约 300 亿元，资本来源为出口信用保险风险基金，由国家财政预算安排。

中国信保的主要任务是：积极配合国家外交、外贸、产业、财政、金融等政策，通过政策性出口信用保险手段，支持货物、技术和服务等出口，特别是高科技、附加值大的机电产品等资本性货物出口，支持中国企业向海外投资，为企业开拓海外市场提供收汇风险保障，并在出口融资、信息咨询、应收账款管理等方面为外经贸企业提供快捷、完善的服务。

中国信保的业务范围包括：中长期出口信用保险业务；海外投资保险业务；短期出口信用保险业务；国内信用保险业务；与出口信用保险相关的信用担保业务和再保险业务；应收账款管理、商账追收等出口信用保险服务及信息咨询业务；进口信用保险业务；保险资金运用业务；经批准的其他业务。中国信保还向市场推出了具有多重服务功能的“信保通”电子商务平台和中小微企业投保平台，使广大客户享受到更加快捷高效的网上服务。其中，中信保提供的资信调查服务和追账服务非常有利于外贸企业拓展业务。资信调查服务就是面对买家有不诚信、不付款的情况时，中信保可以介入第三方对买家进行资金状况等全面调查，使企业可以直观了解买家的具体情况，视买家情况决定要不要继续合作。有追偿和收账服务是当企业面临收账难的情况时，可以借助中信保在全球有 200 多个收账途径完成收账。此外，中信保还有全面风险管理的服务，为外贸企业降低风险。比如有一家企业受到损失，中信保会对其买家进行全面检测和调查，将买家拉入黑名单，警示其他企业谨慎与其合作。

自中信保成立以来，出口信用保险对我国外经贸的支持作用日益显现。尤其在国际金融危机期间，出口信用保险充分发挥了稳定外需、促进出口成交的杠杆作用，帮助广大外经贸企业破解了“有单不敢接”“有单无力接”的难题，在“抢订单、保市场”方面发挥了重要作用。截至 2012 年末，中国信保累计支持的国内外贸易和投资的规模约 1 万亿美元，为数万家出口企业提供了出口信用保险服务，为数百个中长期项目提供了保险支持，包括高科技出口项目、大型机电产品和成套设备出口项目、大型对外工程承包项目等，累计向企业支付赔款 43.4 亿美元。同时，中国信保还累计带动 160 余家银行为出口企业融资约 1.5 万亿元。

---

① 资料来源：百度百科和邦阅网 https://baijiahao.baidu.com/s?id=1695015183243184719&wfr=spider&for=pc。

【专业术语】

1. Sight Draft/Bill	即期汇票
2. Time Bill /Usance Draft	远期汇票
3. Documentary Bill/Draft	跟单汇票
4. Draw A Bill/ Draft	出票
5. Presentation	提示
6. Acceptance	承兑
7. Endorsement	背书
8. Discount	贴现
9. Dishonor	拒付
10. Recourse	追索
11. Promissory Note	本票
12. Check（Cheque）	支票
13. Telegraphic Transfer（T/T）	电汇
14. Collection	托收
15. Clean Collection	光票托收
16. Documentary Collection	跟单托收
17. Documents against Payment（D/P）	付款交单
18. Documents against Acceptance（D/A）	承兑交单
19. D/P after Sight	远期付款交单
20. Letter of Credit（L/C）	信用证
21. Irrevocable L/C	不可撤销信用证
22. Sight Payment L/C	即期付款信用证
23. Deferred Payment L/C	延期付款信用证
24. Banker's Acceptance L/C	承兑信用证
25. Transferable L/C	可转让信用证
26. Banker's Letter of Guarantee（L/G）	银行保函
27. Standby Letters of Credit	备用信用证
28. International Factoring	国际保理

【课后习题】

一、简答题

1. 什么叫汇票？它有哪几种类型？汇票的票据行为有哪些？

2. 电汇方式的特点是什么？

3. 什么叫托收？付款交单与承兑交单有何异同？采用托收结算方式时，应该如何规避风险？

4. 什么叫信用证？信用证有何特点和使用局限性？跟单信用证的结算程序是什么？

5. 银行保函和备用信用证可以用于什么类型的贸易结算？它们与商业信用证结算有什么不同。

6. 什么是国际保理？国际保理有什么作用？

7. 简述跨境电子商务结算的方式。

二、案例分析

1. 我方A公司从巴西进口50吨大豆，合同规定以不可撤销的即期信用证支付。合同签订后，中国银行广州分行（开证行）根据买方指示向卖方开立一份不可撤销的即期信用证。货物装运完毕，卖方获得信用证要求的全套单据后，即到议付行办理议付。经审查，单证相符，议付行进行了议付。与此同时，载货船离开汉堡港后，由于在航行途中遇到意外事故，部分钢琴受损。开证行收到议付行寄来的全套单据时，我方得知货物受损的消息，因而要求开证行对此信用证项下的单据拒绝付款，但遭开证行拒绝。

问：开证行这样做是否合理？为什么？

2. 我国某外贸公司与英商就某商品按CIF、即期信用证付款条件达成一个数量较大的出口合同，合同规定11月装运，但未规定具体开证日期，后因该商品市场价格趋降，外商便拖延开证。我方为防止延误装运期，从10月中旬起即多次电催开证，终于使该商在11月8日开来了信用证。但由于该商品开证太晚，使我方安排装运发生困难，遂要求对方对信用证的装运期和议付有效期进行修改，分别推迟一个月。但英商拒不同意，并以我方未能按期装运为由单方面解除合同，我方也就此作罢。

试分析：我方如此处理是否适当？应从中吸取哪些教训？

第九章 违约和争议处理

【导入案例】

中国C公司与西班牙S公司签订国际货物买卖合同，约定C公司从S公司购买漂白纱布，出口至C公司在阿尔及利亚的客户。货物到达阿尔及利亚后，客户申请第三方机构进行检验，发现涉案货物存在质量问题，主要是经纬线密度15支线/cm^2，略小于合同约定的17支线/cm^2。随后阿尔及利亚客户向C公司提出了质量异议，并要求赔偿损失。于是C公司将西班牙S公司起诉至中国江苏省南通市中级人民法院，主张西班牙S公司构成根本违约，请求法院解除涉案国际货物买卖合同，要求S公司返还货款并赔偿预期利润损失。

南通市中级人民法院认为，涉案国际货物买卖合同的双方当事人营业地分别位于中国和西班牙，两国均为《联合国国际货物销售合同公约》的缔约国，本案应适用该公约。根据该公约规定，西班牙S公司交付的货物与合同约定不符，构成违约，但是涉案货物的主要质量问题不属于重大质量缺陷，最终用户也没有提出产品无法使用要求退货，因此S公司不构成根本违约，涉案国际货物买卖合同不应当被解除。综合考虑当事人的过错程度、涉案货物的可利用价值等因素，判决S公司赔偿C公司损失。判决后，双方当事人均未上诉。试分析：法院判决的出发点和依据。

第一节 违约

一、违约与违约金

（一）违约

违约（Breach of Contract）是指国际贸易中合同当事人一方没有履行协议约定义务或履行义务不符合合同的约定。根据《合同法》规定，无论违约方主观上是否有过错，只要不存在不可抗力或其他法定免责事由，当事人就应当承担违约责任。

（二）违约金

违约金（Penalty）是指一方当事人违反合同，依据约定或法律规定向另一方当事人支付一定数额的金钱的责任。它是违约责任中一种常见的责任形式。违约金有约定和法定之分。在国际货物贸易中，违约金通常由合同当事人约定。从本质上而言，违约金是法律强制违约方向守约方支付的一笔金钱，它与赔偿损失虽有相同之处，但二者却有区别。

违约金数值由双方协商确定。如当事人并没有提出违约金约定，在对方违反合同后，他无权向对方索要违约金，只能通过其他方式追究责任。

违约方支付违约金的责任，并不是以造成守约方损失为前提条件，即使违约结果并未使守约方发生任何实际损害，守约方也可向违约方追究违约责任，以示惩罚。因此，有人便将违约金称为罚金。

由于违约金数额与实际损失是否存在以及损失的大小无关，故法庭或仲裁庭审理违约争议时，并不要求原告或申请人就实际损失进行举证，这在追索程序上远比赔偿损失简单。

就违约金性质而言，有惩罚性违约金和补偿性违约金之分，世界上大多数国家以违约金的补偿性为原则，以惩罚性为例外。区分违约金性质的意义在于：如属惩罚性违约金，债权人除请求违约金以外，还可请求强制履行主债务或额外请求损害赔偿；如属补偿性违约金，则在违约金之外不得再请求强制履行主债务或额外请求损害赔偿。

因此，国际贸易市场风险较大，合同履行过程中的不稳定因素多，合同履行争议频发是国际货物买卖的特点之一。若给守约方过多解除合同的权利，容易造成社会资源浪费。为了鼓励国际货物贸易，维护交易稳定和安全，《公约》规定的“根本违约”需违约行为导致严重损害后果，限制当事人因为货物细微瑕疵要求解除合同。在本章开始的案例中，南通市中级人民法院综合考虑联合国国际贸易法委员会《判例法摘要汇编》以及其他国家相关裁判，认定货物虽然存在瑕疵，但只要买方经过合理努力就能使用货物或转售货物，不构成《联合国国际货物销售合同公约》规定的“根本违约”。这符合《联合国国际货物销售合同公约》稳定国际贸易的立法意图和商业逻辑。

（三）定金

1．定金的含义

定金（deposit）是指当事人约定的，为保证债权的实现，由一方在履约前预先向对方给付的一定数量的货币或者其他代替物。定金是担保的一种。由于定金是预先交付的，定金的数额在事先也是明确的，因此通过定金罚则的运用可以督促双方自觉履行，起到担保作用①。

在国际贸易中，一般都是需要双方先签订贸易合同，然后买家需要先交定金来保护卖家的权益。

2．收取原则

定金的收取原则是：在买方承受的范围内，降低卖方风险。卖方通过收取定金避免收不到全部货款，将风险控制到最低。同时，又要考虑买方的承受能力。

一般来说，对于正规的国外公司，30%的预付定金。70%尾款见提单复印件，是基本安全的可以接受的付款方式。对于实际的订单要具体情况具体分析。需要考虑以下四个因素：

（1）客户性质。对于长期合作的老客户，一般象征性地收取定金，对于新客户则收取

① 中国法学会“法治百科”项目领导小组办公室提供。

较高比例的定金，除非客户较为可信且信用较高。

（2）订单金额。对于订单金额较大的交易，一定要收取定金，从而规避买方拒不提货的风险，以此减少损失。

（3）客户所在地区风险系数。如果客户所在地区风险系数较高，那么收取的定金也高，反之，定金较低。比如说在俄乌冲突期间，由于双方冲突持续时间长，可对这两国的客户多收定金，以规避风险，比如说收 50%定金，发货前付清。

（4）产品本身（常规/定做、小众、大众等）。如果是定做的、小众化货品，定金收取也需要相对高一点，防止客户弃货造成我方的损失。而此类产品在国际市场上二次销售时，也不容易出售。

【案例 9–1】

中国某医疗物资出口企业就外国某采购商中标的外国政府采购订单签署供货合同并开始备货。外国采购商仅提供了外国政府采购中标的订单号等简要信息，没有提供外国政府采购合同的原始文件和详尽资料。由于承接外国政府采购订单对企业商誉有巨大的提升作用，且往往订单金额巨大，出口企业为了赢得该笔订单，在签订采购合同时，对首付款比例约定得较低，按约定第二笔收款要在完成全部产品生产后准备好交付时才能收到。而且产品为该订单特殊定制，并非普通标准产品，后来遭遇采购方尾款支付一再延迟。且将该笔数目的产品出售给其他客户，存在很大的难度，还对企业的资金链造成了很大的压力。试评价该案例中出口方的做法。

【案例分析】

出口方没有做好风险规避和防范工作。出口企业在承接此类订单前，应该查清和核实订单信息和采购商的背景信息，对于与政府有关联的企业，可以通过当地政府的采购招标网站核实采购的真实性和具体内容，或者是通过跨境机构对订单和采购商的信息进行调查，以及时识别风险。对于付款方式，只有在对订单和外国采购方的背景信息掌握的清楚的情况下，才考虑在付款方式和交付条件上做出适当让步，但仍需考虑在交易过程中发生对方违约时，能否通过转让订单产品给第三方而收回成本和期得利益。否则，在签约时就应当谨慎，不能为追求企业商誉而盲目让渡商业利益，从而带来不必要的损失。

二、违约的种类

（一）买方违约

买方违约（Breach of Contract by Buyer）是指在买卖合同中，买方延迟付款或不付款或只付部分款、不能按时接收货物。

由买方违约引起索赔的原因大致有：

1. 在按信用证支付方式成交的条件下不开证或不按期开证；
2. 不按合同规定付款赎单；
3. 无理拒收货物；
4. 在买方租船订舱的情况下，未按合同规定履行应尽义务，如期派船接货等。

（二）卖方违约

卖方违约（Breach of Contract by Seller）是在买卖合同中，卖方延迟交货或不交货或只交部分货、所交货物质量不符合合同要求、单据不符合信用证或合同要求等。

卖方违约引起索赔的原因大致有：

1．拒绝交货；

2．不按合同规定的时间和地点交货；

3．所交货物与合同约定的品质、规格、数量、包装等不符；

4．货运单据种类不齐、单证不符等。

三、违约的责任

（一）实际的履行

实际履行是指当事人不履行承担合同或不完全履行合同，受害方既不想废除合同，也不想接受违约方给予的金钱赔偿，而是提出要求违约方继续履行承担规定责任的一种形式。

（二）赔偿损失

赔偿损失是指一方违约，对方有权利按照合同规定就所受损失要求对方赔偿。这包括两点：（1）受损害方必须有实际损失存在，否则无须担责。（2）损失可以计算折现，用金钱来补偿。

损失又分为直接损失和间接损失。（1）直接损失是指因当事人违约给对方造成的直接财产损害或减少，例如货物的灭失或损害。（2）间接损失是由于当事人的违约而间接带来的损失，例如由于卖方的延期交货，恰逢市场价格下降，从而使买方的利润受到重创。因此，在计算赔偿损失时，要考虑直接和间接损失。

违约金与定金是两个不同的法律概念，最主要的区别在于是否需要先行支付。定金作为担保合同关系的保证，实行先行缴付原则，交付成功后合同才具有效力。违约金可事先约定，它是一种违约责任，但是不必先行交付。

此外，定金和违约金不可同时使用。根据《合同法》第116条规定：“当当事人一方既约定了违约金，又约定了定金，若对方违约，这方有权提出索要合适的违约金数或定金。”所以说违约金条款和定金条款不能同时采用。

【案例9–2】

2022年6月，中国贸促会（中国国际商会）嘉兴调解中心（以下简称嘉兴调解中心）接到嘉兴某公司（以下简称嘉兴公司）的求助。嘉兴公司称其与俄罗斯某公司（以下简称俄方公司）有着长达10年的友好贸易合作往来，一直以来都是以先电放货物后收款的模式交易，并且没有购买出口信用保险。2021年4月和6月，俄方公司采取形式发票的方式向嘉兴公司采购两批紧固件，总金额为71 872.36美元。嘉兴公司于2021年6月、7月按约定出运全部货物并电放给俄方公司，但俄方公司收货后一直未履行付款义务。随后嘉兴公司多次通过邮件、whatsapp（社交软件）向俄方公司沟通催讨货款，对方先后以市场受疫情影响、资金周转困难、卢布贬值等多种理由拖延付款。从2021年8月收到货物起直至2022年6月，俄方公司仅付过一笔15 700美元的货款，尚欠56 172.36美元一直未付。嘉兴公司遂向嘉兴调解中心寻求帮助。

调解过程：嘉兴调解中心收到申请后，立即向嘉兴公司了解详细情况，全面梳理案情、整理核实证据材料，讨论研究对策，于6月22日以中国国际商会嘉兴商会的名义向俄方公司发出敦促履约函。俄方公司收到敦促函后，与嘉兴公司达成分阶段付款协议并签字确认，承诺分别于6月30日、7月10日前分两笔支付剩余货款。但俄方公司在如约支付了第一笔17 757.3美元货款后，又怠于支付第二笔38 415.06美元尾款。8月2日，嘉兴调解中心再次以嘉兴国际商会名义发函，提醒俄方公司按约定履行付款义务。

调解结果：俄方公司在收到提醒函后，最终于8月中旬付清全部欠款。至此，本案得以妥善解决。结合本案例分析：在对外贸易中，出口企业应该如何做好风险防范？

【案例分析】

对于出口企业而言，风险防范非常重要，需综合考虑交易面临的各类风险。俄乌冲突叠加疫情反复，出口俄罗斯贸易风险加剧，货款纠纷多发高发。本案中，卖方与买方虽然有着长期贸易合作的基础，但是一直未签订正规的外贸合同，在遇到贸易纠纷时，卖方就处于被动地位。在此，建议外贸企业首先应签署正规的外贸合同，在合同中明确支付方式、违约责任，解决争议方式等与自身利益密切相关的事项。这也是解决贸易纠纷的法律依据。其次，尽量选择安全度较高的支付方式，例如L/C、T/T或者T/T+D/P组合等支付方式，以降低出口企业的收汇风险，避免货财两空。

第二节　不可抗力

【案例9-3】

我国某进口商向巴西木材出口商订购一批木材，合同规定“如受到政府干预，合同应当延长，以至取消”。签约后不久适逢巴西热带雨林破坏加速，巴西政府对木材出口进行限制，致使巴西出口商在合同规定期内难以履行合同，随后以不可抗力为由要求我方延迟合同执行或者解除合同。我方不同意对方要求，并提出索赔。

试分析：我方的索赔要求是否合理？

【案例分析】

不可抗力是指不能预见、不能避免并不能克服的客观情况。在国际贸易中，当事人依据《联合国国际货物销售合同公约》或《民法典》的规定免责，其前提条件之一是存在该当事人不能控制的障碍或客观情况，导致该当事人不能履行合同义务，且其在订立合同时不能预见上述障碍或客观情况。按照国际惯例，政府颁布禁令属于不可抗力。本案中，由于发生不可抗力事件，巴西出口商依据合同规定向我方提出延迟或者取消合同的要求，有据可依，其应当免责。因此，我方的索赔要求不合理。

一、不可抗力的含义

不可抗力一词起源于法国民法典，时至今日，国际贸易中不可抗力仍用法语词汇“Force Majeure”表示。对于不可抗力定义，国际上普遍认可的法律是《联合国国际货物销售合同公约》，其第79条第（1）款规定：“当事人对不履行义务不负责任，如果他能证明此种不履行义务是由于某种非他所能控制的障碍，而且对于这种障碍，没有理由预期他在订立合同时能考虑到或能避免或克服它或它的后果。”我国则主要依据的是《中华人民共和国民法典》，其第一百八十条规定："因不可抗力不能履行民事义务的，不承担民事责任……不可抗力是不能预见、不能避免且不能克服的客观情况。"相较于《联合国国际货物销售合同公约》，我国《民法典》对不可抗力的定义更明晰、直观且更具概括性。需特别注意的是，不能预见、不能避免和不能克服这三大特性应当被同时满足，才可认定相关事项属于不可抗力事件。

二、不可抗力的结果

发生不可抗力事件后，应按约定的处理原则和办法及时进行处理。不可抗力的后果有两种：一是解除合同；二是延期履行合同。究竟如何处理，应视事故的原因、性质、规模及其对履行合同所产生的实际影响程度，由双方当事人酌情依约处理。

需要注意的是，因不可抗力不能履行合同的，应当及时通知对方，以减轻可能给对方造成的损失，并且在约定期限内提供发生不可抗力的证明。但是，如果是当事人延迟履行合同后发生不可抗力的，不能免除其违约责任。

鉴于在实践中往往会出现一旦发生不可抗力事件，一方就提出解除合同的问题，且合同是否延期执行或解除直接关系到交易双方的经济利益，故在不可抗力条款中，应就不可抗力所引起的法律后果做出明确规定，以利于执行。例如，我国进出口合同一般都规定，因不可抗力事件的影响而不能履行合同时，可根据实际所受影响的时间延迟履行合同的期限；如因不可抗力事件延迟履行合同达若干天（如 60 天或 90 天），双方应就履行合同的有关问题进行协商。按照这样的规定，当发生不可抗力事件时，可先推迟履行合同的期限；只有当不可抗力事件持续下去超过合同规定的期限以后，才能通过双方协商，最后决定是否解除合同。因此，不可抗力条款是一种在特定情况下的免责条款，有利于保护无过错当事人的利益，在国际贸易中主要有利于卖方。

第三节　仲裁

一、解决争议的方法

国际贸易争议的解决途径主要有四种，即协商（Negotiation）、调解（Mediation）、仲裁（Arbitration）、诉讼（Litigation）。

（一）协商

协商是在国际贸易中买卖双方发生纠纷后，当事人在没有第三者干预的情况下，在平等自愿的基础上，通过友好协商或谈判，互谅互让达成和解协议，进而解决贸易纠纷。通过协商解决的纠纷，一般是双方当事人积极主动，态度诚恳。比如，违约方主动与受害方取得联系，向其说明违约的原因和理由，并积极主动地表示愿意承担违约责任，以取得对方的谅解；或者受害方在发现当事人的违约行为之后，及时与违约方取得联系，迅速与对方协商以合理解决纠纷。

通过谈判自主解决争端。其优点是程序简单，节省费用，且不破坏双方的合作关系。

但是协商解决一般难于达成协议，取得令双方都满意的结果；而且协商结果没有法律强制的约束力，一旦一方反悔，又会发生新的争议。在所有的国际贸易争议中，能通过协商方式解决的所占比例很小。

（二）调解

调解是由当事人之外的第三方（调解人）介入，从中调停矛盾，以达到当事人和解的目的。在有关民商事领域的仲裁、诉讼的过程中，当事人均同意调解的仲裁庭或法庭都可以进行调解。

充当调解人的一般为常设性仲裁机构。在我国，从事国际商事调解业务的机构为中国贸促会/中国国际商会调解中心，该中心成立于 1987 年，是附设在中国国际贸易促进委员会/中国国际商会内部的非营利性中立组织，也是迄今为止我国唯一一家专门从事涉外商事调解的常设调解机构。

调解同协商解决一样，尊重当事人的意愿，气氛良好。其好处是，由于有第三人的参加，能促成协议的尽快达成。而且，如果仲裁机构根据调解协议做出裁决，其内容也即产生约束力。调解所需的费用和调解程序，与诉讼、仲裁相比也要节省或简便一些。目前，调解解决在国际贸易争议解决中所占比例还不是很高，但是越来越多的仲裁机构已经开始重视调解的作用。

（三）仲裁

仲裁是指双方当事人在争议发生之前或之后，达成书面协议，自愿将贸易中出现的争议提交双方所同意的第三者审理，由其做出裁决。

仲裁是国际贸易纠纷中经常采取的一种纠纷解决方式。当事人根据争议前或者后达成的仲裁协议或合同中仲裁条款向仲裁机构提出申请，由仲裁机构依法审理，做出裁决，并通过当事人对裁决的自觉履行或由一方向人民法院申请强制执行而使纠纷得以解决。

仲裁通常为行业性的民间活动，是一种私人行为，即私人裁判行为，而非国家裁判行为，它与协商、调解、诉讼并列为解决民（商）事争议的方式。它和诉讼相比具有“一裁终局”的效率优势。在实践过程中，一些涉及专业性、技术性很强领域的纠纷通常当事人会选择仲裁解决。我国的国际仲裁机构有：中国国际经济贸易仲裁委员会、中国海事仲裁委员会、香港国际仲裁中心等。

（四）诉讼

国际贸易诉讼是一方向法院提起诉讼，通过打官司来解决贸易争议。贸易纠纷发生后，当事人一方依法向人民法院起诉，由法院依法审理，做出判决或裁定，通过当事人对生效判决的自觉履行或人民法院的强制执行而解决纠纷。

如果当事人在争议发生后，不能通过协商、调解的方式解决，又没有在合同中订立仲裁条款，则任何一方当事人都可以向有管辖权的法院起诉，通过诉讼的方式解决争议。

涉外诉讼相较于国内诉讼来说更加复杂，涉及外国人的民事诉讼地位、法院的管辖权及法律适用、国际司法协助、域外取证和域外送达、外国法院判决的承认与执行等一系列复杂问题。因此，涉外诉讼往往耗时长，且存在查找国外法律困难、取证困难等，但也是解决国际贸易争议的有效途径。

上述四种解决纠纷的途径中，仲裁和诉讼具有法律上的强制执行力，协商和调解则不具有，因而当事人对协商和调解达成的协议可以反悔。当然，买卖双方一般会在签订国际贸易的合同中做出规定，如果发生争议，则根据合同的约定行事，这完全取决于当事人的意愿。

二、仲裁协议及作用

（一）仲裁协议

仲裁协议（Arbitration Agreement）是指双方当事人自愿将已经发生或者可能发生的可仲裁事项提交仲裁裁决的书面协议。一项有效的仲裁协议必须有合法的形式，绝大多数国家的法律都要求仲裁协议必须用书面形式做成。仲裁协议有两种形式：一种是在争议发生之前订立的，它通常作为合同中的一项仲裁条款（Arbitration Clause）出现；另一种是在争议发生之后订立的，它是把已经发生的争议提交仲裁的协议（Submission）。这两种形式的仲裁协议，其法律效力是相同的。

有效的仲裁协议须具备以下三个条件：

1. 有提交仲裁的意思表示；
2. 有选定的仲裁委员会；
3. 有明确的仲裁事项。

（二）仲裁协议的作用

1. 仲裁协议可以对双方当事人进行约束，只能以仲裁的方式而不得向法院起诉的方式解决双方之间的争议。

2. 仲裁协议对相关仲裁案件有管辖权，同时排除了法院对于有关仲裁案件的管辖权。这是仲裁协议的核心作用。在国际贸易实践中，如果双方当事人违背了仲裁协议的规定，向法院起诉，另外一方可以根据仲裁协议的相关要求及案件的专属管辖要求法院不受理案件，同时可以把案件送交给仲裁庭进行仲裁解决。所以说，当事人在签订合同之前，预想到如果发生争议两方都不想去法院上诉，那么就可以在合同中规定相应的仲裁条款。在以后的交易过程中，一旦发生争议，就通过仲裁进行解决。

3. 仲裁协议申明了仲裁机构对仲裁协议相关的案件具有管辖的权利。仲裁协议也有一定法律特性，而且仲裁协议的法律效力比较复杂，可以涵盖涉及案件的所有主体，例如案件的当事人、仲裁机构的仲裁员等。因此，双方当事人不愿将争议提交法院审理时，就事先在合同中规定仲裁条款，以免将来发生争议后，由于达不成仲裁协议而不得不诉诸法院。

上述三项作用的中心是第二条，即排除法院对争议案件的管辖权。

根据中国法律，有效的仲裁协议必须载有请求仲裁的意思表示、选定的仲裁委员会和约定仲裁事项；必须是书面的；当事人具有签订仲裁协议的行为能力；形式和内容均合法。否则，依中国法律，该仲裁协议无效。一项有效的仲裁协议在国际商事仲裁中具有以下法律效力：

（1）对双方当事人具有严格的约束力，不得再向法院提起诉讼。

（2）具有排除有关国家法院的管辖权的效力。

（3）是有关仲裁机构行使仲裁管辖权的依据。

（4）是强制执行仲裁裁决的依据。

（三）仲裁协议的内容

1．仲裁事项，即提请仲裁的争议范围。仲裁事项必须订得概括而且明确，不可遗漏。

2．仲裁地点和仲裁机构。仲裁地点是协议中最为重要的问题。因为，仲裁地点与仲裁的程序和合同争议所适用的实体法密切相关。一般会采用仲裁所在国家的仲裁法和实体法。此外，仲裁机构应当唯一而明确。如果约定临时仲裁庭仲裁，则应订明组成仲裁庭的人数及如何指定，亦即采用什么程序审理等；如果约定在常设仲裁机构仲裁，则应写明仲裁机构的名称。

3．仲裁程序。规定进行仲裁的程序和手续。包括如何提出申请、如何指定仲裁员组成仲裁庭、如何审理、如何做出裁决，以及如何收取仲裁费用等。当事人可以选择适用哪国法律。如果当事人对适用的实体法未作约定，则仲裁庭将根据仲裁所在国的冲突规则确定应适用的实体法。

4．裁决的效力。仲裁裁决的效力一般应明确是一裁终局，对双方均具有约束力，当事人不得向任何机构提出变更仲裁裁决的要求。有些国家规定当事人在仲裁条款中未明确排除法院干预的，经仲裁做出裁决以后，如败诉方起诉，法院仍可以受理。

【案例 9–4】

我某外贸公司与某外商签订一份出口合同，合同中订有仲裁条款且约定仲裁地点为北京。后来发生交货品质纠纷，外商不愿到北京仲裁，于是在当地法院起诉，当地法院向我外贸公司寄来传票。请问：我公司应如何处理？

【案例分析】

仲裁协议对相关仲裁案件有管辖权，同时排除了法院对于有关仲裁案件的管辖权。这是仲裁协议的核心作用。

结合本案例，我方与外商的出口合同中明确有以双方自愿为根底的仲裁，外商不但不愿遵守，且在当地法院起诉。依据仲裁协议的作用，外商的做法违反了仲裁协议，是无理论根据的，故我方可以将传票退还给外国法院，指出其对该案件没有管辖权，并坚持将该案件由北京仲裁庭裁断。

三、仲裁机构和仲裁程序

（一）仲裁机构

国际仲裁机构（Arbitration Body）是指依国际条约或国际组织决议设立的，依附于特定国际组织而不隶属于任何国家的仲裁机构。国际上的仲裁机构有很多，其中有常设的仲裁机构，也有由双方当事人共同指定仲裁员临时组成的仲裁庭。当今世界有 100 多个国家和地区有常设的国际商事仲裁机构，可分为国际性、地区性、国别性、行业性等仲裁机构。

仲裁机构对于解决双方当事人的争议非常重要。凡是涉外的事项都可以提请仲裁，但是必须要满足一定的条件。涉外的仲裁规则是可以按照我们国家《仲裁法》以及《民事诉讼法》的规定来进行确定。目前，我国除了中国国际经济贸易仲裁委员会和海事仲裁委员会受理涉外仲裁案件，按照有关规定，依据《仲裁法》设立或重新组建的仲裁机构也有权受理涉外仲裁案件。

（二）仲裁程序

仲裁程序（arbitration procedure）是贸易双方以仲裁方式解决争议的具体流程。主要包括以下步骤。

1．申请仲裁。申请仲裁需准备以下材料：

（1）提交由申请人或申请人授权的代理人签名或盖章的仲裁申请书。

仲裁申请书应写明：申请人和被申请人的名称和住所，包括邮政编码、电话、传真、电子邮箱或其他电子通信方式；申请仲裁所依据的仲裁协议；案情和争议要点；申请人的仲裁请求；仲裁请求所依据的事实和理由。

（2）在提交仲裁申请书时，附具申请人请求所依据的证据材料以及其他证明文件。

（3）按照仲裁委员会制定的仲裁费用表的规定预缴仲裁费。

2．仲裁委员会根据当事人在争议发生之前或之后达成的将争议提交仲裁委员会仲裁的仲裁协议和一方当事人的书面申请，受理案件。

3．被申请人应自收到仲裁通知后 45 天内提交答辩书。被申请人确有正当理由请求延长提交答辩期限的，由仲裁庭决定是否延长答辩期限；仲裁庭尚未组成的，由仲裁委员会仲裁院做决定。

4．开庭审理。开庭审理的案件，仲裁庭确定第一次开庭日期后，应不晚于开庭前二十天将开庭日期通知双方当事人。当事人有正当理由的，可以请求延期开庭，但应于收到开庭通知后五天内提出书面延期申请；是否延期，由仲裁庭决定。

5．仲裁庭应在组庭后 6 个月内做出裁决书。经仲裁庭请求，仲裁委员会仲裁院院长认为确有正当理由和必要的，可以延长该期限。

四、仲裁裁决的执行

1．根据《仲裁法》第 72 条的规定，仲裁机构做出的裁决，当事人请求执行的，如果被执行人或者其财产不在中国境内，应由当事人直接向有管辖权的外国法院申请承认和执行。

2．我国《民事诉讼法》第 283 条规定，国外仲裁机构的裁决，需要中华人民共和国人民法院承认和执行的，应当由当事人直接向被执行人住所地或者其财产所在地的中级人民法院申请，人民法院应当依照中华人民共和国缔结或者参加的国际条约，或者按照互惠原则办理。

3．《最高人民法院关于适用〈中华人民共和国仲裁法〉若干问题的解释》第 12 条规定，涉及海事海商纠纷仲裁协议效力的案件，由仲裁协议约定的仲裁机构所在地、仲裁协议签订地、申请人或者被申请人住所地的海事法院管辖；若上述地点没有海事法院的，由就近的海事法院管辖。

【案例 9–5】

国内 A 公司与法国 B 公司就国际贸易项下款项存在纠纷，案件标的 2.86 万美元。双方和解无果后，A 公司向中国国际经济贸易仲裁委员会（简称“中国仲裁委”）提交仲裁申请，并于 2006 年 11 月 30 日取得缺席胜诉裁决（中英双语），仲裁费 2.44 万元。在 A 公司向法国法院提交执行申请后，B 公司主动提出和解。

试分析：该案例中仲裁的优点是什么？

【案例解析】

在此案中，A 公司在取得仲裁裁决后尝试与债务人和解未果。在向法国法院提交执行申请后，B 公司即主动与 A 公司联系，并提出合理的和解方案，相比直接在法国本地起诉的费用和时间，直接申请执行国际商事仲裁裁决达到了事半功倍的效果。

第四节 争议处理的条款

一、合同中的索赔条款

国际货物买卖合同中，买卖双方可根据交易的需要在合同中订立或不订立索赔条款（the Claim Clause in a Contract）。

订立索赔条款通常有两种方式：

（一）异议和索赔条款

异议和索赔条款（Discrepancy and Claim Clause）是贸易合同中针对卖方交货品质、数量或包装不符合合同规定而订立。主要内容包括索赔依据、索赔期限、索赔金额、索赔方法。

1．索赔依据

主要是指双方认可的商检机构出具的检验证书以及出证的机构。提出索赔的一方必须按规定提供齐全、有效的证据，否则可能遭到拒赔。

2．索赔期限

索赔期限是指受损害一方有权向违约方提出索赔的期限。按照法律和国际惯例，受损害一方只能在一定的索赔期限内提出索赔，否则丧失索赔权。索赔期限有约定与法定之分。

（1）约定的索赔期限是指买卖双方在合同中明确规定的索赔期限，实际上也就是检验条款中的复验期限。索赔期限根据商品的特点约定，可长可短，一般货物是货到目的港（地）后的 30—45 天，特殊货物可适当延长至 60 或 90 天，一般不超过 180 天。但是也有例外，例如对于有质量保证期的机械设备的索赔期限，可长达 1 年及以上。

（2）法定索赔期限指有关法律法规规定的受损害方向违约方提出索赔的最长期限。《合同公约》中将这一期限规定为两年；而《中华人民共和国合同法》将这一期限规定为四年。由于约定索赔期限是根据商品的不同特点做出的具体规定，所以在实际业务中，约定索赔期限的效力一般高于法定索赔期限。

因此，买方在收到货物后，应抓紧检验验收，一旦发现货物有不符合合同规定的情况，应该立即请检验机关复验出证，并严格按约定的期限提赔。

3．索赔金额

如果合同预先规定有约定的损害赔偿的金额，则需按照合同赔偿；如果未事先约定损害赔偿的金额，则应根据实际损失确定适当赔偿金额。例如，卖方交货的品质、规格与合同规定不符，买方可以按《联合国国际货物销售合同公约》第40条的规定，要求卖方交付替代货物或对货物进行修理补救等。如果退货重换，则应包括所退还货物的运费、仓储费、装卸费、保险费及重新包装费等。

4．索赔方法

索赔方法需买卖双方在事前或事后协商而定。可以采取赔付部分货物、退货、换货、补货、修理或赔付一定金额，也可以对索赔货物给予价格折扣或按残次货物百分比对全部货物降价等。

（二）违约金条款

违约金条款（Penalty Clause）是事先在合同中规定的违约金赔偿数额以补偿对方的损失，这主要针对当事人不按期履约的情况，例如卖方未按期交货或买方未按期收货。

1．违约金的数额

违约金的数额大小要视实际情况而定，并规定最高的违约金数额。这一般适用于卖方延期交货的时间或买方延期接货的时间等情况。例如有的合同中规定：

If the seller fails to deliver the goods on time, the buyer may agree to delay delivery on condition that the seller agrees to deduct the liquidated damages from the payment for negotiation by the paying bank. However, the penalty for delayed delivery shall not exceed 5% of the total value of the goods. The penalty shall be charged at 0.5% for every 7 days, and the penalty for less than 7 days shall be counted as 7 days. If the seller fails to deliver the goods according to the shipment time stipulated in the contract, the buyer shall have the right to cancel the contract and demand the seller to pay the aforesaid penalty for delayed delivery if the shipment time is extended by 10 weeks.

（如果卖方不能按期交货，在卖方同意由付款行从议付货款中扣除违约金的条件下，买方可同意延期交货。但是因延期交货的违约金不得超过货物总金额的5%，罚金每7天收取0.5%，不足7天按7天计算。如卖方未按合同规定的装运期交货，延长10周时，买方有权撤销合同，并要求卖方支付上述延期交货违约金。）

需要注意的是，违约金不同于罚金。违约金的实施上，违约方通过支付一定违约金后，可以终止合同，不再承担任何履行合同的义务。罚金是一种督促履行合同的措施，并不解除违约方继续履行合同的义务。因此，违约方支付罚金外，仍应履行合同义务，如因故不能履约，则另一方在收受罚金之外，仍有权索赔。

2．违约金支付期限

违约金支付期限可以由买卖双方协商，或者是按照国际贸易惯例执行。

二、合同中的不可抗力条款

（一）不可抗力情形覆盖范围

实践中各类突发状况层出不穷，由于不可抗力定义的高度概括性，合同当事人可能无法根据其定义对已发生的阻碍事件做出是否属于免责事项的准确判断，因此国际贸易合同中常以列举的方式对不可抗力事件予以明晰。这就是不可抗力情形覆盖范围（Scope of Force Majeure Situations）。

根据2020年《国际商会不可抗力条款》即《ICC FORCE MAJEURE CLAUSE》

(2020)，推荐不可抗力情形覆盖范围如下：

1. 自然灾害或极端自然天气，如地震、台风、海啸、暴雨、暴雪、寒潮、大风、沙尘暴等；

2. 瘟疫、流行病；

3. 战争（无论是否宣战），敌对行动，入侵，外敌行动，大规模军事动员；

4. 内战，暴乱，叛乱和革命，军事政变或篡权，暴动，恐怖主义行为，破坏或海盗活动；

5. 合法或非法的政府行为，如政府或其他权力机关发布法律规定，政府命令（如因“国家安全”“外交政策”等因素被禁止交易等）、征收或其他国有化行为、征用、查封、扣押、冻结，以及包括对象为货币在内的金融资本政策、贸易限制、关闭运河、禁运、制裁；

6. 普遍的劳工骚乱，如抵制，罢工和封门，怠工，工厂和场所的占领；

7. 爆炸，火灾，设备损坏，运输、电信、信息系统或能源的长期崩溃。

另请注意，当事人应结合具体交易模式及与之相关可能发生的风险，来对上述不可抗力事件进行删减。特别是在出现公共卫生事件例如新冠疫情及俄乌冲突激化的大背景下，在设置不可抗力条款时，应着重列举有关疫情与战争方面的不可抗力情形，且该列举应当明确具体。

（二）通知义务

《联合国国际货物销售合同公约》，其第79条第（4）款规定：“不履行义务的一方必须将障碍及该障碍对其履行能力的影响通知对方。如果另一方当事人在不履行义务的一方当事人知道或本应知道该障碍后的合理时间内没有收到通知，则该另一方当事人应承担因未收到通知而造成的损害赔偿责任。”《中华人民共和国民法典》第590条规定：“……因不可抗力不能履行合同的，应当及时通知对方，以减轻可能给对方造成的损失，并应当在合理期限内提供证明。”因此，在遇到不可抗力事件时，通知义务（Notification Obligation）的履行非常关键。及时通知未受不可抗力影响的一方合同当事人不仅能在一定程度上减轻自身违约责任，同时也能减少对方不必要的损失。

为了尽可能地保护未受不可抗力影响一方当事人的权益，在设置通知义务条款时，应特别注意以下两点时间限制：

1. 不可抗力通知应于受不可抗力事件影响的一方在“知道或应当知道”的合理时间内发出。一定要体现出“应当知道”，否则容易给要求用不可抗力免责的一方迟发通知的抗辩理由。该方可称其是很晚才知晓不可抗力事件发生的，因此其可不承担发出通知前因不可抗力给合同相对方所造成的损失。

2. 法条内表述，通知为“合理时间内发出”，但实践中，“合理时间”难以确定，每个人的理解皆不相同。因此，建议在起草合同条款时，明确该“合理时间”的期限，例如：知道或应当知道不可抗力事宜的14日内。

（三）举证义务

在国际贸易中，如果在合同履行过程中发生不可抗力，一方要引用不可抗力条款免责，需提供遇到不可抗力事件无法继续履行合同义务的证明，即所谓的举证义务（Burden of Proof）。举证义务是合同中不可抗力条款中的法定义务之一。因此，在合同条款设置时，要求对方提供相应证明的内容也必不可少，这样也有效降低了滥用不可抗力条款的可能性。

（四）法律后果

成功适用不可抗力条款后，会引起怎样的法律后果（Legal Consequences）呢？在合理时间内通知对方且有充足证据证明不可抗力情形的一方，无须为自身的不履行合同义务行为承担责任。那么该合同是继续履行、延长、中止还是终止呢？法律对此并没有明确规定。此类法律效果就由合同双方当事人来确定。对于合同双方当事人无法在事前确定的情形，则建议约定：如果不可抗力影响超过 60 天，任一方有权解除本合同，双方另行协商处置措施。

三、合同中争议解决条款

合同中的争议解决条款（Dispute Settlement Clause in the Contract）主要是指仲裁条款或其他约定解决争议的方法，这里主要介绍仲裁条款。

（一）仲裁条款的主要内容

国际货物买卖合同中有关争议解决是十分复杂的，它涉及几种解决争议的方法，包括协商、司法诉讼等。这里主要介绍仲裁条款的主要内容。

1．仲裁地点的规定

仲裁地点是买卖双方在磋商仲裁时的重要内容。这主要是因为，仲裁地点与仲裁所适用的程序法，以及合同适用的实体法关系甚为密切。我国进出口贸易合同中的仲裁地点，视贸易对象和情况的不同，有三种不同的规定。

（1）力争规定在我国仲裁。

（2）可以规定在被告所在国仲裁。

（3）规定在双方认同的第三者国仲裁。

2．仲裁机构的选择

国际贸易中的仲裁，可由双方当事人在仲裁协议中规定在常设的仲裁机构进行，也可以由当事人双方共同指定仲裁员组成临时仲裁庭进行仲裁。当事人双方选用哪个国家（地区）的仲裁机构审理争议，应在合同中做出具体说明。

3．仲裁程序法的适用

在买卖合同的仲裁条款中，应订明用哪个国家（地区）和哪个仲裁机构的仲裁规则进行仲裁。

4．仲裁裁决的效力

仲裁裁决的效力主要是指由仲裁庭做出的裁决，对双方当事人是否具有约束力，是否为决定性的，能否向法院起诉要求变更裁决。

5．仲裁费用的负担

当事人双方通常在仲裁条款中明确规定仲裁费用由谁负担。一般规定由败诉方承担，也有的规定由仲裁庭酌情决定。

（二）约定仲裁条款的注意事项

交易双方商定买卖合同时，为合理地约定仲裁条款，必须注意下列事项。

1．仲裁地点的选择

因仲裁地点的约定与双方当事人有利害关系，故在商定仲裁地点时，应考虑适用的法律、费用的负担等问题。

在国际贸易中，不同的国家适用的法律不同，不同的法律对于同一问题的解释也有差异。因此，当事人倾向于选择在本国仲裁。此外，选择仲裁地点时，还要考虑距离、成本、费用等，这些影响成本的因素。因此，在国际贸易纠纷中，合同当事人一般选择就近的仲裁地点，争取在本国仲裁，从而节省费用。

此外，交易双方如果约定在第三国仲裁，那么需要选择较为公正的仲裁机构。

2．仲裁机构的选择

国际上常设的仲裁机构很多，它们的情况很不一致，因此，需要根据择优选择的原则约定适当的机构。选择仲裁机构时，要考虑仲裁机构的历史沿革和背景、仲裁员队伍的专业素质和道德水平、仲裁规则的先进性、仲裁机构的社会评价、办案效率和业务水平的高低、裁决的权威性和执行情况、仲裁机构有无地区保护主义等。

3．仲裁费用的分担

在仲裁条款中，关于仲裁费由何方负担有各种不同的规定，有的只约定由败诉方负担，也有的约定由仲裁庭决定。为防止胜诉方故意索要高额的索赔金，增加不合理的仲裁费用。在约定仲裁费用负担时，需事先约定好：由败诉方承担或由仲裁庭酌情决定相互承担的比率。这种约定办法，既符合实事求是的原则，也体现尊重仲裁庭的裁量权。

4．仲裁条款的规定应当明确具体

约定仲裁条款应当明确、具体，以利于争议的解决，避免使用一些模棱两可或含糊其词的规定，例如：规定在“在中国或外国仲裁”或规定“在进口国或出口国仲裁”，有的合同规定“若双方发生争议，通过仲裁解决，但仲裁地点、仲裁机构和仲裁规则等内容，均未做具体规定。仲裁条款的规定不具体、明确，不利于争议的解决”。

【本章小结】

在国际贸易中，贸易纠纷不可避免。出于各种原因，可能在履约当中出现当事人的违约行为，从而危害另一方当事人的合法权益，从而导致合同不能顺利履行。为了维护国际贸易的正常秩序和合同当事人的合法权益，合同当事人应在交易合同中约定异议与索赔、违约与定金、不可抗力和仲裁条款。约定这些条款，不仅有利于约束买卖双方的行为，促进合同的履行，而且在出现贸易争议时，能迅速判定问题，并及时按照合同条款来解决问题，从而节省双方的交易成本。

【拓展知识】

一、国际商事仲裁机构

当今世界有100多个国家和地区有常设的国际商事仲裁机构，其一般可分为国际性、地区性、国别性、行业性等仲裁机构。

（一）国际性常设仲裁机构

1. 国际商会国际仲裁院（The International Chamber of Commerce International Court of Arbitration，简称ICC仲裁院）是国际商事仲裁领域最具经验也最负盛名的机构之一。它成立于1923年，总部设在巴黎，是国际商会下设的常设仲裁机构。国际商会国际仲裁院是当今世界上提供国际经济贸易仲裁服务较多的和具有广泛影响的国际仲裁机构，是国际商事仲裁的一大中心。

2. 解决投资争端国际中心（The International Centre for the Settlemem of Investment Disputes，简称为ICSID）。解决投资争端国际中心设在美国华盛顿，专门处理国际投资争议。该中心于1965年在国际复兴开发银行的倡导下，签订了旨在解决有关国家与其他国家国民间投资纠纷的《解决一国与他国国民间投资争端的公约》。该公约于1966年生效，目前已有近百个成员国。解决投资争端国际中心设在美国华盛顿，专门处理国际投资争议。

（二）地区性常设仲裁机构

1. 美洲国家国际商事仲裁委员会。它是拉丁美洲国家成立的一个区域性国际仲裁组织。1975年，拉美12个国家签订了《美洲国家国际商事仲裁公约》。

2. 亚洲及远东经济委员会商事仲裁中心。它是由联合国亚洲及远东经济委员会组织设立并制定仲裁规则。该仲裁中心设在泰国曼谷。

（三）国别性常设仲裁机构

1. 瑞典斯德哥尔摩商会仲裁院（The Arbitration Institute of Stockholm Chamber of Commerce，简称AISCC）。它成立于1917年，是瑞典全国性的仲裁机构。瑞典在政治上是中立国，国际上认为该仲裁院在解决东西方经贸争议问题方面是较理想的机构。同时，由于瑞典仲裁制度历史悠久，具有大量精通国际商事仲裁的专家，斯德哥尔摩商会仲裁院有着丰富的仲裁经验和良好的运作机制，办案比较迅速及时，国际经济贸易合同中订明在瑞典仲裁的情形日益增多。随着国际经济贸易仲裁委员会的不断发展，该仲裁机构的声誉也逐步提高。中国国际经济贸易仲裁委员会已同该仲裁院建立了业务上的联系，并且建议我国的涉外经济合同双方当事人在选择第三国仲裁时，对该仲裁院予以优先考虑。

2. 伦敦国际仲裁院（London Court of International Arbitration，简称为LCIA）。它成立于1985年，制定、使用了新的《伦敦国际仲裁院仲裁规则》，当事人也可约定适用《联合国国际贸易法委员会仲裁规则》。

3. 瑞士苏黎世商会仲裁院。它成立于1910年，设在瑞士苏黎世，制定有《瑞士联邦苏黎世商会调解与仲裁规则》。该仲裁院既受理国内商业和工业企业之间的争议案件，也受理涉外经济贸易争议案件。由于瑞士在政治上是中立国，国际上较多的经贸纠纷都交给它仲裁。

4. 美国仲裁协会（American Arbitration Association，简称AAA）。它成立于1926年，总部设在纽约市，并在全国各地设立分会，是美国最大的综合性常设仲裁机构。美国仲裁协会是民间常设仲裁机构，有《商事仲裁规则》。它同我国仲裁机构建立了业务联系，中美两国仲裁机构成功地联合调解解决过多起两国贸易中发生的争议案件。

5. 大韩商事仲裁院（Korean Commercial Arbitration Board，简称KCAB），是韩国唯一的法定常设仲裁机构。该机构成立于1966年，总部设在韩国首尔市。该机构下设2个部门（策划管理部、仲裁业务部）、2个中心（综合争议解决援助中心、国际仲裁中心）、在韩国釜山市设有办理海事仲裁业务的国内分所，并在美国洛杉矶、中国上海、越南河内等三个国家知名城市设有国外办事处。该机构有《国际仲裁规则》及《国内仲裁规则》，也有《仲裁员名册》，在该名册里有1 700名左右的国内外仲裁员。

6. 日本商事仲裁协会（Japan Commercial Arbitration Association）。它成立于1950年，总营业所设在东京，在神户、名古屋、大阪和横滨也设有营业所。它有《商事仲裁规则》。该仲裁协会除进行仲裁工作外，还从事对仲裁人员的培训，同外国仲裁机构进行业务合作等项工作。目前，日本商事仲裁协会同20多个外国仲裁机构保持联系，并订有双边协议。

7. 香港国际仲裁中心（The Hong Kong International Arbitration Centre，简称HKIAC）。成立于1985年，是一家按香港公司法注册的民间性的、非营利性的担保责任有限公司。它是在许多公司、专业机构、律师行及香港政府的支持和鼓励下成立的，不受政府或其他官员的影响或控制。中心受理两类仲裁案件，即国际商事仲裁案件和香港的仲裁案件。港仲致力于协助当事人选择最佳方法来解决彼此之间的争议，提供仲裁、调解、审裁和域名争议解决的服务。它有自己的本地仲裁规则，但没有制定自己的国际商事仲裁规则。它仲裁国际商事争议时，采用《联合国国际贸易法委员会仲裁规则》，该中心也可以采用调解或调停的方式解决争议。目前，港仲已成为亚洲领先的争议解决中心，在国际仲裁领域享有极高的声誉。2015年，港仲受上海市政府的邀请，作为首家境外仲裁机构在上海自贸区设立代表处。

8. 中国国际经济贸易仲裁委员会（中文简称“贸仲委”，英文简称CIETAC）于1956年在北京设立，原名为对外贸易仲裁委员会。仲裁委员会于1980年改名为对外经济贸易仲裁委员会，后又于1988年改为现名，并于2000年同时启用“中国国际商会仲裁院”的名称。仲裁委员会先后于1989年和1990年分别在深圳特区和上海市设立了深圳分会及上海分会，并于1999年在重庆、成都、长沙、福州和大连设立了5个办事处。仲裁委员会和其深圳分会及上海分会是一个整体，在整体上享有一个管辖权，适用统一的仲裁规则和仲裁员名册。

仲裁委员会制定有自己的仲裁程序规则。仲裁委员会在其成立之时，便制定了仲裁程序暂行规则。根据业务发展的需要，仲裁委员会先后于1988年、1994年、1995年、1998年和2000年5次修改仲裁规则。仲裁委员会现行仲裁规则于2000年10月1日起实施。

依据现行仲裁规则，仲裁委员会可根据当事人之间所达成的将争议提交仲裁委员会仲裁的仲裁协议受理国际、涉外以及国内的契约性或非契约性争议。

（四）行业性常设仲裁机构

这是设立在各行业协会中的各种专业仲裁机构。例如，英国伦敦谷物公会和伦敦橡胶交易所下面所设立的仲裁机构、荷兰咖啡贸易仲裁委员会等。

二、我国的常设涉外仲裁机构

中国国际经济贸易仲裁委员会和海事仲裁委员会是我国的常设涉外仲裁机构，也是受理涉外仲裁案件的具有典型性、代表性的仲裁机构。

（一）中国国际经济贸易仲裁委员会

中国国际经济贸易仲裁委员会以仲裁的方式，独立、公正地解决国际贸易及国际投资争端。

贸仲委设在北京，并在深圳、上海、天津、重庆、杭州、武汉、福州、西安、南京、成都、济南、海口、雄安分别设有华南分会、上海分会、天津国际经济金融仲裁中心（天津分会）、西南分会、浙江分会、湖北分会、福建分会、丝绸之路仲裁中心、江苏仲裁中心、四川分会、山东分会、海南仲裁中心和雄安分会。贸仲委在香港特别行政区设立香港仲裁中心，在加拿大温哥华设立北美仲裁中心，在奥地利维也纳设立欧洲仲裁中心。

（二）中国海事仲裁委员会

中国海事仲裁委员会成立，是以仲裁方式，独立、公正地解决产生于远洋、近洋、沿海和与海相通的可航水域的运输、生产和航行等有关过程中所发生的契约性或非契约性的海事争议的常设仲裁机构。海事仲裁委员会设在北京。

（三）其他受理涉外仲裁案件的仲裁机构

长期以来，我国受理涉外仲裁案件的仲裁机构只有中国国际经济贸易仲裁委员会和海事仲裁委员会，中国国际经济贸易仲裁委员会和海事仲裁委员会也因此成为专门受理涉外纠纷案件的常设仲裁机构。但是自从我国《仲裁法》颁布实施以来，依照《仲裁法》的规定在直辖市、省、自治区人民政府所在地的市和其他设区的市又设立或重新组建了一批常设仲裁机构，对这些仲裁机构能否受理涉外仲裁案件，《仲裁法》并没有明确规定。国务院办公厅发布了《关于贯彻实施需要明确的几个问题的通知》，该通知规定，新组建的仲裁委员会的主要职责是受理国内仲裁案件；涉外仲裁案件的当事人自愿选择新组建的仲裁委员会仲裁的，新组建的仲裁委员会可以受理。据此，依照《仲裁法》设立或重新组建的仲裁机构，如北京仲裁委员会、上海仲裁委员会等在涉外仲裁案件的当事人自愿选择其进行仲裁时，对该涉外仲裁案件具有管辖权。

三、贸易仲裁的典型案例

2010 年 12 月 15 日，青岛公司与美国公司签订国际贸易销售合同，约定美国公司购买青岛公司生产加工的某钢结构产品，货值 30 万美元。合同约定的仲裁条款为：合同争议均应提交中国国际经济贸易仲裁委员会（以下简称“中国贸仲”）或者美国纽约贸易仲裁委员会仲裁。

双方因履行上述合同发生纠纷，2012 年 5 月 20 日，美国公司向中国贸仲提起仲裁，青岛公司由山东某律师事务所某律师代理，研究了合同条款后，赶在仲裁开庭前，向青岛某法院提起确认仲裁条款无效的诉讼，并及时向中国贸仲书面通报了这一情况，要求中止仲裁程序。

庭审时，青岛公司主张：在合同双方没有就仲裁机构的唯一性达成补充协议的情况下，前述合同仲裁条款是无效的。美国公司则辩称：（1）就双方的合同纠纷，中国贸仲已受理了由其提起的仲裁申请，并向青岛公司送达了仲裁通知等法律文书；（2）青岛公司在仲裁庭确定的开庭日之前未就仲裁协议效力问题向仲裁庭提出异议；（3）依据最高人民法院《关于适用若干问题的解释》第十三条的规定，青岛公司其后向法院提出的要求确认仲裁协议无效的申请，不属于法院受理的范围，应予驳回。

法院经审理并按有关规定逐级层报最高人民法院后裁定：确认合同仲裁条款无效。随后中国贸仲也对美国公司的仲裁申请做了撤案处理。

【专业术语】

1. Breach of Contract	违约
2. Penalty	违约金
3. Deposit	定金
4. Breach of Contract by Buyer	买方违约
5. Breach of Contract by Seller	卖方违约
6. Force Majeure	不可抗力
7. Negotiation	协商
8. Mediation	调解
9. Arbitration	仲裁
10. Litigation	诉讼
11. Arbitration Agreement	仲裁协议
12. Arbitration Body	仲裁机构
13. Arbitration Procedure	仲裁程序
14. Claim Clause	索赔条款
15. Discrepancy and Claim Clause	异议和索赔条款
16. Penalty Clause	违约金条款
17. Dispute Settlement Clause	争议解决条款
18. Notification Obligation	通知义务
19. Burden of Proof	举证义务
20. Legal Consequences	法律后果

【课后习题】

一、简答题

1. 国际贸易中引起争议的原因有哪些?
2. 简述国际贸易中违约的含义和分类。
3. 不可抗力事件的结果有哪些? 发生不可抗力后，买卖双方如何应对?
4. 争议的解决方法有哪些? 简要说明各自的特点。
5. 仲裁条款的主要内容有哪些?
6. 仲裁的基本程序有哪些?

二、案例分析

1. 我国某公司与外商签订一份CIF出口合同，并在中国人民保险公司投保。货物发出后，银行议付货款，但货到目的港后发现部分包装严重破损，而保险中没有投保破损险(因为买方没有指明)，买方要求我公司向保险公司索赔。

请问：我方应该如何处理?

2. 我国A公司销售给台湾B贸易公司一批货物，台湾B公司转售给欧洲一个C公司。欧洲C公司收到货物两个月后提出质量问题并要求超出货款总额2倍的赔偿。

请问：C公司主张货值两倍的赔偿，是否合理? A公司和B公司是否需要承担责任?

3. 中国商人Y以CIF天津的价格向英国商人W进口化工原料一批，合同约定了不可抗力条款。签订合同后，由于政治及冲突事件的影响，导致石油价格暴涨，英商成本增加30%。于是便以不可抗力为借口，拒绝交货。

请问：Y商应该如何处理?

4. 某英国商人向中国X公司出口聚苯塑料原料3万吨，价格条件为CIF青岛。合同适应的法律为英国法。交货前，海湾事件发生，英国商人如果交货就要通过南非好望角航线，不能走苏伊士运河，故要求中方提高价格或解除合同。

请问：X公司应该如何处理?

5. 中国A公司(买方)与外国B公司(卖方)达成协议，以CIF上海价格向B公司购买某种工业精密仪器。合同第10条规定，品质保证期限为货到目的口岸12个月内，在保证期限内，因制造厂商在设计制造过程中的缺陷造成货物损害，应由卖方负责赔偿。合同第11条规定，货物到达目的口岸后，买方可委托中国商品检验局对货物进行复检。如果发现货物有损坏、残缺或规格及数量与合同规定不符，买方得于货到目的口岸的30天内凭中国商品检验局出具的检验证书向卖方要求索赔。2022年3月24日货物到达目的港，买方A公司申请中国商品检验局对该批货物进行商检后，发现货物存在品质问题，A公司于2022年4月25日书面通知B公司，要求索赔。B公司以A公司已超过了合同规定的30天索赔期为由拒绝赔偿。

请问：B公司的做法是否合理? 本案有什么启示?

第三篇

国际货物买卖合同的履行

第十章　出口合同的履行

【导入案例】

我国某A公司与阿联酋迪拜某B公司签订了一份出口合同，货物为一个20尺柜集装箱一次性打火机。不久B公司即开来一份不可撤销即期信用证，来证规定装船期限为1月31日，要求提供“Full set original clean on board ocean Bill of Lading……”（全套正本清洁已装船海运提单）。由于装船期太紧，A公司便要求B公司展期，装船期限改为3月31日。B公司接受了A公司的要求修改了信用证。收到信用证并经全面审查后未发现问题，A公司在3月30日办理了货物装船，4月13日向议付行交单议付。4月27日接到收到议付行转来的开证行的拒付通知：“你第×××号信用证项下的单据经我行审查，发现如下不符点：提单上缺少“已装船”批注。以上不符点已经与申请人联系，亦不同意接受。单据暂代保管，听候你方的处理意见。”A公司的有关人员立即复查了审提单，同时与议付行一起翻阅与研究了《跟单信用证统一惯例》600号出版物（以下简称《UCP600》）的有关规定，证实了开证行的拒付是合理的。A公司立即电洽申请人，提单缺少“已装船”批注是我方业务人员的疏忽所致，货物确实是被如期装船的，而且货物将在5月3日左右如期到达目的港，我方同意他在收到目的港船代的提货通知书后再向开证行付款赎单。B公司回复由于当地市场上一次性打火机的售价大幅下降，只有在我方降价30%后方可向开证行赎单。我方考虑到自己理亏在先，同时通过国内同行与其他客户又了解到，进口国当地市场价格确实已大幅下降，我方处于十分被动地位，只好同意降价30%，了结此案。

试分析该案例中出口方的失误，并思考在贸易出口过程中应该如何规避此类问题。

第一节　出口合同的履行环节

在国际贸易中出口合同的履行涉及的工作环节多，涉及面广，手续较为繁杂。因此，需要各个部门之间的相互协同和配合，力求把各项工作做到准确细致、环环扣紧、井然有序，尽量避免出现脱节情况。我们以CIF条件成交、信用证支付方式为例，介绍出口合同的履行。在出口合同的履行过程中包括备货、催证、审证、改证、租船订舱、报关、报验、保险、装船和制单结汇等多种环节。其中又以货（备货）、证（催证、审证、改证）、船（租船订舱）、款（制单结汇）4个环节最为重要。

出口合同的履行程序及所涉及的各项业务环节如下：

一、备货与报验

为了保证按时、按质、按量交付约定的货物，在订立合同之后，卖方必须及时落实货源，备妥应交的货物，并做好出口货物的报验工作。

（一）备货

备货（Prepare Goods）实际上就是采购货物或者下订单到工厂生产货物。由出口公司按照合同和信用证规定，向生产加工及仓储部门发出联络单（有些公司将其称为加工通知书、信用证分析单等），要求相关部门按照联系单的要求，对应付货物进行盘点、加工整理、刷制运输标志以及办理申报检验和领证等项工作。联络单是各部门进行备货、出货、制单结算的共同基础。

备货在整个外贸流程中有着非常重要地位，须按照合同来进行。货物的质量、规格、数量、包装等均要符合合同或信用证的要求。要注意结合船期安排，以利于船货衔接。具体而言，卖方备货应注意以下四个方面。

1. 货物的质量、规格。应按合同要求加以验证，必要时应进行加工整理，以确保货物的质量、规格符合合同规定。

2. 货物数量。应保证符合合同或信用证对数量的要求，而且备货数量应有适当的余地，以备在装运时可能发生的调换和适应舱容。

3. 货物的包装和唛头（运输标记）。应仔细检查和核实，以使其符合信用证规定，特别是对保护商品和适应运输的要求，如发现包装不良或损坏，应及时进行修理或更换。标牌按照合同规定的样式制作。

4. 备货时间。根据信用证规定，结合船期安排，以便做好货物衔接。

【案例 10–1】

2018 年初，山东某出口公司与英国进口公司成交，出口果酱 1 500T（CFR 伦敦 GB348/T），总金额 52.2 万英镑，交货期为当年 5—9 月份，由于当时我方缺货，只交货 500T，剩余 1 000T 经双方协商延长至下一年度交货。次年赶上主产区受灾影响产量，市场价格暴涨，此时如果按照合同价格成交，出口方损失严重，于是出口方提出免除交货责任或提高成交价格，但对方拒绝，并称因出口方未按时交货已使其损失 16 万英镑，要求出口方抓紧供货并赔偿损失。后经调解，出口方赔偿进口方 5 万多英镑，终止合同关系。试分析：出口方有哪些过失导致其承担责任？

【案例分析】

国际贸易中，出口方要按照合同规定及时做好备货工作，以便顺利履约。本案中，作为出口方的山东公司对于履行期较长的合同，不了解国内货源供给情况，对自己的供货能力缺乏清醒的认识，对国际市场价格动态也没有正确判断，盲目接单，导致在合同的履行期内，因为货源紧张和供货能力不足，不能按合同约定的数量交货或根本无法交货，这不仅丧失了客户的信任，还要承担违约责任。

（二）报检

凡按约定条件和国家规定必须法定检验的出口货物，在备妥货物后，应向中国进出口商品检验局申请检验。只有经检验并出具商检局签发的检验合格证书，海关才放行。凡检验不合格的货物，一律不得出口。

二、催证、审证和改证

（一）催证

催证（Urge the Letter of Credit）是通过信件、电报、电传或其他方式，催促对方及时办理开证手续并将信用证送达卖方，以便卖方及时备货或装运货物出口。在按信用证付款条件成交时，买方按约定时间开证是卖方履行合同的前提条件，尤其是大宗交易或按买方要求而特制的商品交易，买方及时开证更为必要；否则，卖方无法安排生产和组织货源，在实际业务中，由于种种原因买方不能按时开证的情况时有发生，因此，我们应结合备货情况做好催证（urge the letter of credit）工作，及时提请对方按约定时间办理开证手续，以利合同的履行。催证是通过信件、电报、电传或其他方式，催促对方及时办理开证手续并将信用证送达卖方，以便卖方及时备货或装运货物出口。为保证按时履行合同，提高履约率，卖方有必要在适当的时候，提醒和催促买方依约开立信用证。

买方按约定的时间开证是卖方履行信用证方式付款合同的前提条件。对于大宗交易或按买方要求而特别定制的商品交易，买方及时开立信用证尤其重要，否则卖方无法准时安排生产和组织货源，以防买方违约，造成货物轻者不能及时出货，或者市场行情发生变化造成报失；重者使得货物销售不出去，严重影响企业的持续经营。

在正常情况下，买方信用证最少应在货物装运期前 15 天开到卖方手中。对于资信情况不是很了解的新客户原则上坚持在装运期前 30 天或 45 天甚至更长的期限，并且配合生产加工期限和客户的要求灵活掌握信用证的开证日期。在实际业务中，国外客户在遇到市场行情变化或缺乏资金的情况下，往往拖延开证。因此，出口商应及时经常检查买方的开证情况。需要催证的情形主要包括以下四种：

1．合同内规定的装运期距合同签订的日期较长，或合同规定买方应在装运期前一定时间开出信用证。

2．卖方提早将货备妥，可以提前装运，可与买方商议提前交货。

3．国外买方没有在合同规定期限内开出信用证。

4．买方信誉不佳，故意拖延开证，或因资金等问题无力向开证行缴纳押金。

催证是通过信件、电报、电传或其他方式，催促对方及时办理开证手续并将信用证送达卖方，以便卖方及时备货或装运货物出口。为保证按时履行合同，提高履约率，卖方有必要在适当的时候，提解和催促买方依约开立信用证。

买方按约定的时间开证是卖方履行信用证方式付款合同的前提条件，对于大宗交易或按买方要求而特别定制的商品交易，买方及时开立信用证尤其重要，否则卖方无法准时安排生产和组织货源，以防买方违约，造成货物轻者不能及时出货，或者市场行情发生变化造成报失：重者使得货物销售不出去，严重影响企业的持续经营。

在正常情况下，买方信用证最少应在货物装运期前 15 天开到卖方手中。对于资信情况不是很了解的新客户原则上坚持在装运期前 30 天或 45 天甚至更长的期限，并且配合生产加工期限和客户的要求灵活掌握信用证的开证日期。在实际业务中，国外客户在遇到市场行情变化或缺乏资金的情况下，往往拖延开证。因此，出口商应及时经常检查买方的开证情况。

（二）审证

在实际业务中，由于种种原因，买方开来的信用证常有与合同条款不符的情况，为了维护卖方的利益，确保收汇安全和合同的顺利履行，卖方应对国外来证，按合同进行认真的核对和审查，即审证（Review the Letter of Credit）。在审证时，应注意下列事项：

1．政策性审查。在我国对外政策的指导下，对不同国家和不同地区的来证从政治上，政策上进行审查，如来证国家同我国有无经济贸易往来关系，来证内容是否符合政府间的支付协定，证中有无歧视性内容等。

2．开证行与保兑行的资信情况。为了确保安全收汇，对开证行和保兑行所在国的政治、经济状况，开证行和保兑行的资信及其经营作风等，都应注意审查，如发现有问题应酌情采取适当的措施。

3．信用证的性质和开证行对付款的责任。要注意审查信用证是否为不可撤销的信用证，信用证是否生效；另外，在信用证内，对开证行的付款责任是否加一些“限制性”条款或其他“保留”条件。

4．信用证金额及其采用的货币。信用证金额应与合同金额一致，如合同订有溢短装条款，则信用证金额还应包括溢短装部分的金额。此外，来保证采用的货币与合同规定的货币一致。

5．装运期。信用证有效期和到期定点的规定。按国际贸易惯例，一切信用证都必须规定一个交单付款、承兑或议付的到期日，未规定到期日的信用证不能使用。通常信用证中规定的到期日是指受益人最迟向出口地银行交单议付的日期，如信用证规定在国外交单的到期日，由于寄单据时，有延误的风险，一般应提前修改，否则，就必须提前交单，以防逾期。装运期必须与合同规定一致，如来证太晚，无法按期装运，应及时申请国外买方延展装运期限。信用证有效期与装运期应有一定的合理间隔，以便在装运货物后有足够的时间办理制单结汇工作。信用证有效期与装运期规定在同一天的，称为“双到期”。应当指出，“双到期”是不合理的，受益人是否就此提出修改，应视具体情况而定。

（三）改证

改证（Amend the Letter of Credit）是在审证过程中如发现信用证内容与合同规定不符，应区别问题的性质，分别同有关部门研究，做出妥善的处理。一般来说，如发现我方不能接受的条款，应及时提请开证人修改，在同一信用证上如有多处需要修改的，应当一次提出，否则，不仅会增加双方的手续和费用，而且会延误装运，影响合同履行。对信用证中可改可不改的，或经过适当努力可以办到而并不造成损失的，则可酌情处理。对通知行转来的修改通知书内容，如经审核不能接受时，应及时表示拒绝，如一份修改通知书中包括多项内容，只能全部接受或全部拒绝，不能只接受其中一部分，而拒绝另一部分。

三、租船订舱

（一）办理货运（Handling freight）

按 CIF 或 CFR 条件成交时，卖方应及时办理货运（Handling freight），即租船订舱工作，如是大宗货物，需要办理租船手续；如果是一般的杂货则需预订舱位，各外贸公司洽订舱位需要填写托运单。托运单是托运人根据合同和信用证条款内容填写的向船公司或其代理人办理货物托运的单证。船方根据托运单内容，并结合航线，船期和舱位情况，如认为可以承运，即在托运单上签章，留存一份，退回托运人一份，至此，订舱手续即告完成，运输合同即告成立。办理货运的具体流程如下：

1．填写托运单。客户在海运公司订舱出口货物时，应按订舱出口委托书内容进行填写，将填写好的托运单传真或邮寄至海运公司，也可通知贸易跟单员领取。托运单上必须注明下列事项：

（1）托运人；

（2）收货人；

（3）通知方；

（4）目的港；

（5）箱型、箱量；

（6）件数、毛重、尺码等；

（7）运费条款（预付、到付、第三地付款）；

（8）货名（如系危险品请标明危险等级和有关的注意事项，冷冻箱请注明冷冻温度）；

（9）船公司或无船承运人（若指定）；

（10）其他要求，如熏蒸、报关、报验等。

2．确认运费。如果托运人与船公司有协议运价，请同时传真船公司的运价确认件。

3．运输公司确认。海运公司出口整箱业务员在接受出口业务订舱时，会了解委托书的各项内容，并确认是否能够托运。如果可以，将传真确认船舱，并按照要求配船；如果不可以，则也要通知托运人。

4．准备报关单据。在舱位得到确认后，海运公司业务员会通知托运人准备有关的报关单据（报关委托书&核销单），同时，托运人需告知海运公司业务人员集装箱是进仓/拖箱。在租船订舱完成后，船公司或其代理人在接受托运人的托运申请之后，即发给托运人装货单，凭以办理装船手续，装货单的作用主要有三个：

（1）通知托运人已配妥××船舶、航次，装货日期，让其备货装船。

（2）便于托运人向海关办理出口申报手续。

（3）作为命令船长接受该批货物装船的通知。货物装船以后，船长或大副则应该签发收货单，即大副收据作为货物已装妥的临时收据，托运人凭此收据即可向船公司或其代理人交付运费并换取正式提单，如收货单上有大副批注，换取提单时应将大副批注在提单上。

5．如果货物是进海运公司仓库内装箱，需按海运公司发给托运人的进仓单进仓。进仓单上会注明进仓编号、仓库地址、联系电话、联系人、最迟进仓期。

6．如托运的货物需做“门对门”运输，请在装箱24小时（300千米以内）、48小时（300千米以外）以前通知海运公司具体地点、时间及装箱联系人，以保证海运公司按时到达装箱地点。

7．海关的截关期。海关的截关期为开船前一天上午的10点（如遇节假日则向前顺延）。此时指定的托运货物应当装箱完毕并已进入港区指定位置。

8．海运公司在装船前一天将提单确认件传真给托运人，如提单由船公司缮制，海运公司会在收到船公司的提单确认件后立即传真给托运人，且托运人需在装船以前确认回传，以免额外费用的支出。开船以后，海运公司一般在收到托运人提单确认件后一个工作日内签发提单并派送快件至跟单人员。

9．海运公司可以为托运人办理倒签、预借提单手续，但是须按所配船公司或无船承运人的规定进行。

10．海运公司会在最短的时间内将核销退税单证退给托运人，除内支线外大概 10 天完成。

（二）投保

在投保前需要结合提单填写如下资料：

1．投保人。投保人即购买保险的一方。

2．投保日期。投保的具体日期。

3．发票号码。填写此批货物的发票号码。

4．被保险人。即投保人或称“抬头”，这一栏填投保人公司的名称。

5．标记、包装和数量及保险货物项目。严格和提单上面一致。

6．保险金额。保险金额＝CIF 货价×（1+保险加成率）

在进出口贸易中，根据有关的国际贸易惯例，保险加成率通常为 10%，当然，出口人也可以根据进口人的要求与保险公司约定不同的保险加成率。

需注意以下两方面：

（1）因一切险（或 A 险）已包括了所有一般附加险的责任范围，所以在投保一切险（或 A 险）时，保险公司对一般附加险的各险别不会再另收费。投保人在计算保险金额时，一般附加险的保险费率可不计入。

（2）基本险只能选择一种投保，特殊附加险则在基本险的基础上加保。如果同时加保特殊附加险中的战争险和罢工险，费率只按其中一项计算，不累加（例如同时投保战争险和罢工险，费率仍是 0.80‰，而不是 1.60‰），其他特殊附加险需正常累加。

7．保险费的计算公式。出口货物保险费=CIF 价×110%×保险费率

保险费率每个国家有些差别

例如：以出口到欧洲为例，如果 CIF 价为 USD20 000，一切险费率为 0.5%。

保险费则为：USD20 000×110%×0.5%=USD110.00

在国际贸易实践中一些 FOB 条款，有些客户只要求保货值部分，不保运费，这样保费能够降低一点。

8．启运港。货物装船的港口，按提单填写。

9．目的港。货物到达的港口，按提单填写。

10．转内陆。按实际情况填写。

11．开航日期。可只填“As Per B/L”，也可根据提单签发日具体填写。

12．船名航次。海运方式下填写船名加航次。例如：FENG NING V.91。如整个运输由两次运输完成时，应分别填写一程船名及二程船名，中间用“/”隔开。铁路运输加填运输方式“By railway”加车号；航空运输为“By air”；邮包运输为“By parcel post”。

13．赔款地点。严格按照信用证规定缮制；如来证未规定，则应打目的地或目的港。如信用证规定不止一个目的港或赔付地，则应全部缮制。

14．赔付币别。按出口合同规定的赔付币别填写。

15．保单份数。中国人民保险公司出具的保险单 1 套 5 份，由 1 份正本 Original、1

份副本 Duplicate 和 3 份副本 Copy 构成。

16．投保条款和险别

投保条款包括：PICC CLAUSE 中国人民保险公司保险条款，ICC CLAUSE 伦敦协会货物险条款，两种任选其一。

投保险别包括：ALL RISKS 一切险；W.P.A./W.A. 水渍险；F.P.A. 平安险；WAR RISKS 战争险；S.R.C.C. 罢工、暴动、民变险；STRIKE 罢工险；ICC CLAUSE A 协会货物（A）险条款；ICC CLAUSE B 协会货物（B）险条款；ICC CLAUSE C 协会货物（C）险条款；AIR TPT ALL RISKS 航空运输综合险；AIR TPT RISKS 航空运输险；O/L TPT ALL RISKS 陆运综合险；O/L TPT RISKS 陆运险；TRANSHIPMENT RISKS 转运险；W TO W 仓至仓条款；T.P.N.D. 偷窃、提货不着险；F.R.E.C. 存仓火险责任扩展条款（货物出口到香港，包括九龙或澳门）；R.F.W.D. 淡水雨淋险；RISKS OF BREAKAGE 包装破裂险；I.O.P. 不计免赔率。

其中，中国保险条款的基本险险别为一切险、水渍险、平安险，其中一切险承保范围最大，水渍险次之，平安险最小。伦敦协会货物险条款包括协会货物（A）险条款、协会货物（B）险条款、协会货物（C）险条款，A 险条款承保范围最大，B 险条款次之，C 险条款最小。

注意：由于一切险（或 A 险）条款承保范围最大，包括了一般附加险，所以在填写投保单时，一般附加险的条款可不勾选。但若对方要求在保险单上列明一般附加险中的若干险别，投保人则需在投保单中勾选这些险别，这样保险公司在出具保险单时，才会把这些险别一一列出。

（三）报关

出口货物在装船出运之前，需向海关办理报关（Customs declaration）手续，出口货物办理报关时必须填写出口货物报关单，必要时还需要提供出口合同副本、发票、装箱单、重量单、商品检验证书，以及其他有关证件，海关查验有关单据后，即在装货单上盖章放行，凭以装船出口。

四、制单结汇

（一）制单结汇的含义

结汇（Exchange Settlement）是指个人或者是企业按照汇率将卖出外汇和买进外汇进行结清的一种行为。进出口的专业公司，根据进口业务的需求，以本国的货币按照国家所公布的外汇牌价，向外汇的专业银行购买外币汇往国外，或者是把出口所得到的货币，按照牌价售给外汇银行所折合成本国的货币，在对外贸易中，都称为结汇。

制单结汇是在完成货物运输、报关等工作后的货运结算，是合同履行的一个重要环节。在传统的贸易方式下，以出口商为例，制单结汇采用的是信用证支付，先由付款人向银行申请并开立信用证，然后再由开证行开立信用证并传达给卖方，当卖方收到货款后，按照信用证的要求，准备好信用证所需要的单据，在信用证到期前以及交单的期限内向指定的银行提交符合的信用证所规定的单据，待银行确认无误，就可以办理出口结汇。

（二）制单结汇的流程

针对结汇主要有以下流程：货，证，船三个环节办理之后，出口商应该按照信用证，或者合同规定缮制各种单据，在信用证规定的交单有效期之内递交银行办理结汇手续。出口制单结汇的流程如下：

1．核查

在制单前，出口企业应将货物的出库资料（出库单或提货单）与信用证或合同进行核对，如货、证是否一致，否则及时修改。

2．备单

根据信用证或者合同的要求把所需的各种单据按需要份数逐一列在一张制单清单上，以防在缮制单据时缺少遗漏，也提高制单的效率。

一般结汇单据包括：汇票（如果需要），发票，装箱单，提单，商检证书（如果需要），产地证（如果需要），受益人证明（如果需要），装船通知副本（如果需要），保险单。

3．制单

制单一般先从发票和箱单开始缮制。发票是一切单证的中心，发票制妥后，其他单证就可以参照发票的内容予以缮制。

凡是信用证项下的单据，必须严格按照信用证条款规定制单，信用证未做明确规定的，必须参照合同条款制单；在 T/T，托收等非信用证条件下，制单要以外销合同为依据。制单要做到三个一致，即“单证一致，单单一致，单货一致”。

4．审查

制单完成后，制单员应该认真审查，如果有差错立即改正，以便迅速有效地向银行交单，保证完全及时收汇。及时性是单证审核的基本要求。对一些单证上的差错及时发现，及时更正，才能避免给交单结汇带来被动。

审单的主要内容包括：

（1）各种单据份数是否符合合同和信用证的要求，内容和签章的完整性。

（2）各种单据的名称和内容与信用证规定是否相符。

（3）各种单据之间内容是否相互一致。

（4）各种单证的签发日期前后是否有矛盾。

5．交单

单证的交付是指受益人在规定的时间内向议付银行送交信用证项下的全套单据，这些单据经银行审核，根据信用证条款的不同付汇方式，由银行办理结汇具体有两种交单方式：

（1）两次交单：也称预审交单，是指在运输单据签发前，出口企业先将其他已经备妥的单据交银行预审，发现问题及时更正，待货物装运收到运输单据（提单）后，再向银行正式交单。这样做的好处是可以当天议付并对外寄单，保证交单议付的及时安全。

（2）一次交单：是指在货物装运后，备齐全套单据一次性送交银行。在这种方式下，银行审单后如发现不符点，需要退单修改，容易造成交单逾期而影响安全收汇。

因此，出口方要与银行密切配合，采用两次交单方式比较安全、稳妥，从而加速收汇。此外，无论采取何种交单方式，都要注意最后交单日期不得晚于以下三个重要日期：信用证规定的交单日期；运输单据（提单）签发日期后的第 21 天；信用证的有效期。

6．结汇

我国出口结汇有几种形式：收妥结汇、押汇、定期结汇。如果是做信用证 L/C 的话，卖方只需开出汇票请银行议付即可收钱，银行是不验货，只负责审单。只要卖方提供的单证相符，银行就会议付货款。

（1）收妥结汇也叫收妥付款。议付行在审核单证无误后，将单据寄给国外的付款行要求支付货款，并于收款后，按外汇牌价折合成人民币给卖方。

（2）押汇也就是买单结汇。议付行审核你的单证无误后，按 L/C 条款买你的汇票。按票据的面值扣除利息和费用，付款给你。

（3）定期结汇。是议付行向国外的付款行索取所需时间，预先固定结汇期限，到期后即付款给卖方。

外汇结单一定要正确、完整、及时、简明、整洁。对不同的结款方式要注意有关事宜。以电汇 T/T 为例，买方是先付一部分定金，收到货物后，会付清剩下的余款。这种付款方式就降低拒付的风险。

（三）制单结汇注意事项

1．在制作出口单证之时，仔细查阅各项目，切勿盲目套用格式。

2．按照信用证条款和合同相关规定，全面、认真地审核出口单证，保证一致。

3．在审核单据之时若查出错误，应及时标出，且进行修改和确认。

4．只有出现出口单证不符合信用证规定，而产品质量没问题或不符才可以通知客人接受信用证不符点，且告知开证银行接受处理。

5．要在信用证规定期限内和信用证交单期内办理交单。

6．信用证交单之时要做到密切配合，建议采用两次交单方式，提升出口收汇速度。

7．在信用证交单结汇以后须把一套齐全的出口单证副本归档保存，保存期通常在两到三年。

8．出口单证全部数据应录入电脑，且另外备份。

第二节　出口商品检验

进出口商品检验（Commodity Inspection）是指由国家设立的检验机构或向政府注册的独立机构，对进出口货物的质量、规格、卫生、安全、数量等进行检验、鉴定，并出具证书的工作。商检是进出口贸易的重要环节。目的是经过第三者证明，保障对外贸易各方的合法权益。国家规定，重要进出口商品，非经检验发给证件的，不准输入或输出。

一、商品的检验方法

在进出口过程当中，商品检验已经是一个非常必要的环节了。不同地点的商品检验，它们出具的材料和检验内容也有所不同。

（一）出口国工厂检验

在出口国工厂检验是国际贸易过程中普遍采用的一种习惯做法，它是指在出口国的工厂发货以前，出口国工厂的检验人员和进口商的验收人员一起对这批货物进行检验。在这种情况下，离厂前的品质和相关问题由出口商负责，而在离厂后的运输过程中所出现的品质、数量等方面的风险，就全部转移到进口商身上。

（二）装运港检验

如果出口货物是在装运港检验的，那么需要进出口商双方约定好商检机构，让他们代理完成商检操作，并且出具相关的检验证明。这个证明是用来确定交货品质和重量的最终依据，检验证明所登记的品质和重量被称为“离岸品质和离岸重量”。在这种检验方式下，如果在运输过程中品质或者数量发生变化，出口商不需要负责，而进口商对货物的品质和重量也无权向出口商提出异议。因为这种检验方法对进口商非常不利，所以在日常的工作中，进口商都不愿意采取这种方法。

（三）目的港检验

目的港检验一般是指出口货物已经到达目的港以后，由进出口双方委托目的港的商检机构对货物进行检验，出具商检证明，该商检证明将作为确定交货品质和重量的最终依据。这种商品检验所确定的货物品质和重量，被称为“到岸品质和到岸重量”。如果进出口双方是按照这种方式来对货物进行商品检验的，那么出口商就必须要承担货物在运输过程中的品质和数量变化。进口商有权利对到货的品质和重量向出口商提出疑问。这种商品检验方式和上边的装运港检验正好相反，对出口商非常不利，所以一般出口商都不愿意采用。

（四）装运港检验重量、目的港检验品质

在大宗商品的进出口交易过程中，为了能够调和进出口双方在商品检验上的矛盾，就采取一种较为折中的方法，就是在装运港的检验机关负责检验货物重量，出具重量证明；目的港的检验机构检验货物品质，出具品质证明；将重量证明和品质证明来作为确定货物最终重量和品质依据。这两张单据上的信息被称为“离岸重量和到岸品质”。

（五）装运地检验、目的地复验

为了能够照顾到进出口双方的利益，在检验问题上能够做到公平合理，在国际贸易过程中通常都会采用在装运地检验和目的地复验的方法，在这种方式下，装运地的商检机构检验货物后出具的检验证明，仅仅能够作为出口商商议付款的凭证之一，但是并不能够作为最终的依据。等到货物到达目的地以后，还需要进出口双方约定的检验机构在规定的时间内对货物进行复验并且出具复验证明。如果复验中发现交货品质、重量或数量与合同规定不符，并且责任属于出口商的时候，进口商可以凭着复验证明向出口商提出索赔。目前，我国进出口一般都采用这种方法。

采用这种商品检验方法的时候，检验和复验的结果中常常会有出入。为了避免不必要的争议，分清进出口商相互之间的责任，应当事先说明如果两个检验结果不一致的话，具体应当如何解决。另外进出口的合同中还应该对复验的期限、地点以及具体的机构做出明确的规定。并且说明复验费用应该由谁承担。

以上就是对不同地点的商品检验的一些具体内容介绍，在国际贸易中，究竟应该选择哪种商品检验方式，还是应该看当时的具体情况以及进出口商的相关协议。

二、出口商品检验的流程

为了加强进出口商品检验工作，规范进出口商品检验行为，我国制定了《中华人民共

和国进出口商品检验法》，该法第六条规定："合格评定程序包括：抽样、检验和检查；评估、验证和合格保证；注册、认可和批准以及各项的组合。"了解商检的流程能够对一些程序提前做好准备，减少相应的时间成本和错误成本。

（一）准备商检材料

在进行商检前，首先应当准备好商检所需材料，虽然不同地域需要的材料可能会存在一定差异，但是基本上是以下单据：

1．报检单（原件）：出口商进行报检时，则报检单上要加盖出口企业公章或签名，若是委托其他企业开展报检工作，则需在报检单上加盖代理报检企业章。报检单内容按电子输机的内容填写，务必保持一致；注明随附单据，若在本地口岸报关出口，则选择申领"通关单"，若在异地口岸报关出口，则选择申领"换证凭单"。

2．领换证凭单：由货代在异地口岸换正式的通关单。

3．工厂检验报告：原件需加盖工厂印章。

4．出口包装证：货物外包装生产厂提供的出口包装证（复印件）是由商检局签发。

5．出境货物运输包装性能检验结果单：若出口包装为纸箱，则还需纸箱厂向商检局申请办理《出境货物运输包装性能检验结果单》，需按规定缴纳一定费用，2—3个工作日办好，办好后需将原件交商检局根据此批货物所用纸箱数进行相应的核销。

6．贸易合同（复印件）：有时商检部门需要贸易方提供贸易合同，以证实商检货物的数量、品类等信息的真实性。

7．贸易发票（复印件）。

8．出口箱单（复印件）。

（二）商检机构受理报验

首先由报验人填写"出口检验申请书"，并提供有关的单证和资料，商检机构在审查单证和资料符合要求后，受理该批商品的报验；如发现有不合要求的地方，可要求申请人补充或修改有关条款。

（三）抽样

由商检机构派员主持进行，根据不同的货物形态，采取随机取样方式抽取样品。报验人应提供存货地点情况，并配合商检人员做好抽样工作。

（四）检验

检验部门可以使用感官、化学和仪器分析等各种技术手段，对出口商品进行检验，检验的形式有商检自验、共同检验、驻厂检验和产地检验。第一次商检时，商检局一般会要求到工厂实地抽样商检。如果商检局人士提出的检验产品在某些方面不符合商检程序的要求或规定，应当积极地配合做好记录，以便整改。

（五）签发证书

商检机构对检验合格的商品签发检验证书，或在"出口货物报关单"上加盖放行章。出口企业在取得检验证书或放行通知单后，在规定的有效期内报运出口。

第三节 出口货物报关

出口货物交付装运前，必须经过海关清关（Customs Clearance）。清关，或称通关，通常其基本流程主要是五个环节：出口申报、审核单证、查验货物、办理征税、清关放行。

一、出口申报

申报（Declaration）有出口申报和进口申报之分。出口申报习称“出口报关”，是指发货人（出口企业）或其代理（货运代理）在出口货物时，在海关规定的期限内，以书面方式向海关报告其出口货物的情况，随附有关货运和商业单据，申请海关审查放行，并对所报告内容的真实准确性承担法律责任的行为。

我国《海关法》对出口货物的申报（报关）资格、时间、单证、内容等方面，均作有明确规定：

1. 申报资格。必须是经海关审核准予注册的专业报关企业、代理报关企业和自理报关企业及其报关员。报关员必须经培训通过海关全国报关员统考，取得由海关总署授权颁发的报关员资格证书，并经海关批准注册，才能代表所属企业办理报关手续。

2. 申报时间。出口货物的报关时限是在装货的 24 小时以前（海关特准的除外）。

3. 申报单证。指出口货物报关单、与出口货物直接相关的商业和货运单证，以及国家有关法律法规规定实行特殊管制的证件等。

出口企业凭出口货运代理委托书委托货运代理代为订舱并安排装运货物出口，其中包括委托代办出口报关手续。在此情况下，货运代理既是货运代理企业，也是代理报关企业。货代接受出口企业的委托后，在安排运送货物至集装箱堆场的同时，应及时准备好各项报关单证。报关所需单证，除出口货物报关单外，通常有：商业发票、装箱单（但大宗散装货及单一品种且包装内容一致的件装货物，不需装箱单）、装货单、出口收汇核销单等。此外，还有国家有关法律法规规定实行特殊管制的证件，如出口许可证、商品检验证等。

出口集装箱货物进入集装箱堆场后，货运代理作为报关单位，应及时向海关递交出口货物报关单，随附上述其他报关单。报关员向海关递交报关单，即意味着清关（通关）工作正式开始。报关单位及其报关员必须承担相应的法律和经济责任。

二、审核单证

海关接受出口申报后，应对报关员所递交的所有单证进行审核。审单通常是以出口货物报关单为基础，根据有关国家法律、行政法规的规定，核对所收到的报关单证是否齐全、正确、有效，内容是否一致。如果所审核的单证符合国家法律法规规定，所交验的单证齐全、无误，海关随即着手对出口货物进行查验。

三、查验货物

查验出口货物是指海关以出口货物报关单和其他报关单证为依据，在海关监管区域内对出口货物进行检查和核对。

在查验过程中，海关检查出口货物的名称、品质规格、包装状况、数量重量、唛头（标记唛码）、生产或贸易国别等事项是否与出口报关单和其他证件相符，以防止非法出口、非法贩卖及偷漏关税等。

海关查验集装箱货物，一般在集装箱堆场和港区码头堆场。在特定情况下，可经海关同意派工作人员去发货人的仓库或工厂查验。海关查验货物时，报关单位应派人员到场提供协助，并应海关要求，随时提供有关单证、文件及必要的资料。

四、办理征税

征收出口税是海关的基本业务之一。由于征收出口税将增加出口货物成本，影响其在国际市场上的竞争力，因此，许多国家对其出口货物大部分不征收出口税。我国目前征收出口税的货物有纺织品、服装等。按规定应当缴纳出口税的出口货物，当海关查验货物，认为情况正常后，由海关根据我国《关税条例》和《海关税则》规定征收出口税。出口企业或其代理在向海关按规定税率缴清税款或提供适当担保后，海关方可签章放行。

五、清关放行

清关放行是海关对出口货物进行监管的最后一项业务程序。出口企业或其代理（货运代理）按海关规定办妥出口申报（报关），经海关审核单证、查验货物和征收出口税后，海关解除对货物的监管，准予装运出境。在放行前，海关派专人负责审核货物的全部报关单证及查验货物记录，并签署认可，然后在装货单（在海运情况下）上盖放行章，货方才能凭该装货单要求船方装运出境。同时，海关在出口收汇核销单上加盖验讫章，退报关员，以供出口企业凭此到外汇管理局办理出口收汇核销手续。

第四节 出口单据

外贸出口单据包括：装箱单、销售合同、原产地证、报关委托书、报关单、商业发票、进出口许可证、报检委托书、出境货物报检单、出境货物通关单、出口收汇核销单，以及运输单据和保险单。

一、装箱单

装箱单（Packing List）是信用证经常要求的单据之一，重点说明包装情况、包装条件和每件的毛重、净重等内容。一般没有统一格式。

二、销售合同

销售合同（Sales Contract）是进口商出口商双方当事人依照法律通过协商就各自在贸

易上的权利和义务所达成的具有法律约束力的协议。出口商的出口合同是为销售产品而订立的合同，因此它也被称为销售确认书和销售合同。

三、原产地证

原产地证（Certificate of Origin）是出口国特定机构出具的证明其出口货物为该国家（或地区）原产的一种证明文件。《中华人民共和国出口货物原产地证明书》是证明有关出口货物原产地为中华人民共和国的证明文件。

四、报关委托书

报关委托书（Declaration Letter）是托运人委托承运人或其代理人办理报关等通关事宜，明确双方责任和义务的书面证明。委托方应及时提供报关报检所需的全部单证，并对单证的真实性、准确性和完整性负责。

五、报关单

出口货物报关单（Customs Declaration）是由海关总署规定的统一格式和填制规范，由出口企业或其代理人填制并向海关提交的申报货物状况的法律文书，是海关依法监管货物出口、征收关税及其他税费、编制海关统计以及处理其他海关业务的重要凭证。

六、商业发票

商业发票（Commercial Invoice）是卖方开立的载有货物名称、数量、价格等内容的清单，作为买卖双方交接货物和结算货款的主要单证，是进口国确定征收进口关税的依据，也是买卖双方索赔、理赔的依据。

七、进出口许可证

进出口许可证（Import and Export License）是由国家有关机关给进出口商签发的允许商品进口或出口的证书。进出口许可证制度是我国及世界各国普遍采用的对外贸易管制手段之一。

八、报检委托书

有些货物品名海关强制规定需要出入境通关单（比如机电、汽车等），外贸公司就要委托报检公司向商检局报检，这需要提供报检委托书（Power of Attorney for Inspection）。如果有自主报检权的话，则可由具备报检员资质的人自行报检，则无需此委托书。一般没有标准格式。

九、出境货物报检单

报检单（Exit Goods Inspection Form）是国家检验检疫部门根据工作需要，为保证检验检疫工作规范化和程序化而设置，报检人根据有关法律法规或者合同约定请检验检疫机构对某种货物鉴定的书面凭证。

十、出境货物通关单

出境货物通关单（Exit Cargo Clearance Form）是指国家市场监督管理总局授权的出入

境检验检疫机构依法对列入《检验检疫法检目录》，以及虽未列入《检验检疫法检目录》，但国家有关法律、行政法规明确由出入境检验检疫机构实施检验检疫的出境货物及特殊物品等签发的出口货物发货人或其代理人已办理报验手续的证明文书。

1.《进出（口）货物报关单》，一式五份；

2.《进（出）口货物许可证》或国家有关主管机关签发的批准文件；

3. 提货单、装货单或运单；

4. 商业发票两份；

5. 装箱单一份（对散装货物或单一品种，且包装内容一致的件装货物可免交）；

6. 减税、免税或免验的证明；

7. 国家商检机构签发的证件；

8. 对列入动植物检疫、药物检验、文物鉴定或受其他国家管制的进出口货物，还须交验省级以上有关主管部门签发的证件；

9. 贸易合同、产地证明及其他有关单证；

10. 信用证；

十一、出口收汇核销单

出口收汇核销单（Verification Paper）是由外汇局制发、出口单位凭以向海关出口报关、向外汇指定银行办理出口收汇、向外汇局办理出口收汇核销、向税务机关办理出口退税申报的有统一编号及使用期限的凭证。国家外汇管理部门在每笔出口业务结束后，对出口是否安全、及时收取外汇以及其他有关业务情况进行监督管理的业务。

【本章小结】

在国际贸易中，买卖合同一经依法有效成立，有关当事人必须履行合同规定的义务。所以，履行合同是当事人双方共同的责任。在出口合同的履行过程中包括备货、催证、审证、改证、租船订舱、报关、报验、保险、装船和制单结汇等多种环节。出口合同的履行中备货是第一个环节，卖方应该注意货物的品质、数量、包装等均符合合同与信用证的要求，并按照合同约定的期限交货。货物在出口报关前，应该先报检。如果是信用证付款，货物发货前，卖方要落实信用证，确保收到信用证且准确无误。如果是以CIF贸易术语成交的，卖方要负责租船订舱，支付运费，同时及时联系保险公司投保，并在货物出口前，做好报关工作。货物发出后，卖方要及时地准备好相关单据，制单结汇，并及时向银行议付货款，做好出口收汇核销工作。

【拓展知识】

（一）出口代理

出口代理是指一家企业（委托方）委托有进出口资质的另一家企业（受托方，即代理方）从事出口业务。分两种情况：（1）委托方有进出口权，但由于某些原因无法顺利办理进出口业务的，如缺乏专业的业务或财务人员的，由于某些商业原因委托方需要回避的，等等；（2）委托方没有进出口权。需要指出的是：委托方和代理方都要有相关产品的经营资质。

出口代理公司是一种提供出口代理服务的企业。在国际贸易中，出口代理公司可以为出口企业提供包括订舱、报关、物流运输、保险、结汇退税等一系列服务，帮助出口企业更便捷地开展国际贸易业务。出口代理公司作为国内委托人的代理人，在对外谈判、签约、运输、开具发票和结汇的整个过程中，或办理对外销售商品、开具发票和结汇的出口交易中。

（二）出口代理的流程

1. 协助客户与国外买家签订出口交易合同，编制形式发票。
2. 代表出口方与国内供应商签订采购合同，提交国内供应商的增值税发票。
3. 代表出口方跟进合同的进展。
4. 根据合同规定，代表出口方准备出口文件（发票、装箱单）。
5. 代理出口货物的检验和卫生检查。
6. 办理原产地证书。
7. 配合办理出口审批手续。
8. 代表出口方办理出口报关手续。
9. 代表出口方进行出口装运
10. 负责安排出口收汇、结算和核销。
11. 代表出口方办理出口退税。

需要注意的是，出口代理流程不是简单的材料申报，而是一个严格复杂的审核流程。只有丰富代理经验的外贸出口代理公司，才能帮助企业缩短预审咨询时间，节约时间和成本，保证出口业务的顺利完成。

（三）出口代理公司的主要业务

1. 出口货物订舱：出口代理公司可以帮助出口企业与船运公司或航空公司联系，安排货物运输，并提供相关的运输文件和单证。

2. 报关：出口代理公司可以为出口企业提供报关服务，处理报关手续，使得货物顺利通过海关，然后出境。

3. 物流运输：出口代理公司可以为出口企业提供全程物流运输服务，包括联系运输公司，以及货物的装卸、仓储、集装箱拼装、拆箱等服务。

4. 保险：出口代理公司可以为出口企业联络保险公司购买保险，以提供货物运输保险服务，保障货物在运输过程中的安全，降低出口企业的货物运输风险。

5. 结汇退税：出口代理公司可以协助出口企业办理结汇退税手续，使得企业可以合法地获取退税款项。

出口代理公司作为贸易出口的服务公司，其优点在于能够为出口企业提供全方位的服务，简化出口流程，提高效率，降低企业的成本和风险。同时，出口代理公司还能够提供专业的咨询和建议，帮助企业了解国际贸易规则和市场情况，制定出更加科学合理的出口计划和策略。

因此，在对外贸易过程中，选择一家合适的出口代理公司尤为重要。企业在选择出口代理公司时，可以多方面比较和考虑，结合公司的资质和信誉、服务范围和质量、收费以及客户评价等因素选出一家信誉良好、服务全面的合作伙伴，共同开展国际贸易业务。

【专业术语】

1. Urge a Letter of Credit	催证
2. Review the Letter of Credit	审证
3. Amend the Letter of Credit	改证
4. Exchange Settlement	结汇
5. Handling Freight	办理货运
6. Prepare Goods	备货
7. Customs Declaration	报关
8. Declaration	申报
9. Commodity Inspection	商品检验
10. Customs Clearance	清关
11. Packing List	装箱单
12. Sales Contract	销售合同
13. Certificate of Origin	原产地证
14. Declaration Letter	报关委托书
15. Customs Declaration	报关单
16. Commercial Invoice	商业发票
17. Import and Export License	进出口许可证
18. Power of Attorney for Inspection	报检委托书
19. Exit Goods Inspection Form	出境货物报检单
20. Exit Cargo Clearance Form	出境货物通关单

【课后习题】

一、简答题

1. 广东某外贸公司X与美国一家进口商Y签订了一份外销合同，采取L/C+CFR的贸易方式，如果你是该外贸公司的业务员，请向总经理说明X公司出口交易的主要流程。

2. 出口商在备货时应注意哪些问题?

3. 出口商品检验的方法有哪些?

4. 单证不符将产生什么后果? 在贸易实践中，如何处理单证不符问题?

5. 出口报关主要有哪些手续? 应提示哪些单证?

二、案例分析

1. 某公司向外商出售一级大米300公吨，成交条件FOB上海。装船时货物经检验符合合同要求，货物出运后，卖方及时向买方发出装船通知。但是航运途中，因海浪过大，大半被海水浸泡，大米的品质受到影响。货物到达目的港后，只能按三级大米价格出售，于是买方要求卖方赔偿差价损失。问：卖方是否要对货物损失进行赔偿? 为什么?

2. 某出口公司按CFR贸易术语与法国一家进口商签订一笔抽纱台布出口合同，价值8万美元，即期托收方式支付。货物于2012年1月8日（周三）上午装“昌盛轮”完毕，当天业务员工作较忙，忘记发出装船通知（Shipping Advice），1月9日（周四）上午才向买方发出通知。法商收到装船通知向保险公司申请投保时，不料该保险公司已获悉“昌盛轮”9日凌晨在海上遇难，拒绝承保。于是法商立即来电：“由于你方迟发装船通知，致使我方无法投保，现货轮已罹难，该批货物损失应由你方负担并赔偿我方利润及费用8 000美元”。不久，我方通过托收行（出口地银行）寄出的全部货运单证也因进口商拒付，被代收行（进口地银行）退回。试分析：买方的要求是否合理?

3. 我国某内陆出口公司于2010年2月向日本出口30吨甘草膏，每吨40箱共1 200箱，每吨售价1 800美元，FOB新港，共54 000美元，即期信用证，装运期为2月25日之前，货物必须装集装箱。该出口公司在天津设有办事处，于是在2月上旬便将货物运到天津，由天津办事处负责订箱装船，不料货物在天津存仓后的第二天，仓库午夜着火，抢救不及，1 200箱甘草膏全部被焚。办事处立即通知内地公司总部并要求尽快补发30吨。否则无法按期装船。试分析：出口公司的做法有何不妥? 在对外贸易中，应如何避免此类损失?

4. 我国某公司出口大米一批，价格条件是FOBS广州，当货物装到买方指定的船上后，发现相当部分货物因舱不清洁而发生严重污损，为此，客户向我方提出索赔。

试问：客户要求是否合理，为什么?

5. 新疆某公司和日本客商洽谈一项出口合同，计划货物由乌鲁木齐运往横滨，我方不愿承担从乌鲁木齐至出口港天津新港的货物风险，日本客商坚持由自己办理运输。根据所学知识回答：采用何种贸易术语使双方都满意?

第十一章　进口合同的履行

【导入案例】

我国公司A与英国公司B签订了一个进口香烟生产线合同。设备是二手货，共18条生产线，由C国某公司出售，价值100多万美元。合同规定，出口商保证设备在拆卸之前均在正常运转，否则更换或退货。设备运抵目的地后发现，这些设备在拆运前早已停止使用，在目的地装配后也因设备损坏、缺件根本无法马上投产使用。但是，由于合同规定如要索赔需商检部门在“货到现场后14天内”出证，而实际上货物运抵A公司的工厂并进行装配就已经超过14天，无法在这个期限内向外索赔。这样，工厂只能依靠自己的力量进行加工维修。经过半年多时间，花了大量人力物力，也只开出了4条生产线。

试分析：该案例中A公司的损失能否通过签订合同来挽回?

第一节　进口合同的履行环节

在进口业务中，我们作为买方必须贯彻“重合同，守信用”的原则，按照合同、法律、有关国际条约和国际惯例的规定，支付货款和收取货物。与此同时，要注意卖方的履约情况，督促卖方按期交货交单，完成合同所规定的义务。这里以FOB贸易术语交易，采用信用证付款方式成交为例，签订进口合同，介绍进口合同的履行。此类合同履行的一般程序包括：开立信用证、租船订舱、接运货物、催装、办理货运保险、审单付款、报关和提货、验收和拨交货、进口索赔等。

一、开立信用证

1．开证申请

进出口双方同意用跟单信用证支付后，进口商便有责任到银行提交开证申请（Application for L/C）。首先是填写开证申请表，确定开证申请人与银行之间的关系。这是开证最重要的一步。

2．开证要求

信用证申请的要求在统一惯例中有明确规定，进口商必须确切地将其告之银行。信用证开立的指示必须完整和明确。申请人必须时刻记住跟单信用证交易是一种单据交易，而不是货物交易。为避免交易纠纷的发生，开证申请人和开证行应尽量避免开列对买卖双方要求过于繁琐的信用证，以方便当事人顺利履约。

3．开证安全性

银行接到开证申请人完整的指示后，必须立即按该指示开立信用证。另外，银行也有权要求申请人交出一定数额的资金或以其财产的其他形式作为银行执行其指示的保证，这也称为开证保证金。

按现行规定，中国地方、部门及企业所拥有的外汇必须存入中国的银行。如果某些单位需要跟单信用证进口货物或技术，中国的银行将冻结其账户中相当于信用证金额的资金作为开证保证金。

如果申请人在开证行没有账号，开证行在开立信用证之前很可能要求申请人在其银行存入一笔相当于全部信用证金额的资金。这种担保可以通过抵押或典押实现（例如股票），但银行也有可能通过用于交易的货物作为担保提供融资。开证行首先要对该笔货物的适销性进行调查，如果货物易销，银行凭信用证给客户提供的融资额度比滞销商品要高得多。

4．申请人与开证行的义务和责任

申请人对开证行承担三项主要义务：

（1）申请人必须偿付开证行为取得单据向受益人支付的贷款。在申请人付款前，作为物权凭证的单据仍属于银行。

（2）如果单据与信用证条款相一致而申请人拒绝“赎单”，则其作为担保的存款或账户上已被冻结的资金将归银行所有。

（3）申请人有向开证行提供开证所需的全部费用的责任。

开证行对申请人所承担的责任：

首先，开证行一旦收到开证的详尽指示，有责任尽快开证。其次，开证行一旦接受开证申请，就必须严格按照申请人的指示行事。

买方开立信用证是履行合同的前提条件，因此，签订进口合同后，应按合同规定办理开证手续，如合同规定在收到卖方货物备妥通知或在卖方确定装运期后开证，进口方应在接到上述通知后及时开证；如合同规定在卖方领到出口许可证或支付履约保证金后开证，进口方在收到对方已领到许可证的通知，或银行通知履约保证金已书讫后开证。买方向银行办理开证手续时，必须按合同内容填写开证申请书，银行则按开证申请书内容开立信用证。因此，信用证内容是以合同为依据开立的，它与合同内容应当一致。

二、信用证的通知

1．通知行的责任

在大多数情况下，信用证不是由开证行直接通知受益人，而是通过其在受益人国家或地区的代理行，即通知行进行转递的。通知行通知受益人的最大优点就是安全。通知行的责任是应合理谨慎地审核它所通知信用证的表面真实性。

2．信用证的传递方式

信用证可以通过空邮、电报或电传进行传递。设在布鲁塞尔的 SWIFT 运用出租的线路在许多个国家的银行间传递信息，实现跨境转账。世界大多数银行包括中国的银行加入该组织。

3．有效信用证的指示

当开证行用任何有效的电讯传递方式指示通知行，通知信用证或信用证的修改，该电讯将被认为是有效信用证文件或有效修改书，并且不需要再发出邮寄证实书。

开国际信用证时需要双方在合同当中一开始就约定清楚使用跟单信用证支付，一般这种国际信用证需要买方向银行申请，银行在审核相关的文件以后给当事人出具信用证，并且国际信用证是通过电传或者电报等方式通知。

4．信用证的修改

当出口商发现信用证上有条款需要修改时，应立刻要求进口商向开证银行申请修改。出口商收到信用证后，如要求展延装运期和信用证有效期或变更装运港等，若买方同意对方的请求，即可向银行办理改证手续。

开证银行修改信用证的通知，可以航空邮递，也可以用电报方式，通常根据实际需要而采用适当的方法，但最好是仍由原信用证通知银行来转交。如果修改时间紧迫，信用证的修改也可以采取变通办法，即由出口商通知银行以电报向开证银行询问修改事项是否可以接受，开证银行征得进口商同意后，即以电报答复，如经出口商接受，就相当于该条款已确认修改。

三、安排运输和保险

（一）安排运输（Arrange Transportation）

按 FOB 贸易术语成交的进口合同，货物采用海洋运输，应由进口方负责租船或订舱工作。租船订舱事宜可委托进出口贸易运输公司办理，也可直接向远洋运输公司或其他运输机构办理。

在办妥租船订舱手续后，应按规定的期限将船名、船期及时通知对方，以便对方备货装船。装船通知中一般包括船名、船籍、船舶吃水深度、装载重量、到达港口、预计到达日期以及其他需要说明的问题。这些信息对于出口方及时做好交付准备是很有帮助的。

（二）保险

按 FOB 术语签订的进口合同，货物运输保险是由进口方办理的。从事进口业务的企业，通过与中国人民保险公司签订“海运进口货物运输预约保险合同”的方式，办理“预约保险”的手续。这里购买保险的流程跟出口合同履行中投保流程一致。

四、审单和付汇

（一）审单

审单（Check Documents）是在进口业务中，如采用托收或汇付方式，由进口公司负责对货物单据进行全面审核；如采用信用证的支付方式，则由开证银行和进口公司共同对货物单据进行审核。通常由开证银行对单据进行初审，进口公司进行复审。在单据符合信用证及合同规定的条件下，开证银行履行付款责任。

开证银行或进口公司审核国外单据，如发现单证不符或单单不符，应由开证银行立即向国外银行提出，并根据具体情况做出必要的处理。一般来说，处理“不符点”的方法有以下几种：

（1）拒绝接受单据并拒付全部货款。

（2）部分付款，部分拒付。

（3）货到经检验后付款。

（4）国外议付行书面担保后付款。

（5）更正单据后付款。

（6）放弃该不符点，进口方按单证相符对外付款。

（二）付汇

付汇（Payment of Foreign Exchange）一般是指进口企业在发生进口业务时，经批准经营外汇业务的金融机构，根据有关售汇以及付汇的管理规定，审核用汇单位和个人提供的有效凭证和商业单据后，从其外汇账户中或将其购买的外汇向境外支付的行为。

我国是外汇管制国家，所有的外汇出入境或使用，都需要国家外汇管理局的批准或备案。

五、验收和拨交货物

（一）报关

进口报关（Import Declaration）是指进口商按国家海关法令规定，向海关申报进口货物验收的行为，也称进口通关。

1．报关的程序

（1）准备报关资料（合同、发票、装箱单、提运单等）。

（2）填写报关手写单。根据报关资料填写一份报关手写单。

（3）打印报关复核表。报关公司根据手写单，在海关事务联系系统（QP 系统）上录入数据，打印出报关复核用单。

（4）发送数据。核对报关资料与复核单无误后，报关公司操作员用报关员卡向电子口岸发送报关单数据。

（5）收到数据回执。海关审单中心接收到数据，初步审核无误后，发送数据回执。

（6）打印出报关单。报关行收到数据回执后，说明海关接受申报，然后可以在 QP 系统上打印出报关单一式三联（海关核销联、海关作业联、企业留存联）。

（7）订好报关单。报关员确认后，在报关单上签名、盖报关章，并在各联报关单随附订好海关要求的资料。

（8）现场递单申报。拿订好后的报关单，向现场海关递单申报。

（9）审单。现场海关审核无误后，接受申报。

（10）征税。如进口货物达到征税数额，海关会打出税单给报关员。

（11）交税。企业根据税单到指定银行账户交税，银行在税单上盖收讫章（开通网上支付的企业可以网上支付）。

（12）税单核销。现场海关根据银行盖的收讫章核销税单。

（13）选择查验。人工布控，即现场海关根据货物的风险值选择是否查验货物（如果是电脑布控的话，那就必须要查验货物）。

（14）放行。海关将查验后的货物或无需查验的货物放行。

（15）提取海关放行后的货物。

（16）结关。海关将上述报关单货物结关，报关行方可打印进口付汇证明联。

2．报关的期限

进口货物的报关期限，自运输工具申报进境之日起14日内，超过这个期限报关的，由海关征收滞报金。

（二）报验

报验（Apply for Inspection）一般在海关放行提货前后。进口报验地点一般应为检验地点。

1．法定检验范围的商品、货物。在其卸离运输工具时已发现残损或有异状的商品、大宗散装、易腐烂变质商品及合同规定在卸货地（港）检验的商品，应在卸货口岸申请检验。

2．机械、仪器、成套设备以及金属材料类商品。一般可在使用地点结合安装使用进行检验。采用集装箱运输情况下，要求在拆箱地点进行检验。

对列入《种类表》以及其他法律、法规规定必须经商检机构检验的进口商品到货后，进口公司或代理托运部门应凭“进口货物通知书”或其他有关证件，向卸货口岸或到达站的商检机构办理进口商品登记，经商检机构审核、登记后，在“进口货物报关单”上加盖“已接受登记”印章，交申请人凭此向海关办理报关手续，海关据以审核放行。

办理进口商品登记后，收货单位应尽快向商检机构正式办理进口商品报验手续。申请报验时应按规定缴纳检验费。

（三）办理拨交货物

进口货物拨交（Transfer the Imported Goods）是指经商检部门检验，并经海关核准放行，由中国对外贸易运输公司港口提取，并拨交给国内订货用户部门的进口货物。

提取的货物如属代理进口的，外贸公司在提货后，要办理货物的拨交。如果用货单位在卸货港口，则由运输公司就地拨交，货款由外贸公司向用货单位结算；如用货单位不在卸货港口，则可委托运输公司代为安排货物的装运，并拨交给订货单位，一切费用均由运输公司与外贸公司结算，再由外贸公司与用货单位办理结算。

六、进口索赔

进口索赔（Import Claim）是指货物自卖方交到买方的过程中，由于人为、天灾或其他种种原因，使进口方收到的货物不符合合同规定或货物有其他损害，买方依责任归属，向有关方提出赔偿要求，以弥补其所受的损失。

（一）索赔对象（Object of Claim）

1．卖方

（1）货物的品质、规格等不符合合同规定。

（2）交货数量不足，重量短少。

（3）掺杂使假，以次充好，以旧顶新。

（4）包装不良或不符合合同要求造成货物残损。

（5）凭样成交的商品，所交商品与成交样品不符。

（6）未按合同规定的交货期限交货或不交货等。

2．承运人

（1）因短卸、误卸造成货物短少。

（2）托运货物在运输途中遗失。

（3）托运货物由于承运人配载不当、积载不良或装卸作业粗疏造成货物损毁。

（4）船舶不具适航条件，设备不良造成所装货物损毁等。

发生上述情况时，进口方应毫不迟延地将损害事实用书面通知承运人，让承运人了解货物灭失或残损、短缺的实际状况，以便确定其赔偿责任。

3．保险公司

货运途中发生保险承保范围内的风险导致的损失。

（二）进口索赔应注意的问题

1．准确判定货损原因和索赔对象

2．注意收集与保留旁证材料

3．提供有效的证明文件

进口索赔时，需要注意以下两个方面：

（1）制备索赔清单，随附商检局签发的检验证书、装箱单、提单副本；

（2）对不同的索赔对象，还要另附有关证件。

4．合理计算索赔金额。合同双方当事人之间确定索赔金额，应与因违约造成的实际损失相等，所以具体金额除受损商品的价款和利润外，还应包括其他有关费用，如商品检验费、装卸费、银行手续费、仓租费、利息等。

5．严格把握索赔期限。进口索赔要在合同规定的有效期内提出，过期无效。

向保险公司索赔的期限为：被保险货物在卸货港（地）全部卸离海轮（车辆、飞机）起算，最多不超过两年。向承运人索赔期限为：货物到达目的地（港）交货后一年之内为有效。

最后本章开始的案例导入，该案例的要害问题是合同签订者把进口引进设备仅仅看作是订合同、交货、收货几个简单环节，完全忽略了检验、索赔这两个重要环节。特别是索赔有效期问题，合同质量条款订得再好，索赔有效期订得不合理，质量条款就成为一句空话。大量事实说明，卖方在索赔有效期上提出不合理意见，往往表明其质量上存在问题，需要设法掩盖。如果稍有疏忽，不注意索赔条款，就很可能发生此类事故。

第二节　进口商品检验

一、基本含义

进口检验（Import Inspection）指对进口商品的检验工作，包括强制性和非强制性两种形式。

1．法定检验（Legal Inspection）。根据中国有关法律法规，由商检机构或国家指定的监督检验机构对进口商品进行强制性检验。

2. 约定检验（Convention Check）。进口商品的贸易关系人或其委托的检验机构，按照贸易合同及有关标准，在货物装运前，或货抵目的港或用货地后，对进口商品的品质、数量、重量、包装、残损情况等进行检验鉴定。

二、报验情况

1. 进口国口岸。在口岸，对列入国家商检部门进出口商检种类表的进口商品报验，由口岸外运公司或收、用货部门持货运单据和《进口货物报关单》向口岸商检机构申请办理报验，由口岸商检机构予以审核、编号登记并在《进口货物报关单》上加盖“已接受报验”印章，申请人凭此向海关办理进口报关，海关凭国家商检机构“已接受报验”印章验关放行，准予卸货。

2. 进口方目的地。在货到目的地，对列入“种类表”的进口商品报验。由报验单位填写《进口商品检验申请单》，然后向当地商检机构申请报验。报验时应随附下列单据或证件：

（1）对外贸易成交合同（副本）；

（2）国外商业发票；

（3）装箱清单；

（4）提单；

（5）进口货物通知书。

如果申请检验品质、规格，还须提供国外品质证书、使用说明书及有关标准和技术资料；凭样成交的，须提供成交小样；如需申请残损鉴定的，须提供《货物残损报告单》或铁路商务记录等有关单证；如需申请数量、重量鉴定的，还须提交发货人提供的重量明细单、理货清单。上述单证是检验、鉴定和判断责任方的依据。

3. 特殊商品。例如未列入“种类表”的进口商品，由收、用货部门自行组织检验，并将检验结果告知当地商检机构。如发现质量、数量等问题，应保持现状，并向当地商检机构申请报验。

三、检验出证

商检机构受理上述报验申请后，进行检验、出证。并在交易合同约定的索赔期限内检验完毕。经检验合格的，签发《检验情况通知单》；不合格的，签发《检验证书》，由收、用货部门送订货公司办理对外索赔。以进口设备为例，检验出证的步骤如下：

1. 验收准备。督促收、用货单位做好验收准备，主要包括成立指挥，运输、验收、安装调试、档案、保卫等工作内容的临时验收小组，收集、翻译进口设备的各种资料；熟悉资料，拟定验收方案；培训验收人员；落实货物堆放场地；有国外厂商技术人员共同验收、安装调试的，还要做好接待准备事宜。

2. 拆箱检验。在拆箱前，先要查看包装标志与合同、提单是否相符，再查看外包装是否完好，有无破损、水渍、油污等。如发现问题，在详细记载、拍摄照片及收存受损实物后，立即向当地商检机构申请鉴定，必要时请保险公司人员到场。如未发现问题，则可开箱进一步查看设备，零部件的装载，内包装是否完好；根据装箱单核对数量，查看外观有无锈损。如发现问题，按上述办法处理。

第三节 进口货物报关

进口报关流程是指进口货物时需办理的流程，步骤包括：签订进口代理合同→办理相关许可证→开信用证（电汇）→外商发货→审核进口单据→换单→三检及商检→报关预录→海关审价→缴纳税金→海关查验→放行货物→提货→动植物检验检疫→送货至仓库→结算单据留存→完成。

进口货物在海关进行报关的流程有：换取进口提货单；准备进口报关所需单证；向海关提出进口申报后；缴纳税费后即可以报关查验放行。我国《海关法》规定，进出境物品的所有人可以自行办理报关纳税手续，也可以委托他人办理报关纳税手续。

进口报关工作的全部程序分为申报、查验、审价、缴税、放行五个阶段。这里介绍其中的三个主要环节，即申报、查验和放行。

一、进口货物的申报

进口货物的收、发货人或者他们的代理人，在货物进口时，应在海关规定的期限内，按海关规定的格式填写进口货物报关单，随附有关的货运、商业单据，同时提供批准货物进口的证件，向海关申报。

1．客户提供到货通知书、正本提单或电放保函及换单费、THC 费等给报关公司，由报关公司代客户到所属船公司换取进口提货单。

2．准备进口报关所需单证。报关的主要单证有以下几种：

（1）进口货物报关单；

（2）随报关单交验的货运、商业单据；

（3）进口货物许可证；

（4）检验检疫证；

（5）进口货物批准单证；

（6）报关报检委托书。

3．进口申报后如海关审价需要，客户需提供相关价格证明。如信用证、保单、原厂发票、招标书等海关所要求的文件。

4．海关打印税单后，客户需在 7 个工作日缴纳税费。如超过期限，海关按日计征滞纳金。

货物到港后十四日内必须向海关申报。如超过期限海关按日计征滞报金（按货价值万分之五）超过三个月，海关将作无主货物进行变卖。尽量实报货值，如果引起海关审计就会产生不必要的仓租和柜租。

二、进口货物的查验

进口货物除海关总署特准查验的以外，都应接受海关查验（Customs Inspection）。查验的目的是核对报关单证所报内容与实际到货是否相符，有无错报、漏报、瞒报、伪报等情况，审查货物的进口是否合法。海关查验货物，应在海关规定的时间和场所进行。如有特殊理由，事先报经海关同意，海关可以派人员在规定的时间和场所以外查询。申请人应提供往返交通工具和住宿并支付费用。

海关查验货物时，要求货物的收、发货人或其代理人必须到场，并按海关的要求负责办理货物的搬移、拆装箱和查验货物的包装等工作。海关认为必要时，可以进行开验、复验或者提取货样、货物保管人应当到场作为见证人。

查验货物时，由于海关关员责任造成被查货物损坏的，海关应按规定赔偿当事人的直接经济损失。赔偿办法：由海关关员如实填写《中华人民共和国海关查验货物，物品损坏报告书》一式两份，查验关员和当事人双方签字，各留一份。双方共同商定货物的受损程度或修理费用（必要时，可凭公证机构出具的鉴定证明确定），以海关审定的完税价格为基数，确定赔偿金额。赔偿金额确定后，由海关填发《中华人民共和国海关损坏货物、物品赔偿通知》，当事人自收到《通知单》之日起，3 个月内凭单向海关领取赔款或将银行账号通知海关划拨，逾期海关不再赔偿。赔款一律用人民币支付。

三、进口货物放行

进出口货物放行（Release of Import Goods）是指海关接受进出口货物收发货人的申报，完成审单、查验、征税作业，结束进出口货物海关现场作业，准予进出口货物收发货人提取进口货物、准予出口货物装运的执法行为。

海关对进口货物的报关，经过审核所提交的报关单据、查验实际货物，并依法办理了征收货物税费手续或减免税手续后，在有关单据上签盖放行章，货物的所有人或其代理人才能提取或装运货物。此时，海关对进口货物的监管才算结束。

另外，进口货物因各种原因需海关特殊处理的，可向海关申请担保放行。海关对担保的范围和方式均有明确的规定。

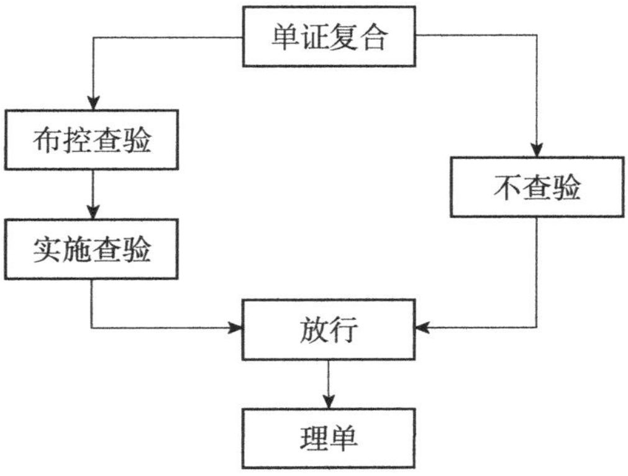

图 11-1　进口货物放行流程

1．进出口货物运抵海关监管场所后，方可办理放行手续。

2. 除海关特准的以外，进出口货物在进出口货物收发货人缴清税款或者提供担保后，由海关签印放行。

3. 对无查验布控的且经选择查验岗位关员审核为低风险的进出口货物，由选择查验岗位或放行岗位关员直接办理放行手续。

4. 被查验的进出口货物，现场查验关员完成查验并经带班科长复核后，对查验记录内容清楚准确，查验程序和内容符合查验规程和查验指令要求，查验结果正常的，转选择查验岗位办理放行手续，或根据直属海关授权，直接办理放行手续。

5. 根据相关规定，进出口货物放行时，海关须在正本提、运单上加盖放行章，即为结关。

6. 报关查验放行后，客户需及时到缴纳报关、报检代垫代办费。收货人或代理可持海关签章的货运单据提取货物。

第四节　进口报关单据

一、进口方准备进口报关所需单据

（一）必备单证：货物装箱单、发票、合同一式一份、报关、报检委托书各一份。

（二）从欧盟、美国、韩国、日本进口货物，如是木制包装箱的需提供熏蒸证书或植物检疫证书，并盖 IPPC 章表明已做消毒杀虫的处理，如是非木制的提供无木制包包装。

（三）不同的产品所需要的特殊单证准备齐全，税则所规定的各项证件（如进口许可证、机电证、重要工业品证书）

1. 进口法定检验

2. 进口机电许可证（旧）

3. 进口旧机电产品装运前检验证书（我国九个驻外商检机构分别在：日本、中国香港、不莱梅、马赛、伦敦、加拿大、欧洲、北美、西班牙）

4. 进口口岸检疫局办的进口旧机电产品备案申请书，如进口的机器是印刷机就需要到国家新闻总署办理印刷经营许可证

5. 如产品税号涉及国家强制认证的需提供 3C 证书

6. 如进口国为美日韩欧盟等国家的还需提供 IPPC（木质包装熏蒸证明）

（四）有减免税关税的国家请提供相关国家优惠产地证

二、进口报关基本贸易方式

为一般贸易进口和进料加工企业的进口这两种方式。

（一）一般贸易进口（General Trade Import）

一般贸易进口，要先确定付款方式，比如常见的付款方式 T/T、L/C，如果是 L/C，则要先开证，等开完信用证后，确定进口的船期，等船到以后。开始进行进口的操作。

1. 要得到国外客户的提单，发票、装箱单、购买合同。

2．持提单到船公司去换单，也就是拿提单去从船公司换回该批货物的提货单，也就是舱单。上面有公司进口货物的提货详细的船务信息。

3．网上查询到舱单信息就可以申报，填好进口报关单给货代进行预录申报，报关所要用的资料是：海单、发票、箱单、购买合同、报关报检委托书、进口货物报关单、涉及特殊货物海关还需要提供的单证，如原产证、自动进口许可证、动植检证、各类备案等。

4．申报电脑审核通过后，一般贸易进口货物要交进口关税以及增值税，网上进行电子支付。

5．支付后，海关通关放行。

（二）进料加工贸易进口

进料加工贸易进口（Imported Material Processing Trade）其大体的程序差不多。唯一不同的是要先办手册。分为进料加工手册和来料加工手册。报关的时候要用加工贸易的手册，再加上一般贸易进口所需的资料进行报关。

三、进口报关注意事项

1．进口单证（装箱单，发票，贸易合同）等所有单证一定与实际货物一致；

2．装箱单，发票，贸易合同等单证上的货物品名一致并且与实际货物的品名一致；

3．装箱单上的货物重量和方数要和提单上的一致，并且要和实际货物一致；

4．合同上面要有合同号，发票上面要有发票号；

5．是木质包装的需要在木质包装上印有 IPPC 标志；

6．从韩国和日本进口货物，还要有非木质包装证明；

7．凡进口下列九类商品必须提前 5 天预申报：汽车零件、化工产品、高科技产品、机械设备、药品、多类食品、多项建材、钢材、摩托车零配件。

8．凡进口旧印刷机械，进口年限不能超过 10 年，超过 10 年国家不允许进口。

9．凡进口发电机组，工作时效不能超过 15 000 小时，年限不能超过 8 年。

10．旧医疗器械，三废（废铁　废钢　废铜）国家不允许进口。

【本章小结】

在以 FOB 条件且信用证为结算方式的进出口贸易中，进口合同的履行过程中要特别注意接货。进口商要按时派船到出口方的装运港接货，按照合同要求开立符合合同规定的信用证。进口环节主要包括：租船订舱付运费、投保付保费、审单付款、报关、报检以及可能的索赔等事项。

【拓展知识】

（一）进口货运代理

进口货运代理是指有货物进口需求的客户，由于对进口业务的不熟悉或者其他原因，委托船运公司、货代公司、报关行、贸易公司等代办进口的贸易服务型业务。进口代理一般由代理商操作，在进口的过程中，进口代理商作为发货人和收货人之外的中间人，在操作过程中收取佣金，但一般不承担信用、汇兑和市场风险，不拥有进口商品的所有权。

进口货运代理费用是指外贸企业将进口商品拨交给订货单位的一种价格形式。外贸企业受买方委托，办理进口业务，从中为当事人提供各种服务，并收取代理手续费。代理价格由到岸价格及消费税、外贸企业代理手续费、银行财务管理费构成。

（二）进口报关代理

进口报关代理指的是取得国家相关资质的货代企业为需要办理进口的工厂、企业和个人提供的一种进口报关服务。进口报关是指进口货物收发货人、入境运输工具负责人、入境物品所有人或者他们的代理人向海关办理货物、物品或运输工具手续及相关海关事务的过程，包括向海关申报、交验单据证件，并接受海关的监管和检查等。

进口代理最需要注意的是货物的所有权问题，货物所有人在跟进口代理商谈妥之后，必须签订进口代理协议，明确写明货物的所有权，以避免由此产生的纠纷。而进口代理商也要适时维护自己的权益，由于放货给客户之后而没有得到应得利益而产生的纠纷以及法律诉讼案例，已不胜枚举。

（三）进出口代理公司的服务内容一般包括以下几类：

1. 代理商检：为客户办理商品的检验、检疫、认证等手续，确保商品符合进出口标准和要求。

2. 代理仓储：为客户提供货物的存储、装卸、分拣、包装等服务，保证货物的安全和完整。

3. 代理报关或清关：为客户填制和申报进出口单证，办理海关的审批、放行、查验等程序，缴纳相关税费，完成货物的进出境手续。

4. 代理国际运输：为客户选择合适的运输方式和航线，订舱、订票、跟踪货物的运输状态，处理运输过程中可能发生的问题和纠纷。

5. 代理收付外汇：为客户提供外汇结算和兑换的服务，协助客户处理外汇风险和管制问题。

6. 代理国际保险：为客户投保适当的国际货运保险，处理保险索赔事宜。

7. 出口退税垫付：为客户垫付出口退税款项，加快资金回流速度。

【专业术语】

1. Application for L/C	开证申请
2. Arrange Transportation	安排运输
3. Check Documents	审单
4. Payment of Foreign exchange	付汇
5. Customs Declaration	报关
6. Apply for Inspection	报验
7. Transfer the Imported Goods	进口货物拨交
8. Import Claim	进口索赔
9. Object of Claim	索赔对象
10. Import Inspection	进口检验
11. Legal Inspection	法定检验
12. Convention Check	约定检验
13. Customs Inspection	海关查验
14. Release of Import Goods	进出口货物放行
15. General Trade Import	一般贸易进口
16. Imported Material Processing Trade	进料加工贸易进口

【课后习题】

一、简答题

1. 在以信用证为结算方式的贸易中，进口商申请开证的流程有哪些？
2. 进口商申请开证时，应注意哪些问题？
3. 简述进口商接货的基本流程。
4. 进口商索赔的对象有哪些？
5. 简述进口报关的基本流程。

二、案例分析

1. 我国某进口公司A与加拿大某出口公司B签订某品牌汽车5 000辆，交货期为2019年12月底，该厂无存货。8月份，B公司的工厂准备生产，因资金一时困难，未购进钢材及发动机，9月份工人开始要求涨工资，随后举行罢工活动长达两个月。按该厂生产能力，在余下的时间内显然不能生产5 000辆汽车。

问：A公司如何处理合同？

2. 我国某公司X与外商洽谈进口交易一宗，经往来电传磋商，就合同的主要条件全部达成协议，但在最后一次，我方所发表的接收的传真中列有“以签订确认书为准”。事后对方拟就合同草稿，要我方确认，但由于对某些条款的措辞尚待进一步研究，故危机时给予答复。不久，该商品的国际市场价格下跌，外商催我开立信用证，我方以合同尚未有效成立为由拒绝开证。

问：我方做法是否合理？为什么？

第四篇

数字贸易下国际贸易的发展

第十二章　跨境电子商务

【导入案例】

近年来，跨境电子商务已经成为最热门的贸易方式之一，越来越多企业开始从事跨境电子商务。亚马逊就是一个非常知名的案例。亚马逊是全球最大的在线零售商之一，成立于1994年，总部位于美国西雅图市，最初只是一家在线书店。随着时间的推移，亚马逊逐渐将业务拓展到其他商品，包括电子产品、家居、服装、鞋子、食品等，成为一家拥有超过300万个合作伙伴和超过2亿个注册用户的全球性企业。

亚马逊的成功与跨境电子商务密切相关。亚马逊很早就在全球范围内开展跨境电子商务业务，根据官方数据，截至2021年，亚马逊的跨境电子商务业务已覆盖超过200个国家和地区，通过在不同地区建立仓库、物流和配送中心来实现全球范围内的物流配送。在跨境业务中，亚马逊采用多种语言、多种货币、多种支付方式等策略来适应不同国家和地区的市场需求，为消费者提供个性化、便捷化的购物服务。此外，亚马逊还通过投资和并购方式，扩大其在全球范围内的业务。例如，2016年亚马逊收购中东地区最大的在线零售商Souq.com，进一步扩大中东地区的市场份额。

从上述案例，我们可以看到亚马逊之所以成为全球最大的在线零售商之一，成功离不开跨境电子商务业务。那么，与传统的国际贸易相比，跨境电子商务有什么优势？能够给企业和消费者带来什么影响？因此，本章将对跨境电子商务的基本概念、影响、运营、模式等内容进行详细介绍。

第一节　跨境电子商务的基本概念

作为新型的国际贸易方式，跨境电子商务在国际贸易中发挥着越来越重要的作用。本节内容将对跨境电子商务的概念进行界定，分析其实质和主要特征，并通过不同的标准对跨境电子商务进行分类。

一、跨境电子商务的定义界定

跨境电子商务（Cross-border Electronic Commerce）是指基于国际互联网和数字技术，分属不同国境或关境的交易主体，通过电子商务平台达成跨国境交易，进行电子支付结算，并通过跨境电商物流、异地仓储等送达商品，从而完成跨国境交易的一种新型国际贸易方式。

跨境电子商务有狭义和广义之分。首先，狭义的跨境电子商务主要针对跨国境网络交易，买家可以直接在网上下单、支付货款和结算，卖家通过国际物流将产品运输到外国买家手中。其次，广义的跨境电子商务概念更宽广，不仅包括上述的跨国国境网络零售业务，还包括与跨境电子商务相关的一系列活动，如跨境贸易综合服务、国际物流与仓储服务、供应链管理等。在跨境电子商务过程中，所有与进出口业务相关的活动，都属于跨境电子商务不可分割的一部分，所以都属于广义的跨境电子商务范畴。

一般而言，跨境电子商务需要满足以下四个基本条件：第一，交易双方分属两个不同的国家或地区。第二，从事跨国境的商品交易活动，而不是国境内的交易。第三，基于互联网和数字技术，通过电子商务手段形成交易。第四，在线上完成货款支付、结算，办理运输等一系列贸易流程。

基于跨境电子商务的定义，与传统国际贸易相比，两者的主要区别包括四个方面：

1. 两者概念不同。传统国际贸易是国家或地区之间产品和服务的交换，而跨境电子商务是不同国家和地区的交易主体通过电子商务平台实现交易、支付、收款、结算和跨境产品送达。

2. 模式和环节不同。传统国际贸易的中间环节较多，流程较复杂，以企业对企业的 B2B 模式为主，且为线下交易，采用传统的商务手段，如面谈、传真、信函、电话等。跨境电子商务的中间环节和费用较少，流程相对简单，降低中间成本，模式多样化，且为线上交易，采用互联网技术和电子商务手段，如线上下单、在线支付和结算等。

3. 参与主体不同。传统国际贸易的参与主体通常为进出口企业，而跨境电子商务的参与主体可以是个人或企业。

4. 地域限制不同。传统国际贸易容易受到地理位置的限制，交易必须在特定的时间和地点进行，而跨境电子商务受地域限制的程度较低，可以在任何时间和地点进行交易。

二、跨境电子商务的实质

跨境电子商务实质上是一种基于国际互联网和数字技术的新型国际贸易方式，并催生很多新型业务。具体包括以下方面。

（一）跨境电子商务是一种新型国际贸易方式

跨境电子商务属于国际贸易领域，同样涉及国家之间的商品和服务交易。同时，跨境电子商务是一种“新型”贸易方式，“新型”体现在国际互联网和数字技术的应用，也体现在不同于传统贸易方式的诸多特征。例如，传统贸易的交易量较大、中间环节较多、流程较复杂、容易受地域限制等；而跨境电子商务交易量较小、批次较多、中间环节较少、流程较简单、不受地域限制等。同时，随着跨境电子商务的出现，催生很多新的服务、新的商业模式、新的就业方式等，成为国际贸易的新业态、新模式。

（二）跨境电子商务是一种由国际互联网和数字技术驱动的商业模式

与传统贸易相比，跨境电子商务的一大区别在于技术驱动的重要性，没有网络技术的发展，就没有跨境电子商务的产生和快速发展。跨境电子商务的产生需要网络平台的搭建，才使得不同国家企业和消费者有了在线沟通和交易的平台。跨境电子商务的发展是伴随着网络技术的逐渐成熟，例如，网络支付技术的出现，使得消费者和企业能够通过线上方式进行跨境支付和收款。物流网络技术的出现，能够使企业和消费者对跨境包裹进行高效率的投递和追踪。另外，数字技术使得跨境电子商务越来越具备全球性、高效性、无纸化等特点。

（三）跨境电子商务不断催生新型业务

作为一种新型国际贸易方式，跨境电子商务发展迅速，不断催生相关的新型业务。这些新业务包括电子支付结算、跨境电商综合服务、跨境电商物流、异地仓储等。然而，随着新型业务层出不穷，国际贸易的商业规则仍适用于旧商业规则，旧规则显然跟不上新型贸易方式的发展步伐，在平台准入、商品通关、支付结算、物流、数据传输、税收等方面存在较多问题，不确定风险较多，相关法律法规和监管体系不够完善。因此，跨境电子商务的业务创新需要相应监管环境的完善，相互协调。

三、跨境电子商务的特征

跨境电子商务伴随着国际互联网和数字技术而产生，经过多年发展，具备全球性、数字化、个性化、无形性、即时性和无纸化六大特征，具体如下。

（一）全球性

国际互联网是没有边界的媒体，使得跨境电子商务具有全球性的特征。全球性意味着跨境电子商务平台的用户来自全球的不同国家和地区，平台的商品和服务也来自不同国家和地区。跨境电子商务平台必须具备多种语言、多国货币、多种文化等，以满足全球用户的需求。同时，跨境电子商务平台的商品和服务种类也应尽可能多元化，以吸引更多的用户。另外，这种全球性特征带来的积极影响包括信息的最大程度共享。任何企业和消费者只要具备一定的网络技术，在任何时候、任何地方都可以让信息进入网络，相互联系，实现交易。

（二）数字化

跨境电子商务产生的基础是国际互联网和数字技术的使用，任何商家在搭建跨境电子商务平台的时候，必须采用网络技术和信息技术，使跨境电子商务具备数字化的特征，也实现传统国际贸易无法实现的自动化和高效率。例如，跨境电子商务平台可以在线实现自动化的订单处理、货款支付、结算、发货和跨境物流跟踪等功能，从而减少了人工操作和时间成本，提高了交易效率。

（三）个性化

个人性特征与当前大数据驱动的网络技术相关，即跨境电子商务平台通过大数据收集、信息处理和分析，能够了解用户的个人需求、偏好和行为，从而制定和提供个性化的商品和服务。例如，跨境电子商务平台可以通过推荐系统、购物历史记录等方式，向用户推荐他们可能感兴趣的商品和服务，通过这种个性化推荐和服务能够提高用户满意度和忠诚度，促进未来的销售增长。

（四）无形性

跨境电子商务的业务和交易发生在互联网，没有固定的场所，买卖双方不需要见面，主要是通过跨境电子商务平台，通过数据、声音、图像、文字等虚拟媒介进行互通。卖家将产品和服务发布在跨境电子商务平台，买家通过平台网站了解产品和服务的详细信息，产生购买欲望，借助平台网站直接下单购买，卖家收到订单信息后，通过跨境物流将产品送到买家手中，整个过程买卖双方不用见面，只需要借助跨境电子商务平台这个无形性媒介完成。另外，目前很多数字化产品和服务基于数字传输活动，其特性也必然具有无形性。在跨境电子商务中，无形产品可以替代实物成为交易的对象，如电子图书，消费者只要购买网上的数据使用权，便可以阅读图书，了解书中的知识和信息。

（五）即时性

跨境电子商务通过互联网传输信息，不仅传输速度极快，而且与空间和地理距离无关。相比之下，传统贸易受空间位置和地理距离的影响非常大，信息传递和交流方式包括信函、电报、传真等，在信息发送与接收之间，存在长短不同的时间差，存在的不确定性较大。在跨境电子商务中的信息交流，无论双方相隔的实际距离远近，一方发送信息与另一方接收信息几乎是同步的，如同生活中的面对面交谈，使得跨境电子商务的信息传递具有及时性，也可以实现即时付款、结算和交付。另外，某些数字化产品（如音像制品、软件等）的交易，还可以即时清结，订货、付款、交货等都在瞬间完成。

（六）无纸化

与传统贸易方式相比，跨境电子商务主要采取基于互联网的在线无纸化操作方式，这也是跨境电商交易的主要特征。在跨境电子商务交易中，电子计算机的通信记录取代原先的一系列纸面交易文件。用户只需要通过网络，就可以发送或接收电子信息，整个过程都实现无纸化。无纸化带来的信息传递，突破纸张限制，降低交易成本，也给买卖双方带来便利性。但与此同时，跨境电子商务以数字合同替代传统贸易中的书面合同、结算票据等，削弱税务机关获取跨国纳税人经营状况和财务信息的能力，而且跨境电子商务采用的保密措施也增加税务机关掌握纳税人财务信息的难度。

四、跨境电子商务的主要分类

跨境电子商务有很多分类标准。按照贸易流向不同、市场交易主体不同、服务类型不同等，可以对跨境电子商务进行如下分类。

（一）按照贸易流向不同

贸易流向是指，在国际贸易中，交易产品和服务在国家或地区之间的贸易流向。按照贸易流向的不同，跨境电子商务可以分为两种类型，即跨境电子商务出口和跨境电子商务进口。

1．跨境电子商务出口

跨境电子商务出口（Exports of Crossborder Ecommerce）是指贸易主体采用跨境电子商务进行出口业务，通过电商平台进行产品展示、推广和交易，并采用跨境物流渠道，将本国产品销售并送达到国外市场。目前，中国跨境电子商务出口发展迅速，越来越多的企业充分地利用跨境电子商务平台，开拓国际市场，扩大出口规模。

2．跨境电子商务进口

跨境电子商务进口（Imports of Crossborder Ecommerce）是指贸易主体采用跨境电子商务进行进口业务。通过电子商务平台，本国企业或消费者能够搜索和选购来自外国的各种产品，外国产品也能够销售并进入本国市场。购买的外国产品先运送到国内保税仓库，然后再送到终端购买者。随着网络和运输技术的进步，跨境电子商务进口的物流速度逐步加快，但一般而言，还是慢于国内电子商务购物的物流配送速度。

（二）按照市场交易主体不同

市场交易主体是指国际贸易交易的双方，主要包括企业和个人消费者。按照市场交易主体的不同，跨境电子商务可以分为三种类型，即企业对企业模式（B2B 模式）、企业对个人模式（B2C 模式）和个人对个人模式（C2C 模式）。

1．企业对企业模式（B2B 模式）

企业对企业模式（Business to Business Mode，简称 B2B 模式）是指企业与企业之间通过互联网技术和跨境电子商务平台，进行数据信息的交换和传递，开展贸易活动。在此基础上，实现跨境商品和服务交易、支付结算、物流配送等国际贸易活动。国际互联网将企业内部网络以及企业商品和服务，通过 B2B 网站或平台与其他企业客户紧密结合，为企业客户提供更好的服务，促进企业的贸易业务发展。参与 B2B 模式的跨境电子商务交易双方一般为大中型企业。目前，在中国跨境电子商务交易中，B2B 模式所占比重最大，远远超过其他电子商务模式。换言之，在跨境电子商务交易中，企业层面的市场交易处于主导地位，这与传统贸易中，企业是微观交易主体的特征一致。

在 B2B 模式的跨境电子商务中，代表性企业或交易平台包括阿里巴巴国际站、中国制造网、环球资源网、大龙网、易单网等。在以下内容中，将选择阿里巴巴国际站和中国制造网两个平台，进行重点介绍。

阿里巴巴国际站（Alibaba.com）成立于 1999 年，跨境电子商务是阿里巴巴集团一个重要的业务板块。阿里巴巴国际站已成为推动国际贸易数字化和中国企业出口扩张的主力平台。作为全球最大的 B2B 跨境电子商务平台，阿里巴巴国际站累计服务超过 200 个国家和地区、超过 2 600 万个活跃企业交易主体。阿里巴巴国际站提供一站式的全系列线上服务和工具，通过向海外企业展示和推广国内企业的产品，进而获得贸易商机和国外订单，帮助企业降低贸易成本，提高交易效率，是出口企业拓展国际市场和进行国际贸易的重要跨境电子商务平台之一。“门到门”服务是阿里巴巴国际站的重点方向之一，即产品从生产企业所在地到境内港口、报关，通过海陆空多样化方式进入境外港口，完成清关、缴税，最后完成末端物流配送。

中国制造网（Made in China）成立于 1996 年，是一个中国产品信息荟萃的电子商务平台，面向国内外采购企业提供丰富产品的电子商务服务，以推广中国企业为己任，营造良好的网络商业环境，搭建宽广的网上贸易平台，旨在利用国际互联网将中国企业产品介绍给国内企业，为对外贸易的发展开启一扇电子商务之门。目前，已成为数千万用户信赖的综合性电子商务网站。截至 2020 年，中国制造网拥有注册会员超过 1 820 万，有来自超过 220 个国家和地区的用户访问中国制造网，访问量超过 8.3 亿人次。中国制造网关注中国企业，尤其是众多中小企业的发展，凭借庞大、内容丰富的商业信息数据库，便捷且高效的网络功能和服务，成功帮助众多中小企业和外国企业建立联系，提供商业机会。

2．企业对个人模式（B2C 模式）

企业对个人模式（Business to Consumer Mode，简称 B2C 模式）是指，企业与个人之间通过互联网技术和电子商务平台，由企业直接面向消费者，开展跨境电子商务的零售活动。具体而言，处于不同国家或地区的企业向其他国家或地区的个人消费者进行在线销售和服务，并在线上达成最终交易、支付结算，然后通过跨境物流将产品送达个人消费者，实现“企业—个人”的国际贸易活动。在这个模式中，产品销售方是企业，终端消费者是个人。目前，中国B2C模式在跨境电子商务所占的比重呈现逐年增长趋势。随着用户消费习惯的改变，消费者直接在网上购买外国产品数量不断增长，所以B2C模式的跨境电子商务在未来有很大的潜力成为中国对外贸易的重要部分。

在B2C模式的跨境电子商务中，代表性企业或交易平台包括阿里巴巴速卖通、亚马逊、e-Bay、敦煌网、兰亭集势、京东全球购等。在以下内容中，将选择阿里巴巴速卖通和亚马逊两个平台，进行重点介绍。

阿里巴巴速卖通（AliExpress），又称全球速卖通，于2010年正式创立，是阿里巴巴旗下的面向国际市场，为企业与消费者有效沟通，而打造的一个大型的跨境电商平台，被广大卖家和买家称为“国际版天猫和淘宝”。全球速卖通面向海外买家客户，目前已经开通18个语种的站点，覆盖全球200多个国家和地区，包含3C、服装、家居、饰品等共计30个一级行业类目，通过支付宝国际账户进行担保交易和结算，并使用国际物流渠道实现运输、发货和仓储，是全球前几大英文在线购物网站之一。

亚马逊（Amazon）创建于1994年，是美国最大的一家网络电子商务公司，位于华盛顿州的西雅图。亚马逊是最早开始经营电子商务的公司之一，一开始只经营网络的书籍销售业务，现在扩展到范围广泛的产品类型，已成为全球产品品种最多的网络销售平台和全球第二大互联网企业。在国际业务方面，亚马逊很早就开始开展跨境电子商务交易，国际业务覆盖超过200个国家和地区，采用多语言、多货币、多支付方式等手段满足不同国家和地区的市场需求，在不同国家和地区建立仓库和配送中心实现全球物流配送，为消费者提供个性化和便捷化的购物服务。

3．个人对个人模式（C2C模式）

个人对个人模式（Consumer to Consumer Mode，简称C2C模式）是指，个人销售者与个人消费者之间通过互联网技术和电子商务平台，开展跨境电子商务的交易活动，在这种模式中，买方和卖方均是个人用户。具体来说，处在不同关境的个人买方和个人卖方通过第三方平台，进行线上跨境交易，个人卖方向个人买方提供线上产品销售和服务，通过第三方电子商务平台发布产品和服务的信息、价格等内容，个人买方经过搜索和产品筛选后，购买产品，通过电子商务平台达成交易、支付和结算货款，最后通过跨境物流送到产品，完成“个人—个人”交易。虽然C2C模式的跨境电子商务一直存在，但交易量相对其他模式较小，未来发展仍有很大的空间。

在C2C模式的跨境电子商务中，代表性企业或交易平台包括阿里巴巴淘宝国际版、e-Bay等。其中，阿里巴巴淘宝国际版即前文提到的阿里巴巴速卖通，所以在以下内容中，将主要对e-Bay进行介绍。

e-Bay，中文名称为易贝。e-Bay于1995年创立于加利福尼亚州圣荷塞，是一个能够让全球消费者在网上买卖产品的线上拍卖和购物网站，个人卖家也能够在e-Bay上出售产品。目前，e-Bay已有超过1.4亿注册用户，卖家主要来自全球29个国家，每天都有涉及几千个分类、几百万件商品销售，成为世界上最大的电子商务集市。e-Bay的全球经营策略在于增加使用系统和平台的跨国交易，已延伸至包括中国、印度等在内的国家。

（三）按照服务类型不同

跨境电子商务平台能够为用户提供多样化的服务，以满足买卖双方的交易需求。按照服务类型的不同，跨境电子商务可以分为三种类型，即信息服务平台、在线交易平台和国际贸易综合服务平台。

1．信息服务平台

信息服务平台（Information Service Platform）是指在跨境电子商务中，相关平台为国内和国外的客户（包括进口方和出口方）提供线上营销和交易信息，展示卖方的产品和服务信息，也为买方寻找潜在的交易伙伴提供商机，有助于促进买方与卖方达成最终交易。信息服务平台对买方和卖方都是有利的。对于买方，可以在平台中搜索、寻找潜在的交易产品，并通过价格对比，降低购买成本，以较低成本购买来自全球的产品，满足自身多样化的需求。对于卖方，可以在平台展示自己的产品和服务，向全球各国的潜在消费者进行推广，降低营销成本，同时增加找到贸易伙伴、并建立交易关系的可能性。

2．在线交易平台

在线交易平台（Online Trading Platform）是指在跨境电子商务中，相关平台为用户提供与在线交易有关的各种服务，不仅包括产品和服务信息，而且包括产品搜索、产品咨询、产品对比、下订单、支付结算、跨境物流、满意度评价等全方位服务，实现跨境电子商务的各个环节，这些环节都可以在一个平台完成。相对于传统交易，在线交易基于互联网和数字技术，实现更便捷的交易，如减少中间环节、流程等，程序简单，中间成本少，模式多样化，还能够突破地域限制，在任何时间和地点都可以进行。

3．国际贸易综合服务平台

国际贸易综合服务平台（Comprehensive Service Platform of International Trade）是指在跨境电子商务中，相关的综合服务平台所提供的全流程一站式服务，并从中收取一定比率的服务费用。例如，在完成信息搜索和在线交易后，相关平台为买卖双方提供跨境物流服务、仓库储存服务、报关通关服务等。这些服务给买卖双方带来便利，实现贸易便利化，提高交易效率。

第二节　跨境电子商务对国际贸易的影响

跨境电子商务为国际贸易发展开辟新的模式，并极大促进各个国家（尤其是经济发展水平较高的国家）对外贸易的发展。跨境电子商务带来的贸易效应不仅体现在宏观层面，如改变国际贸易的运行方式和外部环境，而且对微观企业和消费者产生巨大的影响。本节内容将从宏观、微观企业和微观消费者三个视角，对跨境电子商务对国际贸易带来的影响进行介绍。

一、跨境电子商务对国际贸易的宏观影响

作为一种新型国际贸易方式，跨境电子商务具有很多不同于传统贸易的特征，且发展速度迅猛，给国际贸易带来巨大的影响。其中，宏观层面的影响包括国际贸易的运行方式和外部环境、流通渠道、成本结构、新营销模式、监管方式和贸易政策等。具体包括如下

方面。

（一）跨境电子商务改变国际贸易的运行方式和外部环境

在跨境电子商务中，由于互联网科技和数字技术的应用，将生产企业、出口企业、进口企业、第三方平台、海关、税务部门、商检部门等贸易参与方及有关部门紧密地联系起来。同时，针对国际贸易中的各个环节，如寻找商机和贸易伙伴、产品促销、产品搜索、商务洽谈、合同签订、产品生产、货款支付和结算、跨境物流、报关报检等进出口业务，跨境电子商务平台都能够提供信息化、便利化的一站式全程和全方位的服务。这些环节和流程都可以通过全球互联网在线上进行，都体现国际贸易运行方式的改变。另外，与传统贸易相比，跨境电子商务不仅使国际贸易的运行方式发生变化，而且作用于国际贸易的外部环境，使外部环境也发生巨大的变化。基于全球互联网，利用数字技术，实现进出口产品和服务的信息交换，一切环节和流程都可以在线上进行，形成一个数字化、开放性、多维度、崭新的市场空间，进而突破传统贸易中的地域限制，带来贸易便利化，有利于形成世界性的统一大市场。电子商务还带来信息公开的效应，减少进出口双方的信息不对称性，避免或减少由于信息不对称造成的市场失灵，保证市场机制充分发挥作用。由此可见，跨境电子商务不仅改变国际贸易的运行方式，而且影响国际贸易的外部环境。

（二）跨境电子商务促进国际贸易的流通渠道变革

在传统贸易中，流通渠道的各个参与主体包括生产企业、出口企业、进口企业等，流通渠道的特点表现为专门的国际贸易部门和从业人员在固定的场所，按照国际贸易的惯例和流程进行贸易产品的生产、交易、发货、运输、报关报检、国际结算、收货等。实际上，在传统贸易中，在流通渠道有很多中间商，由于流通渠道和供货的各个环节不紧密，不确定性因素多，造成流通时间较长，成本较高，最终产品抵达消费者时，出现价格被提高、产品损坏严重等问题。此外，中间商数量较多还会导致交易信息不对称、不充分，导致交易效率降低。以上都是传统贸易中存在的、不可避免的缺陷，但跨境电子商务的出现，有助于规避以上缺陷。在跨境电子商务的模式下，买家和卖家可以通过电子商务平台直接沟通、直接交易，减少中间商参与，降低交易的中间成本。另外，跨境电子商务有产品信息公开且透明的特点，有助于减少交易信息的不对称和不充分带来的问题，买家能够更好地了解到产品信息，卖家也更能了解市场上消费者的实际需求，节省产品和市场调研的成本，提高交易效率。由此可见，跨境电子商务促进国际贸易的流通渠道变革，这种改革对于买卖双方都是有利的。

（三）跨境电子商务改变国际贸易的成本结构

在传统贸易中，各国企业在产品买卖的过程中，在信息搜寻、产品搜寻、合同订立、售后服务等方面，耗费的成本巨大。不同于传统贸易，跨境电子商务基于互联网和数字技术，有助于降低这些与交易相关的贸易成本。这是因为跨境电子商务平台能够展示各种各样的企业和产品信息，提供电子化的合同，拥有全方位的售后服务。由于这些服务原本需要较高的成本，以致很多中小企业无法支付成本，进而无法开展国际贸易。而在跨境电子商务，相关平台为企业提供这些服务，降低国际贸易的开展成本。中小企业利用这些平台，也能够参与到国际贸易，将产品出口到外国市场，或者进口外国产品。原先就已经从事国际贸易的大型企业利用跨境电子商务平台，也能进一步提高它们的交易效率，扩大出口或进口规模，实现贸易扩张。另外，跨境电子商务的数字技术应用能够简化贸易流程、缩短国际贸易的文件处理周期，减少企业库存，消除信息传递障碍，同样降低贸易成本。由此可见，跨境电子商务改变国际贸易的成本结构，减少很多不必要的成本投入，提高贸易效率。

（四）跨境电子商务创造国际贸易的新营销模式

在传统贸易中，企业主要追求的是利润最大化。不同于传统贸易，跨境电子商务在考虑利润最大化的同时，还需要更多地兼顾客户和贸易伙伴的利益，寻求实现利润最大化和满足客户需求的营销决策。因此，与传统贸易相比，跨境电子商务的影响在于带来新营销模式，这些新模式对于国际贸易的发展都是有帮助的。跨境电子商务的新营销模式包括：一是网络互动营销，即企业可以与客户随时随地进行互动式沟通和交流，根据客户的需求和偏好生产产品和提供服务。二是网络整合营销，即在电子商务环境下，买卖双方的关系更加紧密，以客户为出发点，营销决策过程是一个双向链条。三是网络定制营销，即企业能够根据个人的特殊需求，安排产品生产和营销组合策略，每个客户都能提出个性化的需求，企业再进行生产，满足客户的个性化需求。四是网络“软营销”，即企业以客户为主导，向客户传递的信息和采用的营销手段更加理性化，更容易被客户接受，实现信息共享和营销整合。由此可见，跨境电子商务创造国际贸易的新营销模式，使营销模式更加多元化，更以客户为主导。

（五）跨境电子商务影响国际贸易的监管方式和贸易政策

跨境电子商务的无形化和数字化特征，必将促使各个国家的政府对国际贸易监管方式发生变化，尤其是关税征收、海关监管、报关报检等方面，应尽快适应跨境电子商务的发展需求，使监管方式与电子商务发展两者更好地相互匹配。例如，跨境电子商务会造成国际贸易税收难度的加大，以致税收的流失，如何进行相关监管，是未来要解决的一大问题。对于中国政府来说，一方面，要加强与世界各国的贸易和经济合作，共同推动跨境电子商务的发展。另一方面，要加强跨境电子商务的监管工作，才能使跨境电子商务更好、更健康的发展。此外，跨境电子商务的发展对国际贸易政策提出新的要求，如跨境电子商务的基本属性界定问题、安全性问题、关税问题、发展中国家问题等，这些都是对各国贸易政策制定的新挑战。由此可见，跨境电子商务使国际贸易的监管方式发生改变，并影响各国贸易政策的制定。

二、跨境电子商务对企业的影响

作为经济活动的微观主体，企业是国际贸易的主要参与者，所以跨境电子商务必然对微观企业的贸易成本和行为产生重大的影响。其中，跨境电子商务在企业层面的影响包括国际贸易的微观经营主体、企业经营管理方式、企业贸易成本、企业竞争方式、潜在的贸易风险等。具体包括如下方面。

（一）跨境电子商务使国际贸易的微观经营主体发生改变

在传统贸易中，由于开展国际贸易的成本较高，需要拥有雄厚的资金支持，才能开拓和进入国际市场，决定了只有部分企业才能进行国际贸易，这些企业往往是那些实力较强、绩效较好、生产率水平较高的大型企业。相反，实力较弱、生产率较低的中小企业难以开展传统贸易。随着跨境电子商务的出现，简化了国际贸易的流程，降低开展贸易的成本，企业无需较高的前期投入和资金成本，也能够将产品出口到外国市场。在此环境下，中小企业也有了参与国际贸易的可能性。另外，利用跨境电子商务平台，进出口企业可以直接通过平台交流，免去很多中间环节和成本，使交易成本大幅度下降，交易效率提高，不仅是广大的中小型企业，甚至是个人交易者都可以参与国际市场交易。由此可见，跨境电子商务使国际贸易的微观经营主体发生改变，让更多的企业参与国际贸易，尤其是给中小型企业带来新的机遇。

（二）跨境电子商务使国际贸易中的企业经营管理方式发生改变

跨境电子商务突破传统国际贸易以单向产品流动为主的运作格局，实现以产品流动为主体、资金流动为支撑、信息流动为核心、跨境物流为依托的全新经营管理模式，通过信息技术和全球网络提供全方位、多层次、多角度的互动式商贸服务。企业通过跨境电子商务网络，有助于实现即时供货和“零库存”生产，使产品跨国流动更加顺畅，剔除传统贸易的中间商，也使得网络平台成为最大的中间商，原先的贸易中间商、代理商和专业进出口企业在国际贸易中的地位相对减弱，引发国际贸易的中间组织结构改变。由此可见，跨境电子商务改变贸易企业的经营管理方式，尤其是减少很多原先国际贸易中的中间商，改由生产企业和进口企业进行直接国际交易。

（三）跨境电子商务降低企业的贸易成本

跨境电子商务主要依靠的是计算机、网络信息与数字技术，在国际贸易中，贸易双方可以通过全球互联网和跨境电子商务平台进行跨境商务往来，能够减少人力、物力投入，缩减交单和结汇时间。同时，跨境电子商务简化贸易程序和中间环节，通过互联网就可以完成交易，降低贸易成本。更重要的是，开展国际贸易需要大量的前期成本投入，这类成本属于固定成本，而且是沉没成本，如寻找外国贸易伙伴，建立贸易交易关系，在海外推广产品和广告宣传，这些都需要投入巨大的成本，所以大型企业通常更有可能进行国际贸易，中小企业进行贸易的可能性较低。通过跨境电子商务平台，所有企业能够以更低的成本找到外国贸易伙伴，更容易与外国客户建立交易关系，而且能够直接在平台推广和宣传产品，极大地降低企业成本。由此可见，跨境电子商务有助于降低企业的贸易成本，尤其是前期的固定成本投入。

（四）跨境电子商务使国际贸易中的企业竞争方式发生变化

虽然跨境电子商务有助于企业开拓外国市场，但与此同时，也增加市场竞争的激烈程度。在跨境电子商务环境下，企业间的竞争不再是简单的产品或服务竞争，还包括商务模式、供应链等方面的综合性竞争。哪家企业能拥有更先进的商务模式，在供应链中占据有利的地位，就能够在市场竞争中获得主动权。另外，以最快速度研发新技术，并应用到产品生产和服务中，把最有竞争力的产品销售给客户，同样能增强企业竞争力。由此可见，跨境电子商务改变国际贸易中的企业竞争方式，加剧企业间的竞争。

（五）跨境电子商务给企业带来潜在的贸易风险

首先，正如前文内容所述，跨境电子商务使市场竞争不断加剧，在国际贸易中，企业不仅面对国内同行的竞争，也面对其他国家企业的竞争压力，激烈的竞争也带来潜在的贸易风险。其次，跨境电子商务以国际互联网技术为基础，在信息科技飞速发展的时代，信息泄露问题严重，一些不法分子会恶意盗取信息。对于国际贸易而言，一旦与贸易相关的信息流失，会给企业带来巨大的损失，属于潜在的贸易风险。另外，跨境电子商务促使国际贸易的主体多样化，越来越多企业通过网络寻找合作伙伴，但网络具有虚拟性，无疑增加贸易的风险。由此可见，跨境电子商务会给企业带来各种各样的风险，企业在开展跨境电子商务的过程中，需要规避这些潜在的风险。

三、跨境电子商务对消费者的影响

国际贸易是改善消费者福利的重要渠道。跨境电子商务不仅进一步提高消费者福利，而且与传统贸易相比，消费者能够直接参与国际贸易。其中，跨境电子商务在消费者层面的影响包括国际贸易中的消费者福利、成为参与主体、带来便利等。具体包括如下方面。

（一）跨境电子商务增进国际贸易中的消费者福利

国际贸易给消费者带来福利改进，这是传统贸易已达成的共识。福利改进的路径包括三大方面：一是增加消费产品的种类，即能够购买来自外国的产品。二是降低购买成本，即部分的外国产品比本国产品更便宜。三是购买质量更高、更先进的产品，即外国产品比本国产品质量和技术含量更高。例如，中国消费者经常购买来自美国、日本等发达国家的高科技产品。跨境电子商务出现后，又进一步增进这些消费者福利。跨境电子商务使得消费产品种类进一步增加，消费者可以在相关平台直接选购产品，卖家也可以在平台展示更多种类的产品。网上购物通常能够享受到各种优惠，跨境电子商务同样给消费者带来更多产品优惠，对于外国消费者是一种实惠的购物选择。同时，跨境电子商务减少贸易中间商，降低中间成本，进一步降低消费者购买外国产品的价格。另外，跨境电子商务平台的信息公开，减少买卖双方的信息不对称性，使消费者能够正确了解产品质量和特性，也是福利改进的重要来源。由此可见，跨境电子商务能够给消费者带来比传统贸易更多的福利改进。

（二）跨境电子商务使消费者成为国际贸易的参与主体

在传统贸易中，参与主体为进出口企业，个人无法直接参与国际贸易。在这个过程中，生产企业首先将产品出口到外国市场，进口企业购买产品后，再转卖给本国消费者。本国消费者不是直接购买外国产品，而是通过进口企业作为购买中介。跨境电子商务带来贸易主体的改变，使个人也能够成为国际贸易的参与主体。首先，个人能够以买家的身份出现在国际贸易中，直接购买外国产品。例如，在B2C的跨境电子商务模式中，外国企业直接将产品卖给本国消费者，不通过进口企业作为中介，就能实现产品由生产企业送达消费者。其次，个人也能够以卖家的身份出现在国际贸易中，将自己拥有的产品卖给外国客户。例如，在C2C的跨境电子商务模式中，处于不同国家或地区的个人买家和卖家直接进行交易，个人卖家将产品卖给外国消费者，过程中没有任何企业参与。由此可见，跨境电子商务改变国际贸易的参与主体，使消费者能够以主体身份参与国际贸易，包括个人买家和个人卖家。

（三）跨境电子商务给国际贸易中消费者带来便利

作为一种电子商务的特殊形式，跨境电子商务给消费者带来各种各样的便利，让消费者不用走出国门，甚至足不出户，就可以买到外国优质产品，节省交通费用和时间成本。例如，消费者可以直接通过跨境电子商务平台，预览外国产品，查看产品性能。该过程比去商场选购更加便利，且能够跨越地域限制，因为选购外国产品，意味着消费者需要前往外国市场。在选择想要购买的产品后，消费者可以直接在网上下单，支付货款，系统也会自动完成结算。之后，卖家通过跨境物流，将产品送达消费者。在这些环节和流程中，消费者都可以足不出户，只需要一台电脑和国际互联网，就可以实现。由此可见，跨境电子商务给消费者带来便利，突破地域限制，足不出户就能购买外国产品。

第三节 跨境电子商务的运营体系与商业模式

跨境电子商务已经成为当今国际贸易的重要方式，未来的重要性将愈发突显。了解跨境电子商务的运营体系和商业模式，成为国际贸易从业者的必备知识。本节内容将首先介绍跨境电子商务的运营体系，其次对其主要的商业模式进行讲解。

一、跨境电子商务的运营体系

随着跨境电子商务的不断发展和演化，在实践中，企业跨境电子商务的运营体系逐步形成，相关的法规和政策措施陆续出台，为未来跨境电子商务的进一步发展奠定基础。以下内容将对跨境电子商务的运营体系进行介绍。

从运营体系看，跨境电子商务不是由一个个互相独立的业务模块组成，而是由主要商业形态、业务模块、管理模式、大环境等要素组成，构成一个完整的电子商务生态系统。在这个生态系统中，各个主体、要素和模块都不是相互独立的，而是相互联系、相互影响，彼此共存，才能保证跨境电子商务的顺利开展。

跨境电子商务主要包括以下几个主要的模块：

1．跨境电子商务的运营基础模块，包括跨境物流、配送和仓储、跨境支付和结算、跨境电子商务综合服务等。这些模块为跨境电子商务开展提供基础和前提保障。例如，如果没有跨境物流，卖方就不能把产品及时送达买方，买方也不能及时收到产品；如果没有跨境支付和结算功能，买方付款和卖方收款均无法实现，必然会影响双方交易；如果没有跨境电子商务综合服务，跨境电子商务的便利性特征就无法体现，交易双方均不能享受到应有的服务。

2．跨境电子商务的市场运营模块，包括跨境网络零售、B2B 跨境电子商务、跨境电子商务网络销售等。这些市场运营方式为国际贸易参与方提供更多的选择，让更多主体（甚至是个人）也能直接参与到国际贸易中。例如，在跨境网络零售中，消费者可以直接购买外国产品。在 B2B 跨境电子商务中，处于两个不同国家或地区的企业，可以直接线上沟通和交流，建立产品交易关系。

3．跨境电子商务的管理决策模块，包括跨境电子商务产品选择策略、跨境电子商务数据分析与引流策略、跨境电子商务仓储模式、跨境电子商务企业成本控制、跨境电子商务的运营结构和人才需求、跨境电子商务代运营等。这些管理决策能够为贸易企业创造出更多的利润空间。例如，通过跨境电子商务产品选择策略，贸易企业可以选择最能满足外国消费者需求的产品，实施有针对性的销售策略。通过跨境电子商务数据分析与引流策略，贸易企业对市场有更充分的了解，吸引更多流量，找到更多潜在的客户。通过跨境电子商务仓储模式，控制产品库存，减少成本支出。

4．跨境电子商务的法治环境模块，该模块包括跨境电子商务的海关监管和政策措施、跨境电子商务的法律和规则体系等。例如，加强跨境电子商务的海关监管，制定更有利于跨境电子商务发展的政策措施，这些都是跨境电子商务未来发展的关键。一方面，加强海关监管，规范企业行为，减少关税税收流失。另一方面，有针对性地进行政策制定，保障进出口企业、消费者个人等主体的切身利益，使各个主体都能够最大限度地获益。

上述内容为跨境电子商务的四大模块，这四个模块之间存在紧密的关系，相互作用，缺一不可。其中，运营基础模块的跨境物流、配送、仓储、支付、结算、综合服务等都是跨境电子商务最本质、与消费者联系最紧密的业务，是各大模块的核心部分。市场运营模块的跨境网络零售、B2B 模式、网络销售等都是企业面向市场的战略选择，为其他模块奠定重要的市场基础。管理决策模块的产品选择策略、数据分析与引流策略、仓储模式、成本控制、运营结构和人才需求、代运营等是跨境电子商务企业等市场主体的后台基础框架，是开展跨境电子商务的前提和基础，也决定企业未来能否更好地盈利。法治环境模块的海关监管和政策措施、法律和规则体系等是所有业务模块合法运营和健康发展的前提条件和基础。综合而言，四大模块结合起来，共同构成跨境电子商务的运营体系框架。

二、跨境电子商务的商业模式

跨境电子商务的商业模式主要包括三个大类，分别为自营平台模式、第三方平台模式和独立网站模式。以下内容将对这三种商业模式进行介绍。

（一）自营平台模式

自营平台（Self-operated Platform）是指电子商务企业通过在线搭建平台，整合供应商资源，通过以较低的价格采购产品，再以较高的价格销售产品，主要以买卖产品的差价作为盈利模式。另外，吸引广告入驻和产品推广也是盈利的主要来源。在这种商业模式中，从品牌吸引力到产品选择，从购物下单到跨境物流配送，从售前导购到售后服务，都由平台企业负责，都以使消费者获得良好的购物体验为经营核心。

由于产品和服务基本上都是由平台企业自营的，这种模式的产品和服务品质有保障，货源较为稳定，综合服务、跨境物流、仓储、供应链等配套服务完善，方便且快捷，消费者的信赖程度高。但是，这种商业模式也有一些弊端，如整体的运营成本很高，存在的风险和不确定性因素多，平台企业需要承担退货换货、产品滞销等一系列的风险和成本。相比较第三方电子商务平台，自营平台的运营风险和不确定性较大。

在跨境电子商务的自营平台中，代表性企业或平台包括来自外国的亚马逊，以及中国国内的京东全球购、网易考拉、兰亭集势、炽昂科技等。目前，外国和中国国内的自营平台以综合性自营跨境电子商务平台较为典型。这类综合性自营平台经营的产品类型较多，类似综合性大超市，通常有独有的、稳定的供应商或供货渠道，一般都是建立在传统商业的基础上。其中，亚马逊在 2014 年宣布落户中国，在上海自由贸易试验区开展电子商务进口业务，销售的产品以保税进口和海外直邮的方式进入中国国境内，让消费者能够以较低的价格购买所需产品。此外，京东商城于 2015 年宣布开始从事跨境业务，表明中国跨境电子商务自营平台的不断发展。

综合性自营跨境电子商务平台在当代国际贸易中具有巨大的优势，不仅拥有传统商业的规范，非常雄厚的经济实力，充足的资金支持，有强大且完善的供应链作为支持，而且能够利用国际互联网和数字技术，拓展国内外市场，为消费者提供更优质、更便捷的服务。但这类平台也有一些不足之处，如业务发展容易受到产业政策变动的影响。

（二）第三方平台模式

第三方平台（Third-party Platform）是指不属于买方双方的第三方跨境电子商务平台通过搭建线上商城或交易平台，为买卖双方提供交易的线上场所，卖方可以在平台上展示并销售产品和服务，买方可以在平台上搜索并选购产品和服务。第三方平台需要整合跨境物流、支付结算、运营等服务资源。一方面，协助卖方销售产品，顺利收到货款；另一方面，引导买方选购所需产品，并顺利收货。第三方平台需要提供优质、综合性的服务，才能吸引更多、更高质量的品牌、制造商、经销商等卖家入驻，为这些商家提供跨境电子商务相关的交易服务，服务内容包括供求信息公布、信息搜索、交易和订单确立、支付、收款、结算、跨境物流配送等。在这个过程中，第三方平台只是提供跨境电子商务进行的线上场所、基础设施和相关服务，平台本身不参与产品和服务交易。与此同时，第三方平台收取商家的佣金和服务费用作为主要的盈利方式，广告宣传和产品推广也是平台的重要盈利之一。一般而言，第三方平台由于入驻商家较多，产品和服务种类较丰富，网站流量较大，各项服务齐全，给买卖双方带来方便快捷的体验。但是，因为第三方平台不从事直接的产品和服务销售，而是由入驻商家从事这个业务，所以第三方平台不能保证产品和服务的质量。

在跨境电子商务的第三方平台中，代表性企业或平台包括阿里巴巴国际站、阿里巴巴速卖通、中国制造网、敦煌网、e-Bay 等。对于第三方平台，无论是企业或个人都能以交易主体的身份进入平台，进行跨境交易，所以第三方平台能够提供 B2B 模式、B2C 模式和 C2C 模式的跨境电子商务。在 B2B 模式中，阿里巴巴国际站和中国制造网是其中的代表性平台，为国内和国外企业提供线上交易的平台。在 B2C 和 C2C 模式中，阿里巴巴速卖通和 e-Bay 是其中的代表，不仅吸引企业入驻平台，而且让消费者能够直接参与交易。

（三）独立网站模式

独立网站（Independent Website）是指，跨境电子商务企业直接通过建立企业专属网站，通过网站销售企业生产的产品或其他产品。网站销售的产品主要是企业生产的产品，只涉及某个行业或某些细分市场，并在细分市场里做精做深，而不是像电子商务平台，拥有丰富的产品和服务种类。这种网站从事跨境电子商务的优势在于方便管理，而且建立企业网站的一般都是大型企业，拥有较强的管理能力。但是，网站模式也存在很多不足之处。例如，网站运营成本一般比较高，尤其是前期建立网站的投入，以及运营过程的网站维护，都需要大量的资金支持，不是每个企业都能够承担这些费用，创建和运用独立网站，只有具备一定规模和实力的大型企业才能以独立网站的模式开展跨境电子商务。另外，独立网站本身没有支付和结算系统、跨境物流和仓储系统等服务，无法像大平台那样用一个平台整合和协调所有数据、服务和资源。

【本章小结】

在国际互联网和数字技术日益普及的背景下，跨境电子商务成为重要的国际贸易方式。本章对跨境电子商务进行系统的介绍，包括跨境电子商务的基本概念、与传统贸易的区别、特征、分类、影响效应、运营体系和商业模式。跨境电子商务是分属不同国境或关境的交易主体通过电子商务平台达成商品和服务交易，进行线上支付和结算，通过跨境电商物流、异地仓储等送达商品，完成跨境交易。按照贸易流向，分为跨境电子商务出口和进口。按照交易主体，分为 B2B 模式、B2C 模式和 C2C 模式。按照服务类型，分为信息服务平台、在线交易平台和国际贸易综合服务平台。跨境电子商务对国际贸易的影响包括宏观影响以及对企业和消费者的微观影响。跨境电子商务的运营体系由主要商业形态、业务模块、管理模式、大环境等要素组成，包括运营基础模块、市场运营模块、管理决策模块和法治环境模块。商业模式主要包括自营平台模式、第三方平台模式和独立网站模式三个大类。

【拓展知识】

阿里巴巴国际站的入门知识介绍

作为最具代表性的 B2B 跨境电子商务平台之一，阿里巴巴国际站已成为诸多企业开展跨境电子商务业务的重要选择。本章拓展知识将对该平台的入门知识进行介绍，具体如下：

1. 注册与登录

在使用阿里巴巴国际站之前，首先需要在平台进行注册。注册完成后，可以使用邮箱或手机号登录平台。为了保证账户的安全性，平台建议使用复杂度较高的密码，并开启双重认证功能。

2. 产品搜索

阿里巴巴国际站的产品搜索功能非常强大，可以通过输入关键词、筛选条件等多样化的方式来搜索所需要的产品。平台建议在搜索时，使用英文关键词，以便获得更准确的搜索结果。

3. 询盘与报价

在搜索到心仪的产品后，可以通过阿里巴巴国际站的询盘功能向供应商发送询价信息。供应商收到询价信息后，会根据客户需求进行报价。在接收到报价后，可以与供应商进行进一步的沟通和协商，达成最终的交易合作。

4. 支付与物流

在确定交易合作后，可以通过阿里巴巴国际站提供的支付和物流服务来完成交易。阿里巴巴国际站支持多种支付方式，包括信用卡、PayPal 等，同时还提供海运、空运、快递等多样化物流方式供选择。

5. 防范诈骗

阿里巴巴国际站一直致力于维护平台的安全性，但是仍然存在一些不法分子利用平台进行诈骗的情况。建议在交易过程中保持警惕，不要轻信对方的承诺，同时也可以通过平台提供的投诉和举报功能来保护自己的权益。

6. 营销方式

在阿里巴巴国际站可以采用多种营销方式。第一是品牌营销。企业要有品牌意识，一个产品的品牌犹如名片。每个企业在一开始应确立品牌定位，想方设法建立独一无二的竞争优势，在产品宣传、品牌名气打造方面多花精力。第二是产品内容营销。企业在制作产品内容时，需要考虑自己产品的受众群体，只有精准找到产品定位，才可以做到吸引买家的眼球。第三是广告营销。对于商家而言，推广是非常重要的，如果没有将产品和品牌展示在受众面前，很难吸引外国客户。

【专业术语】

1. Cross-border Electronic Commerce	跨境电子商务
2. Exports of Cross-border E-commerce	跨境电子商务出口
3. Imports of Cross-border E-commerce	跨境电子商务进口
4. Business to Business Mode	B2B 模式
5. Business to Consumer Mode	B2C 模式
6. Consumer to Consumer Mode	C2C 模式
7. Information Service Platform	信息服务平台
8. Online Trading Platform	在线交易平台
9. Comprehensive Service Platform of International Trade	国际贸易综合服务平台
10. Self-operated Platform	自营平台模式
11. Third-party Platform	第三方平台模式
12. Independent Website	独立网站模式

【课后习题】

一、简答题

1. 什么是跨境电子商务？与传统的国际贸易方式相比，跨境电子商务有什么相同和不同之处？

2. 跨境电子商务有哪些主要的特征？

3. 跨境电子商务有哪些主要的分类方式？B2B、B2C和C2C三种模式分别是指什么？

4. 跨境电子商务能够给国际贸易带来怎样的影响？从宏观层面和微观层面（包括企业和消费者），这些影响包括哪些方面？

5. 什么是跨境电子商务的运营体系？包括哪些模块？

6. 跨境电子商务有哪些主要的商业模式？各种商业模式都有什么优势？

二、案例分析

华为是中国最大的通信设备制造商，一直以来致力于开拓国际市场。在跨境电子商务领域，华为通过官方网站和第三方平台（如亚马逊、e-Bay等），向全球消费者销售产品。同时，华为还充分利用电子商务平台拓展品牌影响力和市场份额。其中，华为官方网站是其主要的跨境产品销售平台，该网站支持全球多个国家和地区的消费者在线购买华为的手机、电脑和其他产品。华为官方网站提供多种语言版本，如英文、西班牙语、法语、德语、俄语、阿拉伯语等，以满足不同国家和地区的消费者需求。华为通过优化网站的用户体验、提高物流配送和售后服务的效率，为消费者提供更加便捷和愉悦的购物体验。此外，华为还利用社交媒体和搜索引擎等数字化手段，通过品牌推广和优惠促销等方式吸引消费者。

除了官网，华为还通过第三方电子商务平台拓展外国市场。例如，华为在亚马逊、e-Bay等电子商务平台销售产品，通过这些电子商务平台，有效地扩大品牌曝光率和市场份额。华为在这些平台的销售策略主要包括合理定价、提供多种优惠和促销活动、优化产品展示和描述等。

通过上述渠道，华为在国际市场取得巨大的成本，这些成功经验为其他中国制造业企业拓展国际市场提供有益的启示。要想在国际市场取得成功，企业需要多元化的销售渠道、优化的用户体验、数字化营销策略和本地化运营等综合因素的支持。同时，企业需要注重技术创新和产品质量，赢得消费者的信任和认可。由此可见，在中国制造业企业加快向高质量方向转型的背景下，跨境电子商务成为中国制造业企业进一步拓展国际市场的重要途径。

问：在华为开拓国际市场的过程中，跨境电子商务带来什么影响？华为运用了哪些跨境电子商务的商业模式？华为开拓国际市场的成功，给其他中国企业带来什么启示？

第十三章　新型国际贸易方式

【导入案例】

随着国际贸易的不断发展，企业开拓国际市场的贸易方式日益多样化。其中，国际性展览会是企业展示、推广并外销产品的重要平台。作为中国规模最大、产品种类最齐全、历史最长的综合性国际贸易展览会，广交会（又称为中国进出口商品交易会）每年在春秋两季举办，为很多国内企业提供产品展示、拓展外国市场的机会。海信集团利用广交会拓展市场，就是一个成功的案例。

海信集团是中国非常知名的电器制造商，在电视、家用电器、移动通信、计算机等领域拥有丰富的产品生产线和强劲的技术实力，是中国制造业中备受瞩目的企业之一。海信集团的产品在中国市场已经得到广泛的认可，并且开始向国际市场拓展。在开拓国际市场的过程中，海信集团多次在广交会参展，与来自不同国家和地区的买家建立良好的合作关系，与非洲市场的合作尤为成功。在2012年广交会上，海信集团展示智能电视产品，与非洲客户进行多次会谈，随后为非洲市场设计一款适合当地用户使用的电视产品，在当年10月份开始大规模生产并出口非洲市场。根据海信集团的公开数据，截至2020年底，海信集团在非洲市场拥有超过1 000个销售渠道，覆盖32个非洲国家和地区，海信电视在非洲市场的销售额占当地市场约15%，成为该地区的领先品牌之一。此外，海信集团在非洲市场的销售业绩持续增长，2020年海信集团在非洲市场的电视产品销售额为104.36亿元，同比增长16.5%。

从上述案例，我们可以看到海信集团之所以成功地开拓非洲市场，离不开广交会提供的合作与交流平台。作为一种新型国际贸易方式，国际会展贸易成为企业开发和拓展国际市场的重要手段。那么，与传统贸易相比，国际会展贸易有哪些特征？发挥什么作用？实际上，不止国际会展贸易，企业还可以利用其他新型的贸易渠道，多元化地去扩大贸易规模。因此，本章将对国际会展贸易进行介绍，还介绍另外两个新型国际贸易方式，即期货贸易和离岸贸易。

第一节　国际会展贸易

与国内产品交易相比，在国际贸易中，交易现场看货和交流的情况比较少见。随着国际会展贸易的出现，国际性产品展览会日益增多，为交易双方提供现场看货和交流的场所。出口企业可以在展会中展示产品，吸引潜在购买者；进口企业可以在展会寻找交易伙伴，现场查看产品性能和质量。本节内容将对国际会展贸易进行介绍，包括国际会展贸易的概念、特征、作用、分类和基本操作，以及中国知名的国际性展览会。

一、国际会展贸易的概念、特征与作用

国际会展贸易（International Exhibition Trade）是指，利用国际性的展览会、博览会、展销会、交易会以及其他的会展形式，为出口企业和进口企业搭建一个沟通、交流和交易平台，以产品展出和销售相结合，实现以展促销为目标的一种新型国际贸易方式。

国际会展贸易有狭义和广义之分。狭义的国际会展贸易是产品展览和销售的贸易活动。广义的国际会展贸易除了产品展销之外，还包括实现外交、科技文化交流等目的的非商业性展览。以下内容主要聚焦狭义的国际会展贸易，即以产品展览和销售为核心的贸易方式。

相比较传统贸易方式，国际会展贸易的主要特征包括：第一，国际会展贸易集产品展览与销售两种功能为一体，一边展出，一边销售（以销售为主），出口企业不仅能够现场展示和推广产品，还能够现场达成交易，实现产品消费。在这个过程中，出口企业以多品种、多门类、多规格的产品展览，吸引外国潜在的消费者和企业，供需双方直接现场见面，进行贸易洽谈、沟通和交流。第二，国际会展贸易能够达到良好的宣传效果，产生的影响比较广，有利于宣传出口国企业的产品优势和科技成就，以促成交易，扩大出口。第三，国际会展贸易有助于收集市场信息，开展市场调查研究，以便有效地掌握市场动态。另外，还可以通过听取国外客户的意见，找出与其他竞争对手的差距，不断提高出口产品质量，增强出口竞争力。第四，国际会展贸易的筹备工作量大、开支多、手续复杂，所以出口企业需要投入较大的人力、物力、财力等进行筹备。

基于国际会展贸易的特征，国际会展贸易发挥的作用在于：第一，国际会展贸易有助于宣传进出口产品，帮助国内外的交易双方了解产品信息和质量，扩大产品影响力，找到潜在的买家和卖家，促进国际贸易发展。第二，国际会展贸易有助于建立和发展客户关系，传统国际贸易主要通过函电与外国客户联系，而国际会展贸易实现交易双方直接的面对面交流，面对面交流是最好的沟通和交流方式，出口企业可以通过这种方式开拓和扩大出口市场和范围。第三，国际会展贸易有助于市场调研，面对面直接听取客户意见，进而改进产品设计和质量，提高出口产品的国际市场竞争力。

二、国际会展贸易的分类

国际会展贸易经过多年发展，呈现出多样化特征。根据展会举办地点、贸易流向、举办场所等，可以对国际会展贸易进行如下分类。

（一）按照展会举办地点不同

展会举办地点是指，贸易展览会是在本国场所或外国场所举办。根据展会举办地点的不同，国际会展贸易可以分为国内参展和国外参展两种类型。

国内参展是贸易企业参加本国国内举办的国际性展览会，与各国企业进行沟通、交流和竞争，销售或购买产品。改革开放以来，会展业在中国得到快速发展，已经成为前景广

阔的新兴产业。其中，多个国际性展览会在中国成功举办，如广交会、中国—东盟博览会、中国国际进口博览会等，首届广交会可以追溯到20世纪50年代。这些国际性展览会为企业提供开拓国际市场的平台，帮助企业进入并扩大国际市场，同时带来多样化的外国产品。

国外参展是本国企业到国外参加国际性展览会，利用国外举办的各种展览会展示和推销产品，或者选购外国产品。这种国际会展贸易可以直接接触到外国消费者或生产企业，进行现场沟通交流，有助于企业开拓外国市场。在国外参展中，按照展销产品的所有方和客户的关系，又可以分为两种类型。第一种类型是与外国展览会主办方合作，展示和销售时产品所有权不变，展销产品的价格由卖方决定。主办方提供相关的展会综合性服务，产品出售后收取一定的费用作为补偿。展出结束后，未销售完的产品可以折价卖给合作客户，或运往其他展览会和地方进行销售。第二种类型是将产品通过签约合同的方式交给外国客户，再由外国客户在外国举办或参加展览会，进一步销售产品。

（二）按照贸易流向不同

贸易流向是指，在国际贸易中的产品流向，如单向流动（进口或出口）、双向流动（进出口并存）等。按照贸易流向的不同，国际会展贸易可以分为三种类型，即出口展览会、进口展览会和进出口综合型展览会。

出口展览会（Export Exhibition）是专门为企业出口和拓展外国市场而服务的一种展览会，通常会邀请国内生产企业和外国买家参会，以帮助出口企业接触潜在的客户，现场直接沟通和交流，推广和展销本国产品。

进口展览会（Import Exhibition）是以进口为主题的专门展览会，帮助国内企业购买和接触外国先进产品和技术。近几年，中国强调打造新一轮高水平对外开放，扩大进口。从2018年开始，每年举办中国国际进口博览会，这是中国主动向世界开放市场的重大举措。

进出口综合展览会（Import and Export Comprehensive Exhibition）是既有本国产品展销、又有外国产品展销的综合性展览会，这种形式的展览会更有助于本国企业与外国企业进行有效的沟通和交流。目前，世界上绝大多数的展览会都属于这种进出口综合型展览会形式，如中国每年举办的广交会、中国—东盟博览会等。其中，广交会最初以出口服务为主，后来根据新形势的变化，改成出口和进口共存的综合型展览会。

（三）按照举办场所不同

举办场所是指，国际性展览会的具体举办场所，包括线下场所和线上场所两种场所。按照举办场所的不同，国际会展贸易可以分为两种类型，即线下展览会和线上展览会。

线下展览会是在线下场所举办的展览会。由于需要场馆建设、展厅装修等投入，线下展览会通常成本较高，但效果更好。线下展览会效果更好的原因在于，买卖双方直接面对面接触和交流，买方也能够看到产品实物，有助于更好地了解产品质量和性能。

线上展览会又称为虚拟展览会，是近年跟随现代科学技术和网络技术而发展起来的新型展会形式。线上展览会将产品以信息和数据的形式，在网上进行展示和交易。这种方式突破时间和地域的限制，将传统的线下展览会向线上延伸，通过线上互动，让生产企业和需求方更好、更快速地了解彼此，降低交易成本，提高交易效率，交易机会也相应得到增加。线上展览会的好处在于节省成本，以及突破地域限制。但线上展销往往效果不好，因为交易双方不能面对面交易，买方见不到产品实物，产生信息不对称风险，不能完全地了解产品质量和性能。另外，也有一些展览会采用线上线下相结合的方式进行，在线下实物产品展销的同时，也开设线上展示，给购买方更多元化的选择空间。需要注意的是，线下实物展示是更好的展览形式，交易双方直接接触，才能真正达到展览会的目的，发挥展览会的最大优势，线上展销应作为辅助和补充的手段，而不能完全替代线下展览会。

三、国际会展贸易的基本操作

国际会展贸易是一个将产品宣传、销售和市场调研结合起来的贸易方式，需要精细的事前准备。国际会展贸易带来的经济效应不能仅用一次展览会的销售成绩来衡量，在一次成功的展销后，更重要的是建立广泛的客户网络和交易关系，日后往往能够带来数量可观的后续订单和更大的经济利益，所以展览会结束的后续工作也是非常重要的。总的来说，国际会展贸易的基本操作可以概括为三个阶段工作，即展览会的准备工作、展览会的组织和开展工作和展览会的后续工作。

在展览会的准备工作方面，首先要选择所参加的具体某一个展览会。存在两种可供选择的方式：一是出口企业自行举办展览会，但由于出口企业的力量往往是有限的，这种方式投入巨大，前来参与的企业较少，且不确定性程度较大，一般很少企业选择自己举办展览会。二是参加国际性展览会，这是最常见的形式，参与成本较低，且能够接触到更多的外国客户。即便是直接参加国际性展览会，企业也需要进行较大的投入和开支，如租用展厅、装修展厅、前期广告宣传、产品准备等。另外，前期的筹备工作量普遍较大，手续复杂。鉴于前期准备工作的重要性，出口企业需要投入较大的人力、物力、财力等进行筹备，做好了前期工作，后续与客户现场交流、产品展示、产品交易等工作也会变得顺利。

在展览会的组织和开展工作方面，这部分工作是国际会展贸易的重点部分，包括展品生产和包装、运输、企业宣传、客商邀请等。产品展示和推广是展览会的最重要目的之一，企业应提前做好产品生产工作，进行精美的包装，保证产品能够最大化地吸引潜在客户。企业需要提前打印好产品宣传资料和手册，对参与展销的人员进行培训，确保展会当天能够更好地宣传产品。企业不仅需要进行产品宣传，还要推广企业自身，提高品牌价值。企业还应提前做好调研工作，了解可能的潜在客户，以便展会时能够更精准地找到交易伙伴。另外，展览会开展期间，要组织工作人员配合贸易洽谈、销售活动等。

在展览会的后续工作方面，这是工作是国际会展贸易中的不可忽视部分，包含很多重要的内容。一是剩余产品处理，展览会经常会有未销售完毕的产品，企业需要对这些产品进行处理，可以折价卖给合作客户，或运往其他展览会和地方进行销售。二是成交产品的货款结算，企业需要跟进处理。三是进一步扩大展览会的成果，加强与客户的联系。参加展览会的目的不仅是为了产品销售，更多是为了产品宣传和推广，与潜在客户建立长期的合作关系。因此，参加展览会的成败不能用销售额衡量，不能看短期利益，而是看长期利益。在展销后，企业应保持客户的联系，加深并拓展客户网络，巩固关系，为日后的合作和交易打下基础。

此外，为了更好地开展国际会展贸易，参与企业还应该注意以下问题。一是选择适当的参展产品，要注意选择展品的先进性、多样化和新颖性，要能反映企业的品牌价值和生产技术，反映当代的科技水平和市场需求，即展品要适销对路。二是选择好合作的客户，尤其是到外国参加展览会时，企业应做好提前的调研和资料搜集工作，应选择信誉良好的客户作为合作伙伴和交易对象。选择客户时，最好是那些有较好经营能力、对当地市场熟悉的企业，具有较成熟的业务体系和销售系统，进而通过客户开展宣传工作，扩大产品的当地影响力。三是选择合适的展会地点，对于企业而言，应选择交易集中、市场潜力大、有发展前途的展会地点进行产品宣传和销售，还考虑当地的各项基础设施，如展会场馆、通信设施、交通设施等，以便享受到更便利的展销条件和更好的展会服务。四是选择恰当的展销时机，对于季节性强的产品，企业应选择销售旺季产品进行推广和销售。

四、中国知名的国际性展览会

早在 1957 年，中国举办首届广交会（当时又称为中国出口商品交易会）。之后，随着国际会展贸易的不断成熟，越来越多的国际性展览会在中国举办，包括中国—东盟博览会、中国国际进口博览会等。在以下内容中，将选择广交会、中国—东盟博览会和中国国际进口博览会三个国际性展览会，进行重点介绍。

（一）广交会

广交会，又称为中国进出口商品交易会[①]，创办于 1957 年春季，每年春秋两季在广东省广州市举办。广交会由商务部和广东省人民政府联合主办，中国对外贸易中心承办，是中国历史最长、层次最高、规模最大、产品种类最齐全、到会外国商家最多，外商分布国别和地区最广、成交效果最好的综合性国际贸易展览会，被誉为“中国第一展”。广交会是中国对外开放的窗口、缩影和标志，是国际贸易合作的重要平台。创办以来，广交会已成功举办超过 130 届，与全球 229 个国家和地区建立贸易关系，累计出口成交超过 1.5 万亿美元，累计到会和线上观展境外采购商超过 1 000 万人。最近几年，广交会进行机制创新，丰富业态，拓展功能，努力打造成为中国全方位对外开放、促进国际贸易高质量发展、联通国内国际“双循环”的重要平台，提供更好的服务，进行高水平对外开放。

（二）中国—东盟博览会

中国—东盟博览会创办于 2004 年，由中国国务院前总理温家宝倡议，由中国和东盟十国经贸主管部门以及东盟秘书处共同主办，广西壮族自治区人民政府承办的国家级、国际性经贸展览会，每年在广西壮族自治区南宁举办。中国—东盟博览会是中国境内由多国政府共办且长期在一地举办的展会之一。中国—东盟博览会以促进中国—东盟自由贸易区建设、共享合作与发展机遇为宗旨，内容包括产品贸易、投资合作、服务贸易、高层论坛、文化交流等，以产品和服务展览为中心，同时开展多领域、多层次的交流活动，搭建中国与东盟国家交流合作的平台。在中国—东盟博览会的助力下，东盟国家逐渐成为中国对外贸易发展的重要增长极，目前已是中国最重要的贸易伙伴之一。

（三）中国国际进口博览会

中国国际进口博览会创办于 2018 年，由商务部和上海市人民政府主办，中国国际进口博览局、国家会展中心（上海）承办，是世界上第一个以进口为主题的国家级展览会，是中国推进新一轮高水平对外开放的一项重大决策，也是中国主动向世界开放市场的重大举措。经过几年发展，中国国际进口博览会逐步让展品变商品，让参展商家变投资商家，

① 原为中国出口商品交易会。根据形势的发展和变化，中国在2007 年将其更名为中国进出口商品交易会。

加强交流创意和理念，联通中国和世界各国，成为国际采购、投资促进、人文交流、开放合作的四大平台，成为全球共享的国际公共产品。截至2021年，前四届中国国际进口博览会共发布新产品、新技术、新服务超过1 500项，累计意向成交额达2 700多亿美元。

第二节　期货贸易

期货贸易是一种特殊的国际贸易方式，是期货交易在国际市场的延伸。早期的期货交易起源于11世纪到14世纪的欧洲，在17世纪的日本得到发展，而现代期货市场产生在19世纪后期的美国。由于产品市场价格受到供求关系的影响，从事国际贸易的主体，包括生产企业、出口企业和进口企业，可以利用期货交易减少现货交易的价格波动风险，避免不必要的损失。本节内容将对期货贸易进行介绍，包括期货贸易的概念、主要交易产品、与现货贸易的区别，以及期货市场的构成。

一、期货贸易的概念

期货贸易（Futures Trade）是指，买卖双方在期货交易所内，按照一定的规章制度进行国际贸易产品的期货交易，是一种与现货贸易相对的新型国际贸易方式，也是期货交易在国际市场的延伸。由于交易标的物是期货交易制定的标准化期货合同，而不是现货，又称为期货合同交易。交易双方不需要在买卖发生的初期交付和接收实物，而是在远期交割时才涉及实物。买卖双方只需要支付定金，通过期货交易所买进或卖出期货合同，这种期货合同已是期货交易规定的标准化契约，期货贸易通常不涉及实物所有权的转移，只是转嫁与这种所有权相关的、由产品价格变动带来的风险。

现代期货贸易的交易地点为期货交易所（Futures Exchange）。目前，期货交易所已遍布世界各地，尤其是美国、英国、日本、新加坡、中国、中国香港等的期货交易所在国际市场都具有较大的影响力，占据重要的地位。其中，比较著名、交易量较大的期货交易所包括：美国的芝加哥期货交易所、芝加哥商品交易所、芝加哥期权交易所、纽约商业交易所、国际证券交易所等；欧洲的欧洲期货交易所、泛欧交易所、伦敦金属交易所、国际石油交易所等；亚洲的东京工业品交易所、东京谷物交易所、东京证券交易所、大阪证券交易所、东京国际金融期货交易所、新加坡交易所；中国的郑州商品交易所、大连商品交易所、上海期货交易所、中国金融期货交易所、上海能源期货交易所、广州期货交易所等。

二、期货贸易的主要交易产品

对于期货贸易，交易对象是期货交易所的标准化期货合约，期货合约对应的是合约所代表的标准化产品。主要的交易产品都是属于需求和供给量较大、价格波动较频繁的大宗产品，尤其是初级产品，如谷物、棉花、咖啡、可可、牲畜、木材、贵金属、一般金属、能源、油料、原油等。

总的来说，期货贸易的产品具有以下几个特点：一是上市品种多是容易标准化、容易储存运输的大宗产品；二是每个期货合约都有固定期限；三是上市合约价格与其对应的现货市场价格一致，在市场因素影响下，会产生相当幅度的变化，被称为现货市场价格变化的温度计；四是由于期货合约对应的产品拥有自身价值，所以无论合约价格围绕着供需关系如何变化，合约价格都不会接近或等于零。

影响期货产品价格变动的主要因素包括现货市场的供求关系、宏观政策、国际市场价格变化、其他相关产品的价格等。以大豆期货为例，第一，大豆市场的供给和需求都会影响大豆期货的价格，包括国际大豆市场的供求情况、国内大豆市场的供求情况、大豆产品的进出口情况等。第二，国内外的宏观政策都会影响大豆期货的价格，如大豆及相关产业的产业政策、农业政策、国际贸易政策、食品政策等。第三，国际市场价格变化会影响大豆期货的价格，例如，美国芝加哥期货交易所的大豆价格变化会影响其他国家的大豆期货的价格。第四，与大豆相关的产品价格也会影响大豆期货的价格，如相关的补充品和替代品价格。

期货贸易最常见的三种交易产品分别为农产品、金属产品和能源产品。

1．农产品期货贸易是世界上最早出现的期货贸易，农产品贸易特征为交易量极大，价格随时间和季节波动幅度大，所以农产品非常符合期货交易产品的基本条件。谷物产品交易一直是期货交易所的传统交易产品，美国的芝加哥期货交易所是世界上历史最悠久的农产品期货交易所。目前，中国农产品期货交易的主要场所是郑州商品交易所和上海粮油商品交易所。农产品期货贸易的产品品种丰富，涵盖大多数农产品种类，主要包括黄豆、玉米、小麦、大豆、糖、咖啡、可可、棉花、生猪、活牛等。

2．对于金属产品的期货贸易，目前在世界期货市场上交易的金属主要分为两种类型，即贵金属和一般金属。贵金属主要包括黄金、白银等，属于价格比较高的金属产品，主要的交易场所在纽约商品交易所和纽约商业交易所。一般金属主要包括铜、铝、铅、锌、锡、镍等，这类金属的价格远低于贵金属，主要的交易场所在伦敦金属交易所。另外，中国也有自己的金属产品期货交易所，包括深圳有色金属交易所和上海金属交易所。

3．能源产品期货贸易也是世界上期货交易的主要对象。能源产品期货贸易的主要对象为石油产品。石油产品作为一种化石能源，需求量非常大且日益剧增，但由于石油的形成需要至少 200 万年时间，而且在全球分布不均，开采有一定难度，所以石油生产和储藏量、供给量有限，随着世界石油供给形势而变化，容易影响石油价格变动。目前，中国能源期货交易的主要场所为上海石油交易所和南京石油交易所。

三、期货贸易与现货贸易的联系与区别

期货贸易与现货贸易既有联系，又有区别。现货贸易是传统的国与国之间的产品交易方式，交易双方可以在任何时间和地方，通过订立国际贸易产品买卖合同，进而达成交易。在进出口业务中，无论是即期交货，或是远期交货，这些进出口产品交易都属于现货贸易的范畴。而期货贸易是在现货贸易的基础上发展而来，期货价格受到现货市场的影响，但是与现货贸易相对。在期货贸易中，期货合同所代表的产品是现货贸易的部分产品，绝大多数产品不能以期货的方式进行交易。在国际期货市场交易的主要产品包括农产品、金融产品、能源产品等。虽然两个市场的价格都受到市场经济规律的影响和制约，具有一定的相关性，但还是存在不同的影响因素。

总的来说，期货贸易与现货贸易具有明显的区别，主要体现在以下几个方面。

1．从国际贸易的标的物来看，期货贸易与现货贸易的交易对象存在很大差异。现货贸易的交易对象是实际货物，而期货贸易的交易对象是期货交易所制定的标准化期货合同。

2．从交易的时间和地点来看，期货贸易与现货贸易存在较大的差异。在现货贸易中，进出口交易双方可以在任何时间和任何地点进行并完成交易。在期货交易中，交易双方必须在期货交易所内，按照期货交易所所规定的开市时间和规章制度进行交易。

3．从成交的形式来看，期货贸易与现货贸易也存在差别。现货贸易是在封闭或半封闭的双边市场上私下达成交易的，交易双方签订国际贸易产品买卖合同，合同条款是根据交易双方的实际情况而订立的，合同内容是非公开的，只有交易双方知道，其他局外人不知道。期货贸易是公开透明的，在多边市场上进行，通过竞价方式达成交易。期货合同的条款是标准化的，达成交易的相关信息，包括期货价格等，都是对外公开的。

4．从履约的方式来看，期货贸易与现货贸易也是不同的。在现货贸易中，无论是即期交货，或是远期交货，交易双方都要履行贸易合同规定的内容和义务，卖方需要按照合同的规定，交付产品，买方则按照规定，支付货款。在期货贸易中，交易双方达成的是期货合同，卖方可以按照期货合同的规定，履行实际的产品交付义务，买方同样也可以按照规定接收产品。但是，期货贸易不一定存在实际交割货物，只要在期货合同到期之前，交易者做一笔反向的、交割月份和交易数量相等的期货交易，交易者就能够解除合同义务，不需要履行合同。这也就是期货交易中的对冲或平仓。其中，多数期货交易都不涉及产品的实际交割。例如，在美国，期货交易的实际产品交割仅仅占全部交易的很小比例。

5．从交易双方的法律关系来看，期货贸易与现货贸易的交易双方存在差异。在现货贸易中，只要交易双方签订合同和达成交易，就固定了交易双方具有的权利和应该履行的义务，交易双方产生直接的法律关系，任何一方不能擅自违反和解除合同。在期货贸易中，交易双方不见面，合同履行无需双方直接接触。在期货交易所，交易者通过具有交易所会员资格的佣金商，代理购买或卖出期货合同，实际产品交割、交易清算由清算所负责。因此，即便是达成交易，交易双方也不建立直接的法律关系。

6．从交易的目的来看，期货贸易与现货贸易具有差异化的目的。在现货贸易中，交易双方的目的在于买卖实物产品，存在实物所有权的转移。对于出口企业，它们目的在于销售产品，收取货款。对于进口企业，目的在于购买到对它们有价值的实际产品。在期货贸易中，不同参与者有不同的目的。有些交易者目的是配合现货贸易，利用期货交易规避产品价格变化的潜在风险。有些交易者目的则在于在期货市场上套取利润，通过投机活动，获得相应的利润。

四、期货市场的构成

期货市场（Futures Market）是指，按照一定的规章制度，进行期货合同买卖的有组织市场。期货市场主要由期货交易所、期货佣金商、清算所、期货交易参与者等主体构成。在期货贸易中，包括出口商和进口商在内的期货交易参与者在期货交易所里，通过期货佣金商下单，交易达成后，所有合同都通过清算所进行统一的清算和结算。

（一）期货交易所

期货交易所是指具体进行期货合同交易的场所，是在早期商品交易所的基础上演变而来，如前文提到的芝加哥期货交易所、上海期货交易所等。期货交易所本身不参加期货贸易，它们的盈利主要来源于收取会员费、交易手续费等。期货交易所的职能包括以下方面：

1．提供期货交易的场所；

2．制定期货交易的标准和规则；

3．负责监督和执行交易规则；

4．制定标准化的期货合同；

5．设立仲裁机构，解决交易中存在的争议问题；

6．负责收集和向公众公布交易相关的信息。

（二）期货佣金商

期货佣金商（Futures Commission Merchant）又称经纪行或佣金行，是代表金融机构、商业机构、交易企业或一般公众进行期货交易的企业或个人组织，目的在于从所代理的期货交易中收取佣金。期货佣金商一般是期货交易所的会员，有资格指令场内经纪人进行期货交易，是非会员参与者参与期货交易的中介。期货佣金商的主要业务包括以下方面：

1．向客户提供期货交易的服务；

2．作为客户进行期货交易的代理人，负责处理客户的保证金；

3．记录客户的盈亏情况，代理进行产品的实际交割；

4．向客户提供期货交易的咨询业务和决策信息。一般而言，期货佣金商通常为证券投资公司、专营期货交易的期货公司、从事实际进出口贸易的企业等。

（三）清算所

清算所（Clearing House）是指，负责对期货交易所内的期货合同进行统一交割、对冲和结算的独立机构。清算所是随着期货交易的发展而设立的清算和结算机构，在期货交易中，清算所的设立有助于完善期货交易的制度，保障期货交易能够顺利进行，成为期货市场正常运行的重要部分。

在期货交易的过程中，清算所既是期货合同的买方，又是期货合同的卖方，这是因为清算所的特殊功能，一旦期货交易达成，交易双方分别与清算所发生交易关系。清算所通常具有雄厚的财力，实行一套严格的财务运行制度，即保证金制度。清算所规定达成期货交易的买卖双方应交纳履约保证金，要求每一位会员必须在清算所开设一个保证金账户，对每一笔期货交易都要按规定交纳保证金。为了防止违约事件，非会员也要向清算所交纳一定的保证金。当会员交易头寸出现亏损时，清算所还会向会员发出追加保证金的通知。保证金制度使期货市场交易的运行机制更加完善，吸引更多客户参与期货交易。

（四）期货交易参与者

期货交易参与者可以是个人或企业，但这些参与者参与期货交易的目的不同。按照期货交易的目的，期货交易参与者可以分为两类，包括套期保值者和投机者。套期保值者（Hedger）一般是实际产品的经营者、生产者或购买者，他们在现货市场进行实际的产品交易，参与期货交易的目的是保障产品交易的正常利润，避免由于产品价格波动造成不必要的损失，所以在期货市场采用套期保值、转移价格风险的策略。套期保值的基本做法是在卖出（或买入）实际产品的同时，在期货交易所买入（或卖出）同等数量的期货。

投机者（Speculator）是在期货市场上通过“买空卖空”的手段，希望以较小的资金投入，换取较多的利润回报。与套期保值者不同，投机者希望期货市场价格能够波动，尤其是向自己期望的方向波动，更愿意承担期货价格变动的风险。一旦预测期货价格上涨，投机者就会买入期货合同，等到期货价格实际上涨后，再将期货卖出，称为“买空”。相反，如果预测期货价格下降，就会卖出期货合同，等到期货价格与预测方向一致时，再进行对冲，称为“卖空”。需要注意的是，“买空卖空”是不确定性极大的投机活动，投机者在期货市场的投机行为要冒着非常大的风险。

第三节 离岸贸易

离岸贸易是近几十年出现的一种新型国际贸易方式，是转口贸易业务和跨国公司业务的延伸和发展，主要目的在于降低企业进出口成本，带来贸易便利性，在当今的国际贸易中发挥越来越重要的作用。2021 年，国务院办公厅下发《加快发展外贸新业态新模式的意见》，提出要稳步推进离岸贸易发展，更说明离岸贸易已成为国家重点关注的新贸易方式，在未来有着光明的发展前景。本节内容将对离岸贸易进行介绍，包括离岸贸易的概念、主要特征和业务类型，以及中国国内离岸贸易的重点地区。

一、离岸贸易的概念

离岸贸易（Offshore Trade）是指，虽然国际贸易中的货物流不经过本国贸易商所在地的关境，但是离岸贸易商控制、管理和服务于贸易过程的推进，资金流和订单流则经过本国境内。离岸贸易是随着转口贸易业务和跨国公司业务发展而演化来的一种新型的国际贸易方式，这种贸易方式最关键的特征是订单流、货物流和资金流的“三流”分离，能够有效、全面地降低进出口贸易成本，提高贸易便利化的程度。

“离岸”的含义是指贸易企业将子公司注册在离岸地区，或利用离岸地区企业开展国际贸易，但企业负责人不用亲临当地，业务运作可以在母公司所在地开展，离岸公司负责产品出口业务。其中，在离岸地区注册的公司称为离岸公司（Offshore Firms）。离岸地区是指，包括除了本国之外的其他国家或地区，以及本国国土范围内、关境外的地区（如自由贸易区、自由贸易港等）在内的地区。离岸公司开展离岸业务通常没有任何税收负担，且享受贸易过程的便利化，离岸地区一般只向离岸公司征收年度管理费，不再征收其他任何税款。作为国际贸易专业化发展的高级形态，离岸贸易的发展，需要在贸易便利化、投资便利化、跨境资金管理、人才自由流动等方面实现突破和配合。

简单来说，离岸贸易是一家企业通过离岸公司，在离岸地区生产产品，或直接购买产品，随后向境外另一个地方（进口国）销售该产品的行为。举一个例子，一家位于广州的企业从香港分公司采购一批原材料，不运回广州，直接销售给新加坡的下游企业。在这个过程中，产品没有进入内地关境内，订单和资金往来在广州远程进行。由此可见，在离岸贸易中，虽然产品不进出本国关境，也不纳入本国海关统计，但资金流、订单流经过本国境内，本国企业能够从中受益。

在贸易主体方面，离岸贸易一共涉及三个主体，即贸易中间商（母国公司、贸易组织者）、进口商和出口商（离岸公司）。其中，贸易中间商在境内，进口商和出口商在境外，贸易中间商分别与进口商和出口商签订国际贸易合同，产品直接从出口商所在国销往进口商所在国，不进入贸易中间商所在国的境内。

二、离岸贸易和离岸公司的主要特征

与传统贸易相比，离岸贸易具有诸多差别。可以从地域要素、法律要素、资本要素和资本要素四个方面，分析离岸贸易和离岸公司的特征。

1．从地域要素方面，离岸公司的成立地点很重要，说明离岸贸易对地域要素有较高的依赖程度。具体而言，离岸公司必须在特定的离岸法域成立，世界各大洲都有许多著名的离岸法域，主要包括一些岛国，如英属维尔京群岛、开曼群岛、巴哈马群岛、百慕大群岛等，这些岛国为了吸引外商投资，改善当地经济发展，都制定离岸公司法，鼓励世界各地资本和企业到其当地注册，对于企业的营业收入免除或征收少量税收，每年仅收取一定的管理费。例如，中国企业到巴哈马群岛注册一家贸易公司，贸易业务往来主要在欧洲与美洲开展。很多企业也倾向于到一些实施关税减免或贸易自由化程度很高的国家或地区建立离岸公司，如新加坡、中国香港等。另外，一些属于国境内、关境外的地区也是主要的离岸贸易开展地区，如中国的上海自由贸易区、海南自由贸易港等。

2．从法律要素方面，为了更好地规范离岸贸易的管理，很多离岸地区都专门设立相关的专门法律，为离岸贸易开展提供法律依据。离岸公司成立的法律依据是离岸地区专门的离岸公司法律规范。例如，在英属维尔京群岛，当地规范离岸公司的法律为《维尔京国际商务公司法》；在开曼群岛，在《开曼群岛公司法》里有关于离岸贸易的相关规定。

3．从资本要素方面，离岸公司的注册资本来源于离岸地区之外的投资者（母公司所在地的投资者），即离岸公司的投资者或设立人不是当地企业或当地人。从各个国家创设离岸公司法的主要目的来看，其本质是为了方便和规范境外投资者的资本运作，给境外投资者带来更多的便利性，吸引他们前来投资和开展离岸贸易。从实践来看，来自离岸地区之外的投资者和资本设立的公司构成离岸公司的主体部分。

4．从运营要素方面，离岸公司主要业务为对外贸易，不得在离岸地区内进行经营和开展业务，即离岸公司是排除在离岸地区本土经营的公司。绝大多数离岸公司法都规定，一旦发现离岸公司在离岸地区与其他公司签订商业合同，就会撤销该公司的离岸公司地位，不能享受离岸贸易的相关优惠和便利服务。离岸公司的注册地在离岸地区境内，而主要经营业务和活动在离岸地区之外进行，离岸公司具有注册地和经营业务相分离的特征。这种分离不仅体现在公司的投资者不具有离岸地区自然人或法人身份，还体现在董事、经理等高级管理人员也不是离岸地区的居民。

三、离岸贸易的主要业务类型

离岸贸易作为离岸公司在离岸地区开展的国际贸易行为，是一种新型的国际贸易方式。离岸贸易的主要业务类型包括但不限于离岸转手买卖、全球采购、委托境外加工、境外承包工程第三国采购货物等。以下内容将对四种主要的离岸贸易业务类型进行介绍。

（一）离岸贸易业务类型为离岸转手买卖

离岸转手买卖（Offshore Resale）是指从境外（离岸地区）供应商购买产品，直接转手卖给境外其他地区（进口国）的买方，由境内企业（母公司）完成跨境资金收付。例如，上海某大宗商品国际贸易公司从智利采购一批高品质电解铜，直接从智利运输到新加坡的买方所在地，由上海母公司进行收款和结算。

（二）离岸贸易业务类型为境外委托加工

境外委托加工（Overseas Entrusted Processing）是指境内企业（母公司）将产品的加工制造环节委托给境外企业（离岸公司），生产产品由境外企业所在地直接运输到境外其他地区（进口国）的进口商，原材料可以由境内企业提供，也可以由离岸地区供应商提供。例如，浙江某贸易公司在接到德国客户订单后，委托泰国的离岸公司代工产品，加工后的产品直接由泰国运输到德国，资金收付和结算由浙江公司完成。

（三）离岸贸易业务类型为全球采购

全球采购（Global Sourcing）是指境内企业（母公司）将采购范围拓展至全球，在国际市场上通过成本对比，搜寻全球范围内的最佳产品，进行批量采购。目前，最常见的模式为以数字技术为支撑的线上全球采购模式，大型贸易商通过线上全球采购，集成全球优质产品与服务，再向客户出口产品和服务。

（四）离岸贸易业务类型为境外承包工程第三国采购货物

境外承包工程第三国采购货物（Procurement of Products from Third Countries for Overseas Contracted Projects）是指在本国承包境外工程的企业在境外开展建设项目时，从第三国（离岸地区）采购用于工程建设所需的设备和物资，这些设备和物资直接由第三国运到境外工程所在地（进口国），采购货款通过境内企业（母公司）支付给境外供应商。例如，海南某企业承包刚果某工程建设项目，工程材料由赞比亚供应商提供，海南企业需要向赞比亚供应商支付采购款，而采购物资直接从赞比亚运到刚果，用于当地的工程建设，不经过中国境内。

四、中国国内离岸贸易的重点地区

中国国内设立一些自由贸易区或自由贸易港，这些地区属于国境内，但为关境外地区，制定特殊的贸易管理政策和措施，具有优惠的贸易政策以及贸易便利化的条件，鼓励离岸贸易的发展。中国国内比较知名的离岸贸易地区包括上海自由贸易区、海南自由贸易港等。

（一）上海自由贸易区

上海自由贸易区全称为中国（上海）自由贸易试验区，成立于2013年，是中国政府在上海设立的区域性自由贸易园区，位于浦东新区境内，区域面积120.72平方千米。上海自由贸易区建设属于国家战略，是一个比较超前的经济特区，在指导思想、战略定位、总体目标、任务措施等方面具有新内涵的改革开放新载体。针对离岸贸易，上海自由贸易区开拓探索“白名单”“离岸通”的监管机制。上海作为中国境内总部经济最发达的地区，跨国公司总部的集聚为开展离岸贸易提供重要支撑，上海市商务委员会和中国人民银行上海市分行于2019年建立“货物转手买卖贸易推荐企业白名单”，截至2021年底，“白名单”企业共有393家。为了解决离岸贸易监管难的问题，上海自由贸易区推出“离岸通”平台，以大数据为支撑，整合境外海关的报关数据、国际海运数据、港口装卸数据等，为商业银行提供企业离岸业务的验证服务，以便判断离岸贸易行为的真实性。借助离岸通，企业和银行可以在合同、提单等资料不完整的情况下，输入编号等相关信息查询完整的境外物流流程，提高审核便利性。在2021年，上海自由贸易区的企业离岸转手买卖项下收支合计金额达到475.58亿美元，同比增长68.47%。

（二）海南自由贸易港

海南自由贸易港是中国在海南岛全岛设立的自由贸易港，位于海南省境内，陆地总面积3.54万平方千米。2020年6月，中共中央、国务院印发《海南自由贸易港建设总体方案》，11个重点园区同步举行挂牌仪式。2021年6月，十三届全国人大常委会第二十九次会议表决通过了海南自由贸易港法，实施范围为海南岛全岛，建设11个重点园区。依托自由贸易港的优势，海南省逐步打造离岸贸易新高地。2020年国家批准海南自由贸易港成为离岸贸易先行先试区，围绕离岸贸易上下游对接三类企业。第一类是具有跨境资金结算需求的央企、国企和世界500强跨国企业；第二类是提供跨境资金结算服务的境内外银行和金融机构；第三类是为离岸贸易提供货代、保险、物流、保税等配套服务的机构和企业。海南自由贸易港对符合条件的离岸贸易企业，实施税收优惠政策，对于符合条件的人才，纳入高端紧缺人才清单，减免部分个人所得税。此外，规定银行在符合相关监管条件下，自主决定审核交易单证的种类，缩短80%外汇结算时间。截至2021年6月，海南省离岸贸易业务收支规模达37亿美元，较2020年同期增长17倍。

【本章小结】

在全球化时代，新型国际贸易方式不断出现，带来更多开展国际业务的手段。本章对三种新型国际贸易方式进行介绍，包括国际会展贸易、期货贸易和离岸贸易。国际会展贸易是利用国际性展览会，搭建交易平台，实现以展促销。根据展会举办地点，分为国内和国外参展。按照贸易流向，分为出口展览会、进口展览会和进出口综合型展览会。按照举办场所，分为线下和线上展览会。期货贸易是买卖双方在期货交易所，进行国际贸易产品的期货交易。与现货贸易的区别在于贸易标的物、交易时间和地点、成交形式、履约方式、双方法律关系等。期货市场由期货交易所、期货佣金商、清算所、期货交易参与者等构成。离岸贸易是国际贸易的货物流不经过本国贸易商所在地，但离岸贸易商控制和管理贸易过程，资金流和订单流经过本国境内。离岸公司特征体现在地域要素、法律要素、资本要素和资本要素。主要业务包括离岸转手买卖、全球采购、委托境外加工、境外承包工程第三国采购货物等。

【拓展知识】

企业如何通过参加广交会成功吸引合作伙伴

作为中国最知名的国际性展览会，广交会已成为诸多企业开展国际合作与交易的重要途径。那么，企业如何通过广交会吸引更多的合作伙伴？本章拓展知识将对此进行介绍，具体如下：

1. 制定明确的目标

在参加广交会之前，企业需要制定明确的目标，包括希望吸引哪些合作伙伴、在哪些领域寻求合作、想要达成什么样的合作等。只有明确了目标，才能有针对性地进行展示和推广，提高吸引合作伙伴的成功率。

2. 规划展位设计

展位设计是企业参展的重要环节之一，好的展位设计可以吸引眼球，增加曝光率和知名度。在规划展位设计时，要突出企业的特点和优势，同时考虑与目标客户的喜好和需求相符合。此外，还可以利用展示活动、互动式展示等方式吸引客户关注。

3. 准备充足的资料

在广交会上吸引合作伙伴，需要准备充足的资料。包括企业介绍、产品目录、技术资料、名片等。这些资料不仅方便与客户沟通交流，还可以为客户提供更多了解企业和产品的渠道。

4. 提供优质的服务

提供优质的服务是吸引合作伙伴的重要手段之一。在参展期间，企业要注重客户服务，包括及时回复客户咨询、提供专业的解决方案、为客户提供舒适的休息场所等。通过提供优质的服务，提高客户满意度和信任度，增加合作的可能性。

5. 主动交流和互动

在广交会上，主动交流和互动能够有效地吸引合作伙伴。企业可以通过向客户介绍企业和产品，提供技术支持，参加行业交流会等方式，与客户建立联系和互动。通过积极主动的交流和互动，更好地了解客户需求和喜好，提高合作的可能性。

6. 参加行业活动和交流会议

在广交会期间，企业可以参加相关的行业活动和交流会议，与同行和专家进行交流和互动，了解行业动态和最新技术，拓展业务合作的可能性。

总而言之，广交会是企业开拓国际市场、拓展业务、吸引合作伙伴的重要平台。为了在广交会成功吸引合作伙伴，企业需要制定明确的目标、规划展位设计、准备充足的资料、提供优质的服务、主动交流和互动，以及参加行业活动和交流会议。只有通过全方位的准备和规划，才能更好地实现吸引合作伙伴的目标，为企业开展国际贸易打下坚实的基础。

【专业术语】

1. International Exhibition Trade	国际会展贸易
2. Export Exhibition	出口展览会
3. Import Exhibition	进口展览会
4. Import and Export Comprehensive Exhibition	进出口综合型展览会
5. Futures Trade	期货贸易
6. Futures Exchange	期货交易所
7. Futures Market	期货市场
8. Futures Commission Merchant	期货佣金商
9. Clearing House	清算所
10. Hedger	套期保值者
11. Speculator	投机者
12. Offshore Trade	离岸贸易
13. Offshore Firms	离岸公司
14. Offshore Resale	离岸转手买卖
15. Overseas Entrusted Processing	境外委托加工
16. Global Sourcing	全球采购
17. Procurement of Products from Third Countries for Overseas Contracted Projects	境外承包工程第三国采购货物

【课后习题】

一、简答题

1. 什么是国际会展贸易？与传统贸易相比，国际会展贸易有哪些特征？发挥什么作用？

2. 国际会展贸易有哪些分类方式？基本操作有哪些？

3. 什么是期货贸易？期货贸易的主要交易产品包括哪些？期货贸易与现货贸易的联系与区别？

4. 期货市场由哪些主体构成？

5. 什么是离岸贸易？离岸贸易具有哪些主要特征和业务类型？

二、案例分析

1. 中国石油化工集团公司（简称中国石化）主要从事石油、化工和燃料的生产和销售业务。作为全球最大的石化公司之一，中国石化致力于能源领域的创新和发展，期货贸易是重要的业务领域之一。中国石化在期货市场的交易主要涉及石油和化工产品。例如，中国石化通过购买和销售期货合约，锁定石油和化工产品的价格，规避价格波动带来的潜在风险。此外，中国石化还利用期货市场的套期保值操作，降低原材料采购和销售的风险。

通过期货贸易，中国石化不仅能够规避市场风险，还能够提高在市场上的竞争力和创新能力。首先，期货交易帮助中国石化锁定原材料和产品价格，降低成本和提高利润。其次，期货交易为中国石化提供更多的市场机会和灵活性，更好地适应市场需求和变化。此外，期货交易还加强中国石化与其他市场参与者的合作，促进整个市场的稳定和可持续发展。

总的来说，期货贸易在能源交易领域的应用已成为一种趋势，对于企业而言，它是一种有效的风险管理和控制工具。在未来，随着全球能源市场的快速发展和变化，期货贸易将继续发挥着重要的作用。

问：在中国石化开拓市场的过程中，期货贸易发挥什么作用？中国石化在期货贸易的成功经验，给其他中国的大宗产品销售企业带来什么启示？

2. 苹果公司是美国跨国科技公司，主要业务领域包括电子消费品、计算机软件、在线服务等。苹果公司在全球范围内拥有多个生产基地和销售网络，包括在中国内地的制造基地以及中国香港地区的离岸公司。在中国内地的制造基地负责生产苹果公司的产品，并将成品运往全球市场。在这个过程中，苹果公司需要进行离岸贸易，规避汇率风险和外汇管制。

苹果公司在中国香港地区注册离岸公司，并开设银行账户。接着，将中国内地制造的苹果产品出口到香港，并将货款存入香港的离岸银行账户中。然后，苹果公司将这些货款用于支付其在全球范围内的供应商和合作伙伴，并进行其他业务活动。通过这种方式，苹果公司能够有效地规避汇率风险和外汇管制，同时利用香港的离岸银行账户获得更高的利润。

除此之外，苹果公司还在海外建立一系列的子公司和分支机构，以便更好地管理全球业务和资产。例如，苹果公司在爱尔兰注册一家子公司，利用该子公司的离岸账户进行全球财务管理。该子公司的主要作用是管理苹果公司在全球范围内的知识产权，包括专利、商标和版权等。通过这种方式，苹果公司能够在全球范围内实现税收优惠，同时也能够更好地管理其知识产权。

总体而言，苹果公司的离岸贸易和海外子公司建立为其全球化战略提供重要的支持。通过利用中国香港的离岸银行账户和在爱尔兰注册的子公司，苹果公司有效地规避汇率风险和外汇管制，降低税收支出，提高利润率。同时，离岸贸易还为苹果公司在全球范围内管理资产和业务提供灵活性。

问：在苹果公司进行全球化战略的过程中，离岸贸易起到什么作用？苹果公司在离岸贸易的成功经验，给中国企业带来什么启示？

后　　记

《国际贸易实务》教材是广东省高等学校特色专业建设项目和省级一流本科专业建设所需重点教材。

本教材编写和出版得到了广州大学经济与统计学院和中国财政经济出版社的大力支持和帮助。在编写过程中，广泛听取了兄弟高校国际贸易实务课程教师和本校大学生的意见和建议，学习和借鉴了大量的国内外教材文献及著作，使本书的内容更加全面丰富。中国财政经济出版社庄莉编辑提出了宝贵意见和建议。特此，对上述所承帮助表示衷心的感谢！

本教材在广州大学经济与统计学院国际贸易专业《国际贸易实务》课程团队的通力协作下成稿。由周松兰教授主持编写，屈曙光副教授、彭明明讲师担任副主编，李玲玲博士、王俊霞博士、刘淑琳博士、林熙博士、刘啟仁博士参加了本教材的撰写和修改工作。具体由周松兰负责导论和全文的统筹工作；屈曙光负责第六章和第七章；彭明明负责第一章、第九章、第十章、第十一章；李玲玲负责第八章；王俊霞负责第四章；刘淑琳负责第二章和第三章；林熙负责第十二章和十三章；刘啟仁负责第五章。

对本教材的疏漏及错误之处，恳请读者批评指正。

2023 年 10 月